KB123352

임진왜란 당시 병조·이조의 좌랑으로서 의주까지 임금을 호종한 기록
초기 전황, 조정과 관료의 모습 및 기록자 견해 등 보여주는 자료
전남대학교 도서관 소장 필사본 《기재잡기》 임진일록 영인

기재 박동량 임진일록

寄齋 朴東亮 壬辰日錄

朴東亮 원저 · 申海鎭 역주

머리말

이 책은 기재(寄齋) 박동량(朴東亮, 1569~1635)이 임진왜란 발발 당시 검열이었다가 6월에 병조 좌랑이 되고 7월에 이조 좌랑이 되어 의주까지 왕을 호종하며 보고 듣고 겪은 바를 기록한 〈임진일록(壬辰日錄)〉을 번역하였다.

이 일록은 1592년 4월 13일부터 5월 29일까지 〈임진일록 1〉, 6월 1일부터 24일까지 〈임진일록 2〉로 나뉘어 일기 형태로 쓰였다. 그러나 5월에는 15일, 18일, 21일부터 26일까지, 28일 등이 빠지고, 6월에는 3일부터 5일까지, 22일, 25일부터 29일까지가 빠진 채로 서술되어 있다. 그리고 7월부터 8월까지 〈임진일록 3〉, 9월부터 12월까지 〈임진일록 4〉로 나뉘어 서술되어 있으나, 일기 형태가 아니라 기사별로 쓰여진 월록(月錄) 형태이다. 〈임진일록 4〉의 12월 일부에는 22일, 24일, 26일, 30일의 일록 형태가 갖추어져 있기도 하다.

이 문헌은 이른바 호종실기라 하는 것인데, 왕을 호종하며 조정에 올려지는 각종 전황 보고와 그 보고에 대한 조정의 의론, 청병(請兵)에 관한 조정의 입장 등을 쓴 것으로 글쓴이의 의견이나 느낌은 거의 서술하지 않은 것이 대체적인 특징이다. 그러한 특징은 광해군을 호종하며 서술한 《약포 정탁 피난행록(상·하)》(보고사, 2022)을 읽어 보면 확인할 수 있을 것이다. 하지만 〈임진일록〉에서는 그와 달리 임진왜란에 대응하는 조정의 모습과 관료들의 행적 등이 자세히 살펴볼 수 있도록 글쓴이의 견해가 자세히 서술되어 있는 것이 특징이다.

예를 들어, 6월 12일의 "대가가 안주의 운암원에 이르렀으나 백성들이 도망치고 흩어져서 마침내 수라를 걸렀다. 이양원이 패하고 안변에 이르러서는 종사관 김정목을 보내어 구두로 아뢰기를, '이혼 등이 회양의 적을 죄다 섬멸하였습니다.'라고 하였다. 아마도 길에서 떠도는 말을 들은 것이었다. 주상이 이에 대해 친히 묻고자 사관을 불러들였으나, 주서 임취정·박정현과 한림 김선여·조존세는 이미 흩어져 가고 없었다. 이로부터 여러 좇던 관리는 모두 뒤처져 대가를 좇는 자는 10여 명에 차지도 않은 데다 또한 모두 마음대로 앞서거니 뒤서거니 하였고, 대가를 모시며 호위하는 자가 많지 않았다."라고 한 것을 보면, 선조가 몽진할 때의 상황을 서술하면서 조정 관료들이 자신의 안위에만 급급하여 호종하지 않은 사실을 비판하고 있는 것이다. 이처럼 전황, 왕과 조정 관료의 행적 등을 구체적으로 자세히 서술해 그 실상을 파악하는데 요긴한 자료라 하겠다. '별록'과 '세주'를 통해서도 자신의 의견을 드러내고 있다.

박동량의 본관은 반남(潘南), 자는 자룡(子龍), 호는 기재(寄齋)·오창(梧窓)·봉주(鳳洲)이다. 이조 정랑 박조년(朴兆年, 1459~1500)의 증손자, 사간(司諫) 박소(朴紹, 1493~1534)의 손자이다. 부친 형조 참판 박응복(朴應福, 1530~1598)과 모친 좌승지 임구령(林九齡)의 딸 선산 임씨(善山林氏) 사이에서 넷째 아들로 태어났다.

1589년 진사시에 합격하고, 이듬해 증광문과에 급제하여 승문원 부정자(承文院副正字)로 임용되었다. 1591년 예문관 검열(藝文館檢閱)

로 전임사관(專任史官)이 되었다가 1592년 4월 임진왜란이 발발하자 선조(宣祖)를 의주(義州)까지 호종하면서 6월 병조 좌랑이 되고 7월 이조 좌랑이 되었으며, 그해 10월에 요직인 이조 정랑에 제수되었다. 선조가 처음부터 끝까지 호종한 공이 있다 하여 1593년 9월에 특별히 승정원 우부승지로 발탁하였고, 우승지·좌승지를 거쳐 1594년 도승지에 올랐다. 이러한 파격적인 승진을 사헌부가 비판하기도 했다. 1596년 이조 참의 재임 중 동지사로 명나라에 다녀오고, 1597년 정유재란 때는 왕비와 후궁 일행을 황해도 수안까지 호종하였다.

1598년 연안 부사, 1600년 대사헌, 1601년 이조 참판·예조 참판·경기도 관찰사, 1603년 형조 참판·호조 참판·병조 참판을 역임하였다. 1604년 호성공신(扈聖功臣) 2등 금계군(錦溪君)에 책록된 후 1605년 우참찬에 올랐다.

그런데 광해군의 즉위 이후 현실정치에서 밀려났으니, 아들 박미(朴瀰)가 선조의 부마였고, 의인왕후(박응순의 딸)와 4촌간이었기 때문이었다. 1608년 선조가 죽자 수릉관(守陵官)이 되어 3년간 시묘(侍墓)하였지만, 1611년 판의금부사가 된 후 광해군 때와 인조반정의 정치적 혼란기를 맞아 유배와 복관을 반복하다가 1632년 석방되어 고향으로 돌아와서 1635년에 사망하였다.

한편, 이 책에서 역주 텍스트로 삼은 전남대학교 중앙도서관 소장 필사본 《기재잡기》의 체재는 다음과 같다.

<table>
<tr><th rowspan="2">표제</th><th rowspan="2">권</th><th rowspan="2" colspan="2">구분</th><th colspan="3">기간</th></tr>
<tr><th>년</th><th>월</th><th>기록날짜</th></tr>
<tr><td rowspan="18">기재잡기</td><td>1</td><td rowspan="3">歷朝舊聞</td><td>1</td><td colspan="3">國初·太宗·世祖·睿宗·成宗·燕山</td></tr>
<tr><td>2</td><td>2</td><td colspan="3">中宗</td></tr>
<tr><td>3</td><td>3</td><td colspan="3">中宗·仁宗·明宗</td></tr>
<tr><td rowspan="4">4</td><td rowspan="4">기재사초(상)</td><td rowspan="3">신묘사초</td><td rowspan="3">1591</td><td>2</td><td>3</td></tr>
<tr><td>4</td><td>26, 27, 29</td></tr>
<tr><td>5</td><td>4, 5, 8, 10, 12, 13, 15, 16</td></tr>
<tr><td>임진사초</td><td>1592</td><td>6</td><td>18~22</td></tr>
<tr><td rowspan="2">5</td><td rowspan="11">기재사초(하)</td><td rowspan="2">임진일록 1</td><td rowspan="9">1592</td><td>4</td><td>13~30</td></tr>
<tr><td>5</td><td>1~14, 16~17, 19, 27, 29</td></tr>
<tr><td>6</td><td>임진일록 2</td><td>6</td><td>1, 2, 6~21, 23~24</td></tr>
<tr><td rowspan="2">7</td><td rowspan="2">임진일록 3</td><td>7</td><td></td></tr>
<tr><td>8</td><td></td></tr>
<tr><td rowspan="4">8</td><td rowspan="4">임진일록 4</td><td>9</td><td></td></tr>
<tr><td>10</td><td></td></tr>
<tr><td>11</td><td></td></tr>
<tr><td>12</td><td>22, 24, 26, 30</td></tr>
<tr><td>9</td><td>임진잡사 1</td><td colspan="3"></td></tr>
<tr><td>10</td><td>임진잡사 2</td><td colspan="3"></td></tr>
</table>

위의 표를 살펴보면, 전남대학교 중앙도서관 필사본은《기재잡기》와《기재사초》를 합편하고서 표제를《기재잡기(寄齋雜記)》라 한 체재로,《대동야승(大東野乘)》에 각기 분리하여 수록되어 있는 것과 달리 하는 것이다. 호칭에 있어서 혼란스럽게 한 측면이 없지 않으니, 이후 학술적 측면에서 정리될 필요가 있다. 이 필사본의 필사자가 협주를 통해 '구본(舊本)'이라 한 것으로 보아 이전 시기의 문헌을 참고하며 필사한 것으로 짐작되나, 현재 그 구본은 확인할 수가 없다.

박동량은 1612년 3월 김직재 옥사를 무고라고 했다가 문외출송되었으며, 1613년에는 대북파에 의한 계축옥사 때 구금되었으며, 1617년에는 유영경의 파당으로 영창대군을 보호한 혐의로 아산현으로 유배되었다가 1621년 속전(贖錢)을 바치고 방귀전리(放歸田里)된 적이 있는데, 이 유배 시기에 '기재'라는 당호를 사용했다. 따라서 이 시절에 기재사초가 정리된 것으로 보여지고, 그 정리본이 손자 박세채에 의해 간행된 것으로 보인다. 그렇지만 전남대학교 중앙도서관 소장 필사본은 누가 언제 필사했는지 알 수가 없다.

〈임진일록〉은 임진왜란 발생 초기 정국의 이해에 중요한 근거를 제공하고 있을 뿐만 아니라 전임사관으로서의 기록으로 인하여 전쟁의 현장성이 크게 담보될 수 있었다는 점에서 그 가치를 인정할 수 있을 것이다. 또한 박동량의 시선에 의한 당대 관료들에 대한 포폄의식도 살필 수 있을 것이다.

한결같이 하는 말이지만 나름대로 최선을 다하고자 했다. 그러함에도 불구하고 여전히 부족할 터이니 대방가의 질정을 청한다. 전남대학교 중앙도서관 소장하고 있는 귀한 자료를 영인할 수 있도록 많은 도움을 준 오정환 선생에게도 고마운 마음을 전한다. 끝으로 편집을 맡아 수고해 주신 보고사 가족들의 노고와 따뜻한 마음에 심심한 고마움을 표한다.

2024년 1월 빛고을 용봉골에서

신해진

차례

기재잡기 권7 / 임진일록 3

기재잡기 권8 / 임진일록 4

일러두기

이 책은 다음과 같은 요령으로 엮었다.

01. 번역은 직역을 원칙으로 하되, 가급적 원전의 뜻을 해치지 않는 범위 내에서 호흡을 간결하게 하고, 더러는 의역을 통해 자연스럽게 풀고자 했다. 다음의 자료가 참고되었다.
    - 『기재사초』, 최완식·양대연 역, 한국고전번역원, 1974.
02. 원문은 저본을 충실히 옮기는 것을 위주로 하였으나, 활자로 옮길 수 없는 古體字는 今體字로 바꾸었다.
03. 원문표기는 띄어쓰기를 하고 句讀를 달되, 그 구두에는 쉼표, 마침표, 느낌표, 물음표, 작은따옴표, 큰따옴표, 가운뎃점 등을 사용했다.
04. 주석은 원문에 번호를 붙이고 하단에 각주함을 원칙으로 했다. 독자들이 사전을 찾지 않고도 읽을 수 있도록 비교적 상세한 註를 달았다.
05. 주석 작업을 하면서 많은 문헌과 자료들을 참고하였으나 지면관계상 일일이 밝히지 않음을 양해바라며, 관계된 기관과 여러분께 진심으로 감사드린다.
06. 이 책에 사용한 주요 부호는 다음과 같다.
    ( ) : 同音同義 한자를 표기함.
    [ ] : 異音同義, 出典, 교정 등을 표기함.
    “ ” : 직접적인 대화를 나타냄.
    ‘ ’ : 간단한 인용이나 재인용, 또는 강조나 간접화법을 나타냄.
    〈 〉 : 편명, 작품명, 누락 부분의 보충 등을 나타냄.
    「 」 : 시, 제문, 서간, 관문, 논문명 등을 나타냄.
    《 》 : 문집, 작품집 등을 나타냄.
    『 』 : 단행본, 논문집 등을 나타냄.
    ◇ : 초서원고본에는 있으나 석인본에는 없을 때.
07. 이 책과 관련된 안내 사항과 논문은 다음과 같다.
    - 김경수, 「박동량의 《기재사초》」, 『한국사학사학보』 44, 한국사학사학회, 2021.

기재잡기 권5

◎

임진일록壬辰日錄 1

만력 20년 4월 13일부터 5월까지 쓰고 그쳤는데, 무릇 1개월 남짓이 된다.

起萬曆二十年四月十三日，盡五月，凡一朔有奇[1]。

4월 13일。

일본 국왕 평수길(平秀吉)은 그의 휘하 장수 평수가(平秀嘉: 平秀家)·평행장(平行長: 小西行長)·정성(政成: 寺澤正成)·청정(清正: 寺澤正成) 등에게 대대적으로 병력을 일으켜 침략하도록 보내어 부산과 동래를 함락시키고 첨사(僉使) 정발(鄭撥)과 부사(府使) 송상현(宋象賢) 등【협주: 舊本에는 그 성을 도륙하였다.】을 죽였다. 수사(水使) 박홍(朴泓)과 병사(兵使) 이각(李珏)은 변란 소식을 듣고서 본진(本鎭)을 버리고 도망한 데다 각 고을의 수령들까지 소문만 듣고도 흩어져 달아났으니, 네댓새가 못 되어 여러 고을이 함락당하였다.

【별록】

이때에 부산 첨사(釜山僉使) 정발은 주사(舟師: 수군)를 거느리고 바야흐로 절양도(絶洋島: 絶影島의 오기)에서 대규모로 사냥을 하여 전날 마신 술 기운에 아직 깨지 않았다. 13일 사시(巳時: 오전 10시 전후)에 어떤 사람이 와서 말하기를, "해종도(海宗島)에 정체를 알 수 없는 배가 나타났다."라고 하자, 정발이 말하기를, "세견선(歲遣船)이 오랫 동안 오지 않더니 이제야 오는 모양이다."라고 하며

1 有奇(유기): 나머지가 있음. 남짓함.

개의치 않았다. 점차 가까이 다가오던 왜선에서 연달아 총을 쏘아대자, 정발은 비로소 적선임을 알고 허둥지둥 부산진(釜山鎭)으로 돌아와 겨우 성안에 들어왔다. 그러나 적은 이미 상륙하여 겹겹이 성을 에워쌌지만, 정발은 화살 한 발도 쏘지 못하고 아무런 계책도 낼 수 없었다. 적은 이미 배에 올라 정발의 목을 베어 효시하였고, 성안의 사람들을 노소 가리지 않고 모두 죽였다.

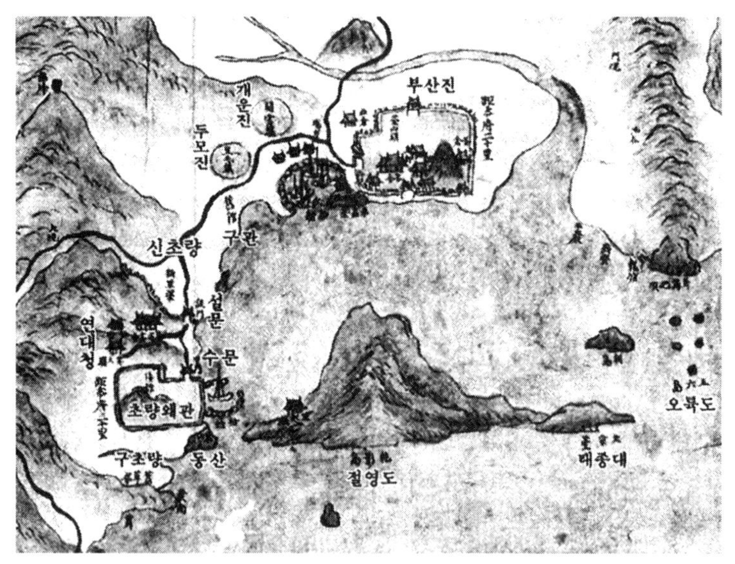

四月十三日。

日本國王平秀吉[2], 遣其將平秀嘉[3]·平行長[4]·政成[5]·清正[6]等, 大

---

2 平秀吉(평수길): 豐臣秀吉(도요토미 히데요시, 1536~1598). 일본 전국시대 최후의 최고 권력자. 밑바닥에서 시작해서 오다 노부나가에게 중용되어 그의 사후 전국시대

의 일본을 통일시키고 關白과 天下人의 지위에 올랐다. 전국시대를 평정한 그는 조선을 침공해 임진왜란을 일으켰으나 실패하였다.

3 平秀嘉(평수가): 平秀家. 우키다 히데이에. 도요토미 히데요시의 양자. 임진왜란에서 20세의 나이로 총대장을 맡았고, 1년 후 행주대첩에서 저격을 당해 목숨이 위태로울 정도의 중상을 입었고 28살에는 세키가하라 전투에 참전했다가 패배하는 바람에 유배되어 83살에 사망하는 그 순간까지 무려 55년 동안 태평양의 작은 섬 하치조마치에서 유배 생활을 했다.

4 平行長(평행장): 小西行長. 고니시 유키나가. 고니시 유키나가는 오다 노부나가가 사망한 혼노지의 변란 이후로 히데요시를 섬기면서 아버지 류사와 함께 세토나이 해의 군수물자를 운반하는 총책임이 되었다. 1588년 히데요시의 신임을 얻어 히고노쿠니 우토 성의 영주가 되었으며 1592년 임진왜란 때는 그의 사위인 대마도주 소 요시토시와 함께 1만 8,000명의 병력을 이끌고 제1진으로 부산진성을 공격하였다. 조선의 정발 장군이 지키는 부산포 성을 함락하고 동래성을 함락시켰다. 이후 일본군의 선봉장이 되어 대동강까지 진격하였고 6월 15일에 평양성을 함락하였다. 그러나 1593년 명나라 장수 이여송이 이끄는 원군에게 패하여 평양성을 불 지르고 서울로 퇴각하였다. 전쟁이 점차 장기화 되고 명나라를 정복할 가능성이 희박해지자 조선의 이덕형과 명나라 심유경 등과 강화를 교섭하였으나 실패하였다. 1596년 강화교섭이 최종 실패로 끝나자 1597년 정유재란 때 다시 조선으로 쳐들어왔으며 남원성 전투에서 조선과 명나라 연합군을 격퇴하고 전주까지 무혈 입성하였으며 순천에 왜성을 쌓고 전라도 일대에 주둔하였다. 1598년 도요토미 히데요시가 사망하고 철군 명령이 내려지자 노량해전이 벌어지는 틈을 이용해서 일본으로 돌아갔다.

5 政成(정성): 正成. 小西行長 휘하의 寺澤正成. 테라자와 마사시게. 곧 寺澤廣高(테라자와 히로타카)이다. 아버지 寺澤廣政(테라자와 히로마사)과 함께 풍신수길을 섬겼다. 1592년부터 임진왜란을 즈음하여 히젠 나고야 성의 건축을 담당했고, 그 공으로 풍신수길의 측근이 되어 출세했다. 또, 무역통제와 조선에 있는 일본군의 보급과 병력수송등의 임무를 맡았다. 고니시 유키나가와 함께 소위 무단파에게 미움을 받았다. 풍신수길 사후, 도쿠가와 이에야스에게 접근하여, 1600년 세키가하라 전투에서는 동군에 속했다.

6 清正(청정): 加藤清正. 가토 기요마사. 임진왜란 당시 일본군 제2군을 지휘하여 조선을 침략한 장수. 한양에 입성한 후 함경도로 전진하여 조선의 왕자를 인질로 사로잡았다. 강화 교섭기에는 울산에 주둔하면서 조선의 사명대사 惟政과 교섭하기도 했다. 강화교섭 결렬 후 조선을 다시 침략했다. 조명연합군이 그의 진지 울산성을 공격한 울산성 전투(도산성 전투)에서 고전하기도 했다. 임진왜란이 끝난 후 벌어진 관원[關が原] 전투 때에는 德川家康의 동군에 속하여 구주에서 小西行長의 성을

擧入寇, 陷釜山·東萊[7], 殺僉使鄭撥[8]·府使宋象賢[9]【舊本屠其城】等。水使朴泓[10]·兵使李珏[11], 聞變棄鎭而逃, 列邑守令, 望風奔潰, 不四五日, 遂陷諸郡。

공격했다. 소서행장에게 강한 경쟁심을 품고 있었으며 두 사람은 임진왜란과 관원 전투 때까지 지속적인 갈등 관계에 있었던 것으로 알려져 있다.

7 東萊(동래): 현재 부산광역시 동래구 지역을 중심으로 편성되었던 조선시대의 행정구역. 세종 연간에 동래현이다가 이후 일본과의 관계가 중시되어 1547년 東萊府로 승격하였다. 1592년 임진왜란이 일어난 직후 동래현으로 강등되었다가 1599년 다시 東萊府로 승격되었다.

8 鄭撥(정발, 1553~1592): 본관은 慶州, 자는 子固, 호는 白雲. 1592년 折衝將軍의 품계에 올라 부산진첨절제사가 되어 방비에 힘썼다. 4월에 임진왜란이 일어나 부산에 상륙한 왜병을 맞아 분전하였으나 중과부적으로 마침내 성이 함락되고 그도 전사하였다. 이때 첩 愛香은 자결하였고, 奴婢 龍月도 전사하였다.

9 宋象賢(송상현, 1551~1592): 본관은 礪山, 자는 德求, 호는 泉谷·寒泉. 1570년 진사에, 1576년 別試文科에 급제하여 鏡城判官 등을 지냈다. 1584년 宗系辨誣使의 質正官으로 명나라에 다녀왔다. 귀국 뒤 호조·예조·공조의 正郎 등을 거쳐 1591년 4월 東萊府使가 되었다. 1592년 임진왜란이 일어나 왜적이 동래성에 쳐들어와 항전했으나 함락되게 되자 朝服을 갈아입고 단정히 앉은 채 적병에게 살해되었다. 충절에 탄복한 敵將은 詩를 지어 제사지내 주었다.

10 朴泓(박홍, 1534~1593): 본관은 蔚山. 자는 淸源. 1556년 무과에 급제, 선전관이 된 이후 江界府 판관·定平府使·鍾城府使 등 외직을 지냈다. 1592년 임진왜란이 일어나자, 경상좌도수군절도사로서 왜적의 선봉을 맞아 싸우다가 竹嶺으로 후퇴하였고, 鳥嶺이 함락되었다는 말을 듣고 다시 서울로 후퇴하였다. 行在所로 찾아가던 중, 도원수 金命元을 만나 左衛大將에 임명되어 임진강 방어에 참여하였다. 이어 申硈·劉克良 등과 함께 병사를 나누어 파주에서 싸웠으나 모두 패해 평양으로 탈출하였다. 같은 해 6월에 평양이 함락되자 巡邊使 李鎰과 함께 평산으로 들어가 병사를 모으고 있던 중, 당시 伊川에 있던 세자의 명을 받고 세자를 호위 시종하면서 성천으로 들어갔으며 우위대장·義勇都大將에 임명되었다. 그 뒤 평양 방면으로 나아가 여러 차례 왜적과 접전했으나 크게 공을 세우지는 못하였다. 끝내 지병으로 죽었다.

11 李珏(이각, ?~1592): 1592년 임진왜란이 일어났을 때 경상좌병사로 울산 북방에 병영을 주둔하면서 부산진 전투와 동래 전투 동안 동래부사 宋象賢에게 수비를 맡겼으며, 경주성 전투를 앞두고는 그냥 내버려둔 채 달아났다. 한양이 함락된 뒤에 임진강에서 도원수 金命元에게 체포되어 참수되었다.

【別錄】

至是, 釜山僉使鄭撥, 率舟師, 方大獵于絶洋島[12], 宿醉未解。十三日巳初, 有人來言: "海宗[13]荒唐[14]出來."云, 撥曰: "歲遣船[15]久不來, 今始到矣." 不以爲意。稍近, 自倭船連放銃筒, 撥始知其爲賊, 蒼黃還鎭, 則纔入城中。賊已下岸, 圍之數重, 撥不放一矢, 計無所出。賊已登船, 斬撥頭梟之, 城中人無少長皆殺之。

4월 14일(계묘)。

동래(東萊)가 함락되면서 부사(府使) 송상현(宋象賢)과 별장(別將) 홍윤관(洪允寬)은 모두 죽었고, 절도사(節度使) 이각(李珏)과 수사(水使) 박홍(朴泓)은 본진(本鎭)을 버리고 도망쳤다.

적은 부산에서 곧바로 동래성 아래에 들이닥쳐서 이리처럼 길길이 날뛰고 멧돼지처럼 닥치는 대로 들이받는 기세가 매우 심하니, 성안의 사람들은 모두 벌벌 떨며 두려워하여 감히 그 어떠한 방비도 할 수 없었다.

송상현은 원래 선비였지만 장수의 재기(材器)도 지녀 현관(縣官, 벼슬아치)에서 승진해 본직(本職: 동래 부사)에 제수되었다. 성곽의 수축(修築)을 대충 마치고 군사를 조련하는데만 날마다 일삼았어도 또한

---

12 絶洋島(절양도): 絶影島의 오기. 釜山灣 안에 북서로부터 남동의 방향으로 가로놓여, 灣 안을 동항과 서항으로 가르는 섬.

13 海宗(해종): 첨부한 지도를 볼 때 太宗臺인 듯.

14 荒唐(황당): 荒唐船. 정체를 알 수 없는 배. 바다에서 출몰하는 딴 나라의 배.

15 歲遣船(세견선): 조선시대에 쓰시마 섬 도주의 간청으로 허락한, 조선과 교역할 수 있는 허가를 받은 일정한 수의 무역선.

부족했을 것이었는데, 일찍이 성 밖의 사면에 참호(塹壕)를 파고 목책(木柵)을 설치하고는 그곳이 매우 견고하도록 잡목을 많이 심기까지 하였다.

이날에 이르러서도 성을 순시하며 군사들 앞에서 맹세하고 남문(南門)을 스스로 지켰는데, 적들이 성 밖의 울창한 나무 아래에서 기어오를 때는 화살과 돌로 막아내었으나, 묘시(卯時: 오전 6시 전후)에서 사시(巳時: 오전 10시 전후) 말미에 이르자 적의 무리들이 대거 몰려왔다. 별장 홍윤관은 사태가 위급함을 알고 송상현을 돌아보며 말하기를, "사태가 이미 이 지경에 이르렀으니 어찌하시겠습니까? 부(府: 관아) 뒤에 있는 소산(蘇山)이 견고하여 험준하여 지킬 만하니 저와 함께 가서 지키겠습니까?"라고 하니, 송상현이 말하기를, "성을 죽음으로써 지키지 않고 비록 다른 곳에 간다 한들 조정에서 반드시 나의 목숨을 살려 주지 않을 것이니, 구차스럽게 또 어디로 가겠소?"라고 하자, 홍윤관이 말하기를, "그렇다면 나도 공(公: 송상현)과 함께 또한 마땅히 같이 죽겠습니다."라고 하였다. 말이 미처 끝나지도 않아서 적이 이미 그들을 베어 두 동강을 냈는데, 만여 명도 죽음에서 벗어난 자가 없었다.

수사(水使: 경상좌수영의 좌수사 박홍)로 등용된 것은 그가 수군을 거느리고 적으로 하여금 해안에 접근하지 못하게 하기 위함이었는데도 정발(鄭撥)의 보고를 보자마자 동래로 향해 내달렸으며 또한 그 성에 들어오지도 않고 도망갔다.

병사(兵使: 절도사) 이각은 본디 도리에 어긋나고 사나워 행실이 바르지 못한 자였지만, 임금의 총신(寵臣)을 잘 섬겨서 죄가 있는데도 또한

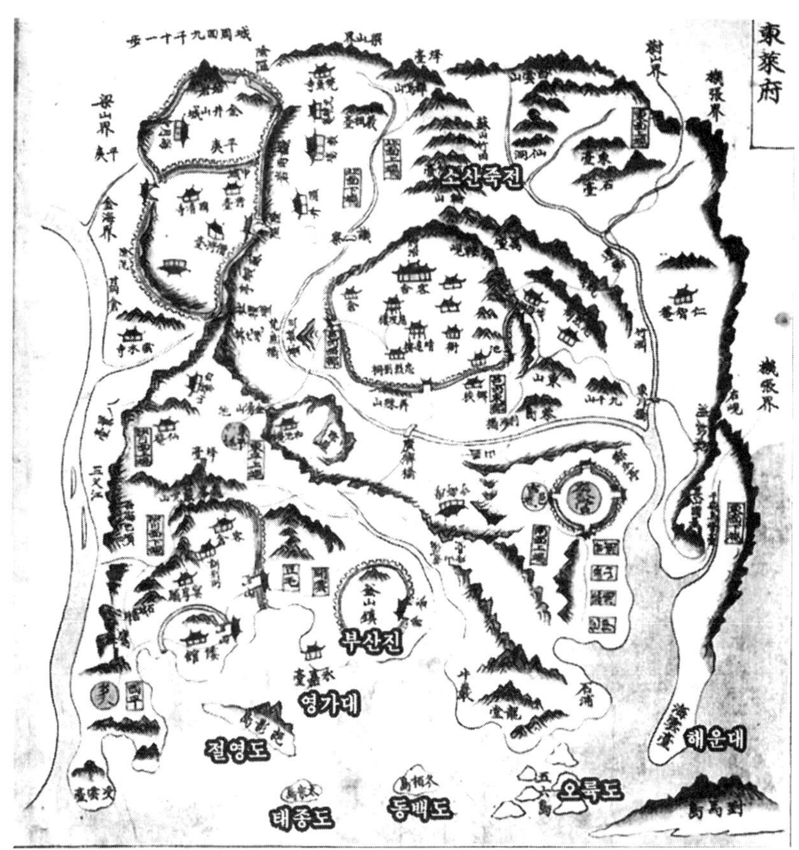

1735년경의 경상도 동래부(팔도여지도, 국립중앙도서관 소장)

방면되었다. 적에 관한 보고를 듣자마자 동래를 향해 내달렸고 또 송상현이 장차 성을 지키려 한다는 소문을 듣자 두려움에 감히 진입하지 못하고 이내 말하기를, "장차 소산을 지키겠다."라고 하였다.

十四日(癸卯)。

陷東萊, 府使宋象賢·別將洪允寬[16]皆死之, 節度使李珏·水使朴泓, 棄鎭逃去。賊自釜山, 直抵東萊城下, 狼奔豕突[17], 勢甚猖獗, 城中之人, 皆惴恐[18]不敢爲之備。象賢本書生, 有將帥之材, 自顯官超爲是職。繕治粗完, 訓鍊軍兵, 日亦不足, 嘗於城外四面, 治塹設柵, 極其固, 多樹以雜木。及是日, 巡城誓士, 自守南門, 賊攀附[19]城外叢木之下, 以防矢石, 自卯至巳末, 賊衆大至。別將洪允寬, 知事危, 顧謂象賢, 曰: "事已至此, 奈何? 府後有蘇山[20], 堅險可守, 可與我同往守之?" 象賢曰: "不死守城, 雖往他境, 朝廷必不饒我性命, 且去又何之?" 允寬曰: "然則, 我與公亦當同死." 言未畢, 賊已斬之兩段。萬餘人, 無得脫者。水使之設, 爲其率舟師, 使賊不得近於岸也, 見鄭撥之報, 馳向東萊, 亦不入其城而逃。兵使李珏, 本悖戾無行者, 善事[21]近習[22], 有罪亦見放。聞賊報, 馳向東萊, 又聞象賢將守城, 懼不敢進, 乃曰: "將守蘇山."云。

4월 15일(갑진)。

병사(兵使) 이각(李珏)은 소산(蘇山)을 버린 채 도망쳤고, 밀양 부사(密陽府使) 박진(朴晉)은 패하여 달아났다.

---

16 洪允寬(홍윤관, 1541~1592): 본관은 南陽, 자는 彦容. 1576년 무과에 급제하였다.

17 狼奔豕突(낭분시돌): 이리 승냥이가 길길이 날뛰고 멧돼지가 저돌적으로 돌진하는 형국을 이르는 말.

18 惴恐(췌공): 벌벌 떨며 두려워함.

19 攀附(반부): 어떤 것에 의지하여 기어오름.

20 蘇山(소산): 부산일보(2009.1.11.)에 따르면, 향토사가 주영택이 부산광역시 금정구 선두구동 하정마을로 비정하였다고 함.

21 善事(선사): 善事上官. 상관을 잘 섬김.

22 近習(근습): 임금 가까이에서 총애를 받는 신하.

박진은 젊어서 글공부를 하였으나 뜻을 이루지 못하자, 곧바로 무과에 응시해 급제하여 여러 차례 관직을 옮겨 다녔다. 마침내 승진해 본부(本府: 밀양부)에 제수되어 부임하는 날이 되자, 사람들은 모두 나이가 어려 큰 부(府)에 걸맞지 않을까 염려하였다.

그러나 부산(釜山)이 함락된 소식을 듣고 급히 군사들을 이끌고 달려가는 중에 동래(東萊) 또한 이미 함락되고 말았다. 박진이 이각에게 말하기를, "소산을 지키지 못하면 영남은 우리 땅이 아닐 것입니다. 제가 마땅히 적의 앞을 막을 것이니, 공(公: 이각)께서는 적의 뒤에 웅거해 있으시지요. 제가 패하면 공께서 구할 수 있고, 제가 이기면 공께서 협공할 수 있을 것이니, 부디 약속을 저버리지 마십시오."라고 하자, 이각이 이에 "알았소."라고 하였다. 박진이 직접 500명의 군사를 이끌고 적의 앞에 진(陣)을 쳤는데, 적이 그 군세의 약한 것을 보고 그대로 계속 몰려오는 기세가 매우 날랬다. 이각은 멀리서 박진의 군대가 대적하지 못하는 것을 보고 마침내 버려두고 가버렸으니, 박진의 군이 퇴각해도 뒤에서 구원하지 않자 또한 도망쳐 돌아왔다.

十五日甲辰。

兵使李珏, 棄蘇山而逃, 密陽府使朴晉[23], 敗走。晉少業文不成,

---

23 朴晉(박진, ?~1597): 본관은 密陽, 자는 明甫, 시호는 毅烈. 밀양 부사였을 때 임진왜란이 일어나자 李珏과 함께 蘇山을 지키다가 패하여 성안으로 돌아왔다가, 적병이 밀려오자 성에 불을 지르고 후퇴했다. 이후 경상좌도 병마절도사로 임명되어 나머지 병사를 수습하고, 군사를 나누어 소규모의 전투를 수행하여 적세를 저지하였다. 1592년 8월 영천의 백성이 의병을 결성하고 永川城을 근거지로 하여 안동과 상응하고 있었던 왜적을 격파하려 하자, 별장 權應銖를 파견, 그들을 지휘하게 하여 영천성을 탈환하였다. 이어서 안강에서 여러 장수들과 회동하고 16개 邑의 병력을 모아 경주성을 공격하였으나 복병의 기습으로 실패하였다. 그러나 한 달 뒤에 군사를

旋登武第, 累遷官。遂躐至是府, 當拜辭[24]之日, 人皆以年少, 恐不能稱巨府。聞釜山之陷, 急領兵, 往赴之, 東萊亦已陷。晉謂珏, 曰: "蘇山不守, 嶺南非我有也。我當扼其前, 公可據其後也。我敗, 公可救, 我勝, 公可夾攻, 愼勿負." 珏曰: "諾." 晉自率五百人, 陣於前, 賊見勢弱, 長驅而至, 其鋒甚銳。珏望見晉軍不敵, 遂棄去, 晉退無後援, 亦奔還。

4월 16일(을사)。

박진(朴晉)은 밀양 앞에 있는 강(江: 鵲院)에서 또 다시 패하였다. 당시 감사(監司) 김수(金晬)는 각 고을의 수령에게 분부해 전장(戰場)으로 계속하여 들여보냈으나, 도중에 도망쳐 가거나 성문을 나서자마자 달아나 버리거나 적을 보지도 않고서 지레 달아났다. 초계 군수(草溪郡守) 이유검(李惟儉)은 그의 군사들을 풀어 주며 흩어지게 하고 뒤를 이어 달아났다. 울산 군수(蔚山郡守) 이언성(李彦誠)은 동래(東萊)에 있다가 적에게 사로잡혔지만 이틀 후에 탈출해 돌아왔다. 그러나 병사(兵使: 이각)와 수사(水使: 박홍)가 잇달아 자신의 본진(本鎭)을 버렸으니, 그 나머지 첨사(僉使)·만호(萬戶) 모두는 군사를 일으키기가 어려웠다.

부산(釜山)에서 이곳에 이르기까지 한 사람도 교전한 자가 없었는

재정비하고 飛擊震天雷를 사용하여 경주성을 다시 공략하여 많은 수의 왜적을 베고 성을 탈환하였다. 이 결과 왜적은 상주나 서생포로 물러나지 않을 수 없었고, 영남지역 수십 개의 읍이 적의 초략을 면할 수 있었다. 1593년 督捕使로 밀양·울산 등지에서 전과를 올렸고, 1594년 2월 경상우도 병마절도사, 같은 해 10월 순천부사, 이어서 전라도 병마절도사, 1596년 11월 황해도 병마절도사 겸 황주 목사를 지내고 뒤에 참판에 올랐다.

24 拜辭(배사): 지방관이 부임할 때 임금에게 숙배하고 하직하는 일.

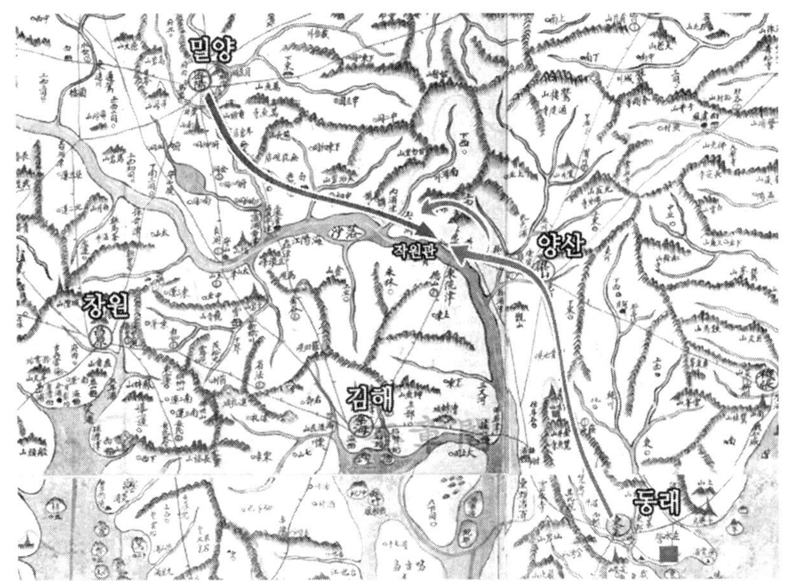

작원관 전투

데, 오직 박진만 거느렸던 300여 명으로 소산(蘇山)에서 패하고 도로 달려와 밀양(密陽)에 이르러서 고을 앞의 강(江: 鵲院)을 지키고자 또 흩어진 군사들을 불러 모으려 하니, 사람들은 모두 괴이하게 여겨 호응하는 자가 없었다. 군사들을 미처 정돈하기도 전에 적이 이미 가까이 다가왔다. 이날 안개가 많이 끼어 지척을 분간하지 못하였으니, 이 때문에 박진 또한 화살 한 발도 쏘지 못한 채 군사들이 이미 흩어져 도망쳤는지라 마침내 밀양성 안으로 달려 들어왔다.

十六日乙巳。

朴晉, 再敗於密陽前江[25]。當時, 監司金睟[26], 分付各邑守令, 相繼入送, 而或中路逃去, 或出門輒走, 或不見賊而走。草溪守李惟儉[27], 放其軍, 使之散, 繼而逃。蔚山倅李彦誠[28], 在東萊, 爲賊所執, 後二日脫還。兵使·水使, 相繼棄鎭, 其他僉使·萬戶, 難以悉起。自釜山至此, 一無交戰者, 獨晉所率三百餘人, 自蘇山敗, 還馳到密陽[29], 欲以前江爲守, 又欲號召散卒, 則人皆怪之, 莫有應者。未及治兵, 賊已來迫。是日大霧, 莫卞尺寸, 以此晉, 亦未放一矢, 師已潰去, 遂馳入城中。

---

25 前江(전강): 경상남도 밀양시 삼랑진읍 鵲院을 가리킴. 이곳은 낙동강의 본류와 밀양강이 만나는 곳이다. 작원관은 고려 고종때 설치된 것으로 알려지는데, 영남지방으로 드나드는 영남대로 상에서 교통의 요충지로 기능했으며, 낙동강에 접해 있는 높고 험준한 천태산을 끼고 그 절벽을 따라 난 길에 설치된 관문이었다. 작원 잔도는 경상남도 양산시 원동의 하주막에서 밀양시 삼랑진의 까치원에 이르는 벼랑길을 가리킨다.

26 金睟(김수, 1547~1615): 본관은 安東, 자는 子昻, 호는 夢村. 1573년 알성문과에 급제하여 평안도관찰사·경상도관찰사를 거쳐 대사헌, 병조·형조의 판서를 두루 지냈다. 1592년 임진왜란이 일어났을 때 경상우감사로 진주에 있다가 동래가 함락되자 밀양과 가야를 거쳐 거창으로 도망갔다. 전라감사 李洸, 충청감사 尹國馨 등이 勤王兵을 일으키자 함께 용인전투에 참가했으나 패배한 책임을 지고 한때 관직에서 물러났다. 당시 의령에서 의병을 일으켰던 곽재우와 불화가 심했는데 이를 金誠一이 중재하여 무마하기도 했으며, 경상감사로 있을 때 왜군과 맞서 계책을 세워 싸우지 않고 도망한 일로 사람들의 비난을 받았다.

27 李惟儉(이유검, 1538~1592): 본관은 全州, 자는 仲約. 아버지는 庇仁縣監을 지낸 李鶴壽이고, 동생은 충청병사를 지낸 李惟直이다. 564년 무과에 급제하였다. 1592년 임진왜란이 발발하자 순찰사 金睟는 그를 김해 남문 수문장에 임명해 성문을 지키도록 하였다. 그러나 이유검의 군대는 기세등등한 왜군과 제대로 싸우지도 못하고 성을 빼앗겼다. 이유검은 후일을 도모하기로 하고 성을 빠져나왔다. 그러나 이 사실을 안 김수는 성을 포기한 죄를 물어 이유검을 효시하였다.

28 李彦誠(이언성): 李彦諴으로 표기되기도 하나, 조선왕조실록 원문 이미지에는 이언성으로 됨.

29 密陽(밀양): 경상남도 동북부에 있는 고을. 북쪽으로 경상북도 청도군, 동쪽으로 양산시·울산광역시 울주군, 남쪽으로 김해시·창원시, 서쪽으로 창녕군과 접한다.

4월 17일(병오)。

적이 밀양(密陽) 앞의 강(江: 鵲院)에 도착하자, 박진(朴晉)은 성을 태우고 떠났다.

이날 대거 적들이 갑자기 고을 앞의 강에 왔는데 장차 성을 다그칠 기세였다. 박진(朴晉)은 동래(東萊)에서 성으로 돌아온 뒤로 군사들과 백성들을 불러 모아서 지키며 원병을 기다리려 하였으나, 성 안팎에 살던 사람들이 달아나 흩어져 어쩔 수가 없었다. 박진은 어찌해 볼 수가 없음을 알고서 마침내 창고를 불태운 뒤 감사(監司) 김수(金睟)가 있는 곳으로 달려갔다고 하였다.

17일에 이러한 보고가 이르자 도성과 지방에서 크게 동요하여 마침내 팔도(八道)에 좌방어사와 우방어사 등을 나누어 보냈는데, 이일(李鎰)을 경상도 순변사(慶尚道巡邊使)로 삼고 그날로 임무를 주어 보냈다.

【별록】

이날에 변방의 보고가 처음으로 경성(京城)에 이르자 도성과 지방에서 크게 놀랐다. 문무 관원이 궐내에 모여서 모두 '이번에 적이 쳐들어온 의도는 어느 날 갑자기 나온 것이 아니니 사면으로 뚫고 들어올 염려가 없지 않다.'라고 생각하여 우선 영남과 호남에 좌우의 방어사(防禦使)와 조방장(助防將)을 보내기로 하였다. 이에, 이일을 경상도 순변사로 삼아 보냈다. 밤 사경(四更: 새벽 2시 전후)에야 조정을 하직하였다. 또한 금부도사(禁府都事)에게 경상 병사(慶尚兵使) 김성일(金誠一)을 잡아오도록 하였다. 왜적이 반드시 쳐들어오지 않을 것이라고 말한 죄를 장차 다스리려는 것이었다.

十七日丙午。

賊到密陽前江, 朴晉焚城而去。是日, 大賊奄到前江, 勢將逼城。晉自東萊還城之後, 聚呼軍民, 欲守待援, 則內外居人奔散, 而無奈何。晉知無可爲, 遂焚燒倉廒, 馳赴監司金睟所住處云。十七日報至, 中外大震, 遂分遣八道左右防禦等使, 以李鎰[30]爲慶尙道巡邊使, 卽日發遣[31]。

【別錄】

是日, 邊報始至京城, 中外大駭。文武官員, 聚于闕內, 皆以爲此賊入寇之意, 非出於一日, 不無四邊衝入之患, 先差嶺湖南左右防禦使助防將。以李鎰爲慶尙道巡邊使, 以遣之。夜四更辭朝。又遣禁府都事, 拿慶尙兵使金誠一[32]而來。蓋將治言倭必不來之

---

30 李鎰(이일, 1538~1601): 본관은 龍仁, 자는 重卿. 1558년 무과에 급제하여, 전라도 수군절도사로 있다가, 1583년 尼湯介가 慶源과 鐘城에 침입하자 慶源府使가 되어 이를 격퇴하였다. 1592년 임진왜란 때 巡邊使로 尙州에서 왜군과 싸우다가 크게 패배하고 충주로 후퇴하였다. 충주에서 도순변사 申砬의 진영에 들어가 재차 왜적과 싸웠으나 패하고 황해로 도망하였다. 그 후 임진강·평양 등을 방어하고 東邊防禦使가 되었다. 이듬해 평안도 병마절도사 때 명나라 원병과 평양을 수복하였다. 서울 탈환 후 訓鍊都監이 설치되자 左知事로 군대를 훈련했고, 후에 함북 순변사와 충청도·전라도·경상도 등 3도 순변사를 거쳐 武勇大將을 지냈다. 1600년 함경남도병마절도사가 되었다가 병으로 사직하고, 1601년 부하를 죽였다는 살인죄의 혐의를 받고 붙잡혀 호송되다가 定平에서 병사했다.

31 發遣(발견): 어떤 임무를 주어 사람을 내보냄.

32 金誠一(김성일, 1538~1593): 본관은 義城, 자는 士純, 호는 鶴峯. 1564년 사마시에 합격했으며, 1568년 증광문과에 급제하였다. 1577년 사은사의 서장관으로 명나라에 가서 宗系辨誣를 위해 노력했다. 그 뒤 나주목사로 있을 때는 大谷書院을 세워 김굉필·조광조·이황 등을 제향했다. 1590년 通信副使가 되어 正使 黃允吉과 함께 일본에 건너가 실정을 살피고 이듬해 돌아왔다. 이때 서인 황윤길은 일본의 침략을 경고했으나, 동인인 그는 일본의 침략 우려가 없다고 보고하여 당시의 동인 정권은 그의 견해를 채택했다. 임진왜란이 일어나자, 잘못 보고한 책임으로 처벌이 논의되

罪。

4월 18일。

변방에서 위급함을 고하는 글이 하루에도 10여 차례나 이르렀는데, 모두 적의 형세가 엄청나서 방어하기 어렵다고 말하는 것이었다. 도성 안의 사람들이 허둥지둥 두려워 부들부들 떨며 모두가 와해되는 기색이 있었다.

十八日。

邊書告急, 日且十數次, 皆言賊勢浩大, 難以防禦。都內人民, 遑遑惴慄, 皆有崩潰之色。

4월 19일。

비망기에 이르기를, "이처럼 병란이 일어나 매우 위급한 때를 당하여 통상적 규례만 지키고 있을 수는 없다. 무릇 사대부가 죄를 짓고 파면된 자는 죄의 크고 작음과 기간의 오래고 짧음을 따져 가리지 말고서 모두 등용하여 배치하도록 하고, 무사(武士)가 상중(喪中)이라서 집에 있는 자는 모두 다 기복(起復)하도록 하라." 하였다.

十九日。

備忘記[33]曰: "當此兵變孔棘[34]之日, 不可徒守常規。凡士大夫被

었으나 동인인 柳成龍의 변호로 경상우도 招諭使에 임명되었다. 1593년 경상우도 관찰사 겸 순찰사를 역임하다 晉州에서 병으로 죽었다.

33 備忘記(비망기): 임금이 명령을 적어 承旨에게 전하던 문서.

34 孔棘(공극): 매우 위급함.

罪罷散[35]者, 勿論大小久近, 咸使錄用以聽調遣[36], 武士居憂[37]在家者, 悉皆起復[38]."

4월 20일。

신립(申砬)을 삼도 순변사(三道巡邊使)로, 류성룡(柳成龍)을 도체찰사(都體察使)로, 김응남(金應南)을 부체찰사(副體察使)로 삼아 날짜를 한정하여 떠나보냈다.

二十日。

以申砬[39]爲三道巡邊使, 柳成龍[40]爲都體察使, 金應南[41]副之, 刻

---

35 罷散(파산): 조선시대에 實職에서 물러나 散階만을 갖게 되던 일.

36 調遣(조견): 필요한 인원을 조달하여 파견하는 일. 배치함.

37 居憂(거우): 喪中에 있음.

38 起復(기복): 喪中에는 벼슬을 하지 않는 것이 관례로 되어 있으나 국가의 필요에 의하여 상제의 몸으로 상복을 벗고 벼슬자리에 나오게 하는 일.

39 申砬(신립, 1546~1592): 본관은 平山, 자는 立之. 1567년 무과에 급제하여 1583년 북변에 침입해온 尼湯介를 격퇴하고 두만강을 건너가 野人의 소굴을 소탕하고 개선, 함경북도 병마절도사에 올랐다. 임진왜란 때 三道都巡邊使로 임명되어 忠州 㺚川江 彈琴臺에서 背水之陣을 치며 왜군과 분투하다 패배하여 부하 金汝岉과 함께 강물에 투신 자결했다.

40 柳成龍(류성룡, 1542~1607): 본관은 豊山, 자는 而見, 호는 西厓. 1592년 임진왜란이 일어나자 병조판서로서 도체찰사를 겸하여 軍務를 총괄하였다. 이어 영의정에 올라 왕을 扈從하여 평양에 이르러 나라를 그르쳤다는 반대파의 탄핵을 받고 면직되었다. 의주에 이르러 평안도 도체찰사가 되었고, 이듬해 명나라 장수 李如松과 함께 평양성을 수복한 뒤 충청도·경상도·전라도 3도의 도체찰사가 되어 파주까지 진격하였다. 이해 다시 영의정에 올라 4도의 도체찰사를 겸해 군사를 총지휘했으며, 이여송이 碧蹄館에서 대패해 西路로 퇴각하는 것을 극구 만류했으나 뜻을 이루지 못하였다. 1594년 훈련도감이 설치되자 提調가 되어 《紀效新書》(중국 명나라 장수 척계광이 왜구를 소탕하기 위하여 지은 병서)를 講解하였다. 또한 호서의 寺社位田을 훈련도감에 소속시켜 군량미를 보충하고 鳥嶺에 官屯田 설치를 요청하는 등 명나라 및 일본과 화의가 진행되는 동안에도 군비를 보완하기 위해 계속 노력하였다.

日發送。

4월 21일。

이일(李鎰)이 문경(聞慶)에 도착하여 치계(馳啓)하기를, "오늘의 적은 신(神)이 보낸 병사 같아서 감당해 낼 사람이 아무도 없나이다. 신(臣)에게는 죽음이 있을 뿐입니다."라고 하였다. 이에, 궁중(宮中) 또한 의지가 굳건하지 못하자, 마침내 승혜(繩鞋: 미투리) 등 멀리 가는 데 필요한 여러 가지 도구들도 구매하고, 또 사복시(司僕寺)로 하여금 말을 준비하여 정돈해 놓아 갑작스레 쓸 일에 대비하도록 하였다.

二十一日。

李鎰, 到聞慶[42], 馳啓曰: "今日之賊, 有似神兵, 無人敢當。臣則有死而已." 於是, 宮中亦有不固之志, 遂貿繩鞋[43]等遠行諸具, 又

1598년 명나라 經略 丁應泰가 조선이 일본과 연합하여 명나라를 공격하려 한다고 본국에 무고한 사건이 일어나자, 사건의 진상을 알리러 가지 않는다는 북인들의 탄핵을 받아 삭탈관직 되었다가 1600년 복관되었으나 다시 벼슬길에 나아가지 않고 은거하였다.

41 金應南(김응남, 1546~1598): 본관은 原州, 자는 重叔, 호는 斗巖. 1567년 생원시에 합격하고, 1568년 증광 문과에 급제해 예문관·홍문관의 正字를 역임하고 동부승지에 이르렀다가 1583년 제주목사로 좌천되었다. 1585년 우승지로 기용되고 이어 대사헌·대사간·부제학·이조참판 등을 역임하였다. 1591년 성절사로서 명나라에 갔다. 1592년 임진왜란으로 왕이 피난길에 오르자 柳成龍의 천거로 병조판서 겸 부체찰사가 되었다. 이듬해 1593년 이조판서로서 왕을 따라 환도, 1594년 우의정, 1595년 좌의정이 되어 영의정 유성룡과 함께 임진왜란 후의 혼란한 정국을 안정시켰다.

42 聞慶(문경): 경상북도 서북부에 있는 고을. 동쪽은 예천군, 서쪽은 소백산맥을 경계로 충청북도 괴산군, 남쪽은 상주시, 북쪽은 소백산맥을 경계로 충청북도 제천시·충주시와 접한다.

43 繩鞋(승혜): 미투리. 삼이나 노 따위로 짚신처럼 삼은 신.

命司僕寺[44]整立馬[45]匹，以待不時之用。

4월 22일。

신립(申砬)이 장차 떠나려 하면서 면대(面對)를 청해 아뢰기를, “병조 판서(兵曹判書) 홍여순(洪汝諄)이 일을 제대로 처리하지 못하여 많은 사람들의 마음을 크게 잃었으니, 청컨대 참하소서.”라고 하자, 주상이 진노하여 마침내 김응남(金應南)으로 대신하였다.

○또 경림군(慶林君) 김명원(金命元)을 기복(起復)하여 도원수(都元帥)로 삼아 군대를 한강(漢江)으로 출동하게 하였다.

二十二日。

申砬將行，請面對[46]，啓曰：“兵曹判書洪汝諄[47]，不能治事，大失群心， 請斬之.” 上震怒。遂以金應南代之。○又起復慶林君金命元[48]爲都元帥，治兵[49]於漢江。

---

44 司僕寺(사복시): 조선시대 궁중의 가마·마필·목장 등을 관장한 관청.

45 立馬(입마): 말을 준비하여 대기시키는 것.

46 面對(면대): 조선시대 신하가 승정원을 통하지 않고 직접 임금을 대하여 일을 아뢺.

47 洪汝諄(홍여순, 1547~1609): 본관은 南陽, 자는 士信. 1567년 생원시에 합격하고, 1568년 증광문과에 급제, 이듬해 황해도 도사가 되고, 1575년 聖節使의 質正官이 되어 명나라를 다녀왔다. 1592년 임진왜란이 일어나자 병조판서로서 선조를 호종, 북으로 피란하는 도중에 호조판서로 전임되었다. 평양에 이르러 난민들의 폭동으로 뼈가 부러지는 상처를 당하기도 하였다. 난이 끝난 뒤 南以恭·金藎國 등과 함께 柳成龍 등을 몰아내고 정권을 잡았다. 1599년 그의 대사헌 임명을 남이공이 반대하자 북인에서 다시 분당하여 대북이라 부르고, 李爾瞻 등과 함께 남이공 등의 소북과 당쟁을 벌이다가 1600년 병조판서에서 삭탈관직 되었다. 이듬해 곧 복관되었으나, 1608년 광해군이 즉위하자 또다시 탄핵을 받아 진도에 유배되어 이듬해 배소에서 죽었다.

48 金命元(김명원, 1534~1602): 본관은 慶州, 자는 應順, 호는 酒隱. 1568년 종성부사

4월 23일。

주상은 내수사 별좌(內需司別坐) 김공량(金公諒)에게 명하기를 내수사 노복(奴僕) 가운데 활을 잘 쏘는 자 200여 명을 거느리고 대내(大內)에 들어와 숙직하여 지키게 하였다.

○이때 남쪽에서 점차 긴박해지는 전황(戰況)을 보고하자, 경성(京城)의 평민 가운데 피하여 외지로 나간 자가 많이 있었고, 각사(各司)의 관원 가운데 또한 도망쳐 숨느라 관청에 출근하지 자가 있었다. 기성부원군(杞城府院君) 유홍(兪泓)·좌찬성(左贊成) 최황(崔滉)은 맨 먼저 그들의 가솔들을 시골집으로 떠나보냈다.

○주상은 윤두수(尹斗壽)를 나라 한 모퉁이에서라도 쓸 만하다고 하여 석방을 명하자, 대간(臺諫)이 석방하는 것은 불가하다고 여러 차례 아뢰었으나, 주상이 따르지 아니하였다.

○양사(兩司: 사헌부와 사간원)가 합계하였는데, 도성을 굳게 닫아서 사서인(士庶人)이 함부로 나가지 못하게 하고 또 승혜(繩鞋: 미투리) 등의 물건을 내보내어서 죽을 힘을 다하여 떠나지 않는 의리를 보이

가 되었고, 그 뒤 동래부사·판결사·형조참의·나주목사·정주목사를 지냈다. 1579년 의주목사가 되고 이어 평안병사·호조참판·전라감사·한성부좌윤·경기감사·병조참판을 거쳐, 1584년 함경감사·형조판서·도총관을 지냈다. 1587년 우참찬으로 승진했고, 이어 형조판서·경기감사를 거쳐 좌참찬으로 지의금부사를 겸했다. 1589년 鄭汝立의 난을 수습하는 데 공을 세워 平難功臣 3등에 책록되고 慶林君에 봉해졌다. 1592년 임진왜란이 일어나자, 순검사에 이어 팔도도원수가 되어 한강 및 임진강을 방어했으나, 중과부적으로 적을 막지 못하고 적의 침공만을 지연시켰다. 평양이 함락된 뒤 순안에 주둔해 行在所 경비에 힘썼다. 이듬해 명나라 원병이 오자 명나라 장수들의 자문에 응했고, 그 뒤 호조·예조·공조의 판서를 지냈다. 1597년 정유재란 때는 병조판서로 留都大將을 겸임했다.

49 治兵(치병): 군대를 훈련함. 병정이 출동함.

도록 청하였다.

二十三日。

上令內需司[50]別坐金公諒[51]，率內需司奴子能射者二百餘人，入宿衛大內。○時南報漸緊，京城小民，多有避出外方者，各司官員，亦有亡匿不仕者。杞城府院君兪泓[52]·左贊成崔滉[53]，首出其家屬于鄕家。○上以尹斗壽[54]可用於一隅，命放還，臺諫累啓以爲不可

---

50 內需司(내수사): 조선시대에 왕실 재정의 관리를 맡아보던 관아.

51 金公諒(김공량, 생몰년 미상): 宣祖의 寵嬪인 仁嬪金氏의 오빠이다. 1592년 내수사 별좌에 이르렀고, 영의정 李山海와 결탁하여 세자 문제로 鄭澈을 몰아내었다. 임진왜란이 일어나자 宣祖가 開城에 이르렀을 때 백성들이 김공량의 실정을 들어 죄를 줄 것을 청하자 강원도 山谷으로 숨었다.

52 兪泓(유홍, 1524~1594): 본관은 杞溪, 자는 止叔, 호는 松塘. 1553년 별시 문과에 급제, 승문원 정자·典籍·지제교·持平·掌令·집의 등 문관 요직을 역임하였다. 1557년 강원도 암행어사로 나가 민심을 수습하고, 1563년 권신 李樑의 횡포를 탄핵하였다. 이듬해 試官으로 李珥를 뽑았으며, 1565년 文定王后 상사 때에는 山陵都監으로 치산의 일을 맡았고, 춘천부사가 되어서는 선정을 베풀어 선정비가 세워졌다. 1573년 함경도병마절도사로 회령부사를 겸했고, 그 뒤 개성부유수를 거쳐 충청·전라·경상·함경·평안도의 관찰사와 한성판윤 등을 역임했다. 1587년 명나라에 사신으로 가서 이성계가 고려의 권신 李仁任의 아들로 잘못된 것을 바로잡았으며, 1589년 좌찬성으로서 판의금부사를 겸해 鄭汝立의 逆獄을 다스렸다. 1592년 임진왜란 때 선조를 호종했고, 평양에서 세자(뒤의 광해군)와 함께 종묘사직의 신위를 모시고 동북 방면으로 가 도체찰사를 겸임하였다. 1594년 좌의정으로서 해주에 있는 왕비를 호종하다가 객사하였다.

53 崔滉(최황, 1529~1603): 본관은 海州, 자는 彦明, 호는 月潭. 1566년 별시 문과에 급제하여, 1572년 검열이 되었다. 그 뒤 공조·형조의 좌랑, 정언, 해운판관을 지내고, 경상도 도사가 되었다. 1576년 수안 군수, 1577년 함경도 암행어사로 나갔다. 예조참판·대사간·이조 참판·한성판윤·대사헌 등을 거쳐 1590년 이조판서가 되었다. 그간에 1583년에는 성절사로, 1589년에는 사은부사로 명나라에 다녀오기도 하였다. 1592년 임진왜란 때에는 평양까지 선조를 호종하였으며, 왕비와 세자빈을 陪從, 희천에 피난하였고, 이듬해 檢察使가 되어 왕과 함께 환도하여 좌찬성·世子貳師로 지경연사를 겸하였다.

54 尹斗壽(윤두수, 1533~1601). 본관은 海平. 자는 子仰, 호는 梧陰. 尹根壽의 형이

放, 上不從。○兩司合啓, 請堅閉都城, 勿令士庶闌出, 又出繩鞋等物, 以示效死勿去之義。

4월 24일。

부원군(府院君) 유홍(兪泓)이 아뢰기를, “승혜(繩鞋: 미투리)는 적을 방어하는 도구가 아닐뿐더러 말을 세우는 것이 어찌 사태를 진정시키는 방법이겠습니까? 하물며 우리가 가는 곳에는 적 또한 갈 수 있을 것이니, 군신(君臣) 상하가 사직(社稷)과 죽음을 같이하는 것만 못합니다.”라고 하였다.

○주상이 의금부(義禁府)에 유지(諭旨)를 내려 김성일(金誠一)을 붙잡아 오지 말라 하였다. 김성일은 직산(稷山)까지 왔다가 되돌아갔다.

二十四日。

府院君兪泓啓曰: “繩鞋非禦敵之具, 立馬豈鎭物之道? 況我之所往, 敵亦能往, 不如君臣上下, 同死社稷.” ○上諭義禁府, 金誠一勿爲拿來。誠一到稷山[55]而還。

다. 1592년 임진왜란이 발발하자 어영대장·우의정을 거쳐 좌의정에 이르렀다. 평양 行在所에 임진강의 패배 소식이 전해지자, 명나라에 구원을 요청하자는 주장에 반대하고 우리의 힘으로 최선의 노력을 다하자고 주장하였다. 이조판서 李元翼, 도원수 金命元 등과 함께 평양성을 지켰다. 이듬해 三道體察使를 겸했으며, 1595년 판중추부사가 되었고 海原府院君에 봉해졌다. 1597년 정유재란 때에는 영의정 柳成龍과 함께 난국을 수습하였다. 이듬해 좌의정이 되고 영의정에 올랐으나, 대간의 계속되는 탄핵으로 사직하고 南坡에 물러났다.

55 稷山(직산): 충청남도 천안시 서북구에 있는 고을.

4월 25일。

총관(摠管)·위장(衛將)이라는 칭호로 불리는 종실(宗室)을 번갈아 궐내(闕內)로 들어와 숙직하도록 하여 궁궐 수비에 대비하였다.

二十五日。

以宗室稱摠管衛將號，分番入直于闕內，以備宿衛。

4월 26일。

양사(兩司: 사헌부와 사간원)가 연명(連名)으로 장계(狀啓)를 올려 아뢰기를, "영의정(領議政) 이산해(李山海)는 수상(首相: 영의정)이 된 몸으로서 인심을 진정시키지 못하여 흙산이 와르르 무너지는 것 같은 형편에 놓이게 하였으니, 도당(都堂: 의정부)에서 물러나도록 하소서." 라고 하였으나, 주상이 윤허하지 않았다.

○이조 판서(吏曹判書) 이원익(李元翼)이 자청하여 말하기를, "죽음을 두려워하지 않는 선비 10여 명이 있어서 생사를 같이하기로 약속하였으니, 원컨대 이들과 함께 적의 군영에 들어가서 적장의 머리를 베고 나라의 위급함을 다소라도 늦출 수 있도록 해주신다면 비록 죽는다 한들 여한이 없겠습니다."라고 하였으나, 조정에서 실정에 맞지 않는다고 하여 받아들여서 쓰지 않았다.

二十六日。

兩司合啓曰: "領議政李山海[56]，身爲首相，不能鎭定人心，致有

56 李山海(이산해, 1539~1609): 본관은 韓山, 자는 汝受, 호는 鵝溪·終南睡翁. 1578년 대사간이 되어 서인 尹斗壽·尹根壽·尹晛 등을 탄핵해 파직시켰으며, 1588년 우의정에 올랐을 무렵 동인이 남인·북인으로 갈라지자 북인의 영수로 정권을 장악

土崩之勢, 請出于都堂." 上不允。○吏曹判書李元翼[57], 自言: "有敢死士[58]十餘人, 約爲同死生, 願與此輩, 俱入賊營, 斬賊將頭, 少紓國家之急, 雖〈死無恨〉." 朝廷以爲迂闊, 不之用。

4월 27일。

생원(生員) 구용(具容)·권필(權韠)이 상소하여 말하기를, "강화(講和)를 주장한 류성룡(柳成龍)과 나라를 그르친 이산해(李山海)는 실로 오늘날의 진회(秦檜)·양국충(楊國忠)입니다. 그들을 참수하여 백성들

하였다. 1590년 鄭澈이 建儲(세자 책봉) 문제를 일으키자 아들 李慶全을 시켜 金公諒(仁嬪의 오빠)에게 정철이 인빈과 信誠君을 해치려 한다는 말을 전해 물의를 빚었으며, 아들로 하여금 정철을 탄핵시켜 강계로 유배시켰다. 한편 이와 관련해 호조판서 윤두수, 우찬성 윤근수와 白惟咸·柳拱辰·李春英·黃赫 등 서인의 영수급을 파직 또는 귀양보내고 동인의 집권을 확고히 하였다. 1592년 임진왜란 때 왕을 호종해 개성에 이르렀으나, 나라를 그르치고 왜적을 침입하도록 했다는 兩司(사간원·사헌부)의 탄핵을 받고 파면되었다. 白衣로 평양에 이르렀으나, 다시 탄핵을 받아 平海에 中途付處되었다.

57 李元翼(이원익, 1547~1634): 본관은 全州, 자는 公勵, 호는 梧里. 1587년 이조참판 權克禮의 추천으로 안주목사에 기용되었다. 1592년 임진왜란이 발발하자 이조판서로서 평안도도순찰사의 직무를 띠고 먼저 평안도로 향했고, 宣祖도 평양으로 파천했으나 평양마저 위태롭자 영변으로 옮겼다. 이때 평양 수비군이 겨우 3,000여 명으로서, 당시 총사령관 金命元의 군통솔이 잘 안되고 군기가 문란함을 보고, 먼저 당하에 내려가 김명원을 元帥의 예로 대해 군의 질서를 확립하였다. 평양이 함락되자 정주로 가서 군졸을 모집하고, 관찰사 겸 순찰사가 되어 왜병 토벌에 전공을 세웠다. 1593년 정월 李如松과 합세해 평양을 탈환한 공로로 崇政大夫에 가자되었고, 선조가 환도한 뒤에도 평양에 남아서 군병을 관리하였다. 1595년 우의정 겸 4도체찰사로 임명되었으나, 주로 영남체찰사영에서 일하였다. 이때 명나라의 丁應泰가 經理 楊鎬를 중상모략한 사건이 발생해 조정에서 명나라에 보낼 陳奏辨誣使를 인선하자, 당시 영의정 유성룡에게 "내 비록 노쇠했으나 아직도 갈 수는 있다. 다만 학식이나 언변은 기대하지 말라." 하고 자원하였다. 그러나 정응태의 방해로 소임을 완수하지 못하고 귀국하였다.

58 敢死士(감사사): 죽음을 두려워하지 않는 선비. 決死隊.

에게 사죄하게 하소서."라고 하였으나, 회답하지 않았다.

○이일(李鎰)이 상주(尙州)에 도착해 적을 만나서 미처 진을 펼치지도 못하고 패하여 군대 전체가 몰살당하였다. 이날 패전의 보고가 이르자, 마을이 온통 텅 비어 비록 성을 지키려고 해도 이미 지킬 사람이 없었다.

○적이 밀양(密陽)에 도착해 사자(使者)를 보내와 이덕형(李德馨)을 만나보기 원한다고 하여 마침내 이덕형을 보냈다.【협주: 밀양이 징비록에는 상주로 되어 있다.】

二十七日。

生員具容[59]·權韠[60], 上疏曰: "柳成龍之講和, 李山海之誤國, 實今日之秦檜[61]·楊國忠[62]也。請斬之, 以謝百姓." 不報。○李鎰, 到尙州[63], 遇賊未及布陣而敗, 一軍皆沒。是日報至, 閭巷一空, 雖欲

---

59 具容(구용, 1569~1601): 본관은 綾城, 자는 大受, 호는 竹窓·楮島. 아버지는 具思孟이다. 1590년 생원시에 합격, 1598년 김화현감을 역임하였다. 1592년 임진왜란 때에는 權韠과 함께 상소하여 강경한 주전론을 펴, 主和하는 두 상신의 목을 벨 것을 주청했다. 그는 시재가 뛰어나 당시 시문으로 명성이 높았던 권필·李安訥 등과 교분이 매우 두터웠다.

60 權韠(권필, 1569~1612): 본관은 安東, 자는 汝章, 호는 石洲. 과거에 뜻을 두지 않고 술과 시를 즐기며 자유분방한 일생을 살았다. 동몽교관으로 추천되었으나 끝내 나아가지 않았다. 광해군의 妃 柳氏의 동생 등 외척들의 방종을 비난하는 〈宮柳詩〉를 지었다.

61 秦檜(진회): 南宋 고종 때의 宰相. 岳飛를 誣告하여 죽이고 主戰派를 탄압하여 金나라와 굴욕적인 和約을 체결하였으므로 후세에 대표적인 姦臣으로 꼽힌다.

62 楊國忠(양국충): 당나라 중기의 재상. 본명은 楊釗, 당나라 때 楊貴妃의 사촌오빠이다. 그는 양귀비가 玄宗의 총애를 얻은 후 재상으로 승진하여 40여 년 동안 조정을 좌지우지하다가 安祿山과 마찰을 일으켜 결국 안녹산의 반란을 야기했다.

63 尙州(상주): 경상북도 서북부에 있는 고을. 동쪽은 예천군·의성군, 서쪽은 충청북도 옥천군·보은군·영동군, 남쪽은 구미시·김천시, 북쪽은 문경시와 접해 있다.

守城, 已無人矣。○賊到密陽, 使人來言, 願見李德馨[64], 遂遣之。
【密陽徵毖錄尙州】

4월 28일。

광해군(光海君)을 책봉하여 세자로 삼았는데, 백관(百官)의 하례(賀禮)를 간략하게 하여 동반(東班: 문관의 반열)과 서반(西班: 무관의 반열)도 제대로 이루지 못하였고 인장(印章)도 교서(敎書)도 없었으며, 궁료(宮僚: 동궁에 딸렸던 관료)들 또한 많이 오지 않았다.

○백관들이 각각 상소하여 도성(都城)을 굳게 지키도록 청하였으나 모두 회답하지 않았다.

二十八日。

冊封光海君[65]爲世子, 百官朝賀, 草草[66]不成東西班。無印章無

64 李德馨(이덕형, 1561~1613): 본관은 廣州, 자는 明甫, 호는 雙松·抱雍散人·漢陰. 1592년 임진왜란 때 북상 중인 왜장 고니시[小西行長]가 충주에서 만날 것을 요청하자, 이를 받아들여 單騎로 적진으로 향했으나 목적을 이루지 못하였다. 왕이 평양에 당도했을 때 왜적이 벌써 대동강에 이르러 화의를 요청하자, 단독으로 겐소와 회담하고 대의로써 그들의 침략을 공박했다 한다. 그 뒤 정주까지 왕을 호종했고, 請援使로 명나라에 파견되어 파병을 성취하였다. 돌아와 대사헌이 되어 명군을 맞이했으며, 이어 한성판윤으로 명장 李如松의 接伴官이 되어 전란 중 줄곧 같이 행동하였다. 1593년 병조판서, 이듬해 이조판서로 훈련도감 당상을 겸하였다. 1595년 경기·황해·평안·함경 4도체찰 부사가 되었으며, 1597년 정유재란이 일어나자 명나라 어사 楊鎬를 설복해 서울의 방어를 강화하였다. 그리고 스스로 명군과 울산까지 동행, 그들을 慰撫하였다. 그해 우의정에 승진하고 이어 좌의정에 올라 훈련도감 도제조를 겸하였다. 이어 명나라 제독 劉綎과 함께 순천에 이르러 통제사 李舜臣과 함께 적장 고니시의 군사를 대파하였다.

65 光海君(광해군, 1575~1641): 본관은 全州, 이름은 李琿. 宣祖의 둘째아들로, 어머니는 恭嬪金氏이다. 妃는 판윤 柳自新의 딸이다. 1592년 임진왜란이 일어나자 피난지 평양에서 서둘러 세자에 책봉되었다. 선조와 함께 의주로 가는 길에 영변에서

敎書，宮僚亦多不來。○百官各上疏，請堅守都城，皆不報。

4월 29일。

좌의정(左議政) 류성룡(柳成龍)과 도승지(都承旨) 이항복(李恒福)이 청대(請對)하여 아뢰기를, "예로부터 나라가 큰 변란을 겪을 때에는 여러 왕자들을 각지로 나누어 보내 군사들을 불러 모아 적의 침략을 방어하려고 도모하였으니, 모든 왕자들을 각도(各道)로 나누어 보내 다시 도모하기를 꾀하소서."라고 하니, 마침내 김귀영(金貴榮)·윤탁연(尹卓然)에게 임해군(臨海君)을 모시고 함경도로 가도록 하였고, 한준(韓準)에게 순화군(順和君)을 모시고 강원도로 가도록 하였다.

○또 이원익(李元翼)을 평안도로, 최흥원(崔興源)을 황해도로 보냈는데, 대개 이전에 해당 도(道)의 수령이나 감사였을 때 모두 백성들에게 은혜를 끼친 정사(政事)가 있었다.

○이때 주상은 도성을 떠나고자 애써서 이미 떠날 채비를 했으나 대간(臺諫)·백사(百司)는 모두 떠나서는 안 된다고 생각하자, 궁중에서는 마침내 몰래 짐을 꾸리면서 외부 사람들이 알지 못하게 하였다. 도성 사람들이 얼토당토않은 말로 대가(大駕)가 이미 선인문(宣仁門)으로 나가 평복을 입고서 북도(北道)로 향했다고 하였다. 한참 지나서

만약의 사태에 대비해 分朝를 위한 國事權攝의 권한을 위임받았다. 그 뒤 7개월 동안 강원·함경도 등지에서 의병 모집 등 분조 활동을 하다가 돌아와 行在所에 합류하였다. 서울이 수복되고 명나라의 요청에 따라 조선의 방위체계를 위해 軍務司가 설치되자 이에 관한 업무를 주관하였다. 또 1597년 정유재란이 일어나자 전라도에서 모병·군량 조달 등의 활동을 전개하였다. 1594년 尹根壽를 파견해 세자 책봉을 명나라에 주청했으나, 장자인 임해군이 있다 하여 거절당하였다.

66 草草(초초): 간략하게.

야 겨우 진정되었는데, 이와 같은 것들이 하루에도 서너 차례 있었다.

二十九日。

左議政柳成龍·都承旨李恒福[67], 請對言: "自古國家大亂之日, 分遣諸王子, 號召軍兵, 以圖禦敵, 請分遣諸王子于各道, 以謀再圖." 遂命金貴榮[68]·尹卓然[69], 陪臨海君[70], 往咸鏡道, 韓準[71]陪順和

---

67 李恒福(이항복, 1556~1618): 본관은 慶州, 자는 子常, 호는 白沙·弼雲·東岡. 1592년 임진왜란이 일어나자 도승지로서 왕비를 개성까지 무사히 호위하고, 또 왕자를 평양으로, 선조를 의주까지 호종하였다. 그동안 이조 참판으로 오성군에 봉해졌고, 이어 형조판서로 오위도총부 도총관을 겸하였다. 이 동안 이덕형과 함께 명나라에 원병을 청할 것을 건의했고 尹承勳을 해로로 호남지방에 보내 근왕병을 일으켰다. 宣祖가 의주에 머무르면서 명나라에 구원병을 요청하자, 명나라에서는 조선이 왜병을 끌어들여 명나라를 침공하려 한다며 병부상서 石星이 黃應陽을 조사차 보냈다. 이에 그가 일본이 보내온 문서를 내보여 의혹이 풀려 마침내 구원병이 파견되었다. 그리하여 만주 주둔군 祖承訓·史儒의 3,000 병력이 왔으나 패전하자, 다시 중국에 사신을 보내 대병력으로 구원해줄 것을 청하자고 건의하였다. 그리하여 李如松의 대병력이 들어와 평양을 탈환하고, 이어 서울을 탈환, 환도하였다. 다음 해 선조가 세자를 남쪽에 보내 分朝를 설치해 경상도와 전라도의 군무를 맡아보게 했을 때 大司馬로서 세자를 받들어 보필하였다. 1594년 봄 전라도에서 宋儒眞의 반란이 일어나자 여러 관료가 세자와 함께 환도를 주장하였다. 그러나 그는 반란군 진압에 도움이 되지 못한다고 상소해 이를 중단시키고 반란을 곧 진압하였다.

68 金貴榮(김귀영, 1520~1593): 본관은 尙州, 자는 顯卿, 호는 東園. 1555년 을묘왜변이 일어나자 이조 좌랑으로 도순찰사 李浚慶의 종사관이 되어 光州에 파견되었다가 돌아와 이조정랑이 되었다. 1556년 議政府檢詳, 1558년 弘文館典翰 등을 거쳐, 그 뒤 漢城府右尹·춘천 부사를 지냈고, 대사간·대사헌·부제학 등을 번갈아 역임하였다. 선조 즉위 후 도승지·예조판서를 역임하고, 병조판서로서 지춘추관사를 겸하였으며, 1581년 우의정에 올랐고, 1583년 좌의정이 되었다가 곧 물러나 知中樞府事가 되었다. 1589년에 平難功臣에 녹훈되고 上洛府院君에 봉해진 뒤 耆老所에 들어갔으나, 趙憲의 탄핵으로 사직했다. 1592년 임진왜란이 일어나 천도 논의가 있자, 이에 반대하면서 서울을 지켜 명나라의 원조를 기다리자고 주장하였다. 결국 천도가 결정되자 尹卓然과 함께 臨海君을 모시고 함경도로 피난했다가, 회령에서 鞠景仁의 반란으로 임해군·順和君과 함께 왜장 加藤清正의 포로가 되었다. 이에 임해군을 보호하지 못한 책임으로 관직을 삭탈당했다. 이어 다시 加藤清正의 강요에 의해 강화를 요구하는 글을 받기 위해 풀려나 行在所에 갔다가, 사헌부·사간원의 탄핵으

君[72], 往江原道。○又遣李元翼于平安道, 崔興源[73]于黃海道, 蓋前

로 推鞫당해 회천으로 유배 가던 중 중도에서 죽었다.

69 尹卓然(윤탁연, 1538~1594): 본관은 漆原, 자는 尙中, 호는 重湖. 1558년 생원시에 합격하고 1565년 알성 문과에 급제, 승문원에 보임되었다. 승정원주서를 거쳐 1568년 전적·사간원정언을 역임하고 千秋使 서장관이 되어 명나라에 다녀왔다. 1574년에도 奏請使의 서장관으로 명나라에 다녀와 사헌부지평·장령·교리·검상·사인 등을 역임하고, 이듬해 외직으로 동래부사·상주목사를 지냈다. 1580년 좌승지·도승지·예조참판을 지내고, 1582년 영남지방에 큰 흉년이 들자 왕이 윤탁연의 재능을 믿고 경상도관찰사로 특채하였다. 1585년 경기도관찰사에 오른 뒤 한성부판윤에 승진하고 세 차례의 형조판서와 호조판서를 지냈다. 1591년 宗系辨誣의 공으로 漆溪君에 봉해졌으며, 특히 備邊司有司堂上을 역임하였다. 1592년 임진왜란이 일어나자 왕을 모시고 북으로 가던 도중 檢察使에 임명되었다. 그때 함경도 지방에는 이미 적이 육박했으며, 함경도에 피난한 왕자 臨海君과 順和君이 회령에서 北邊叛民과 적에게 아부한 무리에 의해 적의 포로가 되자, 조정은 勤王兵을 모아 적을 격퇴시킬 계획을 세웠다. 윤탁연은 왕의 특명으로 함경도도순찰사가 되어 의병을 모집하고, 왜군에 대한 방어계획 등 시국 타개에 노력하다가 그곳에서 객사하였다.

70 臨海君(임해군, 1574~1609): 宣祖의 맏아들 珒. 임진왜란 때 왜군의 포로가 되었다가 석방되었다. 광해군 즉위 후 유배되었다가 죽었다.

71 韓準(한준, 1542~1601): 본관은 淸州, 자는 公則, 호는 南崗. 1566년 별시문과에 급제하여 예문관에 등용되었다. 예조좌랑·장령·좌승지·전라도 관찰사·호조 참판 등을 지냈다. 1588년 우참찬이 되어 聖節使로 명나라에 다녀와 황해도 관찰사가 되었다. 이듬해 안악군수 李軸, 재령군수 韓應寅 등이 연명으로 鄭汝立의 모역 사건을 알리는 告變書를 조정에 비밀장계로 올렸다. 그 공으로 1590년 平難功臣 2등이 되고 좌참찬에 올라 淸川)에 봉하여졌다. 1592년 임진왜란 때 호조판서로 順和君을 호종, 강원도로 피난하였고, 이듬해 한성부판윤에 전임되었으며, 進賀兼奏聞使로 다시 명나라에 다녀와 이조판서가 되고, 1595년 謝恩兼奏請使로 또다시 명나라에 다녀왔다.

72 順和君(순화군, ?~1607): 순화군은 宣祖의 여섯째아들 玒. 부인은 승지 黃赫의 딸이다. 임진왜란이 일어나자 왕의 명을 받아 黃廷彧·황혁 등을 인솔하고 勤王兵을 모병하기 위해서 강원도에 파견되었다. 같은 해 5월 왜군이 북상하자 이를 피하여 함경도로 들어가 미리 함경도에 파견되어 있던 臨海君을 만나 함께 會寧에서 주둔하였는데, 왕자임을 내세워 행패를 부리다가 함경도민의 반감을 샀다. 마침 왜군이 함경도에 침입하자 회령에 위배되어 향리로 있던 鞠景仁과 그 친족 鞠世弼 등 일당에 의해 임해군 및 여러 호종 관리와 함께 체포되어 왜군에게 넘겨져 포로가 되었다. 이후 안변을 거쳐 이듬해 밀양으로 옮겨지고 부산 多大浦 앞바다의 배 안에 구금되어

爲本道守令監司, 俱有惠政也。○時自上力欲去邠[74], 已治行具, 而臺諫·百司, 俱以爲不可去, 宮中遂密爲裝束, 不使外人知之。都人訛言, 大駕已自宣仁門[75], 着布衣向北道。久而乃定, 如是者日三四。

4월 30일。

신립(申砬)이 군사들을 충주(忠州)에 주둔시켰는데, 일처리가 조급하고 어수선하여 아침에 영을 내렸다가 저녁에 고치니, 군사들은 밤낮으로 정신없이 잠만 잤다.【협주: 구본에는 조령을 막을 계획을 세우지 않았다.】 적이 들이닥쳤다는 소식을 듣고서 풀이 우거진 저지대의 습지에 포진했다가 적에게 둘러싸여 한 사람도 탈출한 자가 없었다.

이날 패전 보고가 이르자【협주: 구본에는 대가가 도성을 떠난다는 계획을 그냥 넘길 수가 없었다.】, 위로는 조관(朝官: 조정의 신하)으로부터 아래로는 군교(軍校)에 이르기까지 잇따라 도망쳐 숨어서 성문을 닫지도 않

일본으로 보내지려 할 때, 명나라의 사신 沈惟敬과 왜장 小西行長과의 사이에 화의가 성립되어 1593년 8월 풀려났다. 성격이 나빠 사람을 함부로 죽이고 재물을 약탈하는 등 불법을 저질러 兩司의 탄핵을 받았고, 1601년에는 순화군의 君號까지 박탈당하였으나 사후에 복구되었다.

73 崔興源(최흥원, 1529~1603): 본관은 朔寧, 자는 復初, 호는 松泉. 1555년 소과를 거쳐 1568년 증광문과에 급제하여, 장령·정언·집의·사간을 역임하였으며, 이어 동래와 부평의 부사를 지냈다. 1578년 승지로 기용되고, 1588년 평안도 관찰사가 되었다. 이후 지중추부사를 거쳐 1592년 임진왜란이 일어나자 경기도와 황해도 순찰사, 우의정·좌의정을 거쳐 柳成龍의 파직에 따라 영의정에 기용되었다. 임진왜란 당시 왕을 의주까지 호종했던 공으로 1604년 扈聖功臣에 追錄되었다.

74 去邠(거빈): 임금이 전란을 피해 도성을 버리고 다른 곳으로 옮겨가는 것. 원래 邠은 중국 周나라의 서울이었는데, 太王이 오랑캐의 침입을 받자 이를 피하기 위해 岐山 밑으로 옮겨간 고사에서 유래한다.

75 宣仁門(선인문): 조선시대 昌德宮 仁政殿의 동쪽에 있던 문.

았고 밤에 인경을 치지도 않았으니, 사람들과 말이 인정전(仁政殿)의 뜰에 북적북적하였다.

○하루 전에 주상은 류성룡을 유도대장(留都大將)으로, 이성중(李誠中)을 좌통어사(左統禦使)로, 정윤복(丁胤福)을 우통어사(右統禦使)로 삼자, 도승지 이항복이 아뢰기를, "나랏일이 이미 손쓸 수 없는 상황인데 만약 중국에 구원을 청하는 일이 있게 되면 주선하거나 응대하는 사이에 류성룡이 없어서는 안 될 것이오니, 유도대장으로 명하지 마시옵소서."라고 하였다. 마침내 우의정 이양원(李陽元)을 대신 유도대장으로 삼았다.

○이때에 이르러 주상이 표신(標信: 왕명을 전하는 宣傳標信)을 병조판서 김응남에게 주어 적절히 맡아 하도록 일임하였다. 김응남은 목에 표신을 걸고서 지휘하려고 했으나 한 사람도 호응하는 자가 없었다. 이때 밤은 이미 삼경(三更: 자정 전후)이 되어 대가(大駕)가 장차 출발하려 하였으나, 군인들이 제대로 준비되지 않아서 병조 좌랑(兵曹佐郎) 이홍로(李弘老)가 표신을 가지고 사위영(四衛營)에 두루 돌아다녔지만 단지 위장(衛將) 성수익(成壽益) 한 사람만 있을 뿐이었다. 또 하늘에서는 큰비가 내리는데다 밤은 칠흑같이 어두웠다.

주상이 단지 두세 명의 젊은 내시들과 판방(板房: 마루방 또는 임시가옥)에 앉아 있는데, 무뢰배들이 대내(大內: 궁궐)에 난입하여 귀중한 물건들을 훔쳐 가면서 아무런 꺼리는 바가 없었다. 시녀들은 맨발에 옷 벗은 채로 혹은 쓰러지기도 하고 혹은 울면서 뿔뿔이 흩어져 궁문을 빠져 나가니 소리가 하늘에 사무치도록 진동하였다.

이홍로는 동강난 촛불을 들고서 주상을 인도하여 나섰고, 곤전(坤

殿: 왕비)에서 비빈(妃嬪)에 이르기까지 모두 옥교(屋轎: 지붕이 있는 가마)를 탔으니 가마꾼이 일고여덟 명이거나 대여섯 명씩이었다. 사경(四更: 새벽 2시 전후)이 되어서야 비로소 궁문을 나섰다. 【협주: 구본에는 주상이 말을 탔고 뒤따르는】 모든 수행 관원들이 서로 차례를 지키지도 않아서 그들이 오고 간 것을 일일이 다 기록할 수 없으므로 우선 아문(衙門)을 구별하여 다음과 같이 죽 나열해 기록한다.

- 영의정 이산해, 좌의정 류성룡, 우의정 이양원(李陽元, 협주: 유도대장), 좌찬성 최황, 우찬성(右贊成) 정탁(鄭琢), 좌참찬(左參贊) 최흥원(崔興源, 협주: 황해도 순찰사로 갔다.), 사인(舍人) 윤승훈(尹承勳). 【협주: 그 나머지는 모두 빠졌다.】
- 이조 판서 이원익(李元翼, 협주: 평안도 순찰사로 갔다.), 참판(參判) 정창연(鄭昌衍), 참의(參議) 이정암(李廷馣), 정랑(正郎) 조정(趙挺)·류영경(柳永慶, 협주: 최흥원의 종사관으로 갔다.)·정광적(鄭光績, 협주: 강원도 어사로 가서 돌아오지 않았다.), 좌랑(佐郎) 이호민(李好閔, 협주: 이원익의 종사관으로 갔다.)·김시헌(金時獻). 【협주: 그 나머지는 모두 빠졌다.】
- 호조 판서 한준(韓準). 【협주: 참판 이하는 기억나지 않는다.】
- 예조 판서(禮曹判書, 협주: 權克智로 죽은 지 2일이 되었다.), 참판 박응복(朴應福) 【협주: 참의 이하는 기억나지 않는다.】, 좌랑 이경류(李慶流, 협주: 상주에서 죽었다.).
- 병조 판서 김응남, 참판 심충겸(沈忠謙), 참의 정사위(鄭士偉), 참지(參知) 황섬(黃暹), 정랑 이홍로(李弘老, 협주: 개성에서 뒤처졌다.)·구성(具宬, 협주: 개성에서 파직되었다.)·송순(宋諄, 협주: 파주에서 뒤처졌다.)·

류희서(柳熙緖, 협주: 김명원의 종사관으로 갔다.), 좌랑 서성(徐渻, 협주: 파주에서 뒤처졌다.)·이각(李覺: 李覺의 오기, 협주: 영변에서 세자를 호종하였다.)·박동량(朴東亮)·최근(崔瑾, 협주: 평양에 와서 병으로 갔다.)

- 형조 판서(刑曹判書, 협주: 이하는 모두 기억나지 않는다.)
- 공조 참판(工曹參判) 이덕형(李德馨, 협주: 적중에서 돌아오지 않았다. 판서 이하는 기억나지 않는다.)
- 한성 판윤(漢城判尹) 홍여순(洪汝諄). 【협주: 좌윤 이하는 기억나지 않는다.】
- 대사헌(大司憲) 이헌국(李憲國), 집의(執義) 권협(權悏), 장령(掌令) 정희번(鄭姬藩)·이유중(李有中), 지평(持平) 이경기(李慶祺, 협주: 박천에서 하직하지 않고 갔다.)·남근(南瑾, 협주: 처음부터 오지 않았다.)
- 대사간(大司諫) 김찬(金瓚, 협주: 평양에서 상소하고 갔다.), 사간(司諫) 이괵(李磩), 헌납(獻納) 이정신(李廷臣, 협주: 영변에서 하직하지 않고 갔다.), 정언(正言) 정사신(鄭士信, 협주: 처음부터 오지 않았다.)·황붕(黃鵬, 협주: 평양에서 뒤처졌다.)
- 홍문관(弘文館) 교리(校理) 이유징(李幼澄)·심대(沈岱), 수찬(修撰) 박동현(朴東賢)·임몽정(任蒙正, 협주: 처음부터 오지 않았다.), 부수찬(副修撰) 윤섬(尹暹)·박호(朴箎, 협주: 두 사람은 상주에서 죽었다.)
- 도승지(都承旨) 이항복(李恒福), 좌승지 이충원(李忠元), 우승지 이정형(李廷馨), 좌부승지 노직(盧稷, 협주: 평양에서 뒤처졌다.), 우부승지 신잡(申磼), 동부승지 민여경(閔汝慶, 협주: 평양에서 뒤처졌다.), 주서(注書) 박정현(朴鼎賢, 안주에서 하직하지 않고 갔다.)·임취정(任就正, 협주: 안주에서 하직하지 않고 갔다.)
- 봉교(奉敎) 기자헌(奇自獻, 협주: 뒤좇아 평양에 왔다.), 대교(待敎) 윤

경립(尹敬立, 협주: 상소를 하고 부친의 임소로 갔다.)·조존세(趙存世, 협주: 안주에서 하직하지 않고 갔다.), 검열(檢閱) 김선여(金善餘, 협주: 안주에서 하직하지 않고 갔다.)·강수준(姜秀俊: 姜秀峻의 오기, 협주: 평양에서 상소하고 갔다.)·김의원(金義元). 【협주: 나머지는 빠졌다.】

- 한산관(閑散官)으로 수행한 자: 기성군(杞城君) 유홍(兪泓), 해평군(海平君) 윤근수(尹根壽), 해원군(海原君) 윤두수(尹斗壽), 호군(護軍) 이산보(李山甫)·류근(柳根)·홍진(洪進)·홍인상(洪麟祥)·민준(閔濬)·윤자신(尹自新)·황정식(黃廷式)·이정립(李廷立)·이관(李瓘)·성수익(成壽益). 【협주: 나머지는 다 기록하지 않는다.】
- 각사(各司)의 관원으로 수행한 자(협주: 이 이하는 단지 수행한 자만 기록한다.): 대사성(大司成) 임국로(任國老, 협주: 평양에서 상소하고 갔다.), 직강(直講) 심우승(沈友勝), 박사(博士) 이효원(李效元), 사복시 첨정(司僕寺僉正) 박응인(朴應寅), 내승(內乘) 박동언(朴東彦)·안황(安滉). 종부첨정(宗簿僉正) 민선(閔善, 협주: 파주에서 뒤처졌다.). 장악원 직장(掌樂院直長) 이경전(李慶全, 협주: 평양에서 뒤처졌다.). 사섬시 봉사(司贍寺奉事) 이신성(李愼誠, 협주: 파주에서 뒤처졌다.). 봉상시 봉사(奉常寺奉事) 홍봉상(洪鳳祥).
- 세자를 수행한 관원: 보덕(輔德) 심대(沈岱), 필선(弼善) 심우정(沈友正), 문학(文學) 이상의(李尙毅), 사서(司書, 협주: 기억나지 않는다.), 설서(說書) 이광정(李光庭), 익위사(翊衛司) 관원은 모두 오지 않았으나 오직 부솔(副率) 강인(姜絪)만 왔다.

가까이서 모시는 신하들이 대개 다 호종하였으나 지평(持平) 남근

(南瑾)·정언(正言) 정사신(鄭士信)은 겨우 반송정(盤松亭)까지 따라 왔다가 곧 어디로 갔는지 알지 못하였다. 처음부터 오지 않은 자는 오직 임몽정(任蒙正) 한 사람뿐이다. 그 나머지 소관(小官: 미관말직)과 산질인(散秩人: 散官)들은 혹 파주(坡州)에서 혹 개성(開城)에서 자기 마음대로 행동해서 기록하지 못한 자가 많다.

○이날 낮에 대가(大駕)는 큰비를 무릅쓰고 벽제(碧蹄)에 도착하여 잠시 쉬었다. 어둠을 틈타서 임진(臨津)에 도착하니, 시냇물이 불어서 범람해 길은 진창인 데다 나룻배는 겨우 대여섯 척뿐이었다. 이 때문에 양반이나 일반 평민들이 서로 먼저 건너려고 다투어 상하 관계가 문란해져서 마부와 말이 흩어져 달아나니, 혹은 걷기도 하고 혹은 말을 타기도 했지만 밤새도록 건널 수가 없었다.

후궁(後宮) 민빈(閔嬪)은 가마 멀미로 계속 파주(坡州)에 남아 있었다. 주상은 배를 타고 기다렸는데, 이미 이경(二更)이 가까워졌으나 아직도 저녁 식사를 올리지 않아서 내환(內宦: 내시)을 돌아보며 술을 올리라고 이르니 "술을 가져오지 않았습니다." 하였고, 차를 올리라고 이르니 "차도 가져오지 않았습니다."라고 하였다. 【협주: 구본에는 갈증을 참고 말없이 앉아 있었다.】 내의원(內醫院)의 용운(龍雲)이란 자가 상투 속에서 사탕 반 덩어리를 내어 강물에 타서 올렸다. 한밤중이 되어서 동파관(東坡館)에 도착했는데, 사경(四更: 새벽 2시 전후)에야 비로소 현미밥을 올렸고, 세자 이하는 모두 밥을 굶었다. 좌의정 류성룡(柳成龍)이 백미 3승(升)을 올리니, 다음날 아침에 밥을 지어 드렸다.

三十日。

申砬駐兵忠州, 處事躁擾[76], 朝令夕改, 晝夜昏睡【舊本不爲遮截鳥嶺之計】。及聞賊至, 列陣於草密沮濕[77]之地, 爲賊所俺, 無一人脫者。是日, 敗報到【舊本去邠之計, 不可過矣.】, 上自朝官, 下至軍校, 相繼逃竄, 城門不閉, 夜漏不傳, 人馬雜沓[78]於仁政殿[79]庭。○先一日, 上以柳成龍爲留都大將, 李誠中[80]·丁胤福[81]爲左右統禦使, 都承旨李恒福, 啓曰: "今國事已去, 若無[82]請救中原之擧, 則周旋應對之間, 不可無柳成龍, 請勿令留都." 遂以右議政李陽元[83]代之。○至

---

76 躁擾(조요): 병으로 몸이 괴로워서 팔다리를 가만두지 못하고 몸을 엎치락뒤치락하면서 안절부절못하는 것.

77 沮濕(저습): 低窪潮濕. 저지대의 습지.

78 雜沓(잡답): 정신을 못 차리게 북적북적하고 복잡함.

79 仁政殿(인정전): 창덕궁의 正殿.

80 李誠中(이성중, 1539~1593): 본관은 全州, 자는 公著, 호는 坡谷. 1558년 진사시에 합격하고, 1570년 식년 문과에 급제하였다. 1575년 한산군수, 1584년 동부승지·우승지를 역임하고 1585년 좌승지, 1586년 대사간에 이어 1589년 이조참판, 1590년 대사헌, 1591년 충청감사 등을 지냈다. 1592년 임진왜란이 일어나자 수어사가 되어 임금을 호종해 평양에 이르러 호조판서가 되고, 선조의 요동 피난을 반대하였다. 1593년 7월 함창에서 과로로 병사하였다.

81 丁胤福(정윤복, 1544~1592): 본관은 羅州, 자는 介錫. 1567년 사마시에 합격하고, 그해 식년문과에 급제, 승문원에 등용되고, 이어 예조좌랑·우승지·대사성·도승지·병조판서 등을 지냈다. 1592년 임진왜란 때 東西路號召使로 기용되고, 이어 右統禦使가 되었다. 선조가 북쪽으로 피란할 때 다리가 불편하여 따라가지 못하고, 分朝인 伊川으로 가서 병조참판을 제수받고 가산군에 이르렀을 때 병이 심해져 죽었다.

82 無(무): 有의 오기.

83 李陽元(이양원, 1526~1592): 본관은 全州, 자는 伯春, 호는 鷺渚. 1555년 알성문과에 급제, 檢閱·著作을 거쳐 1563년 호조참의가 되었다. 그해에 宗系辨誣使의 서장관으로 명나라에 들어가 객사한 正使 金澍를 대신해, 명나라의 《太祖實錄》과 《大明會典》에 태조 李成桂의 아버지가 고려의 李仁任으로 잘못 기재된 것을 李子春으로 바로잡고 돌아와 그 공으로 加資되었다. 그 뒤 평안도·충청도·경기도의 관찰사, 형조판서·대제학·대사헌 등을 역임하고, 1590년 종계변무의 공으로 光國功臣 3등에 책록되고 漢山府院君에 봉해졌으며, 이듬해 우의정에 승진하였다. 1592년 임진왜란이 일어나자 留都大將으로 수도의 수비를 맡았으나 한강 방어의

是, 上以標信[84], 授兵曹判書金應南, 一任便宜。金應南項帶標信, 欲有指揮, 而無一人應之者。時夜已三更, 大駕將出, 而軍人未備, 兵曹佐郎李弘老[85], 持標信, 遍行四衛, 只有衛將成壽益[86]一人而已。天又大雨, 夜暗如漆。上只與數三少宦, 坐板房, 無賴之徒, 闌入大內, 掠取寶貨, 無所忌憚。侍女跣足脫衣, 或踣或哭, 散出宮門, 聲震徹天。李弘老, 持一小燭跋, 導上而出, 自坤殿至妃嬪, 皆乘屋轎[87], 而擔夫或七八或五六。四更始出宮門。【舊本上乘馬, 隨之】諸從官, 不相倫次, 其來其去, 不能盡記, 姑列書銜門如左。領議政李山海, 左議政柳成龍, 右議政李陽元【留都】, 左贊成崔滉, 右贊成

실패로 楊州로 철수, 分軍의 부원수 申恪과 함경도병마절도사 李渾의 군사와 합세해 蟹踰嶺에 주둔, 일본군과 싸워 승리한 뒤 영의정에 올랐다. 이때 의주에 피난해 있던 선조가 遼東으로 건너가 內附(딴 나라에 들어가 붙음)한다는 소식을 전해 듣고, 탄식하며 8일간 단식하다가 피를 토하고 죽었다 한다.

84 標信(표신): 조선시대 궁중의 급변을 전할 때나 궐문을 드나들 때 지녔던 출입증.

85 李弘老(이홍로, 1560~1608): 본관은 延安, 자는 裕甫, 호는 板橋. 1579년 진사시에 합격되고, 1583년 정시문과에 장원으로 급제하였다. 1592년 임진왜란이 일어나자 병조좌랑으로서 왕을 호종하다가 도망하고, 뒤에 함경도도검찰사의 종사관을 지내면서 또 도망하였으며, 다시 선전관이 되었으나 兩司(사헌부와 사간원)의 탄핵으로 유배되었다. 그 뒤 풀려나와 경기도관찰사가 되었다. 1608년 柳永慶 등 소북의 일파로 몰려 다시 제주에 유배되었고, 유배지에서 사사되었으며, 1612년 부관참시되었다.

86 成壽益(성수익, 1528~1598): 본관은 昌寧, 자는 德久, 호는 七峯. 1552년 생원이 되고 敬陵參奉를 역임하였다. 1559년 정시 문과에 급제, 承文院權知에 부임되었다가 弘文館著作으로 옮겼다. 1592년 임진왜란이 일어나자 선조를 호종하였는데, 이듬해 임금이 永柔에 머물 때 형조참판 겸 五衛都摠部副摠管에 제수되었다. 왜적이 물러가자 왕비를 해주에 호종하기도 하였다. 1595년 개성유수를 거쳐 1597년 정유재란 때 부총관으로 왕비를 수안으로 호종하다가 과로로 병을 얻어 이듬해 해주에서 죽었다.

87 屋轎(옥교): 나무로 집같이 꾸미고 출입하는 문과 창을 달아 만든 가마.

鄭琢[88], 左參贊崔興源【巡察黃海道去】, 舍人尹承勳[89], 【餘員皆缺】。吏曹判書李元翼【巡察平安道去】, 參判鄭昌衍[90], 參議李廷馣[91], 正郎趙

88 鄭琢(정탁, 1526~1605): 본관은 淸州, 자는 子精, 호는 藥圃·栢谷. 예천 출신이다. 1552년 생원시를 거쳐 1558년 식년문과에 급제하였다. 1565년 정언을 거쳐 예조정랑·헌납 등을 지냈다. 1572년 이조 좌랑이 되고, 이어 도승지·대사성·강원도 관찰사 등을 역임하였다. 1581년 대사헌에 올랐으나, 장령 鄭仁弘·지평 朴光玉과 의견이 맞지 않아 사간원의 계청으로 이조 참판에 전임되었다. 1582년 進賀使로 명나라에 갔다가 이듬해 돌아와서 다시 대사헌에 재임되었다. 그 뒤 예조·형조·이조의 판서를 역임하고, 1589년 謝恩使로 명나라에 다시 다녀왔다. 1592년 임진왜란이 일어나자 좌찬성으로 왕을 의주까지 호종하였다. 1594년에는 郭再祐·金德齡 등의 명장을 천거하여 전란 중에 공을 세우게 했으며, 이듬해 우의정이 되었다. 1597년 정유재란이 일어나자 3월에는 옥중의 李舜臣을 伸救하여 죽음을 면하게 하였으며, 水陸併進挾攻策을 건의하였다.

89 尹承勳(윤승훈, 1549~1611): 본관은 海平, 자는 子述, 호는 晴峰. 1573년 사마시에 합격하여 진사가 되고, 그 해 식년문과에 급제하였다. 1592년 임진왜란이 일어나자 사간원사간으로서 撫諭御史·宣諭使·調度使 등의 임시관직을 맡아 국난극복을 위하여 활약하였고, 1594년 충청도관찰사에 이어 형조참의·호조참판·대사헌 등을 거쳤다. 1597년 형조판서가 되어 謝恩使로 명나라에 다녀온 다음 이조판서에 올랐다. 1599년 함경도관찰사, 그 뒤 1601년 우의정에 이어 좌의정·영의정까지 지냈다.

90 鄭昌衍(정창연, 1552~1636): 본관은 東萊, 자는 景眞, 호는 水竹. 척신가문으로 선조의 총애를 받아 1588년 동부승지에 임명되었으며 이후 부제학과 이조참판을 거쳤다. 임진왜란 중에는 世子左賓客으로 광해군을 시종하였다. 1609년 이조판서가 되었는데 추천과정에서 왕비 유씨의 외척이라 하여 비판의 대상이 되었고, 鄭仁弘·李爾瞻 등의 대북을 지지했다.

91 李廷馣(이정암, 1541~1600): 본관은 慶州, 자는 仲薰, 호는 四留齋·退憂堂·月塘. 1558년 사마시에 합격해 진사가 되고, 1561년 식년 문과에 급제하였다. 처음 승문원에 들어가 권지부정자를 역임하고 예문관 검열로 사관을 겸하였다. 1565년 승정원 주서를 거쳐 1567년 성균관 전적·공조 좌랑·예조 좌랑·병조 좌랑 등을 두루 역임하였다. 1592년 임진왜란이 일어날 때 이조 참의로 있었는데, 선조가 평안도로 피난하자 뒤늦게 扈從했으나 이미 체직되어 소임이 없었다. 아우인 개성 유수 李廷馨과 함께 개성을 수비하려 했으나 임진강의 방어선이 무너져 실패하고 말았다. 그 뒤 황해도로 들어가 招討使가 되어 의병을 모집해 延安城에서 치열한 싸움 끝에 승리해 그 공으로 황해도 관찰사 겸 순찰사가 되었다. 1593년 병조참판·전주 부윤·전라도 관찰사 등을 역임하고, 1596년 충청도 관찰사가 되어 李夢鶴의 난을 평정하는 데

挺[92]·正郎柳永慶[93]【崔興源從事官去】正郎鄭光績[94]【江原御史未還】, 佐郎李好閔[95]【李元翼從事官去】佐郎金時獻, 【餘缺】。戶曹判書韓準, 【參

공을 세웠다. 그러나 죄수를 임의로 처벌했다는 누명을 쓰고 파직되었다가 다시 지중추부사가 되고, 황해도 관찰사 겸 도순찰사가 되었다.

92 趙挺(조정, 1551~1629): 본관은 楊州, 자는 汝豪, 호는 漢叟·竹川. 1582년 진사가 되고, 이듬해 정시 문과에 급제, 史官으로 등용되었으며, 1586년 사정으로서 다시 중시 문과에 급제하였다. 그 뒤 예문관·홍문관에 등용되고, 이어 수찬·교리를 거쳐 정언이 되었다. 1592년 임진왜란이 일어나자 보덕으로 세자를 扈從하였고, 그 뒤 전적·필선을 거쳐 회양 부사·廣州牧使·남양 부사·안변 부사로 나아갔다. 그 뒤 호조판서·대사간·동부승지·부제학·동지중추부사·대사성, 이조·호조·형조의 참판 및 지의금부사·대사헌 등을 두루 역임하였다. 1601년 聖節使로 명나라에 다녀와 한성판윤이 되고, 1609년 형조판서로 또다시 성절사가 되어 명나라에 다녀왔다. 1628년 해남에 유배, 풍토병에 시달리다가 이듬해 죽었다.

93 柳永慶(류영경, 1550~1608): 본관은 全州, 자는 善餘, 호는 春湖. 1572년 春塘臺文科에 급제해 정언 등 淸要職을 역임하였다. 1592년 임진왜란이 일어나자 사간으로서 招諭御史가 되어 많은 의병을 모집하는 활약을 보였고, 1593년 황해도순찰사가 되어 해주에서 왜적을 맞아 60여급을 베는 공을 세웠다. 그 공로로 行在所에서 호조참의에 올랐다. 1594년 황해도관찰사가 되었고, 1597년 정유재란 때에 知中樞府事로서 가족을 먼저 피란시켰다는 혐의로 파직되었다가 이듬해 병조참판에 서용되었다. 당론이 일어날 때에는 柳成龍과 함께 동인에 속했으며, 동인이 다시 남인·북인으로 갈라지자 李潑과 함께 북인에 가담하였다. 1599년 대사헌으로 있을 때에 南以恭·金藎國 등이 같은 북인인 洪汝諄을 탄핵하면서 대북·소북으로 갈리자, 柳希奮 등과 함께 남이공의 당이 되어 영수가 되었다. 1608년선조가 죽기 전에 영창대군을 부탁한 遺教七臣의 한 사람이었다.

94 鄭光績(정광적, 1551~1637): 본관은 河東, 자는 景勛, 호는 南坡·西澗. 1567년 진사가 되었고, 1579년 식년문과에 급제하였다. 1583년 병조좌랑으로 있을 때 무과 초시의 합격자 명단 일부를 삭제한 죄로 북방의 軍役에 편입되었다. 1602년 대사성을 제수받았으며, 1609년 첨지중추부사에 발탁되고, 이어 대사헌·전주부윤·담양부윤을 지내고 향리로 돌아갔다. 1623년 인조반정 후 부름을 받아 대사간이 되었고, 이어 우참찬·공조판서·좌참찬을 지냈으며, 1631년 예조판서, 1636년 판중추부사가 되었다.

95 李好閔(이호민, 1553~1634): 본관은 延安, 자는 孝彦, 호는 南郭·睡窩·五峯. 1592년 임진왜란 때에는 이조좌랑에 있으면서 왕을 의주까지 호종했다. 임진왜란 중에는 遼陽으로 가서 명나라에 지원을 요청해 명나라의 군대를 끌어들이는 데에

判以下未記】。禮曹判書【權克智[96] 卒二日】，參判朴應福[97]，【參議以下未記】，佐郎李慶流[98]【死於尙州】。兵曹判書金應南，參判沈忠謙[99]，參議鄭士偉[100]，參知黃暹[101]，正郎李弘老【到開城落後】·正郎具宬[102]【到

크게 공헌했다. 그 뒤에는 上護軍·行司直을 거쳤으며 1595년에는 부제학으로 명나라에 보내는 외교문서를 전담했다. 1599년에 동지중추부사가 되어 謝恩使로서 명나라에 다녀왔다.

96 權克智(권극지, 1538~1592): 본관은 安東, 자는 擇中. 1558년 사마시를 거쳐, 1567년 식년문과에 급제하여 검열이 되었다. 이어 봉교·전적을 거쳐 예조·병조·형조의 좌랑을 지내고 충청도사·직장·사예·사성·직제학·지평 등이 되었다. 1589년 대사헌으로서 사은사가 되어 명나라에 갔다 온 뒤 1591년 형조참판 및 동지경연·예조판서가 되었다. 1592년 임진왜란이 일어나자 備邊司有司堂上으로 과로하여 죽었다.

97 朴應福(박응복, 1530~1598): 본관은 潘南, 자는 慶仲, 호는 拙軒. 1549년 사마시를 거쳐 1564년 문과에 급제하였다. 승문원을 거쳐 정언·동부승지·우부승지 등을 역임하고 병조참의가 되었다. 1589년 병조참판으로 복직하고 이듬해 대사헌·호조참판 겸 의금부동지사로 전임하였다. 1592년 임진왜란 때 왕을 호종하여 義州의 행재소에서 대사간·공조참판을 역임하고 1593년 還都하는 왕을 호종하였다. 海州에 이르러 병으로 낙오되었다가 1595년 왕비를 모시고 환도하여 형조참판이 되었다. 1597년 정유재란 때에는 왕비를 遂安까지 배종하였다.

98 李慶流(이경류, 1564~1592): 본관은 韓山, 자는 長源, 호는 伴琴. 아버지는 李增이다. 1591년 식년문과에 급제, 典籍을 거쳐 예조좌랑이 되었다. 1592년 임진왜란이 발발하자 병조 좌랑으로 출전하여 상주에서 상주판관 權吉과 함께 전사하였다.

99 沈忠謙(심충겸, 1545~1594): 본관은 靑松, 자는 公直, 호는 四養堂. 서인의 영수인 沈義謙의 동생이며 明宗妃 仁順王后의 동생이다. 1564년 사마시에 합격하고, 1572년 친시문과에 장원으로 급제하였다. 1578년에 獻納이 되고 이어서 僉正·司藝·禮賓寺副正이 되었다. 1582년에 춘천 부사, 1584년에 軍資寺·內贍寺의 正, 1588년에 여주 목사·호조참의·병조 참지, 1590년에 대사간·형조참의, 이듬해 형조참판을 거쳐 부제학이 되었다. 1592년에 임진왜란이 일어나자 병조참판 겸 備邊司提調가 되어 선조를 호종했고, 세자 호위의 명을 받아 왜적 방비에 힘썼다. 1593년에 호조와 병조의 참판으로 군량미 조달에 공헌했으며, 이듬해 병조판서에 특진되었다.

100 鄭士偉(정사위, 1536~1592): 본관은 光州, 자는 弘遠, 호는 病隱. 1564년 사마시에 합격하고, 1566년 별시 문과에 급제, 검열이 되었다. 1588년 도승지가 되고, 전주부윤을 거쳐 1591년 冬至使로 명나라에 다녀왔다. 이듬해 임진왜란이 일어나자 병조 참의로서 임금을 평양에 호종, 다시 세자를 따라 강계로 가던 도중 맹산에서 죽었다.

開城罷職】·正郎宋諄[103]【坡州落後】·正郎柳熙緖[104]【金命元從事官去】,

---

101 黃暹(황섬, 1544~1616): 본관은 昌原, 자는 景明, 호는 息庵·遯庵. 1564년 성균관 유생이 되고, 1570년 식년 문과에 급제, 한성부참군·해운판관·황해도사·호조좌랑 등을 거쳐 1577년 서천군수가 되었다. 1592년 임진왜란 때에는 병조참지로서 大駕를 扈從하고, 平安道募運使에 선임되어 군량 수운에 공을 세웠다. 이듬해 호조참의로서 대가를 따라 해주에 이르러 募軍과 식량 공급 등 당면 국방정책을 건의하였다. 1594년 안동 부사가 되고, 뒤에 다시 이조와 호조의 참의, 도승지 등을 역임하였으며, 호조·이조·예조의 참판을 거쳐, 대사헌·지제교 등을 지냈다.

102 具宬(구성, 1558~1618): 본관은 綾城, 자는 元裕, 호는 草塘. 구사맹의 장남이다. 1585년 사마시를 거쳐 별시 문과에 급제해, 權知承文院副正字가 되고 곧 박사로 올랐다. 1589년 기축옥사에 연루된 崔永慶의 供招에 착오가 있어 파직되었다. 얼마 뒤에 병조좌랑으로 복직, 成均館直講·병조정랑을 지냈다. 1592년 임진왜란 때 임금을 호위해 개성에 이르러 변란의 책임이 李山海에게 있다고 주장하다가 대간의 탄핵을 받았고, 이 일로 인해 이산해는 평해에 유배되었다. 1593년에 동부승지·좌부승지·첨지중추부사를 거쳐서 1594년 형조참의·병조참의를 역임하였다. 1596년 호조참판으로 奏聞使가 되어 燕京에 다녀온 뒤 장례원판결사·해주목사를 지냈다. 1601년 대사성으로 승진했으나 사양하였다. 1602년 鄭仁弘 등이 기축옥사 문제를 다시 거론하면서 홍주로 유배되었다가, 1604년 아버지상을 당해 석방되어 扈聖功臣 2등에 책록되었다. 그러나 이때 대간의 심한 탄핵이 있었다. 1618년에 廢母論이 일어나자 병으로 庭請에 참여하지 않았는데, 이를 처벌하자는 대간의 논의가 있었으나 마침 병으로 죽었다.

103 宋諄(송순, 1550~1616): 본관은 鎭川, 자는 渾元, 호는 忘村. 생부는 宋繼任이다. 1582년 식년문과에 급제하였다. 1587년 사헌부지평을 지낸 뒤 1596년 세자시강원보덕·사헌부집의를 거쳐 이듬해 동부승지·전라도관찰사·호조참의 등을 역임하였다. 1598년 병조참의·우부승지를 역임한 뒤 대사성·이조참의·예조참의·좌부승지를 지냈다. 1608년 광해군이 즉위하자 병조참판·대사간·대사헌 등을 지냈고, 1615년 형조판서·호조판서·지의금부사를 거쳐 이듬해 정헌대부로 대사헌에 다시 임명되었다.

104 柳熙緖(류희서, 1559~1603): 본관은 文化, 자는 敬承, 호는 南麓. 柳㙉의 아들이다. 1579년 진사에 급제하고 1586년 알성문과에 급제하여 홍문관정자에 보직되었다. 1592년 병조정랑으로 도원수 김명원의 종사관을 지냈고, 1595년 사간원정언·세자시강원문학·홍문관응교 등을 역임하였다. 1596년 예조참의·동부승지·우부승지, 1598년 장례원판결사 등을 거쳐 1599년 경기도관찰사·도승지, 1603년 형조참판이 되었다.

佐郎徐渻[105]【到坡州落後】·佐郎李覺[106]【到寧邊從世子】·佐郎朴東亮[107]·佐郎崔瓘【平壤病去】。刑曹判書【以下俱未記】。工曹參判李德馨【賊中未回。判書以下未記.】。漢城判尹洪汝諄,【左尹以下未記】。大司憲李憲國[108], 執義權悏[109], 掌令鄭姬藩[110]·李有中[111], 持平李慶

---

105 徐渻(서성, 1558~1631): 본관은 達城, 자는 玄紀, 호는 藥峯. 1586년 알성 문과에 급제하고 兵曹佐郎을 거쳐 1592년 임진왜란이 일어나자 왕을 扈從, 號召使 黃廷彧의 從事官으로 咸北에 이르러 황정욱 등이 두 왕자와 함께 적의 포로가 될 때 홀로 탈출했다. 왕의 명령으로 行在所에 이르러 兵曹正郎·直講이 되고, 明將 劉挺을 접대했다. 그 후 암행어사로서 三南을 순찰, 돌아와 濟用監正에 특진되고 경상도·강원도·함경도·평안도·경기도의 관찰사를 역임, 후에 호조·형조·공조의 판서와 判中樞府事를 지냈다. 1613년 癸丑獄事에 연루되어 11년간 유배되었다가 1623년 인조반정으로 형조와 병조의 판서가 되었고, 1624년 李适의 난과 1627년의 정묘호란에 각각 인조를 호종했다.

106 李覺(이각): 李覮(1561~1623)의 오기. 본관은 全州, 자는 士瑩, 호는 泥丸. 1581년 사마시에 합격하고, 1576년 별시문과에 급제하였다. 1584년 전적에 등용되고, 1592년 임진왜란 때 영변에서 세자 광해군을 호종하며 활동하였다. 1596년 사헌부 장령, 세자시강원 필선, 1598년 승지, 호조참의, 병조참의 등에 임명되었고, 1599년 대산간, 형조참의를 거쳐 1600년 황해감사, 1603년 의부부윤에 임명되었다. 그 뒤 여러 벼슬을 거쳐 1615년 대사헌이 되었다. 그해에 仁穆大妃의 삭호를 발의하였다. 이듬해인 1616년 병조참판이 되고, 1618년 完昌君에 봉하여졌다. 그 뒤 우참찬에 이르렀다. 광해군의 총애를 받았으나, 인조반정 후에 폐모론의 원흉으로 몰려 죽음을 당하였다.

107 朴東亮(박동량, 1569~1635): 본관은 潘南, 자는 子龍, 호는 寄齋·梧窓·鳳洲. 1589년 진사시에 합격, 이듬해 증광 문과에 급제하고 승문원부정자로 등용되어 검열, 호조·병조의 좌랑 등을 역임하였다. 1592년 임진왜란 때 병조좌랑으로 왕을 의주로 호종하였다. 1596년 이조참판으로 冬至使가 되어 명나라에 다녀오고, 이듬해 정유재란 때는 왕비와 후궁 일행을 호위해 황해도 遂安에 진주, 민폐를 제거하고 주민들의 생활을 살폈다. 이어 연안부사·경기도관찰사·강원도관찰사 등을 역임하였다. 1612년 推官으로 있을 때, 金直哉誣獄事件이 일어나자 무고임을 알고 연루자들을 용서하려다가 더욱 미움을 받아, 그 뒤 자주 탄핵을 당해 門外黜送되었다.

108 李憲國(이헌국, 1525~1602): 본관은 全州, 자는 欽哉, 호는 柳谷. 1551년 사마시에 합격하고 그해 별시 문과에 급제, 예문관검열·사간원정언·경기도사·사헌부장령 등을 역임했으나 권신 尹元衡의 異姓近族이라 하여 오해를 받기도 하였다. 1589년

祺[112] 【到博川不辭去】·持平南瑾[113]【初不來】。大司諫金瓚[114]【到平壤上

기축옥사의 처리에 공을 세워 平難功臣 등에 책록되었다. 1592년 임진왜란이 일어나자 형조 판서로서 세자 광해군을 호종, 보필하여 扈聖功臣에 책록되었고, 정유재란 때는 좌참찬으로 역임하면서 討敵復讐軍을 모집하여 활약하였다. 1598년부터 이듬해까지 이조판서를 제수받았으나 끝내 사양하여 취임하지 않았다.

109 權悏(권협, 1553~1618): 본관은 安東, 자는 思省, 호는 石塘. 1577년 알성문과에 응시하여 급제, 승문원·춘추관의 벼슬을 거쳐 1592년 임진왜란 때 掌令으로 도성 사수를 주장하였다. 1597년 예문관응교로 있을 때 정유재란이 일어나자, 告急使로 임명되어 명나라에 가서 원병을 끌어들이는 데 성공하였다. 귀국 후 호조참의에 오르고, 1604년 吉昌君에 봉해졌다. 1607년 예조판서에 임명되었다.

110 鄭姬藩(정희번, 1543~?): 본관은 溫陽, 자는 子翰, 호는 孤松. 1570년 식년문과에 급제하였다. 1585년 충주목사를 지냈고, 1592년 임진왜란이 일어나자 장령으로서 왕을 의주까지 호종하였다. 그해 10월 직무를 태만히 한다 하여 간원의 탄핵을 받고 파직되었다가 얼마 뒤 12월에 사간이 되었다. 이듬해인 1593년 정월 동부승지가 된 뒤 우부승지·좌부승지·우승지를 거쳐, 같은 해 10월 공조참의·병조참의·병조참지를 지낸 뒤 다시 1594년 11월에 좌승지·우승지 및 經筵參贊官 등을 지냈다.

111 李有中(이유중, 1544~1602): 본관은 德水, 자는 時可. 1576년 별시 문과에 급제하였다. 1592년에 장령을 비롯하여 필선·홍문관 교리·동부승지·좌승지·우승지·대사간을 역임하고, 이조·병조·예조의 참의, 대사헌·예조참판 등의 청요직을 오랫동안 역임하였다. 1601년에는 청백리의 후보에 올랐던 적이 있으나, 인물됨이 邪毒하고, 昏妄하다는 대간들의 평이 있었다.

112 李慶祺(이경기, 1554~1632): 본관은 全義, 자는 君應, 호는 樂天齋·東谷. 1576년 사마시에 합격하고, 부친상을 치른 뒤 1585년 식년문과에 급제, 권지승문원부정자가 되고, 이어 승정원주서·감찰을 거친 뒤 호조·예조 좌랑을 거쳐, 평안도도사·형조정랑·사헌부지평이 되었다. 그때 임진왜란이 일어나 왕을 호종하다가 왕명에 의하여 군사를 모으기 위해 남하하였다가 길이 막혀 의주의 행재소에 이르지 못하고, 노모를 찾은 일로 뒤에 언관의 탄핵을 받아 파직당하였다. 그뒤 개천군수를 제수받고 부임하기 전에 모친상을 치른 뒤 다시 북청판관이 되었으며, 정평부사·군자감부정 겸 춘추관편수관을 지낸 뒤 경기도와 충청우도의 어사로 나갔다. 광해군 때는 서인으로 그 즉위년부터 삭탈관직에 門外黜送이 되었다.

113 南瑾(남근, 1556~1635): 본관은 宜寧, 자는 季獻, 호는 龍湖. 1586년 별시 문과에 장원으로 급제하였다. 1592년 임진왜란 당시에 지평으로서, 파천하는 선조를 호종하였으나 도중에 없어짐으로써 삭직당하였다. 1598년 장령으로 임명되고 이듬해 사간·부수찬·종부시정·부교리를 거쳐 1600년 우부승지, 1602년 호조참의·우승지·

疏去】, 司諫李礭[115], 獻納李廷臣[116]【到寧邊不辭去】, 正言鄭士信[117]【初不來】·正言黃鵬[118]【到平壤落後】。弘文館 校理李幼澄[119]·校理沈岱[120],

---

도승지가 되고, 1603년 사은사로 중국에 다녀왔다. 1604년 한성부우윤, 1607년 판결사를 거쳐 경주부윤이 되었으나, 1608년 함부로 사람을 죽인 죄로 拿鞫당하였다. 1614년 대사성, 1615년 예조참의, 1616년 대사간·대사헌이 되었다. 광해군 말년까지 주로 대사헌·대사간으로 있으면서, 1617년에 선조비 仁穆大妃의 폐비논의를 일으켜 그 庭請에 참여하고 폐비절목을 작성하는 데 참여하는 등, 李爾瞻을 중심으로 한 대북세력의 정책을 앞장서서 추진하였다.

114 金瓚(김찬, 1543~1599): 본관은 安東, 자는 叔珍, 호는 訥菴. 1573년 평안 삼도사로 나가 軍籍을 정리했으며, 다음 해에는 평안도 순무어사로 활약하였다. 1584년 이후로는 典翰·直提學·승지·좌참찬·동지중추부사·대사헌·대사간·대사성·경기도관찰사 등을 역임하였다. 1592년 임진왜란이 일어났을 때 임금의 파천을 반대했으며, 임금 일행이 개경에 이르자 東人 李山海의 실책을 탄핵해 영의정에서 파직시키고, 백성들의 원성을 샀던 金公諒을 공격하는 데 앞장섰다. 뒤에 鄭澈 밑에서 體察副使를 역임하고, 兩湖調度使로 전쟁 물자를 지원했으며, 接伴使로서 명나라와의 외교를 담당하였다. 또, 일본과 강화 회담을 벌일 때 李德馨과 함께 공을 세웠다. 1597년 정유재란 때부터 예조판서·지의금부사·대사헌·이조판서를 지냈고 지돈녕부사를 거쳐 우참찬까지 승진하였다.

115 李礭(이괵, 1551~1594): 본관은 廣州, 자는 汝震. 1576년 식년시에 급제하고, 1583년 문과에 급제하였다. 1592년 임진왜란 때 의주에 왕을 호종하여 漢川君에 봉해졌다.

116 李廷臣(이정신, 1559~1627): 본관은 全州, 자는 公輔. 1588년 식년문과에 급제하였다. 1591년 정언, 이듬해 헌납이 되었는데 1592년 임진왜란이 일어나자 나라를 그르치고 왜적의 침입을 받게 했다 하여 영의정 李山海의 책임을 추궁, 파직시켰다. 임실현감인 아버지가 전라도관찰사 李光殿의 後將으로 진중에 있음을 듣고 아버지 곁에 있게 해달라고 청하였다가 거절당하였다. 1594년 선천군수에 이어 光州牧使가 되어, 민심을 수습하고 善政하였다 하여 1598년 전주부윤에 영전하였다.

117 鄭士信(정사신, 1558~1619): 본관은 淸州, 자는 子孚, 호는 梅窓·神谷. 1582년 식년문과에 급제, 여러 벼슬을 거쳐 1592년 임진왜란 때 지평으로서 왕을 따라 평양으로 피난중 盤松亭에서 이탈하였다 하여 삭직당하였다. 강원도지방에서 의병을 모아 많은 왜적을 무찌른 공으로 1594년 경상도도사, 1595년 선산군수가 되고 1609년 문과중시에 급제하였다. 그뒤 장례원 판결사, 밀양부사 겸 경상도중도방어사에 이르렀다.

118 黃鵬(황붕, 생몰년 미상): 본관은 長水, 자는 仲擧. 1583년 정시문과에 급제하였다.

修撰朴東賢[121]·修撰任蒙正[122]【初不來】, 副修撰尹暹[123]·朴篪[124]【俱

아버지는 黃廷秀이다. 헌납과 정언을 지냈다. 李山海의 처에게 질서가 된다.

119 李幼澄(이유징, 1562~1593): 본관은 全州, 자는 澄源. 1583년 알성문과에 급제, 승문원을 거쳐 예문관검열에 서임되었다. 1588년 사신을 수행해 質正官으로 명나라에 다녀왔다. 그해 1591년 이조좌랑, 다시 승문원교리가 되었을 때 순무사에 임명되어 북방의 형편을 살폈다. 1592년 임진왜란이 일어나자 체찰사 崔興源의 종사관으로 황해도 지방에 파견되었다. 서울이 위태롭다는 급보를 듣고 달려와 선조를 서울 근교 沙峴에서 만나, 그 뒤 의주까지 호종해 공신으로 책록되었다. 왜적을 피해 북상하던 중 광해군이 함경도로 가게 되었을 때 수천의 백관과 衛卒의 대오를 편성해 혼란 없이 가게 하였다. 선조가 의주에 머물러 명나라에 원병을 청할 때 李恒福 막하에서 계책을 세워 평양 탈환에 큰 공을 세웠다. 1593년 의주목사로 있다가 과로로 죽었다.

120 沈岱(심대, 1546~1592): 본관은 青松, 자는 公望, 호는 西墩. 1572년 춘당대 문과에 급제, 홍문관에 들어가 正字·박사·修撰을 지내고, 1584년 持平에 이르렀다. 이때 동서의 붕당이 생기려 하자, 언관으로서 붕당의 폐단을 논하였으며, 이어서 舍人·사간을 역임하였다. 1592년 임진왜란이 일어나자 輔德으로서 근왕병 모집에 힘썼다. 그 공로로 왕의 신임을 받아 우부승지·좌부승지를 지내며 승정원에서 왕을 가까이에서 호종하였다. 왜군의 기세가 심해지면서 宣祖를 호종하여, 평양에서 다시 의주로 수행하였다. 같은 해 9월 權徵의 후임으로 경기도 관찰사가 되어 서울 수복 작전을 계획하였다. 도성과 내응하며 朔寧에서 때를 기다리던 중, 왜군의 야습을 받아 전사하였다.

121 朴東賢(박동현, 1544~1594): 본관은 潘南, 자는 學起, 호는 活塘. 1588년 알성문과에 급제하고 정언·이조좌랑 등의 요직을 역임하였다. 1592년 임진왜란이 발발해 왕과 정부 일행이 의주까지 피난하는 중에도 시종 일행을 수행하였다. 1593년 환도 뒤에도 계속 교리·헌납·응교 등의 요직에 있으면서 국정을 바로잡는 일에 힘을 기울였다.

122 任蒙正(임몽정, 1559~1602): 본관은 豊川, 자는 直初, 호는 雲汀. 1584년 별시문과에 급제, 이듬해 예문관검열이 되었다. 1592년 수찬이 되었는데 임진왜란이 일어나매 왕을 호종하지 않았다. 그뒤 병조정랑이 되었으나, 의주로 피난하는 선조를 호종하지 않은 죄로 한때 파직되었다. 1597년 부교리가 되어 宣諭御史로 한산도에 다녀왔다. 이듬해 동부승지·대사간·예조참의 등을 역임하였다. 1600년 부제학·대사성이 되었다.

123 尹暹(윤섬, 1561~1592): 본관은 南原, 자는 汝進. 호는 果齋. 1583년 별시 문과에 급제한 뒤 검열·주서·정자·교리·정언·지평을 지냈다. 1587년 사은사의 서장관으로 명나라에 가서 李成桂의 조상이 李仁任으로 오기된 명나라의 기록을 정정한

死於尙州】。都承旨李恒福，左承旨李忠元[125]，右承旨李廷馨[126]，左副承旨盧稷[127]【平壤落後】，右副承旨申磼[128]，同副承旨閔汝慶[129]【平

공으로, 1590년 龍城府院君에 봉해졌다. 교리로 있던 1592년 임진왜란이 일어나자 巡邊使 李鎰의 종사관이 되어 싸우다가 尙州城에서 전사하였다.

124 朴篪(박호, 1567~1592): 본관은 密陽, 자는 大建. 1584년 18세로 친시문과에 장원하여, 弘文館修撰이 되고, 1592년 임진왜란 때 巡邊使 李鎰의 從事官이 되어 상주에서 싸우다가 尹暹·李慶流 등과 함께 전사하였다. 이들을 '三從事官'이라 일컫는다.

125 李忠元(이충원, 1537~1605): 본관은 全州, 자는 元甫·圓圃, 호는 松菴·驪叟. 1566년 별시문과에 장원급제하여 홍문관수찬을 지냈다. 1592년 임진왜란 때 도승지로 걸어서 왕을 義州까지 호종한 공으로 서울로 돌아와 형조참판에 올랐다. 그 후 중추원의 첨지중추부사·한성부판윤을 지냈으며, 1604년 공조판서에 올랐다.

126 李廷馨(이정형, 1549~1607): 본관은 慶州, 자는 德薰, 호는 知退堂·東閣. 1567년 사마시에 합격하고, 이듬해 별시 문과에 급제해 平市署直長이 되었다. 1570년 형조좌랑·전적, 이듬해 호조 좌랑 겸 춘추관 기사관·형조정랑, 1574년 사간원정언·경성판관, 이듬해 사간원 헌납·예조정랑을 거쳐 1576년 개성부 경력이 되었다. 1578년 賀至使 書狀官으로서 명나라에 다녀와 사헌부장령·승정원 좌부승지·대사성을 거쳐 1589년 형조참의가 되었다. 1592년 임진왜란이 일어나자 우승지로 왕을 호종하였다. 개성 유수가 되었으나 임진강 방어선이 무너지자 의병을 모아 聖居山을 거점으로 왜적과 항전했으며, 장단·삭녕 등지에서도 의병을 모집해 왜적을 물리쳐 그 공으로 경기도 관찰사 겸 병마수군절도사가 되었다. 1593년 장례원 판결사가 되고 이듬해 告急使로 遼東에 다녀와 홍문관 부제학·이조참판·승문원 부제조·비변사 당상을 역임하고, 1595년 대사헌에 이어 四道 都體察副使가 되었다. 1600년 강원도 관찰사가 되었고, 1602년 예조참판이 되어 聖節使로 다시 명나라에 다녀왔다.

127 盧稷(노직, 1545~1618): 본관은 交河, 자는 士馨. 1570년 생원이 되고 1584년 별시 문과에 급제하여 검열이 되었다. 1592년 임진왜란이 일어나 왕을 호종할 때 말에서 떨어져 다쳤으나 계속 성천의 행재소까지 달려가 병조참판에 임명되었고 이어 개성유수가 되었다. 정유재란 때는 京江舟師大將을 지내고, 接伴正使 金命元 밑의 부사로서 명나라 지휘관 邢玠를 맞아 군사문제를 논의하였다. 그 뒤 부제학·황해감사·병조판서·경기감사를 거쳤다. 臨海君獄事 때 파직되었으나 판중추부사를 역임하였다.

128 申磼(신잡, 1541~1609): 본관은 平山, 자는 伯俊, 호는 獨松. 1583년 정시 문과에 급제하여 정언·지평·우부승지를 거쳐 이조 참판·형조 참판을 지냈다. 1592년 임진

壤落後】, 注書朴鼎賢[130]【安州不辭去】·注書任就正[131]【安州不辭去】。奉教奇自獻[132]【追到平壤】, 待教尹敬立[133]【上疏赴父任所】·待教趙存世[134]

왜란 때에는 비변사 당상으로 활동하였고, 이듬해에는 병조참판을 거쳐 평안도 병마절도사로 부임하였으나, 관내 철산군에 탈옥 사건이 발생하여 그 책임으로 파직되었다. 1593년 다시 기용되어 밀양 부사·형조 판서를 거쳐 特進官·동지중추부사가 되었다. 1600년에는 호조 판서를 거쳐 병조판서 겸 세자 빈객이 되었다.

129 閔汝慶(민여경, 1546~1600): 본관은 驪興, 자는 而吉, 호는 棠沙. 1572년 별시 문과에 급제하였다. 1588년 지평, 1591년 교리, 이듬해 우부승지를 거쳐 병조참판이 되었다. 이해 임진왜란으로 조정이 의주로 파천하자 임금을 호종하였다. 1594년 分戶曹參判이 되어 군량미 조달에 힘썼고, 1595년 동지중추부사로 명나라 제독 李如松의 진중에 파견되어 진격을 촉구하기도 하였다. 1598년 좌윤이 되고, 이듬해인 1599년 경상 감사로 나갔다가 다시 형조참판으로 들어왔다. 그해 다시 함 경감사로 나갔다.

130 朴鼎賢(박정현, 1562~1637): 본관은 密陽, 자는 重老, 호는 義谷·應川. 1588년 알성 문과에 급제하였다. 1592년 注書로 임금과 함께 서쪽으로 피난갈 때에 사관 趙存世·任就正 등과 함께 선조가 즉위하던 해인 1567년부터 1591년까지 25년간의 史草를 불태우고 안주에서 도망쳐, 이로 인하여 계속 탄핵을 받았다. 1601년 정월 예조좌랑이 되어, 3월 서장관으로 명나라에 다녀왔다. 1616년 강원도관찰사가 되고, 1618년 동지중추부사를 거쳐 上使 申湜과 함께 명나라에 다녀왔다. 1632년 형조판서·지중추부사를 역임하였다.

131 任就正(임취정, 1561~1628): 본관은 豐川, 자는 進和. 1589년 증광문과에 급제하여 주서가 되었으나, 1592년 임진왜란이 일어났을 때 史官이었던 주서 朴鼎賢, 검열 趙存世·金善餘 등과 모의하여 史草를 불태우고 도망한 죄로 관직을 삭탈당하였다. 1599년 병조좌랑·병조정랑을 거쳐 1604년 서산군수를 지냈다. 1608년 원주부사에 임명되었고, 광해군 재위 때 1613년 형조참의, 1616년 좌승지, 1620년 이조참판, 1621년 예조판서 등 요직을 두루 거쳤다. 1623년에 인조반정으로 파직되었으며, 그 뒤 1628년 任慶後·朴東起·李宗忠·吳玹·李後崗·安大弘·高景星 등과 함께 광해군의 복위를 모의하다가 죽음을 당하였다.

132 奇自獻(기자헌, 1562~1624): 본관은 幸州, 초명은 自靖, 자는 士靖, 호는 晩全. 1582년 성균관에 입학, 1590년 증광 문과에 급제, 검열이 되었다. 1592년 예문관 봉교 겸 설서, 병조·이조의 좌랑을 거쳐, 정언·동부승지·우부승지·좌승지가 되었다. 1597년 호조참판으로 進賀使가 되어 명나라에 다녀오고, 1599년 강원도관찰사, 이듬해에 부제학·대사헌이 되었다. 1601년 鄭汝立 모반사건에 연루되어 억울하게 죽은 崔永慶을 신원하고, 당시 옥사를 다스린 서인을 탄핵해 실각시켰다.

【安州不辭去】, 檢閱金善餘[135]【安州不辭去】·檢閱姜秀俊[136]【平壤上疏去】·檢閱金義元[137], 【餘缺】。閑散官從行者: 杞城君兪泓, 海平君尹根

병조·예조의 판서, 대사헌을 거쳐 1604년 우의정이 되어 사임했으나 허락되지 않았고, 다음해 좌의정에 올랐다. 1614년 영의정에 올랐으며, 1617년 폐모론이 일어나자 옳지못하다고 간언하다 門外黜送되고 洪原에 유배되었다. 그러다가 다시 吉州로 이배되었으며, 풀려나와 강릉으로 돌아가 은거하였다. 1623년 인조반정 때 金瑬·李貴 등이 모의 가담을 요청했으나 거절하였다. 1624년 李适의 난이 일어나자 내응을 우려해 옥에 갇힌 사람 모두와 함께 처형되고, 일족도 몰살당하였다.

133 尹敬立(윤경립, 1561~1611): 본관은 坡平, 자는 存中, 호는 牛川. 1585년 진사, 1588년 알성문과에 급제하고, 승문원권지정자가 되었다. 이듬해 鄭汝立의 옥사가 일어나자, 정여립과 친분이 있다 하여 파직되었다. 뒤에 다시 검열에 선임되고, 1592년 임진왜란 때에는 홍문관정자로 管糧御史·督運御史의 소임을 맡아 군량 공급에 공을 세우고, 왕의 상을 받았다. 1594년 부수찬에 선임되고, 뒤이어 이조좌랑으로 세자시강원사서와 지제교를 겸임하였다. 1598년에는 동부승지로 兩湖察理使가 되어 군량·마초를 공급하고 뒤이어 충청도관찰사가 되었다. 그 뒤 13년 동안 청주·광주·황주의 목사를 지냈다.

134 趙存世(조존세, 1562~?): 본관은 楊州, 자는 善繼, 호는 聽湖. 1582년 생원시에 합격하고, 1590년 증광별시에 급제하였다. 1592년 예문관봉교 때 임진왜란이 일어나 선조가 평양으로 몽진하자 왕을 호종하였으나, 왕이 평양을 떠나 의주로 간다는 말을 전해듣고 동료 네 사람과 밀의하여 史草를 불태우고 그곳에서 탈출하였다. 환도 후 그 죄과로 인하여 예문관검열직에서 파직당하였다. 그뒤 1599년 예문관대교에 복직되었고, 1604년 선천군수, 1606년 성균관사예를 거쳐, 1609년 李爾瞻의 그늘에서 한성부우윤·동지의금부사·오위도총부부총관·장례원행판결사를 지냈으며, 1618년에는 공조참판이 되었다.

135 金善餘(김선여, 1567~?): 본관은 江陵, 자는 伯後, 호는 柏川. 1590년 증광 문과에 급제, 예문관검열이 되었다. 1592년 임진왜란이 일어나자 사관으로서 선조를 호종하였다. 1599년 검열·待教·奉教 등을 역임하고 예조좌랑에 이르렀으나, 1602년 옹진현령으로 좌천되었다.

136 姜秀俊(강수준): 姜秀峻(1567~?)의 오기. 본관은 晉州, 자는 士高. 1588년 식년시 급제하고, 1590년 대증광시 문과에 급제하였다.

137 金義元(김의원, 1558~?): 본관은 善山, 자는 宜伯, 호는 困六齋. 1588년 진사시에 합격하고, 1591년 식년문과에 급제하여 검열이 되었다. 1592년 임진왜란이 일어나자 임금을 호종하였고, 1593년 知製教가 되었다. 1594년 全羅道都事가 된 뒤 世子侍講院司書를 거쳐 황해도어사로 나아갔고, 이듬해 持平이 되었다. 1597년 이조좌

壽[138], 海原君尹斗壽, 護軍李山甫[139]·柳根[140]·洪進[141]·洪麟祥[142]·

랑을 거쳐 장령·이조정랑·대사간 등을 역임하였다.

138 尹根壽(윤근수, 1537~1616): 본관은 海平, 자는 子固, 호는 月汀. 1558년 별시 문과에 급제해 여러 관직을 거쳐 1572년 동부승지를 거쳐 대사성에 승진하였다. 그 뒤 경상도감사·부제학·개경 유수·공조참판 등을 거쳐 1589년 聖節使로 명나라에 파견되었으며, 1591년 우찬성으로 鄭澈이 建儲(세자 책봉) 문제로 화를 입자, 윤근수가 정철에게 당부했다는 대간의 탄핵으로 형 윤두수와 함께 삭탈관직 되었다. 1592년 임진왜란이 일어나자 예조판서로 다시 기용되었으며, 問安使·遠接使·주청사 등으로 여러 차례 명나라에 파견되었고, 국난 극복에 노력하였다.

139 李山甫(이산보, 1539~1594): 본관은 韓山, 자는 仲擧, 호는 鳴谷. 1567년 사마시를 거쳐, 1568년 증광 문과에 급제해 승문원의 추천으로 춘추관에 들어갔다. 그 뒤 典籍·해미현감·正言 등을 지냈으며, 왕명을 받고 巡按御史로 北道를 순찰하고 돌아와 이조정랑 등을 역임하였다. 1589년 鄭汝立의 모반사건인 기축옥사가 일어나자 대사간의 자리에서 난국을 수습하고, 이듬해 聖節使로 명나라에 다녀온 후 다시 대사헌이 되었다. 1591년 황해도관찰사로 있다가 建儲問題(왕세자의 책봉 문제)로 정철 등 서인이 화를 당하자 이에 연루, 곧 파직되었다. 1592년 임진왜란이 일어나자 선조를 호종했고, 대사간·이조참판·이조판서 등을 역임하였다. 명나라 군대가 遼陽에 머물면서 진군하지 않자 명나라 장군 李如松을 설득해 명군을 조선으로 들어오게 하는 데 큰공을 세웠다. 1594년 대기근이 들자 동궁의 명을 받고 밤낮으로 구휼에 힘쓰다가 병을 얻어 죽었다.

140 柳根(류근, 1549~1627): 본관은 晉州, 자는 晦夫, 호는 西坰. 1570년 생원시와 진사시에 모두 합격하였다. 1572년 별시 문과에 장원하고, 1574년 賜暇讀書를 하였다. 1587년 이조정랑으로서 文臣庭試에 다시 장원하였다. 1592년 임진왜란이 일어나자 의주로 임금을 호종했으며, 예조참의·좌승지를 거쳐 예조참판에 특진하였다. 1593년 도승지로 京城安撫使가 되어 민심을 수습하고, 이어 한성부판윤에 올라 사은부사로 명나라에 다녀와 경기도 관찰사가 되었다. 그리고 1597년 運餉檢察使로 명나라에서 들어오는 군량미의 수송을 담당하였다. 이 밖에도 임진왜란으로 인한 명나라와 관계되는 일을 많이 하였다.

141 洪進(홍진, 1541~1616): 본관은 南陽, 자는 希古, 호는 訒齋·退村. 1564년 사마시에 합격, 1570년 식년문과에 급제하였다. 이후 관직에 나가 정자, 검열, 수찬, 응교 등을 지냈고 1589년 직제학으로 문사랑이 되어 정여립의 모반사건을 계기로 일어난 기축옥사를 다스렸다. 이어서 동부승지를 거쳐 좌·우승지를 역임하였다. 1592년 임진왜란이 일어나 왕을 호종할 때 왕이 요동으로 피난하려는 것을 반대하였다. 이듬해 한성부 판윤으로 승진하여 한양에서 전쟁 중에 굶주린 백성들의 진휼에 힘썼다. 1609년 관상감 제조가 되었으나 북인이 정권을 잡자 사퇴하였다.

閔濬[143]·尹自新[144]·黃廷式[145]·李廷立[146]·李瓘[147]·成壽益,【餘不盡

142 洪麟祥(홍인상, 1549~1615): 본관은 豊山, 자는 君瑞·元禮, 호는 慕堂. 개명은 洪履祥. 1573년 사마시를 거쳐 1579년 식년문과에 급제하였다. 그 뒤 예조와 호조의 좌랑을 거쳐, 정언·수찬·지제교·병조 정랑 등을 두루 지냈다. 1591년 직제학을 거쳐 동부승지가 된 뒤, 다시 이조 참의가 되었다. 1592년 임진왜란 때는 예조참의로 옮겨 왕을 扈駕해 西行하였다. 그리고 곧 부제학이 되었다가 성천에 도착해 병조 참의에 전임하였다. 1593년 정주에서 대사간에 임명되었고, 이듬해 聖節使가 되어 명나라에 다녀왔다. 그 뒤 좌승지가 되었다가 곧 경상도 관찰사로 나갔다. 1596년 형조참판을 거쳐 대사성이 되었다. 그러나 영남 유생 文景虎 등이 成渾을 배척하는 상소를 올리자, 성혼을 두둔하다가 안동부사로 좌천되었다.

143 閔濬(민준, 1532~1614): 본관은 驪興, 자는 中源·仲深, 호는 菊隱. 1561년 사마시에 합격하여 진사가 되고, 1576년 식년 문과에 급제하였다. 그해 史官으로 등용되고, 1591년 병조참의가 되었다. 1592년 임진왜란이 일어나 조정이 북으로 播遷하자, 임금을 의주까지 扈從하였다. 그해 좌부승지가 되었다. 조정이 도성으로 돌아온 뒤, 1593년 호조참의가 되고, 이듬해인 1594년 병조참의의 중임을 맡아 전쟁 수행에 많은 공을 세웠다. 1595년 외직인 安邊府使로 나갔다가, 1599년 한성부 좌윤이 되었다. 곧 判決事가 되어 관기를 바로잡는데 솔선수범하였다.

144 尹自新(윤자신, 1529~1601): 본관은 南原, 자는 敬修. 1546년에 진사가 되었고, 1562년 별시 문과에 급제하여 성균관에 보임, 여러 벼슬을 거친 뒤 회양 부사를 역임하고 1585년 호조 참판이 되었다. 1586년 성절사로 명나라에 다녀왔으며, 1589년 기축옥사 때 전주 부윤이 되어, 역적 鄭緝을 잡아 加資되었다. 1592년 임진왜란 당시에는 우승지로서 왕을 호종하여, 피난할 때 寶山驛에 이르러 宗廟署提調가 되어 종묘의 신주를 임시로 송도에 묻었다. 1594년 지돈녕부사·형조참판을 역임하고, 이듬해 지의금부사·遠接使를 지내고, 1597년 정유재란 때는 宗廟를 지키고 중전과 세자를 보필하였다. 이 해 한성부판윤·공조판서를 거쳐 이듬해 지중추부사·호조판서를 지냈다.

145 黃廷式(황정식, 1529~1592): 본관은 長水, 자는 景中. 1561년 식년 문과에 급제하여 정언에 임명되었고, 1569년 정언에 임명되어 용궁현감 李悰을 탄핵하였으나 풍문에 의거한 탄핵이라 하여 한때 체차되었다가 다시 정언에 올랐다. 이후 1580년 삼척부사 및 파주목사를 거쳐 1587년 우부승지에 제수되었으며, 곧 승지에 올랐다. 1592년 임진왜란이 발발하자 그해 5월 강원도로 의병을 모집하기 위해 떠났다가 다시 돌아와 선조를 호종하다가 평양전투에서 전사하였다.

146 李廷立(이정립, 1556~1595): 본관은 廣州, 자는 子政, 호는 溪隱. 1576년 사마시에 합격, 1580년 별시 문과에 급제해 승문원에 들어갔다. 1582년 史官이 되고, 예조좌랑·정언을 지냈다. 그뒤 형조참의·좌승지 등을 거쳐, 1589년 기축옥사를 다스린

記】。各司官從行者【此以下只記其從行者】: 大司成任國老[148]【平壤上疏去】, 直講沈友勝[149], 博士李效元[150], 司僕寺僉正朴應寅[151], 內乘朴

공으로 平難功臣이 되었다. 장령·직제학을 거쳐, 1592년 임진왜란 때에는 예조참의로 왕을 호종하였다. 이어 병조참판이 되었다가 1593년 부친상을 당해 한 때 관직을 떠났다. 1594년에 한성부좌윤·황해도관찰사를 역임, 廣林君에 봉해졌다.

147 李瓘(이관, 1523~1596): 본관은 咸平, 자는 景獻. 1592년 임진왜란 중에는 禮曹參議에 발탁되었고, 한성부 우윤에 올랐다. 여러 지역의 지방관으로 활동하면서 유능하다는 평가를 받았으나, 외척 세력에게 아첨하며 관직을 유지하였다는 비판을 받기도 하였다.

148 任國老(임국로, 1537~1604): 본관은 豐川, 자는 鮐卿·鮐叟, 호는 竹塢·雲江. 1561년 사마시를 거쳐 이듬해 별시 문과에 급제, 승문원에 등용되었다가 봉상시주부·호조좌랑·지평 등을 역임했다. 1582년 전라도관찰사로 나아갔고, 그 뒤 중앙으로 돌아와 도승지·대사헌·대사성·대제학 등을 지냈으나 1589년 이조참판으로 기축옥사에 연루, 파직되었다. 1591년 다시 대사성으로 기용되고 이듬해 임진왜란 중에 調度檢察使·분호조참판을 지내면서 3년간 평안도에 머물렀으며, 1597년 정유재란 때는 왕비를 호위하여 황해도에 피난했다. 1599년 형조판서에 이어 다시 대사헌·형조판서·이조판서 등을 역임하였다.

149 沈友勝(심우승, 1551~1602): 본관은 青松, 자는 士進, 호는 晩沙. 1573년 진사가 되고, 1580년 별시문과에 급제하여 성균관에 나아갔다. 1586년 감찰이 된 뒤 예조좌랑·호조좌랑과 경상·경기 양도의 도사를 거쳐, 형조정랑이 되었다. 1592년 임진왜란이 일어나자 선조를 호종하는 도중에 정언·지평 등을 역임하였다. 이듬해 陳奏使의 서장관으로 명나라에 구원을 청하고 돌아와 승지·춘천부사 등을 역임하였다. 1596년 호조참의가 되었다가 호조참판으로 승진하였다. 이때 도성에 주둔한 명나라 군대의 행패가 심해지자 이를 명나라 經理 楊鎬에게 항의하고, 그 시정을 촉구하다 파직되었다. 1600년 한성부우윤으로 비변사유사당상을 겸하였다.

150 李效元(이효원, 1550~1629): 본관은 咸平, 자는 誠伯, 호는 長浦. 1584년 별시문과에 급제하여, 병조정랑·세자시강원사서·한성부좌윤·대사간 등을 역임하고, 1603년 이조참판 재임시에 聖節使로 명나라에 다녀왔다. 그러나 1608년선조가 갑자기 죽고 광해군이 즉위하여 대북파가 집권함에 따라 이듬해 그는 삭직되어 거제도에 유배되었다.

151 朴應寅(박응인, 1532~1606): 본관은 潘南, 자는 元仲. 1558년 사마시에 합격한 뒤 의금부도사, 主簿를 거쳐 1592년 尙衣院正이 되었다. 1594년 연안부사가 되었으나 탄핵당하였고, 이듬해 봉산군수로 재임중 파직당하였다. 1599년에 引儀가 되었다.

東彦[152]·內乘安滉[153]。宗簿僉正閔善[154]【坡州落後】。掌樂院直長李慶全[155]【平壤落後】。司贍寺奉事李愼誠[156]【坡州落後】。奉常寺奉事洪鳳祥[157]。世子從官: 輔德沈岱, 弼善沈友正[158], 文學李尙毅[159], 司

---

152 朴東彦(박동언, 1553~1605): 본관은 潘南, 자는 仁起. 누이가 선조의 비인 懿仁王后가 됨으로써 공조좌랑에 오르고, 1592년 사섬시첨정이 되었다. 임진왜란이 일어나자 江原道召募使로 나가 군사를 모집하였고, 뒤에 한성부서윤·호조좌랑·상의원정을 역임하고 鳳山郡守에 이르렀다.

153 安滉(안황, 1549~1593): 본관은 廣州, 자는 景浩. 1574년 문과 초시에 합격하였고, 1577년에 왕의 지친으로 6품직에 기용되어 1590년에 사도시정, 1592년에 敦寧府都正을 역임하였다. 임진왜란이 일어나자 외아들로서 편모와 처자를 버리고 온갖 어려움을 겪으면서 밤낮으로 왕을 호종하다가, 1593년 의주로부터 환도하는 중도에 죽었다.

154 閔善(민선, 1539~1608): 본관은 驪興, 자는 尙之, 호는 牛川. 1568년 생원시에 합격하고, 1582년 식년 문과에 급제하여 승문원정자에 발탁되었다. 그 뒤 성균관전적에 올랐고, 이어 공조·형조·호조·예조의 좌랑·정랑을 역임하였으며, 사헌부로 자리를 옮겨 持平으로서 관기확립에 힘썼다. 이어 외직으로 옮겨 肅川府使·서흥부사로 있으면서 임진왜란의 피해를 수습하였으며, 1597년 司饔院正이 되어 궁중의 양식을 주관하였다. 1601년 형조참의로 다시 서용되고, 이어 승정원으로 옮겨 좌승지를 역임하였다.

155 李慶全(이경전, 1567~1644): 본관은 韓山, 자는 仲集, 호는 石樓. 李山海의 아들이다. 1590년 증광문과에급제하여, 이듬해 賜暇讀書를 하였다. 1596년 예조좌랑·병조좌랑을 지내고, 1608년 鄭仁弘 등과 함께 永昌大君의 옹립을 꾀하는 소북 柳永慶을 탄핵하다가 강계에 귀양갔다.

156 李愼誠(이신성, 1552~1596): 본관은 全州, 자는 欽仲. 1579년 사마시에 합격하여 성균관에 들어갔다. 1583년 정릉참봉이 되고 이어 사옹원봉사를 역임하였다. 1592년 임진왜란이 일어나자 왕을 호종하여 개성에 이르렀을 때, 어머니가 전란으로 행방불명이 되었다는 소식을 듣고 사직하였다.

157 洪鳳祥(홍봉상, 1556~1592): 본관은 豊山, 자는 文瑞. 1579년 사마시에 합격하고, 1585년 식년문과에 급제하였다. 처음 벼슬길에 나가 승정원주서가 되었다가, 1592년 임진왜란이 일어나자 군사를 일으켜 왜적을 토벌할 것을 계획하던 중 도원수 金命元의 종사관이 되어 왜적과 싸우다가 전사하였다.

158 沈友正(심우정, 1546~1599): 본관은 靑松, 자는 元擇. 1576년 진사시에 합격하고, 1583년 별시 문과에 급제하여, 전적·형조좌랑을 거쳐 지평·정언, 호조·예조·형조·공조의 좌랑, 전라도 도사·海運判官 등을 역임하였다. 1589년 한성부윤 재직

書[160]【未記】, 說書李光庭[161], 翊衛司官員, 皆不來, 獨副率姜絪[162]

중에 상관에게 미움을 받아 선천 군수로 좌천되었다가 신병으로 면직되었다. 1592년 임진왜란 때 도원수 金命元의 종사관으로 한강·임진강전투에 참가하였다가 패하고, 이천으로 가 왕세자를 만나 弼善이 되어서 해서 지방을 두루 돌며 백성들을 위무하였다. 1597년 정유재란 때는 廣州牧使가 되어 산성을 수축하였다.

159 李尙毅(이상의, 1560~1624): 본관은 驪興, 자는 而遠, 호는 少陵·五湖·西山·巴陵. 1585년 사마시에 합격하고, 이듬해 별시 문과에 급제, 승정원 주서·성균관 전적을 거쳐 1591년 사헌부 지평이 되고 이듬해 병조정랑이 되었다. 이 해에 임진왜란이 일어나 선조가 의주로 피난 갈 때 檢察使로서 임무를 수행하였다. 이어 홍문관 부응교·세자시강원 필선·사헌부장령·성균관 사예·홍문관 교리·홍문관 전한 등을 거쳐 1594년 사간원 사간이 되었다. 1597년 말에는 陳慰使의 서장관으로 명나라에 다녀왔다. 1602년 이조 참판이 되었다가 1603년 성천 부사로 부임하였다. 1606년 중앙으로 다시 올라와 성균관 대사성·도승지·형조판서를 거쳐 1609년 이조판서가 되었다. 1611년 가을 東宮告命冕服奏請使로 명나라에 다녀왔다.

160 司書(사서): 鄭琢의 〈避難行錄〉에 의하면, 尹泂(1549~1614)을 가리킴. 본관은 茂松, 자는 而遠, 호는 退村. 1576년 진사시와 생원시에 모두 합격하고, 1586년 별시 문과에 급제해 권지부정자에 임명되었다. 1592년 사간원 正言이 되어 세자시강원 司書를 겸임하였다. 그해 임진왜란 일어나서 광해군이 분조를 이끌고 남쪽으로 내려가서 왜적과 싸우자, 윤형도 평안도 成川에서 세자와 함께 남행하며 경솔하게 적병의 길로 들어갔다고 하여 대간의 탄핵을 받았지만, 1593년 성균관 사성에 임명되어 의주의 행재소로 가서 선조를 호종하였으며, 한양으로 환도한 뒤에는 군기시 정에 임명되었다. 1596년 사간원 獻納이 되었고, 종부시 정을 거쳐서, 사헌부 掌令에 임명되었다. 1597년 사간원 司諫을 거쳐, 승정원 同副承旨로 발탁되었고, 명나라 副摠兵 吳惟忠이 명나라 군사를 이끌고 오자, 그 接伴使가 되어, 명나라 군사를 안내하였다. 1599년 형조 參議가 되었다가, 승정원 左副承旨를 거쳐서, 右副承旨로 옮겼다. 1600년 漢城府右尹이 되었다가, 공조 參判에 임명되어, 義禁府 同知事·五衛都摠府 都摠管을 겸임하였다.

161 李光庭(이광정, 1552~1627): 본관은 延安, 자는 德輝, 호는 海皐. 1573년 진사시에 합격, 1590년 증광문과에 급제하였다. 1591년 승문원정자·시강원설서 등을 역임하였다. 1592년 임진왜란이 일어나자 의주에 선조를 모시고 가서 정언과 知製教, 예조·병조의 좌랑을 지냈다. 이듬해 환도 후 접반사 이덕형을 도와 실무를 담당하였다. 그 뒤로 이조·예조·병조의 정랑, 동부승지 등을 지내고, 이조·예조·병조의 참의, 좌승지를 거쳐 대사성이 되었다. 1597년 정유재란 때 접반사로서 명나라의 부사였던 沈惟敬을 만나러 갔다. 1599년 한성부윤이 되었고, 1602년 예조판서를 거쳐 대사헌이 되었다. 1623년 인조반정 후에는 공조·형조의 판서를 거쳐, 1626년

來。近侍之臣, 率皆扈從, 而持平南瑾·正言鄭士信, 纔到盤松亭[163], 便不知去處。自初不來者, 唯任蒙正一人而已。其餘小官及散秩人等, 或坡州[164]或開城[165], 自任行止, 多不能記者。○是午大駕, 冒大雨, 到碧蹄[166], 暫歇。乘昏, 到臨津, 溪澗漲溢, 道路泥淖, 津船纔五六隻。以此大小人等, 競相取渡, 上下紊亂, 僕馬散失, 或步或騎, 達夜不能渡。後宮閔嬪[167], 乘轎眩暈, 仍留坡州。上乘船待之, 已近二更, 猶未進夕饍, 顧謂內官, 進之酒, 曰: "不來矣." 進

개성유수가 되었다.

162 姜絪(강인, 1555~1634): 본관은 晉州, 자는 仁卿, 호는 是庵. 우의정 姜紳의 아들. 姜弘立의 숙부. 여러 고을의 수령을 지낸 뒤 1594년 공조 좌랑이 되었고, 이듬해 永柔縣令이 되었으며, 1602년 宣川郡守에 올랐다. 임진왜란 때 왕을 호종한 공으로 1604년 扈聖功臣 3등에 녹훈되고, 晉昌君에 봉해졌다. 1605년 홍주목사가 되고 1610년 상주목사를 역임했다. 1627년 정묘호란 때는 回答使로 적진에 내왕하여 적정을 비밀리에 탐색하며 협상을 벌였다. 그 후 한성부좌윤, 한성부우윤을 역임하였다. 일찍이 선천군수로 있을 때 30여리의 관개 수로를 팠는데, 백성들이 이것을 '姜公堤'라 불렀다.

163 盤松亭(반송정): 서대문 밖 慕華館 부근에 있던 정자.

164 坡州(파주): 경기도 북서부에 있는 고을. 동쪽은 양주시, 서쪽의 남부는 한강을 경계로 김포시, 북부는 임진강을 경계로 개풍군과 접한다.

165 開城(개성): 경기도 북서부에 있는 고을. 동쪽은 장단군, 서·남·북쪽은 개풍군과 접한다.

166 碧蹄(벽제): 碧蹄館. 조선시대 경기도 고양군 碧蹄驛에 설치된 客館. 벽제역은 고양군 동쪽 15리 지점에 있는데, 우리나라 사신이 중국으로 갈 때나 중국의 사신이 우리나라에 와서 서울로 들어가기 하루 전에 반드시 머물렀던 곳이다.

167 閔嬪(민빈, 1567~1626): 강화도부사 閔士俊의 딸로 선조의 후궁. 1592년 임진왜란이 일어나면서 고생길이 열리는데, 이때 민씨는 선조를 따라 행궁으로 가는 중에 가마 멀미에 시달리기까지 하였다. 또한, 이괄의 난이 일어나서 아들 인성군이 역모에 휘말린다. 인성군은 유배형에 처해지지만, 인조는 정빈 민씨가 병이 들어 위독하다는 이유로 인성군을 풀어주었다. 하지만 그녀는 아들의 얼굴도 보지 못하고 인성군이 한양에 도착하기 전에 죽었다.

之茶, 曰: "不來矣."【舊本忍渴默坐】。內醫院人龍雲者, 自頭髻裡, 出砂糖半塊, 和江水以進。夜分, 到東坡館[168], 四更始御糲飯, 世子以下皆闕膳。左議政柳成龍, 進米三升, 翌朝炊進。

5월 1일。

주상이 해원군(海原君) 윤두수(尹斗壽)를 불러 이르기를, "경에게 큰 재간이 있어 나라의 위급함을 구할 만한 까닭에 특명을 내려 석방하였으니, 생사가 걸린 것을 서로 구제하여 나의 뜻을 저버리지 마오." 라고 하였다. 이어서 차고 있던 푸른 비단의 주머니를 풀어 주면서 말하기를, "정을 표할 만한 물건이 이것밖에 없소."라고 하니, 윤두수가 눈물을 흘리며 사례하고 물러났다.

○장계부원군(長溪府院君) 황정욱(黃廷彧)과 호군(護軍) 황혁(黃赫) 또한 찾아와서 뵙자, 주상이 순화군(順和君)을 모시고 강원도로 가도록 명하고서 또 동지(同知) 이기(李墍)에게 황혁 등과 함께 가도록 명하였다.【협주 : 구본에는 이어 군병(軍兵)을 불렀다.】 대개 이기는 관동(關東)에서 명망이 있었기 때문이니 특별히 자헌대부(資憲大夫)로 승진시켜서 보내고, 한준(韓準)을 불러 돌아오게 하였다.

○주상이 동파관(東坡館)의 청사(廳事) 뒤에 홀로 서 있으면서 바라보는데 한 선비가 밖으로 허리를 굽혀 종종 걸음으로 나가는지라, 그를 불러 이르기를, "너는 누구냐?" 하니, 대답하기를, "신(臣)은 최

---

168 東坡館(동파관): 경기도 파주시 진동면 민통선 지역에 있었던 驛站의 객관. 조선시대의 동파역은 碧蹄驛·馬山驛과 함께 使行路로 이용되었는데, 그로 인해 사신 일행을 접대하는 등 잡역의 부담이 다른 驛보다 심하였다.

황(崔滉: 좌찬성)의 아들로 별좌(別坐) 최유원(崔有源)입니다."라고 하였다. 주상이 말하기를, "너는 바로 공신(功臣)의 아들이니, 의리상 마땅히 나라와 더불어 즐거움과 슬픔을 같이해야 할 것이다." 하고는, 마침내 자줏빛 혁대를 풀어 주면서 말하기를, "이 혁대를 차고 나를 잊지 말라." 하였다.

○정창연(鄭昌衍)을 예조 판서로 삼고 홍인상(洪麟祥)을 부제학으로 삼았는데, 모두 구두로 제수한 것이다.

○이때 대가(大駕)가 장차 개성(開城)으로 향하는데 해가 한낮이 되도록 아직 수라를 올리지 못한 데다 군졸과 역부(役夫) 또한 모이지 않았다. 장단 부사(長湍府使) 구효연(具孝淵)이 도망쳐 숨고서 나타나지 않자, 승지 등이 직접 경기 감사(京畿監司) 권징(權徵)을 불러 그에게 지휘하도록 하였지만 드러누워 일어나지 않았다. 승지 등이 노하여 꾸짖어도 여전히 응하지 않았다.

○오후에 대가가 출발하여 날이 저물어서야 개성부(開城府)에 도착했는데, 주상이 말을 멈추고서 성안의 부로(父老: 나이 많은 남자 어른)들을 불러 위로하고 타이르려 하였으나 말이 멋대로 날뛰어 끝내 하지 못했다.

○초경(初更: 저녁 8시 전후)에 군인들이 놀라 소리치며 서쪽에서 동쪽으로 가는데 사람과 말이 서로 밟고 밟혔다. 궁인(宮人) 이씨(李氏)는 밖에 있으면서 이 소리를 듣고 변고가 생긴 것으로 여겨 스스로 목을 찔렀으나 목숨이 끊어지지는 않았다. 이경(二更: 밤 10시 전후)에 또 놀라 소리쳤지만 한참 지나서야 그쳤다.

五月初一日。

上召海原君尹斗壽, 謂曰: "卿有大才, 可救國家之急, 故特命放還, 死生相救, 勿負予意." 仍解所佩青織囊, 以賜之曰: "無物可表情也." 斗壽泣謝而出。○長溪府院君黃廷彧[169]·護軍黃赫[170], 亦來謁, 上命陪順和君于江原道, 又命同知李墍[171], 與黃赫等偕行【舊本仍號召軍兵】。蓋墍關東之望也, 特陞資憲以送之, 召韓準回來。○

---

169 黃廷彧(황정욱, 1532~1607): 본관은 長水, 자는 景文, 호는 芝川. 1592년 임진왜란이 일어나자 號召使가 되어 왕자 順和君을 陪從, 강원도에서 의병을 모으는 격문을 8도에 돌렸고, 왜군의 진격으로 會寧에 들어갔다가 모반자 鞠景仁에 의해 임해군·순화군 두 왕자와 함께 安邊 토굴에 감금되었다. 이때 왜장 加藤清正으로부터 선조에게 항복 권유의 상소문을 쓰라고 강요받고 이를 거부하였으나, 왕자를 죽인다는 위협에 아들 赫이 대필하였다. 이에 그는 항복을 권유하는 내용이 거짓임을 밝히는 또 한 장의 글을 썼으나, 體察使의 농간으로 아들의 글만이 보내져 뜻을 이루지 못하고 이듬해 부산에서 풀려나온 뒤 앞서의 항복 권유문 때문에 東人들의 탄핵을 받고 吉州에 유배되고, 1597년 석방되었으나 復官되지 못한 채 죽었다.

170 黃赫(황혁, 1551~1612): 본관은 長水, 자는 晦之, 호는 獨石. 순화군의 장인이다. 임진왜란이 일어나자 護軍에 기용되어 부친 黃廷彧과 함께 사위인 順和君을 따라 강원도를 거쳐 會寧에 이르러, 모반자 鞠景仁에게 잡혀 왜군에게 인질로 넘겨졌다. 安邊의 토굴에 감금 중 적장 加藤清正으로부터 선조에게 항복 권유문을 올리라는 강요에 못 이겨 부친을 대신하여 썼다. 이를 안 황정욱이 본의가 아니며 내용이 거짓임을 밝힌 별도의 글을 올렸으나 체찰사가 가로채 전달되지 않았다. 1593년 부산에서 왕자들과 함께 송환된 후 앞서의 항복 권유문으로 東人에 의해 탄핵, 理山에 유배되었다가 다시 信川에 이배되었다.

171 李墍(이기, 1522~1600): 본관은 韓山, 자는 可依, 호는 松窩. 1565년 掌令, 1567년 修撰을 역임한 뒤 典翰이 되었다. 1571년 직제학, 1572년 좌승지에 올랐으나 노모가 원주에서 병으로 눕자 이를 봉양하기 위해 사직을 청하였다. 그러자 노모를 봉양하도록 1573년에는 강원도관찰사에 제수되었다. 1574년 우승지가 되었다가 1578년에 다시 양주목사로 내려갔다. 1583년에 다시 중앙으로 돌아와 부제학을 역임했다. 이어 장흥부사를 거쳐 1591년에는 대사간이 되었다. 1592년 임진왜란이 일어나자 順和君을 보필하면서 강원도에 내려가 의병을 모집하였다. 1595년 다시 부제학이 되었다. 이듬해 대사간·대사헌·동지중추부사를 차례로 역임한 뒤 이조판서에 올랐다. 1597년에 다시 지중추부사·대사헌·지돈녕부사·예조판서 등을 차례로 역임하였다. 1599년에 다시 대사헌이 되고, 이어 예조판서·이조판서를 역임했다.

上獨立于東坡館廳事[172]後, 望見一士人趨走于外, 乃召謂曰: "爾是何人?" 對曰: "臣乃崔滉之子。別坐有源[173]也." 上曰: "爾乃功臣之子, 義當與國同休戚." 遂解紫革帶, 以賜之曰: "帶此, 勿忘予也." ○以鄭昌衍爲禮曹判書, 洪麟祥爲副提學, 皆口授〈也〉。○時大駕將向開城, 而日將午, 尙未進膳, 軍夫亦未集。長湍府使具孝淵[174], 逃匿不出, 承旨等, 親呼京畿監司權徵[175], 使之指揮, 則臥而不起。承旨等, 怒罵之, 猶不應。○午後駕發, 暮到開城府, 上駐馬召城中父老, 欲慰諭, 馬逸未果。○初更, 軍人驚呼, 自西而東, 人馬相踐。宮人李氏, 在外聞之, 以爲變生, 自刎未絶。二更又驚呼, 逾

---

172 廳事(청사): 일상의 업무를 처리하는 곳.

173 有源(유원): 崔有源(1561~1614). 본관은 海州, 자는 伯進, 호는 秋峰·花巖. 1579년 사마시에 합격하고, 1591년 음보로 司圃署別提에 제수되었고, 다음해 임진왜란이 일어나자 임금을 호종하였다. 그해 5월 世子翊衛司翊贊이 된 뒤 형조좌랑·아산현감 등 내외직을 두루 거치고, 1602년 司僕寺僉正에 올라 별시문과에 급제하였다. 1607년 사간을 거쳐 다음해 집의가 되어서는 좌의정 奇自獻의 비리를 논박하였다. 1612년 대사간, 형조·이조의 참의, 대사성을 거쳐 대사헌이 되어 海川君에 봉해졌다.

174 具孝淵(구효연, 1526~?): 본관은 綾城. 아버지는 具徵이다. 1561년 생원시에 입격하여 횡성현감, 장단부사 등을 지냈다.

175 權徵(권징, 1538~1598): 본관은 安東, 자는 而遠, 호는 松菴. 1586년 형조참판이 되고 전후해서 충청·함경도 관찰사를 거쳐, 1589년 병조판서로 승진하였다. 그러나 서인 鄭澈이 실각할 때 그 黨與로 몰려 평안도 관찰사로 좌천되었다. 1592년 임진왜란이 일어나자 경기도 지방의 중요성을 감안해 경기도 관찰사에 특별히 임명되어 임진강을 방어해 왜병의 서쪽 지방 침략을 막으려고 최선을 다하였다. 그러나 패배하고 삭녕에 들어가 흩어진 군사를 모아 군량미 조달에 힘썼으며, 權慄 등과 함께 경기·충청·전라도의 의병을 규합해 왜병과 싸웠다. 1593년 서울 탈환 작전에 참여했으며, 명나라 제독 李如松이 추진하는 화의에 반대, 끝까지 왜병을 토벌할 것을 주장하였다. 그 뒤 공조판서가 되어 전년 9월 왜병에 의해 파헤쳐진 宣陵(성종릉)과 靖陵(중종릉)의 보수를 주관하였다.

時乃止。

5월 2일。

주상이 승지(承旨) 신잡(申磼)과 정랑(正郞) 이홍로(李弘老)에게 어필교서(御筆敎書)를 가지고서 경성(京城)을 향해 가도록 명했는데, 백성들을 위로하고 달래려는 것이었다.

○사시(巳時: 오전 10시 전후)에 병조 정랑(兵曹正郞) 구성(具宬)이 내문(內門)에서 나와 말하기를, "주상께서 삼사(三司: 사헌부·사간원·홍문관의 총칭)를 부르셨으니 입시(入侍)하시오."라고 하였다. 이때 대소 관원들이 관문(官門) 밖에 늘어 앉아 있었는데, 어떤 자가 말하기를, "주상께서 만약 소대(召對: 왕이 신하를 불러 만남)하셨다면 정원(政院: 승정원)은 어찌 불러들이지 않는단 말인가?"라고 하였다. 판윤(判尹) 홍여순(洪汝諄)이 헌납(獻納) 이정신(李廷臣)에게 이르기를, "이 때문에 들어갈 수 없네. 어찌 구성이 소대를 전하는 것이 가당하기나 하단 말인가?"라고 하자, 구성이 노하여 말하기를, "나는 직접 전교(傳敎: 임금의 명령)를 받들었거늘 그대들은 어찌 편안하게 앉아서 일어나지 않는단 말이오?" 하고 대사간(大司諫) 김찬(金瓚)의 손을 잡아 일으키니, 여러 대간(臺諫)들이 마침내 따라 들어갔다.

주상이 말하기를,"오늘 사태는 누가 책임을 져야 하는가?" 하자, 말이 끝나기도 전에 뭇 관원이 모두 말하기를, "영의정 이산해(李山海)가 김공량(金公諒)을 심복으로 삼아 결탁하고 홍여순(洪汝諄)·이홍로(李弘老)·조정(趙挺)·송언신(宋言愼) 등 여러 사람들과 함께 서로 뗄 수 없는 관계를 이루어 제멋대로 불꽃처럼 대단한 기세를 부리면서 사림(士林)에 해독을 끼쳐 나라를 그르치고 일을 망쳤습니다. 심지어 도성을 떠나는 날에도 수상(首相: 영의정)이 된 몸으로 떠나지 말도록 청하지 않고 도리어 속히 떠나자고 청하였습니다. 아첨하며 아양을 떠는 태도는 지금에 이르러 더욱 심하니, 오늘의 사태는 이 사람의 소치가 아닌 것이 없사옵니다. 청컨대 왕법(王法)을 바르게 하소서." 라고 하니, 주상이 말하기를, "이산해가 비록 김공량과 서로 교류했다 치더라도 어찌 이 때문에 나랏일을 그르쳐 왜구를 불러들이게 되었단 말인가? 이것은 이치에 닿지 않는 말이다." 하였다. 모두들 다 말하기를, "사대부의 거취(去就)에 간여해 주장하지 않은 것이 없었으니, 이산해는 밖에서 주장했고 김공량은 안에서 주장했음은 온 나라 사람들 중에 누군들 모르겠습니까?"라고 하였는데, 이헌국(李憲國)이 말하기를, "이산해가 밤을 틈타 몰래 김공량의 집에 가고서도 종적을 속여 감추었으니 어찌 통분치 않겠습니까?"라고 하니, 주상이 말하기를, "이산해가 어찌하여 꼭 직접 갔다고 하겠느냐? 이것은 필시 바르고 참된 말이 아닐 것이다." 하자, 이헌국이 말하기를, "나귀를 타고 밤에 가다가 순라군(巡邏軍)에게 붙잡혔는데 어찌 헛말이겠습니까?"라고 하였다. 주상이 말하기를, "도성을 떠나자는 일은 이산해만 말한 것이 아니라 좌상(左相: 류성룡) 또한 말했고 최 이상(崔貳相: 최황) 또한 말했거늘, 오늘 유독 이산해의 죄만 다스리기를 청하니 진실로 그 까닭을 알지 못하겠다." 하였다. 황붕(黃鵬)이 말하기를, "당시의 사태가 위태로운 것이 특별히 심했으니, 누구라도 도성을 떠나는 것이 옳다고 하지 않았겠습니까?"라고 하니, 구굉(具宏: 具宬의 오기)이 황붕의 옷소매를 잡아끌어 나가게 하며 말하기를, "그대는 이산해의 조카이네. 그대가 어찌 감히 입을 연단 말인가?"라고 하였다. 류성룡(柳成龍)이 사모(紗帽)를 벗고 섬돌을 내려가 눈물을 흘리며 절하면서 말하기를, "바라옵건대 이산해와 함께 나라를 그르친 죄를 받겠사옵니다."라고 하였지만, 최황(崔滉)이 말하기를, "신(臣)은 다만 사태가 만약 위급해지면 다른 곳으로 잠시 피해서 후일을 도모하자고 한 것뿐이오니 실로 이산해 등과 다르옵니다."라고 하니, 주상이 언성을 높여 말하기를, "한림(翰林)·주서(注書)가 모두 여기 있는데, 내가 어찌 헛말을 하겠느냐?" 하면서 사관(史官)을 돌아보며 이르기를, "그대들 또한 듣지 않았느냐?" 하자, 사관들이 모두 말하기를, "최황 또한 도성을 떠나자고 직접 청하였지, 달리 다른 말은 없었습니다."라고 하였다. 최황은 그래도 자리를 물러나 사죄하지 않았다. 주상은 마침내 이산해를 파직하고 최흥원(崔興源)으로 영상을 대신하게 하였다.

○남병사(南兵使) 신할(申硈)이 임금의 부름을 받고 올라오니 통어사(統禦使)로 불려져 군사를 임진(臨津)에 주둔시켰다.

初二日。

上命承旨申磼·正郎李弘老, 賚御筆敎書, 向京城, 欲以慰諭人民也。○巳時, 兵曹正郎具宬, 出自內門曰: "自上召三司[176], 入侍矣." 時大小官, 列坐官門外, 或言: "自上若召對[177], 則政院豈不召入乎?" 判尹洪汝諄, 謂獻納李廷臣, 曰: "此不可入。豈具宬所當召乎?" 宬怒曰: "我親承傳敎, 爾等安得坐而不起乎?" 仍執大司諫金瓚手以起之, 諸臺諫遂從而入。上曰: "今日之事, 誰任其咎?" 言未

176 三司(삼사): 조선시대 사헌부, 사간원, 홍문관의 총칭.

177 召對(소대): 왕이 신하를 불러 만나는 것.

已, 衆官皆言: "領議政李山海, 交結金公諒爲心腹[178], 與洪汝諄·李弘老·趙挺·宋言愼[179]諸人, 共作表裡, 大肆氣焰, 流毒士林, 誤國敗事。至於去邠之日, 身爲首相, 旣不請止, 反請速出。阿諛容悅之態, 到今益甚, 今日之事, 無非此人所致。請正王法." 上曰: "李山海雖與公諒相交, 豈以此誤國致寇? 此則不近之說也." 皆曰: "士大夫去就, 無不與之主張, 山海主於外, 公諒主於內, 一國之人, 孰不知之?" 李憲國曰: "山海, 乘夜潛往公諒家, 蹤跡詭祕, 豈不痛憤?" 上曰: "山海, 豈必親往? 此則必非眞實之言也." 憲國曰: "騎驢夜行, 爲邏軍所捉, 豈虛言乎?" 上曰: "去邠之事, 不獨山海之言, 左相亦言之, 崔二相亦言之, 今者獨請山海之罪, 予實未知." 黃鵬曰: "當時之事, 危焉特甚, 誰不以去都城爲可也." 具宏[180]執鵬衣以出曰: "爾乃山海之侄也。爾何敢開口?" 柳成龍, 免官[181]下階, 涕泣以拜曰: "願與山海, 同受誤國之罪." 崔滉曰: "臣則只以事若危急, 暫避他處, 以圖後日之事爲言, 實異於山海等." 上厲聲曰: "翰林·注書皆在此, 予豈虛言乎?" 仍顧謂史官曰: "爾等亦不聞之乎?" 史

---

178 心腹(심복): 마음을 턱 놓고 믿을 수 있는 부하.

179 宋言愼(송언신, 1542~1612): 본관은 礪山, 초명은 宋承誨, 자는 寡尤, 호는 壺峰. 1567년 사마시에 합격하고, 1577년 알성 문과에 급제, 예문관검열과 사간원정언 등을 지냈다. 1586년 호남에 巡撫御史로 파견된 뒤 부수찬을 역임하였다. 언관으로 서인을 공격하는 데에 앞장섰다가 1589년 기축옥사 때 鄭汝立과 연루되어 부교리에서 면직되었다. 1592년 사마시에 합격하고, 그 뒤 평안도 관찰사가 되었으나 임진왜란으로 공조참판이 되어 평안도 순찰사를 겸하다가 다시 함경도 순찰사를 겸하면서 軍兵 모집에 힘썼다. 1592년에 삭직되었고, 1596년 東面巡檢使로 다시 등용된 뒤 대사간·병조판서·이조판서를 역임하였다.

180 具宏(구굉): 具宬의 오기.

181 免官(면관): 免冠의 오기. 용서를 빌기 위하여, 쓰고 있던 관이나 갓을 벗음.

官皆曰: "崔滉亦直請去邪。別無他言也." 滉猶不避謝。上遂罷山海。以崔興源代之。○南兵使申硈[182], 承召上來, 稱以統禦使。駐兵臨津。

5월 3일。

주상이 남문(南門: 개성부 남문)에 나와 부로(父老)들과 백성들을 불러 위로하고 이어서 고충을 물으며 또한 그들의 하고 싶은 말을 하도록 하니, 선비 10여 명이 대답하기를, "오늘날의 사태는 이산해(李山海)·김공량(金公諒)이 서로 뗄 수 없는 관계를 이루어 권세를 부려 경향 각지의 백성들이 다 같이 원한을 품은 것으로 말미암아서 외적의 침입을 초래한 것이옵니다. 이것은 모두 전하께서 숙원 김씨(淑媛金氏: 김공량의 동생 인빈김씨)를 사랑하는 데만 미혹되었기 때문이옵니다."라고 하였다.

○대가(大駕)가 장차 돌아오려 하자, 승지(承旨) 이충원(李忠元)이 아뢰기를, "청컨대 성혼(成渾)을 부르소서."라고 하니, 주상이 말하기를, "어찌 불러 쓸 사람이 없겠느냐? 내가 불러올 필요는 없다." 하고는 마침내 행궁(行宮)으로 돌아갔다.

---

182 申硈(신할, 1548~1592): 본관은 平山. 申砬의 동생. 1589년 경상도 좌병사가 되어 활동하였다. 1592년 임진왜란이 일어나자 함경도 병사가 되어 선조의 몽진을 호위함으로써 그 공을 인정받아 좌승지 閔濬, 병조판서 金應南, 대사헌 尹斗壽 등의 추천으로 경기 수어사 겸 남병사에 임명되었다. 이후 막하의 劉克良, 李蕡, 李薦, 邊璣를 亞將으로 삼고 도원수 金命元과 병사를 이끌고서 임진강을 지키며 적과 대치하였다. 9일 동안 적과 대치하던 신할과 그의 병사들은 당시 도순찰사였던 韓應寅의 병력을 지원받아 작전을 세우고 심야에 적진을 기습하였으나 복병이 나타나 그 자리에서 순절하였다.

○주상은 개성 유수(開城留守) 홍인서(洪仁恕)에게 병이 있는데다 이정형(李廷馨)이 이전 본부(本府: 개성부)의 경력(經歷)으로 선정을 베푼 적이 있었기 때문에 마침내 이정형을 발탁하여 개성 유수로 제수하였고, 또한 그의 형인 이조 참의(吏曹參議) 이정암(李廷馣)에게 개성부를 함께 지키도록 명하였다. 그리하여 이괵(李碅)을 승지(承旨)로 삼았다.

○양사(兩司: 사헌부와 사간원)가 연명(連名)으로 장계(狀啓)를 올려 아뢰기를, "좌의정 류성룡(柳成龍)만 나라를 그르친 죄를 홀로 면하는 것은 옳지 않사오며, 병조 정랑(兵曹正郎) 구성(具宬)은 원래 근시(近侍)하는 신하가 아니고 또 왕명을 받들어 출입하는 소임이 아닌 데도 여러 신하들이 입대(入對)한 뒤에 시종하는 신하의 반열에 같이 있었으니, 청컨대 그를 파직하소서."라고 하였다. 주상이 장계에 따라 윤두수(尹斗壽)로 류성룡을 대신하게 하였다.

○주상이 기성부원군(杞城府院君) 유홍(兪泓)·도승지(都承旨) 이항복(李恒福)에게 신성(信城)·정원(定遠) 두 왕자를 모시고 평양으로 먼저 가도록 명하였는데, 이항복을 이조 참판(吏曹參判)으로 발탁하여 바로 그날 길을 떠나게 하였다.

○또 인성부원군(寅城府院君) 정철(鄭澈)을 강계(江界) 유배지에서 불러들여 유홍 등과 함께 왕자를 같이 호위하게 하였다.

○예조 판서(禮曹判書) 정창연(鄭昌衍)이 아뢰기를, "태묘(太廟)의 신주(神主)를 말 위에 실으려면 말이 무려 50여 필이어야 하는데 지금 여러 고을은 텅 비어 신주를 옮길 만한 여력이 없사옵니다. 만일 갑작스런 변이라도 당하면 반드시 낭패스런 일이 생길 것이니, 미리 정결

한 곳에 봉안(奉安)하고 일행의 행장(行裝)을 간편하게 하는 것이 더 낫습니다."라고 하니, 많은 관원들은 모두 새 정승이 취임하기를 기다린 뒤에 의논하는 것이 마땅하다고 말하였다.

初三日。

上出御南門, 召父老民人慰勞, 仍問疾苦, 且使陳其所欲言者, 有士人十餘, 對曰: "今日之事, 皆由於李山海·金公諒, 表裡用事, 而內外人民, 同懷怨憤, 以致寇賊之來。此皆殿下惑嬖淑媛金氏之故也." ○駕將還, 承旨李忠元, 啓曰: "請召成渾[183]." 上曰: "豈無召用之人乎? 予不必召來也." 遂還行宮。○上以開城留守洪仁恕[184]有病, 李廷馨前爲本府經歷, 有遺愛[185], 遂以廷馨, 擢拜留守, 且命其兄吏曹參議廷馣, 同守開城府。以李磧爲承旨。○兩司合啓: "左

---

183 成渾(성혼, 1535~1598): 본관은 昌寧, 자는 浩原, 호는 默庵·牛溪. 1594년 石潭精舍에서 서울로 들어와 備局堂上·좌참찬에 있으면서 〈편의시무14조〉를 올렸다. 그러나 이 건의는 시행되지 못하였다. 이 무렵 명나라는 명군을 전면 철군시키면서 대왜 강화를 강력히 요구해와 그는 영의정 柳成龍과 함께 명나라의 요청에 따르자고 건의하였다. 그리고 또 許和緩兵(군사적인 대치 상태를 풀어 강화함)을 건의한 李廷馣을 옹호하다가 선조의 미움을 받았다. 특히 왜적과 내통하며 강화를 주장한 邊蒙龍에게 왕은 비망기를 내렸는데, 여기에 有識人의 동조자가 있다고 지적하여 선조는 은근히 성혼을 암시하였다. 이에 그는 용산으로 나와 乞骸疏(나이가 많은 관원이 사직을 원하는 소)를 올린 후, 그 길로 사직하고 연안의 角山에 우거하다가 1595년 2월 파산의 고향으로 돌아왔다.

184 洪仁恕(홍인서, 1535~?): 본관은 南陽, 자는 應推. 1555년 사마시에 합격하여 진사가 되었으며, 1573년 알성문과에 급제하였다. 이후 예조정랑·사헌부장령, 동부승지 등을 역임하여 간관으로서의 임무를 충실히 수행하였다. 1592년 임진왜란 발발 이후 선조가 경성을 버리고 개성으로 피난해 오자 당시 개성부유수로서 동요하던 백성들을 효유하여 안정시켰으나 곧바로 병으로 벼슬을 그만두었다. 그러다가 1593년 호조참의가 되었지만 전란의 와중에서 병을 이유로 동궁을 제대로 모시지 못하였다는 사간원의 탄핵을 받아 체직되었다.

185 遺愛(유애): 선정을 베푼 지방의 수령을 그리워하는 마음.

議政柳成龍, 不可獨免誤國之罪, 兵曹正郎具宬, 本非近侍之臣, 又非承命出入之任, 而及諸臣入對之後, 同在從臣, 請罷之." 上從之, 以尹斗壽代成龍。○上命杞城府院君兪泓·都承旨李恒福, 陪信城[186]·定遠[187]兩王子, 先往平壤, 擢恒福吏曹參判, 卽日發行。○又召寅城府院君鄭澈[188]于江界[189]謫所, 與泓等, 同護王子。○禮曹

186 信城(신성): 信城君(?~1592). 본관은 全州, 이름은 李珝. 선조의 넷째 아들로, 어머니는 仁嬪金氏이며, 한성부판윤 申砬의 사위이다. 인빈김씨가 선조의 총애를 받고 있으면서 信城君을 낳았으므로 선조의 사랑을 독차지하였다. 1591년 서인 鄭澈이 먼저 經筵에서 光海君을 세자로 세울 것을 건의하다가 동인 李山海 등의 반대로 좌절되었다.

187 定遠(정원): 定遠君(1580~1619). 본관은 全州, 이름은 李琈. 인조의 아버지이다. 선조의 아들로, 어머니는 仁嬪金氏이다. 좌찬성 具思孟의 딸을 맞아, 인조 및 綾原大君·綾昌大君을 낳았다. 1587년 定遠君에 봉해졌다. 인조반정을 계기로 大院君이 되었다. 사후 1632년 元宗敬德仁憲靖穆章孝大王(약칭 원종)이라 묘호를 정하였다.

188 鄭澈(정철, 1536~1593): 본관은 延日, 자는 季涵, 호는 松江. 어려서 仁宗의 淑儀인 맏누이와 桂林君 李瑠의 부인이 된 둘째누이로 인하여 궁중에 출입하였는데, 이때 어린 慶原大君(明宗)과 친숙해졌다. 1545년 을사사화에 계림군이 관련되자 부친이 유배당하여 配所를 따라다녔다. 1551년 특사되어 온 가족이 고향인 전라도 담양 昌平으로 이주하였고, 그곳에서 金允悌의 문하가 되어 星山 기슭의 松江 가에서 10년 동안 수학하였다. 1561년 진사시에, 이듬해의 별시 문과에 각각 장원하여 典籍 등을 역임하였고, 1566년 함경도 암행어사를 지낸 뒤 李珥와 함께 賜暇讀書하였다. 1578년 掌樂院正에 기용되고, 곧 이어 승지에 올랐으나 珍島 군수 李銖의 뇌물 사건으로 東人의 공격을 받아 사직하고 고향으로 돌아왔다. 1580년 강원도 관찰사로 등용되었고, 3년 동안 강원·전라·함경도 관찰사를 지냈다. 1589년 우의정에 발탁되어 鄭汝立의 모반사건을 다스리게 되자 西人의 영수로서 철저하게 동인 세력을 추방했고, 이듬해 좌의정에 올랐으나 1591년 建儲문제를 제기하여 동인인 영의정 李山海와 함께 光海君의 책봉을 건의하기로 했다가 이산해의 계략에 빠져 혼자 광해군의 책봉을 건의했다. 이때 信城君을 책봉하려던 왕의 노여움을 사 파직되었고, 晉州로 유배되었다가 이어 江界로 移配되었다. 1592년 임진왜란 때 부름을 받아 왕을 의주까지 호종, 이듬해 謝恩使로 명나라에 다녀왔다. 얼마 후 동인들의 모함으로 사직하고 강화의 松亭村에 寓居하면서 만년을 보냈다.

189 江界(강계): 평안북도 북동부에 있는 고을. 동쪽은 낭림산맥을 경계로 함경남도의

判書鄭昌衍以爲: “太廟神主, 載之馬上, 多至五十餘疋, 今者列郡, 皆空無力可運。事若倉卒, 必有狼貝, 不如預爲奉安於淨潔之地。以簡一行.” 多官皆以爲, 當待新相之出仕後議之。

5월 4일。

주상이 시종신(侍從臣)에게 한 사람을 차출하여 양호(兩湖: 영남과 호남)에 가서 군사를 모집하게 하니, 아무도 응하는 자가 없었는데 보덕(輔德) 심대(沈岱)가 말하기를, “신(臣)이 청컨대 가겠습니다.”라고 하였다. 주상이 그를 불러 이르기를, “사람들이 모두 가기를 피하거늘 혼자서 스스로 가겠다고 청하니 참으로 기쁘고 위안이 되도다.” 하면서 당상관(堂上官)으로 승진시켜 보내려고 하자, 심대가 말하기를, “신(臣)이 만약 그곳에 도달하지 못하고 돌아오기라도 하면 상으로 내린 자급(資級)을 헛되이 받는 것이오니, 복명(復命: 일 처리 결과 보고)하는 날에 신(臣)이 마땅히 받겠습니다.”라고 하니, 주상이 그를 위로하고 타일러 보냈다.

오후에 신잡(申磼)이 혼자서 말하기를, “적이 이미 경성(京城)에 쳐들어왔습니다.”라고 하였다. 아마도 마산(馬山: 파주의 마산역)에 이르러 길에서 뜬소문을 듣고 겁이 나 돌아온 것이었다. 주상은 즉시 길 떠날 준비를 하도록 명하였다.

○정창연(鄭昌衍)이 대가(大駕)가 떠났다는 말을 듣고 여러 대신들과 의논도 하지 않고 곧장 태묘(太廟)의 신주(神主)를 목청전(穆清殿)의

장진군, 서쪽은 위원군과 초산군, 남쪽은 희천군, 북쪽은 자성군과 후창군, 그리고 압록강을 사이에 두고 중국의 만주 지방과 접한다.

우측에 안치하였다.

○땅거미가 질 무렵에 대가(大駕)가 출발하자 상하가 소란스럽기는 임진강 건널 때보다도 더 심하였다. 밤이 되어서야 금교(金郊)에 도착하여 재신(宰臣) 이하가 모두 풀밭에서 노숙하였다. 이날 밤에 군인들이 놀라서 소리친 것이 네다섯 차례나 되어 사람들이 잠을 잘 수 없었으니, 한응인(韓應寅)을 순경사(巡警使)로 삼아 호위군(扈衛軍)을 거느리게 하였다.

初四日。

上使從臣差一人, 往兩湖徵兵, 人無應之者, 輔德沈岱曰: "臣請往." 上召謂曰: "人皆避之, 獨請自行, 良用慰喜." 欲陞堂上而送。岱曰: "臣若不達而還, 則是虛受賞秩也, 復命之日, 臣當受之." 上慰諭遣之。午後, 申礏獨言: "賊已入京城." 蓋到馬山[190], 聞道路訛傳, 懼而還也。上卽命治行。○鄭昌衍, 聞駕發, 不議諸大臣, 卽奉廟主, 安措于穆淸殿[191]之右。○薄暮駕行, 上下擾亂, 有甚於臨津。夜到金郊[192], 宰臣以下, 皆露宿草中。是夜, 軍人驚呼者四五, 人不得寢, 以韓應寅[193]爲巡警使, 領扈衛軍。

---

190 馬山(마산): 馬山驛. 경기도 파주시 교하에 역참. 개성으로 가는 역원이다.

191 穆淸殿(목청전): 경기도 개성시 운학동에 있는 이성계가 왕이 되기 전에 살던 집. 조선 역대의 임금이 개성에 올 때면 목청전에 茶禮를 올리고 그 기념으로 문무과의 과거를 치르기도 하였는데, 임진왜란 때에 소실되었다가 肅宗 때에 閣을 중건하였다.

192 金郊(금교): 황해도 金川郡 서북면 江陰里 남서쪽에 있는 지명인데, 이곳에 金郊道의 중심 역참인 金郊驛이 있었음.

193 韓應寅(한응인, 1554~1614). 본관은 淸州, 자는 春卿, 호는 百拙齋·柳村. 1576년 사마시에 합격하고, 다음해 謁聖文科에 급제, 注書·예조좌랑·병조좌랑·持平을 지내고, 1584년 宗系辨誣奏請使의 서장관으로 명나라에 다녀왔다. 1588년 신천군

5월 5일。

주상이 금암(金巖: 평산의 금암역)에 이르자 이조 판서(吏曹判書)에게 호종(扈從)하는 인원의 성명을 아뢰도록 명하였다.

날이 저물 무렵에서야 평산(平山)에 이르러 보산(寶山: 평산의 보산관)에서 묵었다.

初五日。

上到金巖[194], 令吏曹〈判〉書, 扈從人員姓名以啓。日晩, 到平山[195], 宿寶山[196]。

5월 6일。

대가(大駕)가 낮에는 안성(安城: 평산의 안성역)에 머무르고 저녁에는 용천(龍泉: 서흥의 용천관)에 쉬었으나, 안성과 용천에서는 모두 지공(支供: 음식물 이바지)을 올리지 못하였다. 어쩔 수 없이 이틀에 갈 역참

수로 부임하여, 이듬해 鄭汝立의 모반사건을 적발하여 告變, 그 공으로 호조참의에 오르고 승지를 역임하였다. 1591년 예조판서가 되어 진주사로 재차 명나라에 가서 이듬해 돌아왔다. 임진왜란이 일어나자 八道都巡察使가 되어 요동에 가서 명나라 援軍의 출병을 요청하고, 接伴官으로 李如松을 맞았다. 이듬해 請平君에 봉해지고, 서울이 수복되자 호조판서가 되었다. 1595년 주청사로 명나라에 다녀오고, 1598년 우찬성에 승진, 1605년 府院君에 진봉되고, 1607년 우의정에 올랐다. 1608년 선조로부터 遺敎七臣의 한 사람으로 永昌大君의 보호를 부탁받았으며, 1613년 癸丑獄事에 연루되어 관작이 삭탈당하였다가 후에 신원되었다.

194 金巖(금암): 金巖驛. 조선시대 황해도 지역의 역도 중 하나인 금교도에 속한 역으로, 오늘날의 황해북도 평산군 금암면에 있었던 역참.

195 平山(평산): 황해도 남동쪽에 있는 고을. 동쪽은 금천군·신계군, 서쪽은 벽성군·재령군, 남쪽은 연백군, 북쪽은 봉산군·서흥군과 접한다.

196 寶山(보산): 寶山館. 조선시대 황해도 평산에 있던 寶山驛 곁에 있던 客館. 平山都護府의 북쪽 20리에 있었다.

(驛站)을 하루에 가면서 검수(劍水: 검수참)를 지나 봉산(鳳山: 洞仙館)에 이르자, 날은 이미 초경(初更: 저녁 8시 전후)이 된 데다 상하 모두가 굶주려서 움직일 수 없었다.

이에 대사헌(大司憲) 이헌국(李憲國)이 노하여 꾸짖기를, "정승 및 승지들 모두 개자식이다. 어찌 감히 군상(君上)으로 하여금 수라도 드시지 못한 채 가시게 한단 말인가?"라고 하며 말 위에서 손을 치켜들어 마치 주먹으로 칠 것처럼 하니, 사람들 모두 어처구니가 없어 웃음이 터져 나왔다.

初六日。

大駕, 當晝停于安城[197], 夕歇于龍泉[198], 而安城·龍泉, 俱闕支供[199]。不得已倍站[200], 過劍水[201]到鳳山[202], 日已初更, 上下飢乏不得行。大司憲李憲國, 怒罵曰: "政丞及承旨皆犬子。安敢使君上不食而行乎?" 馬上奮手, 有若拳打之狀, 人皆失笑。

5월 7일。

대가(大駕)가 황주(黃州)에 이르렀다. 병조 참판(兵曹參判) 심충겸(沈忠謙)이 장연 현감(長淵縣監) 김여율(金汝嵂)을 맞이하여 이르기를,

---

197 安城(안성): 安城驛. 조선시대 황해도의 도로망인 금교도에 속한 역으로, 오늘날의 황해북도 평산군에 있었던 역참.

198 龍泉(용천): 龍泉館. 황해도 瑞興都護府 용천역 곁에 있던 客館.

199 支供(지공): 음식물을 이바지함.

200 倍站(배참): 쉴 참 하나씩을 걸러 지나가서 길을 갑절 더 걷는 것.

201 劍水(검수): 劒水站. 황해도 봉산군에 있던 검수참 곁에 있던 鳳陽館을 일컫는 듯. 황해도 鳳山과 瑞興 사이에 있었다.

202 鳳山(봉산): 황해도 봉선군 동선면 조양리 鳳山客舍인 洞仙館을 일컫는 듯.

"공(公)의 형인 김여물(金汝岉)이 비록 문관이기는 했지만 또한 적에게 죽었거늘 하물며 그대는 젊은 무사(武士)로서 어찌 편안히 앉아만 있단 말인가? 의당 속히 가서 복수를 도모하게나."라고 하자, 김여율이 얼굴을 붉히면서 어려워하는 기색을 보이니, 심충겸이 말하기를, "그대와 같은 무사로 겁이 많은 자들은 목을 베어 높은 곳에 매달아 뭇사람들에게 보여야겠네."라고 하였다.

이에, 김여율이 어쩔 수 없이 조정(朝廷)에 청하여 군사를 거느리고서 한 지역을 직접 맡겠다고 원하니, 주상은 충성스럽고 용맹스러운 무사로 여기고는 특별히 위로하고 사기를 북돋운 뒤 통정대부로 승진시켜서 보냈다.

初七日。

駕到黃州[203]。兵曹參判沈忠謙, 邀長淵[204]縣監金汝嵂[205], 謂之曰: "公之兄汝岉[206], 雖以文官, 亦死於賊, 況爾以年少武士, 豈可

---

203 黃州(황주): 황해도 황주군 황주읍성 내에 있던 齊安館을 일컫는 듯.

204 長淵(장연): 황해도 서단에 있는 고을. 동쪽은 벽성군, 서쪽은 황해, 남쪽은 대동만을 건너 옹진군, 북쪽은 송화군과 접한다.

205 金汝嵂(김여율, 1551~1604): 본관은 順天, 자는 士挺. 아버지는 金壎이고, 형은 金汝屹과 金汝岉이다. 1589년 증광시 무과에 급제하였다. 長淵縣監·所江僉使·濟州判官·晉州判官·豊川府使·晉州牧師 등을 역임하였다. 1592년 장연현감 시절 임진강에서 5월 18일에 벌어진 전투에서 군사 8백여 명을 거느린 斥候將으로서 劉克良이 적들과 힘들게 전투를 벌이는 것을 보고도 도우러 가지 않고 있다가 달아났다. 그 후에도 계속 부임하는 곳마다 고을 백성들의 원성을 받아왔기 때문에 새로 관직이 제수될 때마다 대관들의 반대에 부딪쳤고 부임지 마다 사고를 일으켰다. 1604년 6월 5일 밤에 집에 든 도둑의 손에 살해되었다.

206 汝岉(여물): 金汝岉(1548~1592). 본관은 順天, 자는 士秀, 호는 披裘子. 金瑬의 아버지이다. 1592년 임진왜란이 일어나자 도체찰사 柳成龍이 무략에 뛰어남을 알고 옥에서 풀어 자기 幕中에 두려고 하였다. 그런데 도순변사로 임명된 申砬이 재능과 용기가 뛰어나고 충의로운 선비임을 알고 자기의 종사관으로 임명해줄 것을 간청해

安坐乎? 宜速請往以圖復讎." 汝崋面發紅, 有難色, 忠謙曰: "如汝武士, 多怯者, 可以梟示." 汝崋不得已請於朝廷, 願率軍自當一面, 上以爲忠勇之士, 特賜慰奬, 仍陞通政, 以送之。

5월 8일。

대가(大駕)가 평양(平壤)에 이르니, 감사(監司) 송언신(宋言愼)이 3천여 기병(騎兵)을 거느리고 앞뒤에서 대가를 맞았는데 무기들이 햇빛에 번쩍여 기세가 매우 당당하였다. 성안에 백성들과 가옥들이 경성(京城)과 비슷함이 있어, 호종한 사람들은 비로소 생기를 띄게 되었다.

○이때 조정에서 여러 신하들이 의논하였는데, 모두 말하기를, "김명원(金命元)·신할(申硈)이 비록 임진(臨津)에 있으나 군대의 형세가 매우 고단하니, 다시 문무 장관(文武將官)으로 하여금 서로 협력해서 방어하도록 하는 것이 낫습니다."라고 하였다. 마침내 한응인(韓應寅)을 제도군순찰사(諸道郡巡察使: 諸道巡察使의 오기)로 삼았고 이천(李薦)을 방어사(防禦使)로 삼았다.

初八日。

大駕到平壤, 監司宋言愼, 領兵三千餘騎, 前後迎駕。戈鋋[207]照

신립과 함께 출전하였다. 신립이 丹月驛(현재의 충주단월역)에 이르러 몇 명의 군졸을 이끌고 왜적의 북상로인 鳥嶺의 형세를 정찰할 때, 尙州에서 패주해 온 순변사 李鎰을 만나 조령 방어의 어려움을 알고 충주로 가 배수의 진을 치기로 결정하였다. 김여물은 이것을 반대하고, 적은 수의 군사로 많은 적을 물리치기 위해서는 먼저 조령을 점령해 지키며, 그렇지 못하면 평지보다는 높은 언덕을 이용해 왜적을 역습하는 것이 좋겠다고 강력히 주장했으나 채택되지 않았다. 결국, 충주의 달천서 배수의 진을 치고 신립을 따라 彈琴臺 아래에서 분투했으나 왜적을 당하지 못해 강에 투신, 순국하였다.

日, 勢甚堂堂。城中人民室屋, 有似京城, 扈從人等, 始有生氣。○時朝廷衆議, 皆以爲: "金命元·申硈, 雖在臨津, 而兵勢甚狐[208], 不如又差文武將官, 協同防守." 遂以韓應寅爲諸道郡巡察使[209], 李薦[210]爲防禦使。

5월 9일。

이성중(李誠中)이 와서 말하기를, "3일에 적이 경성(京城)에 들어왔지만, 유도대장(留都大將) 이양원(李陽元)이 간 곳을 알 수 없습니다." 라고 하였다. 유홍(兪泓)을 우의정(右議政) 겸 도체찰사(都體察使)로 삼아 군사 3천 명을 주고 날짜를 정하여 떠나게 하였다.

初九日。

李誠中來言: "初三日, 賊入京城, 留都大將李陽元, 不知去向." 以兪泓爲右議政·都體察使, 授兵三千, 刻日發行。

5월 10일。

종묘와 사직의 신주(神主)가 왔다. 대가(大駕)가 보산(寶山)에 이르렀던 날, 종실(宗室) 해풍군(海豊君) 이기(李耆) 등이 윤두수(尹斗壽)의

---

207 戈鋋(과연): 긴창과 짧은 창. 병기.

208 狐(호): 孤의 오기.

209 郡巡察使(군순찰사): 都巡察使의 오기.

210 李薦(이천, 1550~1592): 본관은 全州. 고조부는 정종의 10번째 아들 德泉君 李厚生이고, 부친은 駒興副守 李元卿이다. 6촌 형으로 文遠 李贇이 있다. 무과에 급제한 후 관직에 올라 京畿水使 등을 역임하였으며, 선조가 왕위에 오른 후 訓將에 제수되는 등 여러 관직을 거쳐 同知中樞府事에까지 이르렀다. 1592년 임진왜란 때 왜적과 싸우다 전사하였다.

손을 잡고 통곡하면서 말하기를, "공(公)은 나라의 대신(大臣)이거늘 담당 신하가 종묘와 사직의 신주를 버렸는데도 그것을 깨닫지 못하다니 어인 일이오? 고금에 어찌 종묘와 사직이 없는 나라가 있겠소?"라고 하니, 윤두수가 말하기를, "담당 신하가 두루 의논을 거치지 않고 지레 봉안하였지만, 비록 내가 간여하지 않았을지라도 어찌 나의 죄가 아니라고 할 수 있겠소? 공이 말하지 않았다면 나라가 나라의 꼴이 아닐 뻔했소."라고 하였다. 드디어 예관(禮官: 예조 참의 이정립과 종묘 제조 윤자신)을 보내어 신주를 모시고 오게 하여, 이날에 비로소 이르른 것이다.

○유홍(兪泓)이 왕명을 받은 지 여러 날이 되어도 길을 떠날 기색이 있지 않자, 주상이 불러 묻기를, "경(卿)은 지금까지도 떠나지 않으니 무슨 일이오?" 하니, 유홍이 말하기를, "발바닥에 종기가 생겨 그것 때문에 갈 수가 없습니다."라고 하였다. 이에, 대사헌 이헌국(李憲國)이 큰소리로 꾸짖어 말하기를, "공(公)은 재주도 없고 덕도 없이 정승 자리에 이미 올랐으니 은혜가 지극히 큰 것이오. 그런데 겁내어 가지 않고는 지금에 와서 발바닥에 종기가 생겼다고 하니, 흡사 연회에서 기생이 발 아프다는 핑계를 하고 노래를 부르지 않는 것과 같소. 공은 어찌 감히 이럴 수가 있소?"라고 하면서 서로 칠 것처럼 하자, 주상 또한 쓴웃음을 지으며 말하기를, "먼저 한응인(韓應寅)을 보내는 것이 좋겠다." 하였다. 유홍은 끝내 가지 않았다.

初十日。

廟社主至。大駕到寶山之日，宗室海豐君耆[211]等，執尹斗壽手，痛哭曰："公以國之大臣，有司之臣，棄廟社〈主〉，而不之覺，何也?

古今寧有無廟社之國乎?” 斗壽曰: “有司, 不遍經議, 〈徑〉行奉安, 雖非吾所與, 而烏可謂之非我罪乎? 微公言, 國不國矣.” 遂遣禮官陪來, 是日始至。○兪泓, 承命逾日, 未有登程之色, 上召問: “卿至今不發, 何也?” 泓曰: “脚底有腫, 以此不得行矣.” 大司憲李憲國, 大聲叱曰: “公無才無德, 旣陞政丞, 恩至大矣。恇怯不行, 今乃曰脚有腫, 正如當宴之妓托足疾而不歌者也。公何敢如是?” 有若相敺者, 上亦哂之曰: “先送韓應寅可也.” 泓竟不行。

5월 11일。

한응인(韓應寅)·이천(李薦)이 군사 5천 명을 거느리고 출발 인사를 하니, 주상은 그들이 떠나기 전에 술을 하사하면서 지극히 위로하고 권면하여 보냈다.

十一日。

韓應寅·李薦, 領兵五千, 辭朝, 上臨行賜酒, 極其慰勉而送。

5월 12일。

이항복(李恒福)을 형조 판서로, 신잡(申磼)을 이조 참판으로, 류희림(柳希霖)·홍진(洪進)·민준(閔濬)을 승지로 삼았다.

○비망기(備忘記)에 이르기를, “예로부터 변란을 만난 군주는 반드시 스스로를 낮추는 일이 있었으니, 지금 이후부터는 조정 안의 신하들과 밖의 백성들에게 타이르는데 모든 소장(疏章: 상주하는 문서)에

---

211 耆(기): 李耆(1532~1594). 본관은 全州.

성예(聖睿: 거룩하고 슬기로움)라고도 칭하지 말고 또 존호(尊號)도 일체 사용하지 않는 것이 옳다." 하였다. 이성중(李誠中)이 말하기를, "이는 훌륭한 조치이오니, 신하 된 자로서 그 아름다운 조치를 완성하는 것을 받들어 잇지 않을 수 없습니다."라고 하였으며, 윤두수(尹斗壽)가 말하기를, "오늘날의 사태는 신하들의 죄가 아닌 것이 없사온데, 어찌 임금 혼자만 먼저 스스로를 낮추는 이치가 있단 말입니까?"라고 하였다. 마침내 스스로 낮추어서는 안 된다는 뜻으로 대답하였다.

○도원수(都元帥) 김명원(金命元)이 급히 장계를 올려 아뢰기를, "신(臣)은 이빈(李蘋)·유극량(劉克良) 이하 장수 20여 명과 군사 7천여 명을 거느리고 임진(臨津)에 머물러 지키면서 벽제(碧蹄) 등지에 복병을 두어 적을 많이 죽이거나 사로잡았습니다. 이양원(李陽元) 또한 신각(申恪)·이일(李鎰) 이하 장수 10여 명과 군사 5천여 명을 거느리고서 대탄(大灘)에 주둔하여 바야흐로 진격을 도모하고 있습니다."라고 하였다. 상하가 이를 듣고 즐거워하며 기뻐하지 않는 이 없이 모두 오래지 않아 응당 대가(大駕)가 환궁할 것이라 여겼다.

○조정에서 이르기를, "당초 도성을 떠나던 날에 백관(百官)으로 뒤처진 자들을 비록 일일이 모두 죄줄 수는 없으나, 도총부 위장(都摠部衛將)·금부(禁府) 등의 관원 같은 경우는 한가하고 느긋한 아문(衙門: 관아) 같은 경우와 견줄 수 없으니 모두 백의종군해서 공을 세워 죄를 씻도록 하라." 하였다.

十二日。

以李恒福爲刑曹判書，申礫爲吏曹參判，柳希霖[212]·洪進·閔濬爲承旨。○備忘記曰："自古遇變之主，必有自貶之擧，自今以後，諭內外臣民, 凡於章疏, 勿稱聖睿, 且尊號, 一切勿用, 可也." 李誠中曰: "此盛擧也, 爲臣子者, 不可不承順以成其美." 尹斗壽曰: "今日之變, 無非臣子之罪, 而豈有人君獨先自貶之理乎?" 遂以不可貶損之義爲對。○都元帥金命元, 馳啓曰: "臣率李薲[213]·劉克良[214]以下諸將二十餘人, 軍士七千餘人, 把住臨津, 設伏碧蹄等處, 多斬獲。李陽元亦率申恪[215]·李鎰以下諸將十餘人, 軍人五千餘人,

---

212 柳希霖(류희림, 1520~1601): 본관은 文化, 자는 景說. 1561년 식년 문과에 급제하여 文翰官이 되었다. 이어서 검열·박사·정언 등을 차례로 역임하고, 1570년 지평이 되었다. 1581년 형조참판으로 冬至使가 되어 명나라에 다녀왔다. 1592년 임진왜란이 일어나자 첨지중추부사로서 왕을 호종하여 좌승지로 발탁되었다. 이듬해 동지중추부사, 그 이듬해에 예조참판이 되었다.

213 李薲(이빈, 1537~1603): 본관은 全州, 자는 聞遠. 1592년 임진왜란이 일어나자, 경상좌도 병마절도사로 충주에서 申砬의 휘하에 들어가 싸웠으나 패하였다. 그 뒤 金命元의 휘하에 들어가 임진강을 방어하다가 다시 패하고, 평안도 병마절도사로 평양을 방어하였으나 성이 함락되자 李元翼을 따라 順安에서 싸웠다. 1593년 1월에 명나라 장수 李如松이 평양을 탈환하자 군사를 이끌고 명나라 군대에 종사하였으며, 李鎰을 대신하여 巡邊使에 임명되었다. 같은 해 2월 權慄이 幸州山城에서 왜군을 크게 격파하고 坡州 山城으로 옮기자, 권율과 함께 파주 산성을 수비하였다. 같은 해 왜군이 진주와 구례 지방을 침략할 때 남원을 지켰다. 그러나 당시 진주성을 방어하지 못하였다는 사헌부와 사간원의 탄핵을 받고 戴罪從軍하다가 1594년 경상도 순변사에 복직되었다.

214 劉克良(유극량, ?~1592): 본관은 延安, 자는 仲武. 당시의 신분제도에서는 과거에 응시할 수 없는 노비 출신이었으나, 洪暹의 깊은 배려로 노비 신분을 면제받았다. 여러 무관직을 거친 뒤 1591년 전라 좌수사가 되었다. 1592년 임진왜란이 일어나자 申砬의 助防將이 되어 전임하였다. 竹嶺을 방어하다가 패배하자, 군사를 영솔해 방어사 申硈의 밑에 들어가 그 부장이 되었다. 대장 신할과, 마침 1,000명의 군졸을 이끌고 그곳에 달려온 도순찰사 韓應寅 등과 함께 임진강을 방어하다가 전사하였다.

215 申恪(신각, ?~1592): 본관은 平山. 아버지는 申景顔이다. 작은아버지 申景閔에게 입양되었다. 1586년 강화부사를 거쳐 이듬해 경상도방어사가 되었으나, 영흥부사 재직 시에 新昌縣監 趙希孟이 그의 첩에서 난 아들을 納粟시켜서라도 벼슬길에 나갈 수 있게 해달라는 요청을 받고 관의 곡식을 꺼내 그 납속을 충당해주었다가

駐兵大灘[216], 方圖進取." 上下聞之, 莫不歡喜, 皆以爲: "不日當回鑾[217]." ○朝廷以爲: "當初去邠之日, 百官之落後者, 雖不可一一皆罪, 至如都摠府衛將·禁府等官, 非如閑漫衙門之比, 盡令白衣從軍, 以圖立功自效[218]."

5월 13일。

이항복(李恒福)을 대사헌으로 삼았다.

○경기 감사(京畿監司) 권징(權徵)이 급히 장계를 올려 아뢰기를, "이곳에 있는 적이 고립된 군사로 깊숙이 들어온 데다 발이 붓고 기운이 빠져 그 기세가 이미 꺾였으니, 청컨대 원수에게 칙지(勅旨)를 내려 이 기회를 틈타 속히 공격하여 잃지 말도록 하소서."라고 하였다.

이때 여러 장관(將官)들도 모두 말하기를, "적의 기세가 이미 꺾인 데다 제대로 걸어 다닐 수도 없습니다."라고 하였다. 조정에서 그 말을 믿고 연달아 김명원(金命元)에게 칙지를 내려 침범해온 적을 관망

파직되었다. 1592년 임진왜란이 일어나자 다시 기용되었으며 서울 수비를 위하여 守城大將 李陽元 휘하의 中衛大將에 임명되었고, 다시 도원수 金命元 휘하의 부원수로서 한강을 지켰다. 이때 김명원은 임진에 가 있었으므로 留都大將 이양원을 따라 양주에 가서 흩어진 군졸들을 수습하고 함경도병마사 李渾의 원군과 합세하여, 양주 蟹踰嶺에서 일본군을 크게 무찔렀다. 그 결과 적의 머리 70級을 베었는데 이것은 왜란 초기 처음 있는 승첩이었다. 그런데 이 무렵 이양원이 산골에 숨어 있어 소식이 끊겼는데, 신각이 명령을 따르지 않고 이양원을 따라 도망쳤다는 내용의 狀啓가 올라가 당시 우의정 兪泓에 의해 참형을 당하였다. 이날 오후 양주에서 다시 첩보가 도착하여 왕이 신각을 죽이지 말라고 선전관을 뒤따라 보냈으나, 이미 처형된 뒤였다.

216 大灘(대탄): 경기도 楊根郡 남쪽 10리 지점의 驪江 하류로 龍津江과 합쳐지는 곳.

217 回鑾(회란): 임금이 대궐 밖으로 나갔다가 다시 환궁하는 것.

218 立功自效(입공자효): 공을 세워 속죄하는 것.

만 하고 토벌하지 않은 그의 태도를 엄히 책망하였다.

○이성임(李聖任)을 순찰 부사(巡察副使)로 삼아 강변(江邊: 강계와 영변)의 토병(土兵)으로서 뒤늦게 돌아온 자를 거느리고 군진(軍陣) 앞으로 달려가 참찬(參贊) 한응인(韓應寅)의 군무(軍務)를 돕게 하였다. 이보다 앞서 이성임은 왜변(倭變)의 소식을 듣고 조정에 자청하여 직접 영남에 가 군사를 모아 적을 토벌하려 하였지만 길이 막혀 영남에 도달하지 못하고 돌아왔는데, 다시 조정에 한응인을 도와 적을 토벌하겠다고 청한 것으로 말미암아 보낸 것이었다.

十三日。

以李恒福爲大司憲。○京畿監司權徵, 馳啓曰: "此賊孤軍深入, 足腫氣疲, 其勢已挫, 請勅元帥, 乘此機, 急擊勿失." 時諸將官, 皆言: "賊勢已摧, 不得行步." 朝廷, 信其說, 連降旨于金命元, 嚴責其玩寇[219]不討之狀。○以李聖任[220]爲巡察副使, 領江邊土兵之追至者, 往赴軍前, 參贊韓應寅軍務。先是, 聖任聞賊變, 自請於朝, 親往嶺南, 募兵討賊, 路塞不達而還, 又請於朝, 願助[221]韓應寅討賊,

---

219 玩寇(완구): 나라를 침범하는 외적.

220 李聖任(이성임, 1555~?): 본관은 全州, 자는 君重, 호는 月村. 太祖의 7대손이며, 아버지는 李泗이다. 1583년 聖節使의 書狀官으로 명나라에 다녀왔고, 이듬해 암행어사로 파견되어 안산 군수 洪可臣과 삭녕 군수 曺大乾이 선치가 있음을 아뢰어 승진하도록 하였다. 1590년 담양 부사가 되었으며, 1592년 임진왜란이 일어나자 자청하여 경상도 관찰사가 되어, 몸소 군사를 모집하여 왜적을 토벌하려 하였으나 전선이 막혀 뜻을 이루지 못하고 돌아왔다. 곧 순찰부사가 되어 민병 800여 명을 거느리고 전선으로 나아가 참찬 韓應寅의 군무를 도왔으나, 임진강의 방어선이 무너져 사태가 급박하여지자 패주하였다. 패주한 죄로 사헌부의 탄핵을 받아 한때 파직당하였으나, 1594년 강원 감사·길주 목사·황해도 관찰사가 되었다.

221 願助(원조): 상대가 절실히 원하는 것을 도와 줌.

遂遣之。

5월 14일。

주상이 한응인(韓應寅)에게 타이르기를, "이제 적의 기세가 이미 꺾였는데도 도원수 김명원(金命元)이 오래도록 할 일을 하지 않고 있으니, 경(卿)은 날짜를 정하여 적을 토벌해야 하지 김명원의 지휘를 받고 앉아서 군사 계책을 그르쳐서는 안 되오." 하였다.

○양사(兩司: 사헌부와 사간원)가 연명(連名)으로 장계(狀啓)를 올려 아뢰기를, "이산해(李山海, 협주: 구본에는 타고난 성질이 사악하고 음흉하다.)가 궁궐과 내통하고 김공량(金公諒)과 뗄 수 없는 관계를 이루어 나랏일을 그르쳐서 왜구를 불러들였거늘, 도성을 떠나던 날에 또한 떠나려는 것을 만류하도록 청하지도 않았으니, 청컨대 외방(外方)으로 유배를 보내소서."라고 하였는데, 3일이 지나서야 비로소 윤허가 내려져 평해군(平海郡)으로 유배되었다.

○삼사(三司)가 또 논죄(論罪)하기를, "김공량은 하찮은 천예(賤隷: 천한 백성)이면서도 궁궐의 세력을 빙자하고 권세 있는 간악한 무리들과 결탁하여 조정을 어지럽히고 혼탁하게 해 선비들의 진퇴가 모두 그들의 손에서 좌우되었는지라, 인심이 원망하고 불평하여 마침내 이 지경에 이르렀습니다. 청컨대 그를 참하여 온 나라의 사람들에게 사죄하소서."라고 하였다. 주상이 말하기를, "나라가 망하더라도 어찌 한 사람을 무고하게 죽일 수 있겠느냐?" 하며 끝내 들어주지 않았다.

○이덕형(李德馨)이 돌아와서 말하기를, "왕명을 받들어 죽산(竹山)에 이르니 신립(申砬)이 이미 죽었다는 소식을 듣고 마침내 역관(驛官:

譯官의 오기, 景應舜인 듯)을 왜적의 진영(陣營)에 보냈으나 오래도록 나온 것을 볼 수 없어서 하는 수 없이 되돌아왔습니다."라고 하였다. 또 윤두수(尹斗壽)에게 말하기를, "이제 인심이 원망하다가 도리어 공공연히 주상을 원망하는 말까지 있는데, 이러한 형편에는 끝내 어떻게 해볼 수 없게 될 것이니 반드시 별도로 인심을 위로하여 풀어주는 조치가 있어야만 합니다. 그런 뒤에야 만분의 일이나마 바랄 수 있게 될 것입니다."라고 하니, 윤두수가 눈을 부릅뜨고 아무런 대답을 하지 않았다. 이덕형은 망연한 채 뭔가를 잃어버린 것처럼 심란하여 얼굴이 붉어져서 물러났다.

○대사간(大司諫) 김찬(金瓚), 부제학(副提學) 홍인상(洪麟祥), 집의(執義) 권협(權悏), 종묘 영(宗廟令) 권희(權憘), 이조 정랑(吏曹正郎) 박동현(朴東賢), 봉교(奉敎) 강수준(姜秀峻), 대사성(大司成) 임국로(任國老) 등이 앞뒤로 상소하여 말하기를, "부모들이 계시는 곳이면 적이 죄다 마구 죽이니, 부모를 찾아 뵙고자 하나이다."라고 하니, 주상이 모두 윤허하였다.

이로 인해 상소하여 돌아가려는 자가 어지러이 그치지 않으니, 조정에서 말하기를, "임금과 어버이는 일체이거늘 만약 모두 돌아가서 어버이를 뵙는 것을 허락해 준다면 누구와 더불어 나랏일을 할 수 있겠습니까? 청컨대 일체 들어주지 마소서."라고 하였다. 그 후로부터는 사직소를 올리지 않고 가버리는 자가 많았다.

○영해 부사(寧海府使) 한효순(韓孝純)이 장계를 올려 아뢰기를, "조정의 소식이 통하지 않자 각 고을의 수령들이 거취(去就)를 임의로 하고 있으나, 신(臣)은 바야흐로 본성(本城: 영해성)을 굳게 지키고 있

습니다. 대가(大駕)가 어디에 머물러 계신지 알지 못하여 감히 이렇게라도 안부를 묻사옵니다."라고 하였다. 조정에서 그 글을 보고는 한편으로 슬프고 한편으로 기뻐하지 않는 이가 없었다. 마침내 한효순을 당상관으로 승진시키고 더없이 칭찬해 마지않았다.

○정곤수(鄭崑壽)를 대사간으로, 심충겸(沈忠謙)을 부제학으로, 이정립(李廷立)을 병조 참판으로 삼았다.

○인성부원군(寅城府院君) 정철(鄭澈)이 와서 아뢰기를, "어명을 받은 뒤에 곧바로 떠나려 하니, 부사(府使) 홍세공(洪世恭)이 의금부(義禁府)의 문이(文移: 공문)가 오지 않았는데 단지 유지(有旨: 임금의 분부)에만 근거해서 갑자기 떠나게 할 수는 없다고 하였습니다. 이로 인하여 지금에야 올라왔습니다."라고 하였다.

○조정에 이르기를, "팔도(八道)의 전쟁 피해 상황을 조사하려 해도 지금 일일이 관원을 차출하여 보낼 수가 없으니, 청컨대 이전의 사례를 따라 시행하소서."라고 하였다. 드디어 각 도의 감사에게 유지(諭旨)를 내렸다.

○경상좌도 병사(兵使) 이각(李珏)이 본도(本道: 경상좌도)에서 몸을 빼어 달아나 임진강의 군대 속에 나타나자, 조정에서 선전관을 보내어 그의 목을 베어서 조리돌리게 하였다.

○대가(大駕)가 평양(平壤)에 도착한 뒤, 조정에서 말하기를, "도성을 떠나던 초기에 주상이 비록 죄인들을 모두 사면하라는 전교(傳敎)가 있었을지라도 분명하신 어명이 있지 않아서 감히 시행하지 못했습니다."라고 하였다. 마침내 이름을 일일이 기록하여 아뢰니, 사건이 역옥(逆獄)에 간여되어 유배된 자들은 모두 풀려나 돌아갔으나, 홍성

민(洪聖民)·이해수(李海壽)·백유함(白惟咸)·장운익(張雲翼)·류공진(柳拱辰)·이춘영(李春英) 등은 석방을 윤허받지 못하였다. 심지어 삭탈관작을 당한 부류도 이미 모두 죄과를 씻어주었으나, 박점(朴漸)만 서용되지 못하였다. 며칠 뒤에 홍성민 이하 또한 석방해 다시 서용하도록 하였다.

十四日。

上諭韓應寅曰: "今賊勢已摧, 而都元帥金命元, 久無所爲, 卿可刻日討賊, 不可坐受命元節制, 以誤軍機." ○兩司合啓: "李山海【舊本賦性凶險】, 交通宮禁, 與公諒爲表裏, 誤國致寇, 去邠之日, 又不請止, 請竄於外." 三日始蒙允, 竄平海郡[222]。○三司又論: "金公諒, 以幺麽賤隷, 憑藉宮禁之勢, 交結權兇, 濁亂朝廷, 士類進退, 皆出其手, 人心怨憤, 終至於此。請斬之以謝一國." 上曰: "國可亡, 豈可枉殺[223]一人乎?" 終不聽。○李德馨來言: "承命到竹山[224], 聞申砬已歿, 遂使驛官[225]送于倭中, 而久未見出, 不得已退還."云。又言于尹斗壽, 曰: "今人心怨反公然有怨上之語, 以此事勢, 終無可爲, 必有別樣慰悅人心之擧。然後庶有萬一之望矣." 斗壽瞋目不答。德馨茫然若有失, 面赭而退。○大司諫金瓚, 副提學洪麟祥, 執義權悏, 宗廟令權憘[226], 吏曹正郎朴東賢, 奉敎姜秀峻, 大司成

---

222 平海郡(평해군): 경상북도 울진군 남부에 있는 고을.

223 枉殺(왕살): 무고한 사람을 죽이거나 해침.

224 竹山(죽산): 경기도 안성시 남동쪽 끝에 있는 고을.

225 驛官(역관): 譯官의 오기. 景應舜인 듯.

226 權憘(권희, 1547~1624): 본관은 安東, 자는 思悅, 호는 南岳. 1568년 진사가 되고, 1584년 별시 문과에 급제, 한림·주서·전적을 거쳐 각 조의 낭관 및 사헌부·사간원의

任國老等, 前後上疏言: "父母所在之地, 賊皆屠滅, 願歸省之." 上皆允之。以此上疏乞歸者, 紛紜不止, 朝廷以爲: "君親一體, 若使盡許歸覲, 則誰與爲國乎? 請一切勿聽." 自後多不辭而去者。○寧海府使韓孝純[227], 啓曰: "朝廷聲聞不通, 列邑守令, 任意去就, 臣方堅守本城。不知駕住何處, 敢此起居[228]." 朝廷見其書, 無不悲喜。遂陞孝純堂上, 極加贊奬。○以鄭崑壽[229]爲大司諫, 沈忠謙爲

벼슬을 지냈다. 1592년 임진왜란이 일어나 선조가 의주로 피난할 때, 宗廟署令으로서 역대 왕들의 신주와 왕실의 어보를 안전하게 보관하였다. 1596년 장령·사간·종부시정·헌납·집의 등을 거쳐 陳慰使의 書狀官으로 명나라에 다녀온 뒤 호조·예조·형조의 참판을 지냈다. 이듬해 동부승지 등을 거쳐, 1599년 도승지·병조참지·충청감사가 되었다. 1603년 奏請副使로서 명나라를 다녀왔다. 이듬해 황해도 감사를 역임하였다. 이어 충청도 관찰사·강화 유수·금산 군수·광주 목사 등을 지내고, 1607년 도승지가 되었다.

227 韓孝純(한효순, 1543~1621): 본관은 淸州, 자는 勉叔, 호는 月灘. 1576년 식년문과 급제, 검열·수찬을 거쳐 1584년 寧海府使에 임명되었다. 1592년 임진왜란이 일어나자 8월 영해에서 왜군을 격파하고 경상좌도 관찰사에 승진, 순찰사를 겸임해 동해안 지역을 방비하며 군량 조달에 공을 세웠다. 1594년 병조참판, 1596년 경상도·전라도·충청도의 體察副使가 되었다. 그 해 閑山島武科에 試官으로 참여하고, 통제사 李舜臣과 함께 수군강화에 힘썼다. 그 뒤 지중추부사가 되었다가 남해 지역의 도순찰사로 해상군비 강화에 계속 노력하였다. 1598년 전라도 관찰사로서 병마수군절도사를 겸하였다. 이듬해 전라 좌수사 이순신 막하의 戰船監造軍官으로 있으면서 거북선 건조에 공이 많았던 羅大用의 건의를 받아들여 거북선 모양의 소형 무장선인 鎗船 25척을 건조하도록 하였다. 1604년 이조판서에 이르렀다. 다음해 평안도 관찰사·판중추부사 등을 거쳐, 1606년 우찬성·판돈녕부사 등을 역임하였다. 1610년 다시 이조판서를 역임한 뒤, 1616년 우의정을 거쳐 좌의정에 올랐다.

228 起居(기거): 안부를 물음.

229 鄭崑壽(정곤수, 1538~1602): 본관은 淸州, 초명은 逵, 자는 汝仁, 호는 栢谷·慶陰·朝隱. 곤수는 선조가 내린 이름이다. 鄭琢과 청주정씨 같은 항렬이다. 1555년 別擧初試를 거쳐 1567년 진사시에 합격하였다. 1572년 성균관의 천거를 받아 의금부도사로 벼슬길에 들어섰다. 1576년 중시 문과에 급제했고, 1577년에 공주 목사로 승진했다가 곧 상주 목사로 옮겼다. 1587년 여러 해 동안 흉년을 겪은 황해도의 관찰사로 특별히 임명되어 진휼 사업에 큰 성과를 거두었다. 1588년 첨지

副提學, 李廷立爲兵曹參判。○寅城府院君鄭澈, 來啓曰: "承命之後, 卽欲起程, 則府使洪世恭[230]以爲, 義禁府文移[231]不來, 不可只據有旨[232]而遽發也。以此今姑[233]上來."云。○朝廷以爲: "八道災傷踏驗[234], 今不可一一差官以遣, 請依去例施行." 遂諭各道監司。○慶尙左道兵使李珏, 自本道脫身而逃, 來現于臨津軍中, 朝廷遣宣傳官, 斬之以徇。○駕到平壤之後, 朝廷以爲: "去邠之初, 自上雖有悉宥被罪人之敎, 而未有明命, 不敢施行." 遂列書名以稟, 則以事干逆獄, 被徒流者, 皆賜放還, 而洪聖民[235]·李海壽[236]·白惟

중추부사가 되고 西川君에 봉해졌다. 1592년 병조참판이 되었다가 형조참판으로 옮겼다. 그때 임진왜란이 일어나자 의주로 선조를 호종하였다. 대사간이 되어서는 명나라에 원병을 청하도록 건의했으며, 請兵陳奏使로 중국에 파견되었다. 1593년 迎慰使·接伴使를 맡아 명나라 장수와의 교섭을 담당하였다. 1595년 도총관·예조판서, 1596년 좌찬성을 역임하고, 1597년 판의금부사·도총관 등을 겸하고 謝恩兼辨誣陳奏使로 명나라에 다녀왔다.

230 洪世恭(홍세공, 1541~1598): 본관은 南陽, 자는 仲安, 호는 鳳溪. 1567년 생원이 되고, 1573년 식년문과에 급제, 여러 벼슬을 거쳐 1588년 平安道救荒敬差官이 되어 永柔縣監 任兌를 처벌하는 등 민심을 수습하는 데 공을 세워 왕의 신임을 받았다. 1592년 임진왜란이 일어나자 평안도 調度使가 되어 明軍의 군수 조달의 책임을 지고 戰陣의 상황을 왕에게 수시로 보고하였다. 곧 참의로 승진되어 조도사를 겸하고, 이어 함경도 도순찰사가 되어 영흥의 적정을 보고하여 군의 계책을 진언하고, 각 지방에 남은 식량과 들판에 널려 있는 곡물을 거두어들이는 데 전력하였다. 1594년 전라도 관찰사로 전주 부윤을 겸하여 곡창지대인 호남지방의 양곡을 調度하였다. 1596년 좌부승지를 거쳐 우승지·참찬 등을 역임하고, 정유재란이 일어날 징후가 보이자 다시 평안도 조도사가 되어 군량 조달에 힘쓰던 중 숙환으로 군중에서 죽었다.

231 文移(문이): 관아 사이에 오고가는 공문.

232 有旨(유지): 임금의 분부를 전하는 문서.

233 姑(고): 始의 오기.

234 災傷踏驗(재상답험): 가뭄이나 홍수 등으로 재해를 입은 곳에 나가 재해 상황을 살피는 것.

咸[237]·張雲翼[238]·柳拱辰[239]·李春英[240]等, 則未蒙放。至於削奪官

235 洪聖民(홍성민, 1536~1594): 본관은 南陽, 자는 時可, 호는 拙翁. 1564년 식년문과에 급제하여 정자·교리 등을 지냈으며, 대사간을 거쳐 1575년 호조 참판에 이르러 사은사로 명나라에 건너가 宗系辨誣에 대하여 힘써, 명나라 황제의 허락을 받고 돌아왔다. 그 뒤 부제학·예조판서·대사헌·경상감사 등을 역임하였다. 1591년 판중추부사가 되었다가 建儲問題로 鄭澈이 실각하자, 그 일당으로 몰려 북변인 부령으로 유배되었다가 1592년 임진왜란이 일어나자 특사로 풀려나 복관되어 대제학을 거쳐, 호조판서에 이르렀다.

236 李海壽(이해수, 1536~1599): 본관은 全義, 자는 大中, 호는 藥圃·敬齋. 1563년 알성 문과에 급제하여 곧 검열이 되고, 이어 봉교 등을 역임하였다. 그 뒤 호조참의·대사간·병조참의·공조참의를 거치고 1582년 聖節使로 명나라에 다녀왔다. 그는 서인으로 1583년 도승지가 되었으나 동인에 밀려 여주목사로 좌천되었다. 1587년에 충청도관찰사로 나갔다가 다시 대사간이 되고, 다시 여주목사로 밀려났다. 그해 서인 鄭澈이 세자책봉 건의 문제에 연루되어 종성으로 유배되었다. 1592년 임진왜란이 일어나자 유배지에서 풀려나와 왕을 의주로 호종하였다. 이어 대사간이 되었다가 1594년 대사성을 거쳐 부제학에 이르렀다.

237 白惟咸(백유함, 1546~1618): 白惟諴으로도 표기됨. 본관은 水原, 자는 仲說. 1570년 사마시에 합격해 진사가 되고, 1576년 식년 문과에 급제하였다. 그 해에 승문원주서에 등용되고, 이어서 홍문관의 正字 등을 거쳐, 병조정랑이 되었다. 1583년에 이조좌랑이 되었다가 이듬해인 1584년에 이조정랑이 되었다. 1589년에 鄭汝立 모반 사건이 평정되자 다시 예조정랑으로 복직되었다. 1591년 왕세자 책봉 문제로 西人인 鄭澈의 주장에 동조했는데, 이후 정철이 물러나자 백유함도 경성으로 유배되었다가 다시 경흥으로 옮겨졌다. 1592년에 임진왜란이 일어나자, 유배가 풀려 의주로 왕을 호종했으며 홍문관직제학으로 복직되었다. 명나라 군사들의 군량을 조달하라는 특수 임무를 부여받고 동분서주하면서 尹承勳과 함께 군량미 2만 석을 조달했고, 이어서 정주에서도 많은 군량미를 모았다. 1593년 함경도에서 왕자를 왜군에게 잡히게 한 黃廷彧을 탄핵하였다. 1597년 정유재란이 일어나자 護軍이 되어 명나라 사신인 丁應泰를 접반하였다.

238 張雲翼(장운익, 1561~1599): 본관은 德水, 자는 萬里, 호는 西村. 1579년 사마시에 합격하고, 1582년 식년문과에 장원으로 급제하여 전적·공조좌랑을 거쳐 고산찰방으로 좌천되었다가 예조정랑으로 돌아왔다. 1591년 양양부사로 재직중 鄭澈의 일당이라 하여 온성으로 귀양갔다. 1592년 임진왜란이 일어나자 귀양에서 풀려나 芒鞋嶺을 넘어 왕을 호종하였다. 이듬해 집의로서 奏請使가 되어 명나라에 다녀왔다. 1597년 정유재란 때 이조판서로서 接伴使가 되어 명나라 제독 麻貴를 영접하고, 그와 함께 울산싸움에 참전하였다. 뒤에 형조판서가 되었다.

爵之類, 已皆蕩滌[241], 而朴漸[242]獨未見敍。後數日, 洪聖民以下, 亦使放還敍用。

5월 16일。

임진강 언덕 위에 진영(陣營)을 설치했던 적이 일시에 그 진영을 태우고 철수하려는 모습이 있자, 경기 감사(京畿監司) 권징(權徵)이 급히 장계를 올려 말하기를, "이곳의 적은 형세가 고립된 데다 힘이 지쳐 주둔했던 곳을 태우고 달아나 돌아가려는 모양새가 현저하니, 청컨대 여러 장수들에게 칙서(勅書)를 내려 추격하도록 하소서."라고 하였다. 조정 또한 옳게 여기고서 마침내 한응인(韓應寅) 등에게 유지(諭旨)를 내려 추격하도록 재촉하였다.

---

239 柳拱辰(류공진, 1547~1604): 본관은 晉州, 자는 伯瞻. 1570년 사마시에 합격하고, 1583년 별시문과에 급제하였다. 1591년 이조정랑으로 있을 때, 鄭澈이 세자책봉문제로 귀양가자, 같은 당파라 하여 경원에 유배되었다. 1592년 임진왜란이 일어나자 풀려나 예조정랑이 되었으며 세자시강원보덕을 겸하였다. 1593년 사은사의 서장관으로 명나라에 다녀왔다. 1597년 정유재란이 일어나자 관동지방의 사정에 밝다 하여 1599년에 강원도의 調度兼督運御史에 임명되어 군량의 조달과 수송에 큰 공을 세웠다.

240 李春英(이춘영, 1563~1606): 본관은 全州, 자는 實之, 호는 體素齋. 1590년 증광문과에 급제, 이듬해 검열이 제수되었으나 鄭澈이 파직당할 때 연루되어 三水로 귀양갔다. 1592년에 풀려나 다시 검열과 호조좌랑을 거쳐 임진왜란이 격심하여지자 召募官으로 충청·전라도를 순행하였고, 이어 主抄啓製述文官이 되어 중국에 구원을 청하는 奏文을 초하였다. 1601년 예천군수를 지냈다.

241 蕩滌(탕척): 죄나 허물을 사면하여 깨끗이 하는 것.

242 朴漸(박점, 1532~?): 본관은 高靈, 자는 景進, 호는 復庵. 1569년 별시문과에 급제하여 이듬해 사간원정언에 제수되었다. 이어 이조좌랑을 거쳐, 1573년 명천현감, 1584년 황해감사가 되었다. 그 뒤 도승지·이조참의 등을 지내다가 임진왜란 전해인 1591년에 당쟁에 휘말려 서인이 몰락할 때 관직을 삭탈당하여 벼슬길에 더 이상 나가지 않았다.

十六日。

臨津岸上, 列營之賊, 一時燒營, 有撤去之狀, 京畿監司權徵, 馳啓曰: "此賊勢孤力疲, 顯有燒屯遁還之狀, 請勅諸將追擊之." 朝廷亦以爲然, 遂諭韓應寅等, 促追之。

5월 17일。

한응인(韓應寅)은 그의 군사들에게 죄다 강을 건너도록 하였다. 신할(申硈)이 좌군(左軍)을 통솔하여 먼저 적의 보루(堡壘)에 육박하자, 땔감을 구하던 적들이 멀리서 아군을 보고는 달아나 돌아갔다. 김명원(金命元) 이하가 멀리서 적이 달아나는 모양을 보고서 모두 아군이 승전한 기세로 밀고 나아가는 줄로 여겼다. 검찰사(檢察使) 박충간(朴忠侃) 및 독진관(督陣官) 홍봉상(洪鳳祥)이 우리 군대가 반드시 이길 수 있을 것이라 여기고 환호하면서 펄쩍펄쩍 뛰었다. 홍봉상은 급히 강을 건너 군대의 위세를 보이려는데, 조금 있다가 적 일고여덟 명이 알몸뚱이로 칼을 휘두르며 뛰쳐나와 우리의 진영으로 곧장 돌진해 왔다. 좌우의 군사들이 일시에 대거 무너지자, 신각(申恪: 申硈의 오기) 이하가 사방으로 흩어져 달아나다가 죄다 강에 빠져 죽었고 홍봉상 또한 죽었다.

이때 김명원·한응인·박충간이 모두 푸른 비단으로 지은 옷을 입고 있었는데, 박충간은 일이 이루어지지 못하는 것을 보고 마침내 말을 타고는 채찍을 버리고 달아나니, 강가에 있던 군사들은 박충간이 달아나는 것을 보고서 일시에 부르짖기를, "원수(元帥: 김명원)가 달아난다."라고 하며 마침내 무너져 버렸다. 김명원·한응인이 친히 나와

소리치기를, "내가 여기에 있다. 내가 여기에 있다."라고 하니, 비로소 다시 모여들었지만 남은 군사는 겨우 천여 명이었다.

十七日。

韓應寅, 盡其軍渡江。申硈統左軍, 先薄賊壘, 樵採之賊, 望見奔回。金命元以下, 遙見其狀, 皆以爲我軍乘勝而進。檢察使朴忠侃[243]及督陣官洪鳳祥, 以爲我師必勝, 歡呼踊躍。鳳祥則急渡江觀兵[244], 而已賊七八, 赤身舞劍而出, 直衝我陣。左右軍一時大潰, 申恪[245]以下, 四散奔走, 盡投江而死, 鳳祥亦死。時命元·應寅·忠侃, 俱着青段衣, 忠侃見事不成, 遂騎馬去鞍而走, 江上之軍, 見其走, 一時呼曰: "元師走矣." 遂潰去。命元·應寅, 親出呼曰: "我在此。我在此." 始得還集, 軍士餘者, 僅千餘人。

5월 19일。

패전 보고가 이르자 상하가 낙담하였다. 더 이상 기대할 것이 없었지만, 마침내 강변(江邊: 강계와 영변)의 토병(土兵) 중에 징발되지 않은 자를 불러 모두 군대에 나가도록 하였다. 전 첨사(前僉使: 혜산 첨사)

---

243 朴忠侃(박충간, ?~1601): 본관은 尙州, 자는 叔精. 음보로 관직에 올라 1584년 호조정랑이 되었다. 1589년 재령군수로 재직 중 韓準·李軸 등과 함께 鄭汝立의 모반을 고변하여, 그 공으로 형조참판으로 승진하고 평난공신 1등과 商山君에 봉해졌다. 1592년 임진왜란 때 巡檢使로 국내 여러 성의 수축을 담당하여 서울로 진군하는 왜적에 대비하였다. 그러나 왜병과 싸우다 도망한 죄로 파면되었다가 뒤에 영남·호남지방에 파견되어 군량미 조달을 담당하였다. 1594년에는 진휼사로 백성의 구제에 힘썼으며, 순검사·선공감제조 등을 역임하였다. 1600년 南以恭 등의 파당행위를 상소하였다가 집권층의 미움을 사 여러 차례 탄핵을 받기도 하였다.

244 觀兵(관병): 군대의 위세를 보임.

245 申恪(신각): 申硈의 오기.

박석명(朴錫命)이 용맹과 담력이 있어 어명을 받들고 장차 전장(戰場)으로 달려가려 하니, 조정에서 적을 사로잡을 책략을 묻자, 박석명이 말하기를, "나는 화살 1발에 적 대여섯 명을 쓰러뜨릴 수 있으니, 1부(部)의 화살만 있으면 적 100여 명을 죽일 수 있습니다. 다만 마음을 위로해 주는 일이 있은 뒤에야만 나의 용맹과 담력을 다 발휘할 수 있사옵니다."라고 하였다. 조정에서는 그의 말이 반드시 실제 효험이 없을 줄 알면서도 당상관으로 승진시키려고 하여 마침내 관행을 뛰어넘어서 절충장군(折衝將軍)으로 제수하여 보냈다.

○조정에서 "적의 동태를 멀어서 듣지 못해 그때그때 필요에 따라 대응하는데 어렵다."라고 하여 마침내 선전관 이호의(李好誼)·김계현(金繼賢)에게 경성(京城)에 들어가서 정탐하고 돌아오도록 하였다.

○김명원(金命元)이 장계를 올려 말하기를, "신각(申恪)이 주장(主將)의 명령을 어기고 떠나서 불러도 오지 않습니다."라고 하니, 조정에서 "죽이지 않으면 안 된다."라고 하여 마침내 선전관을 보냈다.

오후에 신각이 해유령(蟹踰嶺)에서 싸워 적의 목 70급(級)을 베었다는 승전보가 이르자, 주상이 그를 용서하라고 명하였으나 신각의 머리는 이미 베어져 걸려 있었다.

○대사헌 이항복(李恒福)이 조정에서 말하기를, "오늘날의 적은 우리나라가 홀로 능히 대적할 수 있는 바가 아니니, 청컨대 속히 천조(天朝: 명나라)에 구원을 요청해야 합니다."라고 하자, 윤두수(尹斗壽)가 말하기를, "지금 아군이 바야흐로 임진강(臨津江)을 지키고 있으니 충분히 방어할 수 있을 것이오. 조정에서 또 사람을 하삼도(下三道)에 이미 보냈으니 군사가 반드시 대거 올 것이고, 북도(北道)의 군사 또한

오래지 않아 마땅히 이를 것이오. 대군(大軍)이 두터이 집결하면 절로 응당 도모할 바가 있을 것이오. 하물며 천조(天朝)가 군사를 동원하여 구원해 준다는 것도 꼭 기대할 수 없는 데다 상국(上國: 명나라)의 군사들이 일단 우리 국경 안으로 들어오면 처리하기 어려운 근심거리가 이보다 만 배나 될 것이니, 어찌 구원병을 청하는 일을 가볍게 거행할 수 있겠소?"라고 하니, 이항복이 마침내 물러갔다.

○관전보(寬奠堡)의 총병(總兵: 副總兵 佟養正)이 의주 목사(義州牧使) 황진(黃璡)을 불러 이르기를, "그대의 나라가 외적의 침입을 받고 있으니 상국(上國: 명나라)으로서 구원하지 않을 수 없소. 본인이 며칠 안에 군사를 거느리고 강(江: 압록강)을 건널 터이니, 그대는 이러한 뜻을 신속하게 임금께 아뢰어 알리시오."라고 하자, 황진이 말하기를, "우리나라가 비록 졸지에 병화(兵禍)를 입어서 온 나라가 도망다니느라 분주할지언정, 우리나라 국경의 병력으로도 족히 적을 감당할 수 있을 것인데 어찌 구원을 청하여 대인에게 수고를 끼치겠소?"라고 하니, 총병은 웃으며 돌아갔다. 황진이 이 일을 자세히 갖추어 장계로 아뢰니, 주상은 그것을 보고 노하여 이르기를, "천조(天朝)가 군사들을 동원하여 구원하려는데, 황진에게 무슨 병력이 있어서 그런 말을 하여 구원을 막아버린단 말이냐?" 하면서 황진을 잡아다가 국문(鞫問)하고자 하였다. 조정의 의론은 "명령을 내리지 않았는데 갑자기 강을 건너겠다는 총병의 말을 감히 따를 수가 없어서 마침내 그런 대답을 한 것으로 사사로운 정이 없는 일에 불과하오니, 청컨대 대관(大官: 대신) 1명을 차출해 기회를 보아 처리하는 것이 좋겠습니다."라고 하여 마침내 좌승지 류근(柳根)을 천거하니, 주상이 드디어 그를 발탁하

여 예조 참판으로 제수하여 보냈다.

○남도 병사(南道兵使: 남병사) 이혼(李渾)이 적들이 경성(京城)에 임박했다는 소식을 듣고 마침내 근왕병(勤王兵)을 일으켜 연천(漣川)에 도착해서 이양원(李陽元)과 병력을 합치고, 그 곡절을 상세히 아뢰니 조정에서 사람을 보내어 칭찬하고 포상하였다.

○적이 변경을 침범하던 초기에 조정에서 요동(遼東)에 자문(咨文: 외교문서)을 보냈었다. 그 후로 경황이 없어 계속 보고하지 못했는데, 대가(大駕)가 평양(平壤)에 도착해서야 단지 역관(譯官)만 보내어 데면데면하게 급박한 사정을 고하였다. 이때에 이르러 요동의 대인(大人: 副總兵 佟養正)이 의주 목사에게 힐책하여 묻자, 주상이 또 류근(柳根)에게 곡절에 대해서 상세히 대답하도록 하였다.

○조정에서 강계 부사(江界府使) 홍세공(洪世恭)이 그 재능이 쓸만하다 하여 불러들여서 승지(承旨)에 임명하였다.

○병조 판서(兵曹判書) 김응남(金應南)이 그의 어머니가 토적(土賊)에게 죽임을 당했다는 소식을 듣고서 마침내 이항복(李恒福: 대사헌)으로 대신하게 하고, 이덕형(李德馨)을 대사헌으로 삼았다.

十九日。

報至, 上下喪膽。無復可望, 遂徵江邊土兵未發者, 盡赴軍。前僉使朴錫命[246]有勇力, 承命將赴戰, 朝廷問擒賊之策, 錫命曰: "我能一箭可斃賊五六, 一部箭可殺賊百餘。但有慰心之事, 然後可盡

---

246 朴錫命(박석명, 1555~?): 본관은 順天. 의병장 朴春茂(1544~1611)의 조카이다. 1574년 무과에 합격하였다. 介川郡守를 거쳐 1592년 임진왜란이 일어나자 무공을 세워 경상도·전라도·충청도 삼도의 助防將이 되었다.

吾勇力也.” 朝廷知其必無實效, 且欲陞堂上, 遂超授折衝以送之。○朝廷以爲: “賊中形止, 邈不得聞, 難於策應[247].” 遂令宣傳官李好誼·金繼賢[248], 入京城, 探視而來。○金命元啓曰: “申恪違棄主將, 招之不來.” 朝廷以爲: “不可不誅.” 遂遣宣傳官。午後, 申恪戰於蟹踰嶺[249], 斬賊七十級, 捷書至, 上宥之命之, 頭已懸矣。○大司憲李恒福, 言於朝, 曰: “今日之賊, 非我國之所能獨敵, 請速求救於天朝.” 尹斗壽以爲: “今我軍方守臨津, 足以防禦。朝廷又已遣人于下三道, 兵必大至, 北道之兵, 亦不久當至。大軍厚集, 自當有爲。況天朝發兵救援, 固未可期, 而上國之兵, 一入我境, 則厥後難處之憂, 萬倍於此, 豈可輕擧請兵之事乎?” 恒福遂退。○寬奠堡[250]總兵, 召義州牧使黃璡[251], 謂曰: “爾國受兵[252], 自上國不可不救。俺

---

247 策應(책응): 벌어진 일이나 사태에 대하여 알맞게 헤아려서 대응함.

248 金繼賢(김계현, 1566~1608): 본관은 安東, 자는 善承. 1592년 都摠都事로 재직 중, 사헌부 등으로부터 왜적을 두려워하여 임금의 명령을 어기고 지정한 곳까지 정찰하지 않았다는 죄목으로 탄핵을 당하였으며, 1593년 의주판관에 임명되었을 때 부친을 찾아뵙는다는 명목으로 임금의 명령을 미루고 곧바로 부임하지 않았다는 죄목으로 사간원으로부터 탄핵을 당하였다. 1594년 봉산군수에 임명되었고, 이후 영암군수 등을 역임하였다.

249 蟹踰嶺(해유령): 경기도 양주시 백석읍 蓮谷里에서 파주 廣灘으로 넘어가는 고개.

250 寬奠堡(관전보): 본래 寬佃堡에서 개칭. 만주에 있는 지명으로 여진족에 대한 방어 기지이다.

251 黃璡(황진, 1542~1606): 본관은 昌原, 자는 景美, 호는 西潭. 1574년 별시 문과에 급제해 공조정랑 등을 역임하였다. 1592년 임진왜란 당시 의주목사로 재직하면서, 의주로 몽진해 온 선조를 잘 모셨다. 1593년 7월 奏請使로서 명나라에 다녀왔고, 11월 謝恩使로서 다시 명나라에 다녀왔다. 1594년 6월에 전주부윤으로 나아갔다. 하지만 전주수비를 감당할 만한 인물이 못 된다는 대간의 탄핵을 받고 체직되었다. 1595년 의주부윤이 되고, 정유재란 때에는 명나라 원병의 接伴官이 되었다. 그 후 형조판서·공조판서·우참찬·판중추부사·예조판서 등을 지냈다.

252 受兵(수병): 적의 침입을 받음.

當不日領兵過江, 爾其[253]此意, 急速啓知.” 璡曰: “我國雖猝被兵禍, 擧國奔播, 然弊境[254]兵力, 足以當賊, 豈勞大人之救乎?” 總兵笑而去。 璡以此事具啓[255], 上覽之怒曰: “天朝欲發兵救援, 黃璡有何兵力, 而爲此言以阻之耶?” 欲拿鞫之。 朝議以爲, “未有命令, 不敢遽從過江之言, 遂有此答, 不過無情之事, 請差一大官, 臨機好處.” 遂以左承旨柳根薦, 上遂擢拜禮曹參判, 以送之。 ○南道兵使李渾[256], 聞賊迫京城, 遂起兵勤王, 到漣川[257], 與李陽元合兵, 俱啓曲折, 朝廷遣人嘉奬之。 ○當賊之犯邊之初, 朝廷移咨遼東。 厥後, 倉卒未得續報, 駕到平壤, 只遣譯官, 泛然告急。 至是, 遼東大人, 詰問于義州, 上又命柳根, 詳對曲折。 ○朝廷以江界府使洪世恭, 有可用之才。 召拜承旨。 ○兵曹判書金應南, 聞母死於土賊, 遂以李恒福代之, 以李德馨爲大司憲。

---

253 其(기): 以의 오기인 듯.

254 弊境(폐경): 자기 나라의 경계를 겸손하게 이르는 말.

255 具啓(구계): 사실을 자세히 임금에게 알림.

256 李渾(이혼, 1543~1592): 본관은 全州. 1567년 무과에 급제한 후 1588년 端川 군수를 비롯한 내외요직을 두루 역임하고 慶源 부사 재직중인 1589년 1월 武臣들을 순서에 의하지 않고 승자시켜 수·병사에 기용하는 특예가 시행될 때 좌찬성 兪泓의 추천을 받았다. 그 후 부령부사, 전라우도 수군절도사 및 제주목사를 차례로 역임한 다음 함경도 남병사에 부임 1592년 임진왜란이 일어난 5월 휘하 장병을 이끌고 양주에 이르러 副元帥 申恪의 병력과 합세, 양주의 蟹嶺(속칭 게너머 고개)에서 왜적을 요격하여 적 70여급을 참수하는 전과를 올렸다. 1592년 6월 12일 관북방면으로 진격중인 왜장 加藤 및 毛利의 공격에 밀려 방어하던 鐵嶺을 버리고 甲山으로 퇴각하다가 奇春年, 朴延文 등 附敵亂民들의 기습을 받고 싸우다가 아들과 함께 전사하여 후사가 끊겼다.

257 漣川(연천): 경기도 북부에 있는 고을. 동쪽은 포천시, 서쪽은 경기도 장단군, 남쪽은 파주시·양주시·동두천시, 북쪽은 강원도 철원군·황해도 금천군과 접한다.

5월 27일。

적이 임진강(臨津江)의 하류에서 작은 배를 타고 건넜다. 【협주: 혹은 바로 강을 건널 듯한 모양으로 아군을 시험하였다고 했다.】 부원수(副元帥) 이빈(李薲)이 화살 1대도 쏘지 않고 먼저 달아나니, 상하의 여러 군사들이 일시에 대거 무너졌다. 이양원(李陽元) 등은 적이 이미 임진강을 건넜다는 소식을 듣고 모두 무너져 북도(北道)로 향했다.

二十七日。

賊於臨津下流, 乘小船以渡。【一作有若直渡之狀, 以試我軍.】副元帥李薲, 不發一矢先遁, 上下諸軍, 一時大潰。李陽元等, 聞賊已渡臨津, 遂潰向北道。

5월 29일。

왜적이 임진강을 건넜다는 보고가 이르자, 주상은 구사맹(具思孟)·신잡(申磼)·구성(具宬)에게 신성군(信城君)·정원군(定遠君)을 모시고 영월군(寧越郡)으로 가도록 하였다.

○이때 조정에서 임진강에 있는 군사가 족히 막아내리라 생각하여 다시 방비책을 세우지도 않았다. 이에 이르러 평안 감사(平安監司) 송언신(宋言愼)과 병사(兵使) 이윤덕(李潤德)은 얼굴이 죽은 사람 같았고 모두 정신과 혼이 빠져서 미투리를 신고 갔다.

○조정에서 "적이 북도(北道)로 들어갔기 때문에 만약 양덕(陽德) 등지의 배후로 돌아서 나오게 되면 더욱 응하여 대적하기가 어렵다." 라고 여겨, 마침내 홍여순(洪汝諄)을 순찰사로 삼아 양덕으로 가서 방비하게 하였다. 홍여순이 드디어 청대(請對)하여 말하기를, "조정에

서 신(臣)을 순찰사로 삼고서도 군졸 1명조차 주지 않으니, 이것이 무슨 도리입니까? 이는 신(臣)을 죽이려는 것에 불과합니다. 청컨대 일체를 형편에 따라 일을 적절히 처리할 수 있게 해주소서."라고 하니, 주상이 윤허하였다. 홍여순이 마침내 이윤덕이 거느린 군사의 절반을 취하고, 또한 대동(大同: 평양)의 역마(驛馬)를 징발하여 전투에 대비하였다. 이에 윤두수(尹斗壽)가 말하기를, "홍여순이 이와 같이 하는 것은 가지 않으려는 것에 불과합니다."라고 하면서 마침내 보내지 말기를 청하였다.

○성절사(聖節使) 류몽정(柳夢鼎), 서장관(書狀官) 민몽룡(閔夢龍)이 조정에 하직 인사를 하였다. 도성을 떠나던 날에 방물(方物)은 모두 포기할 수밖에 없어서 표문(表文)만 가지고 왔다. 조정에서 "비록 방물은 없더라도 시절에 맞추어 북경(北京)에 가는 것이 옳다."라고 하여 마침내 그들을 보냈다.

二十九日。

報至，上命具思孟[258]·申礫·具宬，陪信城君·定遠君，往寧越郡。○時朝廷以臨津之軍，足以抵當，不復設防。至是，平安監司

---

258 具思孟(구사맹, 1531~1604): 본관은 綾城, 자는 景時, 호는 八谷. 仁獻王后의 아버지이다. 1592년 임진왜란이 일어나자 임금을 호종해 의주로 피난하고, 평양으로부터 왕자를 호종한 공으로 이조참판에 올랐다. 1594년 지중추부사, 이듬 해 공조판서가 되었으며, 李夢鶴의 逆獄을 다스릴 때 鞫問에 참여하였다. 1597년 정유재란이 일어나자 왕자와 후궁을 시종해 성천에 피난했으며, 이어서 좌참찬·이조판서 등을 거쳐 좌찬성이 되었다. 그러나 1602년 맏아들인 具宬이 유배되자 곧 사직하였다. 선조 때 신진 사류들의 원로 사류에 대한 탄핵이 심해질 때 대부분의 사류들이 뜻을 굽혔으나, 끝내 신진을 따르지 않아 자주 탄핵을 받았다. 왕실과 인척이면서도 청렴결백하고 더욱 근신해 자제나 노복들이 함부로 행동하지 못하게 하였다.

宋言愼·兵使李潤德[259], 面無人色, 俱失精魄, 着繩履以行。○朝廷以爲賊之入北道, 若由陽德[260]等處, 繞出背後, 則尤難應敵, 遂以洪汝諄爲巡察使, 往陽德防守。汝諄遂請對言: "朝廷以臣爲巡察, 而不給一卒, 是何道理? 此不過欲殺臣也。請一切便宜從事[261]." 上允之。汝諄遂取李潤德所領軍一半, 且出大同驛馬, 以備戰用。尹斗壽曰: "汝諄之如是, 不過欲不去." 遂請勿令行。○聖節使柳夢鼎[262], 書狀官閔夢龍[263], 辭朝。去邠日, 方物則盡皆抛棄, 獨持表文而來。朝廷以爲, "雖無方物, 趁節赴京爲可." 遂遣之。

---

259 李潤德(이윤덕, 1529~1611): 본관은 廣州, 자는 得夫. 무과에 급제하고 선전관을 거쳐 전라도 병사를 지냈으며, 1564년 함경도병마절도사에 제수되었다. 이어 경상도와 평안도의 병마절도사를 역임하고 訓練院都正, 關西副元帥 등을 지냈으며, 1594년 同知敦寧府事에 이르렀다.

260 陽德(양덕): 陽德縣. 평안남도 동부에 있는 고을. 동쪽은 함경남도 영흥군·고원군, 서쪽은 성천군, 남쪽은 황해도 곡산군, 북쪽은 맹산군과 접한다.

261 便宜從事(편의종사): 임금이 신하를 외방에 파견하면서 형편에 따라 적절하게 일을 처리할 수 있게 하는 특권을 말함.

262 柳夢鼎(류몽정, 1527~1593): 본관은 文化, 자는 景任, 호는 鶴巖. 1567년 사마양시에 합격한 뒤 음직으로 현감에 임명되었고, 1574년 별시문과에 급제하였다. 1581년 영암군수로 재직 시 무예에 능하지 못하다 하여, 사간원으로부터 탄핵을 받아 파직당하였다. 1587년 성주목사로 재직할 때에는 수감 중인 죄수가 옥을 부수고 도망한 사건 및 풍속의 문란을 방지하지 못하였다 하여 다시 파직당하였다. 1592년 승정원 우부승지에 임명되었다. 임진왜란이 일어나자 성절사로 명나라에 파견되어 조선의 위급한 상황을 보고하고 구원병을 요청, 명나라 군대를 끌어오는 데 공을 세웠다. 임무를 마치고 귀국 도중 병으로 죽었다.

263 閔夢龍(민몽룡, 1550~1618): 본관은 驪興, 자는 致雲, 호는 雲窩. 1584년 친시문과에 급제, 예문관검열이 되었다. 이어서 사간원정언·사헌부장령·성균관사예를 거쳐 1597년 동부승지·우부승지를 역임하였다. 鄭仁弘이 적극 추천하여 예조참의·호조참판을 거쳐 1599년 대사헌에 이르렀다. 이때 정계는 북인이 집권하면서 대북과 소북으로 분열되어 정쟁을 일삼으니, 민몽룡은 대북의 편에 서서 소북을 공격하였다.

기재잡기 권6

◎

임진일록壬辰日錄 2

만력 20년 6월에 시작하여 6월에 그쳤는데, 대체로 한 달간이다.
起萬曆二十年六月, 盡六月, 凡一朔。

6월 1일(기축)。

이때 임진강(臨津江)을 지키지 못한 소식이 더욱 다급해지자, 주상이 묘당(廟堂: 의정부)에 명하여 거취(去就)를 의논하게 하였다. 인성부원군(寅城府院君) 정철(鄭澈)이 맨 먼저 말하기를, "여기는 경성을 사수한 것에 견줄 곳이 아니니, 한 명의 대장에게 지키도록 하고 대가(大駕)를 모시고 나가는 것이 좋겠소."라고 하자, 심충겸(沈忠謙)·이덕형(李德馨)이 또 그 말을 좇아 동조하니 여러 사람의 의론이 다 옳게 여겼다.

다만 윤두수(尹斗壽)·이유징(李幼澄)·박동량(朴東亮) 등이 말하기를, "이것은 대단히 옳지 않소. 우리나라의 강토는 남북이 수천 리에 불과한데 북도(北道)로 가고자 하면 곤궁해서 갈 만한 곳이 없고, 압록강(鴨綠江)을 건너고자 하면 한번 건넌 뒤에는 다시 어떻게 할 수가 없으니, 비록 혹여 잠시나마 구차하게 살지라도 또한 무슨 이익이 있겠소? 평양(平壤)은 사면이 매우 험하여 적을 방어하기에 쉽고 군사가 만 명이 넘는 데다 성안에 장사(壯士)도 수천 명을 밑돌지 않으며 양식 또한 많으니 이곳에서 한 걸음이라도 떠나면 나랏일은 결딴이 날 것이오."라고 하였다.

주상이 신하들을 불러서 대면하고 물으니, 윤두수가 앞서 했던 평양성을 고수해야 한다는 말을 극력 주장하고 또 아뢰기를, "나랏일이 이 지경에 이르렀으니 급히 요동(遼東)에 구원을 청하고 또 원수(元帥)

와 여러 장수들이 돌아오기를 기다려 사수하기를 도모하소서."라고 하였다. 주상이 말하기를, "나랏일은 이미 경(卿)들에게 맡겼으니 잘 하오."라고 하였다.

○이날 저녁에 이빈(李贇)도 왔는데, 주상이 그에게 묻기를, "이 성을 지킬 수 있겠는가?" 하자, 대답하기를, "이 성(城: 평양성) 외에는 지킬 만한 곳이 없으니 곧바로 다른 의논을 내서는 안 됩니다."라고 하였다.

○주상이 여러 신하들을 타이르고 말하기를, "내가 당연히 먼저 앞길을 갈 것이니 세자는 이 성을 지켜야 할 것이다. 내가 친히 부로(父老)들을 타일러 그들로 하여금 세자와 함께 지키도록 할 것이니라." 하고는 마침내 대동관(大同館)의 문을 나섰다. 선유관(宣諭官) 심희수(沈喜壽)가 이를 전하는 말이 비감하여 더없이 슬프니, 온 성의 부로와 상하 시종관(侍從官) 중에 목놓아 통곡하지 않는 이가 없었다.

○윤두수가 말하기를, "이미 천조(天朝: 명나라)에 군대를 요청하였으니, 그들을 접대하고 보급해 나갈 모든 방책을 미리 강구하지 않으면 안 되오."라고 한 뒤, 마침내 심희수를 접대사(接待使)로 삼아 의주(義州)로 보내고, 또 홍종록(洪宗祿)·홍세공(洪世恭)·심우승(沈友勝)을 삼로(三路) 조도사(調度使)로 삼아서 각자 길을 분담하여 군량을 관장하게 하였다.

○이조 좌랑(吏曹佐郎) 허성(許筬)이 자청하여 말하기를, "원컨대 강원도로 가서 군병을 불러 모우겠습니다."라고 하니, 마침내 그를 보냈다.

六月初一日己丑。

時臨津失守，聲息漸急，上命廟堂議去就。寅城府院君鄭澈，首曰: "此非京城死守之比, 可令一大將守之, 奉駕而出可也." 沈忠謙·李德馨, 又從而和其說, 衆議皆以爲然。獨尹斗壽·李幼澄·朴東亮曰: "此大不可。我國封疆, 南北不過數千里, 欲往北道, 則窮無可去之地, 欲渡鴨綠, 則一渡之後, 無復可爲, 雖或偸生朝夕, 亦何益哉? 平壤四面絶險, 易以防守, 軍士過萬, 城中壯士, 不下數千, 粮食亦多, 離此一步, 國事決矣." 上召對問之, 尹斗壽力主固守之說, 且曰: "國事至此, 急請救遼東, 且待元帥諸將之還, 以圖死守." 上曰: "國事已付卿, 好爲也." ○是夕, 李蘋至, 上問曰: "此城可以守乎?" 對曰: "此城之外, 無可守之地, 不可便生他議也." ○上諭群臣, 曰: "予當先行前路, 世子可守此城。予欲親諭父母[1], 使之與世子共守也." 遂出御大同館[2]門。宣諭官沈喜壽[3], 言語悲切, 極其愴然, 一城父老·上下從官, 莫不失聲哭。○尹斗壽曰: "旣已請兵於天朝, 凡接濟[4]之策, 不可不先爲講究." 遂以沈喜壽, 爲接待使, 往義州, 又以洪宗祿[5]·洪世恭·沈友勝, 爲三路調度使, 分管粮

---

1 父母(부모): 父老의 오기.

2 大同館(대동관): 조선시대 평양에 중국 사신을 접대하기 위하여 만들었던 客館. 1592년 임진왜란 때 宣祖가 평양에 체류하는 동안 이곳에서 명나라 장수 李如松을 자주 접견하였다.

3 沈喜壽(심희수, 1548~1622): 본관은 青松, 자는 伯懼, 호는 一松·水雷累人. 1570년 진사시에 합격, 1572년 별시문과에 급제하여 承文院에 보임되었다. 1592년 임진왜란 때는 의주로 선조를 호종하여 도승지로 승진하고, 대사헌이 되었다. 때마침 명나라 詔使가 오자 다시 도승지가 되어 응접했다. 그해 겨울 형조판서를 거쳐 호조판서가 되어 명나라 경략 宋應昌의 접반사로서 오래도록 西道에 있었으며, 송응창을 설득하여 관서의 飢民救濟에 진력하였다. 1599년 예문관제학·예조판서를 거쳐 이조판서가 되고, 홍문관·예문관의 대제학을 겸하였다. 1608년 좌의정 등을 지냈다.

4 接濟(접제): 살림살이에 필요한 물건을 차림.

倫。○吏曹佐郎許筬[6], 自言: "願往江原道, 召募軍兵." 遂遣之。

6월 2일。

도원수(都元帥) 김명원(金命元)·순찰사(巡察使) 한응인(韓應寅)이 단지 군관(軍官) 오육십 명만을 거느리고서 왔고 이성임(李聖任)·이천(李薦) 등은 달아났는데, 주상이 김명원을 불러 대면하고 이르기를, "오늘의 사태는 다시 어찌하겠소?" 하자, 김명원이 말하기를, "여러 차례 패전한 장수로 주륙을 면한 것만으로도 족합니다. 그러나 성패(成敗)는 하늘에 달려 있으니, 신(臣)에게는 죽음이 있을 뿐입니다."라고 하니, 주상이 말하기를, "장수다운 말이오." 하였다.

조정에서 임진강(臨津江)을 지키지 못한 것이 모두 한응인의 죄라고 하니, 마침내 강동(江東)의 여러 곳을 막아 지키면서 공을 세워 죄를 씻도록 하였다.

○주상이 여러 신하들을 타이르고 말하기를, "중전(中殿: 의인왕후

---

5 洪宗祿(홍종록, 1546~1593): 본관은 南陽, 자는 延吉, 호는 柳村. 1567년 사마시에 합격하여 생원이 되고, 1572년 별시문과에 급제한 뒤 예문관검열이 되었다. 이어 三司의 여러 관직을 거쳐, 1583년 병조정랑이 되었다. 1592년 임진왜란이 일어나자 이조정랑 辛慶晉과 함께 도체찰사 柳成龍의 종사관으로 각 진영의 연락과 군수품 공급의 일을 맡았다.

6 許筬(허성, 1548~1612): 본관은 陽川, 자는 功彦, 호는 岳麓·山前. 許篈·許筠의 형이고, 許蘭雪軒의 오빠이다. 1583년 별시문과에 급제하였다. 1590년 典籍으로서 通信使의 從事官이 되어 일본에 다녀왔다. 이어 정언·이조좌랑·집의를 거쳐, 1594년 이조참의로 승진되었으며, 이듬해 대사성·대사간·부제학을 역임하였다. 이어 이조참판을 지내고 전라도안찰사로 나갔다가 예조와 병조의 판서에 제수되었으며, 그 뒤 이조판서에까지 이르렀다. 1607년 宣祖의 遺敎를 받게 되어 세인들이 顧命七臣이라 칭하게 되었다.

박씨)이 그대로 이 성에 있어서는 안 되니, 어디로 향할 것인지 의론하여 아뢰라." 하니, 모두 말하기를, "주상의 거취(去就)를 정한 연후에야 이 일을 논의할 수 있을 것입니다."라고 하였다.

○이일(李鎰)이 도중에서 장계를 올려 말하기를, "신(臣)이 군사 3천 명을 이끌고 행재소(行在所)로 가겠습니다. 다만 바라옵건대 조정에서 평양(平壤)을 굳게 지키고 다른 계책을 내지 마소서. 신(臣)이 마땅히 있는 힘을 다하고 목숨을 다하여 한번 목숨을 바치겠습니다."라고 하였다.

이때 여러 사람들의 의논이 흉흉하여 갈 것인가 머무를 것인가를 정하지 못했는데, 지금 이 장계를 보고서 상하가 자못 평양성을 사수할 마음을 가졌다. 주상이 유홍(兪泓)에게 명하여 평양에 머물러 지키게 하자, 유홍은 당황하여 어찌할 바를 모른 채 이성중(李誠中)을 천거하여 부사(副使)로 삼고 일처리하는 것이 마치 술에 취한 자와 같았다.

○주상이 여러 신하들을 불러 거취를 의논하니, 윤두수(尹斗壽)가 말하기를, "온 성안의 사람들이 모두 말하기를, '대가(大駕)와 함께 이 성을 사수하고 싶지만, 대가가 만약 나가면 응당 일시에 모두 무너질 것이다.'라고 합니다. 인심이 이와 같으니, 만약 협력하여 지키기만 하면 족히 적을 막을 수 있을 것입니다. 더구나 정세로 말하건대 이 성 외에는 어디가 피할 만한 곳인지 어디가 견고한지 알지 못합니다."라고 하자, 주상이 말하기를, "경(卿)의 말은 너무나 답답하오." 하였다.

주상이 여러 신하들을 대면하여 북도(北道)의 길을 묻자, 한림(翰林) 김의원(金義元)이 어디에서 어디까지에 대해 매우 상세하게 대답하니, 주상이 말하기를, "가히 쓸 만한 인재로다." 하고서 그를 발탁하여 병조 좌랑(兵曹佐郎)에 임명하였다.

○주상이 또 여러 신하들과 거취를 의논하였는데, 이때 주상은 안색이 참담하고 기가 죽은 데다 말이 비감하여 더없이 슬펐으니, 신료(臣僚)들이 감히 우러러 보지 못하였다. 정철(鄭澈)이 나와 윤두수에게 이르기를, "좌상(左相)의 말이 좋기는 좋으나, 다만 주상의 안색을 살피지 못하는 것이오? 신하된 자가 어찌 못하게 말리기만 하고 억지로 성을 지키려고만 하는 것이오"라고 하자, 윤두수가 언성을 높여 말하기를, "공(公)이 어찌 이렇게 나라를 그르칠 말을 한단 말이오? 만약 경성(京城)을 일찌감치 굳게 지킬 계획을 세워 두고 있었더라면 어찌 오늘날에 이르렀겠소? 공(公)이 이 성을 지키고 싶지 않다면, 대가를 모시고 이곳을 떠나는 것이 좋겠소."라고 하니, 정철이 아무런 대답을 하지 못했다.

○이덕형(李德馨)·심충겸(沈忠謙)이 조정에서 말하기를, "오늘날의 형세를 보건대 대가가 반드시 머물러 이 성을 지키는 것에 기꺼워하지 않으시니, 만일 하루아침에 대가가 움직이기라도 한다면 머무르실 곳을 미리 강구하여 정해 놓지 않으면 안 됩니다. 지금 강토가 적에게 이미 잠식되어 다만 함경도(咸鏡道) 하나만 남아 있을 뿐입니다. 함흥부(咸興府)는 군사가 많고 양식이 넉넉하여 족히 막고 지킬 수 있을 것입니다."라고 하니, 여러 신하들이 "그렇다."라고 하자, 윤두수가 말하기를, "함흥의 형세는 이 성의 절반도 미치지 못하는데, 만일 적이 바싹 닥치면 그 후에 다시 갈 만한 곳이 있겠소? 게다가 이 적만이 북도(北道)에 가지 않겠소? 공(公)들은 어찌하여 함흥을 견고하게만

여기고 이처럼 장구하지 못한 계획을 낸단 말이오?"라고 하였는데, 여러 신하들이 말하기를, "이것은 조정의 신하들만으로 정하는 것이 옳지 못하니, 면대(面對)를 청하여 가부를 아뢰어야 합니다."라고 하였다.

주상이 여러 신하들을 불러 물으니, 모두 말하기를, "함흥은 성(城)이 험한 데다 양식이 넉넉하고 게다가 북도 토병을 소집하여 지키게 한다면, 위태로운 이 성(城)보다는 훨씬 더 나을 것입니다."라고 하자, 주상은 마침 성을 나가려고 하던 차에 이 말을 듣고 자못 그럴 듯하게 여겼다. 윤두수가 말하기를, "주상께서 이미 이 성을 지키려고 하지 않으신다면 물러나 머무르실 곳은 본디 세 가지가 있습니다. 급히 영변(寧邊)으로 가셔서 기계(器械)를 수선하고는 강변(江邊: 강계와 영변)의 토병(土兵)을 소집하여 지키다가, 사태가 급박하면 곧바로 의주(義州)를 향해 가셔서 천조(天朝: 명나라)에 나아가 왜적이 명나라로 쳐들어가겠다고 한 말을 분명하게 인용하여 호소하는 것이니, 첫째입니다. 멀리 강계(江界)를 향해 가서 여러 고을의 군사들을 모아 성을 둘러싸고 굳게 지키면 한두 달을 지탱할 수 있고, 그러다 사태가 급박하면 강계의 하류가 곧 압록강(鴨綠江)이라서 배를 타고 내려가면 바로 상국(上國: 명나라)의 관전보(寬奠堡)이니, 둘째입니다. 함흥의 형세는 신(臣)이 낱낱이 아는 바인데, 성이야 크지만 낮은 데다 사면에 험한 곳이 없어 토병을 불러들이려 하면 북로(北虜: 여진족)가 반드시 빈틈을 타서 쳐들어 올 것이고, 남도(南道)를 향해 가려 하면 도로가 몹시 험하여 오르막을 넘기가 쉽지 않아서 적이 그 뒤를 밟아 오기라도 하면 필시 포위되어 곤경에 빠질 것이니, 이곳은 결단코 가서는 안 됩니다."라고 하였다. 그러나 여러 신하들은 북도의 길이 험하고 궁벽하여 적이 반드시 가지 않을 것이라 하여 오히려 함흥을 갈 만한 곳으로 여겼다. 【협주: 구본에는 드디어 결정하였다.】

○주상이 김의원에게 명하여 먼저 양덕(陽德) 등지로 가서 길을 살펴보도록 하였다. 다음날 다시 이희득(李希得)을 보내 순찰사(巡察使)라 일컬으며 북도로 가도록 하였다. 또한 유홍(兪泓)을 보내 길 떠날 준비를 하여 중전(中殿)을 모시고 호위해서 먼저 북도로 향하도록 하였다.

윤두수가 나와서 이르기를, "이일(李鎰)은 노련한 장수라 반드시 소견이 있을 것이니, 그가 오기를 기다려서 북도로 가는 것을 결정지음이 마땅하오."라고 하였다. 이날 낮에 이일이 이르자, 온 조정의 관료들이 다 이일의 입에서 무슨 말이 나오는지 쳐다보면서 빙 둘러싸고 앉았다. 윤두수가 묻기를, "평양을 포기하거나 지키는 것에 대해 공(公)의 의견은 어떠하오? 혹자는 함흥을 갈 만한 곳이라 말하는데 또한 어떠하오?"라고 하자, 이일이 말하기를, "이 적은 당할 수 없으니 평양을 떠나야만 합니다. 함흥은 이 성(城)이 가장 먼저 적의 공격을 받은 것에 견줄 곳이 아니니, 가도 괜찮습니다."라고 하니, 심충겸이 이일의 등을 어루만지며 말하기를, "참으로 장수답소."라고 하였고, 이덕형이 말하기를, "이일이라고 하는 것이오."라고 하였다. 이에 윤두수가 말하기를, "실성하였으니 말할 것이 못 된다."라고 하였다.

初二日。

都元帥金命元·巡察使韓應寅, 只率軍官五六十來, 李聖任·李薦等逃, 上召對命元, 謂曰: "今日之事, 夫復奈何?" 命元曰: "屢敗之將, 免誅足矣。然成敗天也, 臣則有死而已." 上曰: "將帥之言也." 朝廷以臨津失守, 皆應寅之罪, 遂使防守江東諸處, 使之立功自效。○上諭群臣, 曰: "中殿[7]不可仍在此城, 議去向以啓." 皆曰: "自上去就定。然後方可議此事也." ○李鎰在道, 啓曰: "臣率軍三千, 前往行在。但願朝廷堅守平壤, 勿生他計。臣當竭力畢命, 以效一死." 時群議洶洶, 去留莫定, 今觀此啓, 上下頗有死守之心。上命兪泓, 留守平壤, 泓擧止失措, 擧李誠中爲副, 處事如中酒者。○上召群臣, 議去就。尹斗壽曰: "一城之人, 皆曰: '願與大駕, 死守此城, 大駕若出, 當一時皆潰去.' 人心如此, 若能協守, 足以抵賊。且況以事勢言之, 此城之外, 不知何地可避, 何地爲固也." 上曰: "卿之言, 太沓沓也." 上對群臣, 問以北道之路, 翰林金義元, 自某至某, 對之甚悉, 上曰: "此可用才." 擢拜兵曹佐郞." ○上又與群臣, 議去就, 時上顔色慘沮, 語言悲切, 臣僚不敢仰視。鄭澈出謂尹斗壽, 曰: "左相之言, 好則好矣, 獨不見天顔乎? 爲臣子者, 安忍挽留, 强欲守城乎?" 斗壽厲聲曰: "公何爲發此誤國之言乎? 若使京城早有固守之計, 豈至於今日乎? 公不欲守此城, 奉駕獨去之可也." 澈無以應。○李德馨·沈忠謙, 言於朝曰: "觀今日之勢, 大駕必不肯留守此城, 若一朝動駕, 住箚之地, 不可不預加講定。今封疆已慼[8], 只有咸鏡一道而已。咸興爲府[9]兵多粮廣, 足以拒守." 衆皆曰: "然." 斗壽曰: "咸興形勢, 半不及此城。脫使賊迫。厥後更有

---

7 中殿(중전): 宣祖의 정비 懿仁王后 朴氏(1555~1600). 자녀를 낳지 못했다.

8 慼(척): 蹙의 오기.

9 爲府(위부): 府爲의 오기.

可去之地乎? 且此賊獨不往北道乎? 公等, 何以咸興爲固, 而爲此不長之計乎?" 衆以爲: "此不可自外庭[10]定, 請對陳可否." 上召問之, 皆曰: "咸興, 城險粮足, 且召北道土兵, 守之, 則大不如此城之危." 上方欲出城, 及聞是說, 頗然之。斗壽曰: "自上旣不欲守此城, 則退駐之處, 自有三件。急往寧邊[11], 繕修器械, 召集江邊土兵, 以守之, 事急則直向義州, 赴愬天朝, 以明引賊入寇之說, 上也。遠向江界, 集諸郡之兵, 嬰城固守, 則可支一二月, 事急則江界下流, 卽鴨綠江也, 乘船以下, 乃上國寬奠堡, 二也。咸興形勢, 臣所備諳[12], 城大而抵[13], 四面無險, 欲召土兵, 則北虜必乘虛入寇, 欲向南道, 則道路險絶[14], 未易登過。賊踵其後, 必成圍困, 此則決不可行也." 衆以北道路險而僻, 賊必不往, 猶以咸興爲可往。【舊本作遂定】○上命金義元, 先往陽德等處, 探視道路。翌日, 又遣李希得[15], 稱巡察使, 往北道。又遣兪泓, 治行侍衛中殿, 先向北道。尹斗壽, 出謂曰: "李鎰宿將[16]也, 必有所見, 待其來, 當決北道之行."

---

10 外庭(외정): 外廷의 오기. 임금이 정사를 행하는 곳으로서 內廷이나 禁中에 상대해서 말하는 것. 조정의 신하를 가리키기도 한다.

11 寧邊(영변): 평안북도 동남부에 있는 고을. 동쪽은 평안남도 영원군, 서쪽은 박천군·태천군, 남쪽은 묘향산맥을 경계로 평안남도 안주군·개천군·덕천군, 북쪽은 운산군·희천군과 접한다.

12 備諳(비암): 낱낱이 앎. 속속들이 앎.

13 抵(저): 低의 오기.

14 險絶(험절): 극히 험악함.

15 李希得(이희득, 1525~1604): 본관은 全州, 자는 德甫, 호는 荷潭. 1549년 사마시에 합격하고, 1566년 영주 군수를 거쳐 1572년 春塘臺文科에 급제하여 사간에 제수되었다. 1592년 임진왜란 때 북도순검사를 지낸 뒤 1594년 함경도관찰사를 역임하였다. 그 뒤 이조참판을 거쳐 1597년 대사간을 역임한 뒤, 1604년 지중추부사가 되어 기로소에 들어갔다.

是午, 李鎰至, 滿朝官僚, 咸仰鎰口發何言, 環擁而坐。斗壽問曰: "平壤棄守, 公意如何? 或言咸興可往, 亦如何?" 鎰曰: "此賊不可當, 平壤可以去也。咸興, 非此城最先受敵[17]之比。可以往也." 沈忠謙, 拊其背曰: "眞將帥也." 李德馨曰: "所以爲李鎰也." 斗壽曰: "失性, 不足言."

6월 6일。

우의정 유홍(兪泓)·좌찬성 최황(崔滉) 등이 중전을 모시고 호위하여 평양(平壤)을 떠나 함흥(咸興)을 향해 갔다.

○이때 적이 임진강을 건넌 지 10일인데, 조정에서는 아직도 초병(哨兵)을 보내어 적의 상황을 탐문하지 않다가 비로소 용사(勇士) 김진(金珍)·임욱경(任旭景) 등 12명을 모집하여 보냈더니, 적을 황주(黃州)에서 만나 적의 머리 2급(級)을 베어서 돌아왔다.

○주상이 성 위를 순시하면서 부로(父老)들을 불러 성을 굳게 지키겠다는 뜻으로 타이르자, 모두 울며 말하기를, "주상께서 만약 머무르신다면 우리 모두 마땅히 사수하겠습니다."라고 하였다.

○주상이 좌의정 윤두수(尹斗壽)에게 명하여 김명원(金命元) 이하를 거느리고 머물러 평양(平壤)을 지키도록 하였다. 또 주상이 세자에게 평양을 지키게 하려 하자, 윤두수·김명원 등이 '사람들은 마음속으로 대가(大駕)를 보며 거취를 정할 것인데, 대가가 이미 떠난 뒤에는 비록 세자가 이 성을 지키더라도 소용이 없을 것이다.' 생각하고서 이내

16 宿將(숙장): 노련한 장수. 경험이 많은 장수.

17 受敵(수적): 적의 공격을 받음.

아뢰기를, "신(臣)들이 마땅히 갖은 힘을 다 쏟아서 지킬 것이니, 세자는 반드시 머무를 것까지는 없습니다."라고 하니, 주상이 윤허하고는 중화군(中和郡)의 백성들에게 명하여 평양으로 들여보내 대피하게 하였다.

初六日。

右議政兪泓·左贊成崔滉等, 侍衛中殿, 發平壤向咸興。○時賊渡臨津十日, 朝廷猶不爲哨探, 始募得勇士金珍·任旭景等十二人送之, 遇賊於黃州, 斬二級而還。○上巡視城上, 召父老, 諭以固守之意, 咸泣曰: "主上若留, 則皆當死守." ○上命左議政尹斗壽, 率金命元以下, 留守平壤。上欲使世子守平壤, 斗壽·命元等以爲: '人心視大駕爲去就, 大駕旣出, 雖世子守此城, 無益也.' 仍啓曰: "臣等當極力守之, 世子不必留也." 上允之, 命中和郡[18], 疊入[19]于平壤。

6월 7일。

아침에 부제학(副提學) 심충겸(沈忠謙)이 삼사(三司)를 이끌고 청대(請對)하여 말하기를, "신(臣)들의 생각으로 이곳이 경성(京城)에 견줄 바가 아니라서 사수해서는 안 되는 줄 알았더니, 다시 생각하건대 이곳 외에는 이 성(城)처럼 견고한 곳이 없으니 반드시 떠나서는 안

18 中和郡(중화군): 평안남도 남부에 있는 고을. 동쪽은 황해도 수안군, 서쪽은 용강군·강서군, 남쪽은 황해도 황주군, 북쪽은 강동군·대동군과 접한다.

19 疊入(첩입): 조선시대 북쪽 오랑캐의 약탈로부터 변방의 백성들을 보호하기 위해 강에 얼음이 얼기 시작하는 시기가 되면 疏開시켜서 안전한 성으로 대피하게 하였다가 얼음이 풀리는 시기가 되면 다시 내보내는 일.

된다고 여겨집니다."라고 하였는데, 아마도 적의 기세가 조금 완화된 까닭이었다.

낮이 되어서 중화군(中和郡) 사람들이 와서 말하기를, "적들이 이미 우리 고을에 이르렀습니다."라고 하자, 심충겸 또 삼사를 이끌고 입대(入對)하여 말하기를, "적의 기세가 이미 급박하니 대가(大駕)는 더 머무를 수 없습니다."라고 하였다.

○이조 정랑(吏曹正郎) 이유징(李幼澄)이 청대하여 평양을 떠나서는 안 된다는 뜻을 극단적으로 말하니, 주상이 말하기를, "그대의 말이 옳기는 하나, 다만 나는 성(城)을 나가서 형편을 살피고 싶은 마음이 간절하다." 하였다.

初七日。

朝副提學沈忠謙, 率三司, 請對言: "臣等之意, 此非京城之比, 不當死守, 更思之, 此外無如此城之固者, 必以爲不可去也." 蓋賊勢稍緩故也。及午, 中和郡人, 來言: "賊已到本郡." 沈忠謙, 又率三司, 入對言: "賊勢已迫, 大駕不可留也."

○吏曹正郎李幼澄, 請對極言不可去之意, 上曰: "爾言則是, 第予則切欲出城以觀變也."

6월 8일。

적이 대동강(大同江) 가에 이르렀다. 주상은 적이 이미 이르렀다는 소식을 듣고 마침내 길 떠날 채비를 하도록 명하였다.

○요동 순안어사(遼東巡按御史: 李時孳)가 진무(鎭撫: 林世祿) 한 사람을 보내왔는데, 주상이 대동관(大同館)에서 접견하고 당초의 사정

을 두루 말하였다. 진무가 연광정(鍊光亭: 練光亭)에 올라 적(賊)의 기병이 제 멋대로 날뛰는 것을 바라보고 말하기를, "이는 틀림없이 왜군이로구나." 하고서 인하여 더 머무르지 않고 돌아갔다. 조정에서 천조(天朝: 명나라)가 만약 힐문하는 일이 있으면 응대할 사람이 없어서는 안 된다고 하여 마침내 윤근수(尹根壽)를 함께 보냈다.

○이날 밤에 적이 포로를 통해 편지를 보내왔는데, 이르기를, "한음(漢陰) 이 선생(李先生)을 만나고 싶다."라고 하였으니, 이덕형(李德馨)을 가리키는 것이다. 조정에서 말하기를, "이덕형이 응대하여 이야기한 뒤에도 일이 만약 순조롭지 못하면 용사(勇士)에게 조신(調信: 平調信: 다이라 시게노부) 등을 쳐 죽이도록 하는 것이 낫다."라고 하자, 윤두수가 말하기를, "나라의 형세가 비록 이와 같을지라도 어찌 도적들이나 하는 모략을 본받을 수 있단 말이오? 다만 만나볼 뿐이오."라고 하니, 어떤 이가 말하기를, "적을 만난 뒤에 만일 차마 듣지 못할 말이라도 있으면 욕을 당하는 것이 더욱 클 것이니 보내지 않는 것이 더 낫습니다."라고 하였다. 이에 이덕형이 말하기를, "그들을 만나면 혹여 군사들의 출동을 늦추는 이치가 있을 수도 있으니, 청컨대 만나 보겠습니다."라고 하니, 조정 또한 만에 하나라도 희망이 있을까 하고 마침내 그를 보냈다.

初八日。

賊到大同江邊。上聞賊已到，遂命治行。○遼東巡按御史[20]，遣

20 遼東巡按御史(요동순안어사): 李時孶를 가리킴. 명나라 神宗 때의 문신. 요동 순안어사로서 1592년 임진왜란 때 명나라와 조선 사이에 오가는 외교문서를 전달하는 역할을 하였다.

鎭撫[21]一人來, 上接見于大同館, 歷言當初事情。鎭撫登鍊光亭[22], 望見賊騎橫馳曰: "是固倭也." 因不留而還。朝廷以爲, 天朝若有詰問之事, 則不可無應對之人, 遂以尹根壽遣之。○是夜, 賊使被擄人致書, 曰: "願見漢陰李先生." 指德馨也。廷議以爲: "德馨接話[23]之後, 事若不順, 則不如使勇士擊殺調信[24]等也." 斗壽以〈爲〉: "國勢雖如此, 豈可效盜賊之智乎? 只可見之而已." 或以爲: "見賊之後, 若有不忍聞之說, 受辱尤大, 不如不送." 德馨曰: "見之則或有緩師之理, 請見之." 朝廷亦有萬一之望, 遂遣之。

6월 9일。

이덕형(李德馨)이 대동강 가에 이르렀을 때 적장(賊將) 평조신(平調信)·현소(玄蘇)·세준(世俊) 등이 건너편에 와 있었다. 각기 배를 타고 강 가운데서 만나 술을 나누며 이야기를 하였다. 이덕형이 말하기를, "오늘 군대가 출동한 것은 무슨 명분이오?"라고 하자, 현소가 말하기

---

21 鎭撫(진무): 林世祿을 가리킴. 1592년 임진왜란 당시 명나라가 조선의 실상을 파악하기 위하여 보낸 관리. 임진왜란이 일어나 조선은 약 20일 만에 수도가 함락당하는 등 패퇴를 거듭하였는데, 조선은 명나라에 구원을 요청하였다. 반면, 명나라는 조선과 일본이 공모하여 명을 공격한다는 소문이 돌자 조선을 의심하였으니, 명나라 兵部尙書 石星이 6월 遼東都司에게 지시하여 임세록과 世臣을 조선에 파견하여 소문이 사실인지 확인하도록 하였다. 조선에 도착한 임세록 등은 진상을 파악하고, 명나라가 오해를 푸는 데 도움을 주었다.

22 鍊光亭(연광정): 練光亭으로도 표기됨. 평안남도 평양의 大同江 가에 있는 정자. 임진왜란 때 일본의 小西行長과 명나라의 沈惟敬이 강화 담판을 하던 곳이다.

23 接話(접화): 대답함. 이야기를 계속함.

24 調信(조신): 平調信. 다이라 시게노부. 柳川調信. 對馬島主 宗義智의 家臣. 豐臣秀吉 때부터 德川幕府 초까지 아들 柳川智永·손자 柳川調興 3대가 조선과 일본의 강화 회담 및 외교 사무를 담당하였다.

를, "귀국과 서로 통할 것이 있었지만, 동래(東萊)에서 경성(京城)까지 이르도록 어디에서도 말을 전할 수가 없어서 마침내 전전하다가 여기까지 이른 것이오."라고 하였다. 이덕형이 말하기를, "이제 이미 서로 피차간 통하였으니, 어찌하여 군사를 물리지 않는 것이오? 옛날의 제후(諸侯)는 군대를 풀어 맹약을 맺고 모두 도로 물러났으니, 이제 군대를 퇴각하여야만 차차 의논할 수 있을 것이오."라고 하자, 적이 말하기를, "일본은 단지 전진만 알 뿐이지, 한 발자국이라도 물러서는 것을 알지 못하오."라고 하였다. 마침내 자리를 파하고 돌아가는데, 용사(勇士) 박성경(朴成景) 등이 곁에 있다가 일이 이루어지지 못한 줄을 알고 그들을 죽이려고 하자, 이덕형이 눈짓으로 그것을 제지하였다.

○이보다 앞서 승지 민여경(閔汝慶)·노직(盧稷) 등이 임진강을 지키지 못했다는 소식을 듣고는 모두 병을 핑계대며 행재소에 나오지 않았다. 이때에 이르러 나랏일이 이미 잘못되어 가는 것을 보고 제일 먼저 성을 나갔는데, 사대부들이 이것을 본받고 도망쳐 가려는 자가 많았다.

初九日。

李德馨到江上, 賊將平調信·玄蘇[25]·世俊等至。各乘船會於中流,

---

25 玄蘇(현소, 1537~1611): 景轍玄蘇. 게이테츠 겐소. 1592년 임진왜란 당시 고니시 유키나가(小西行長) 밑에서 종군했던 겐소(玄蘇)로 잘 알려져 있다. 임진왜란이 일어나자 소 요시토시와 함께 고니시 유키나가의 휘하에서 참모로 종군했다. 고니시가 평양성 앞까지 진격한 후 상황이 안 좋아져 진군을 멈추자 6월 9일에 조선에 강화를 요청했고, 이에 조선 조정에서 李德馨을 파견해 겐소는 다이라 히라노부와 함께 회담을 했지만 조선측이 명나라를 침범할 수 있도록 한다는 제안을 거절하자 협상은 결렬되었다. 1593년에 이여송이 이끄는 명나라군이 平壤城을 탈환하자 밤

酌酒話。德馨曰: "今日之擧, 何名也?" 玄蘇曰: "欲與貴國, 有所相通, 自東萊至京城, 皆不得傳語, 遂輾轉至此耳." 德馨曰: "今旣與通彼此矣, 盍退師乎? 古之諸侯, 陳師載盟[26]皆退舍, 今可退師, 徐有所議也." 賊曰: "日本但知進, 不知退一步也." 遂罷還, 勇士朴成景等, 在傍知事不成, 欲殺之, 德馨目止之。○先是, 承旨閔汝慶·盧稷等, 聞臨津不守, 皆稱病不仕。至是, 見國事已去, 首先出城, 士大夫效此, 多欲逃去者。

6월 10일。

대가(大駕)가 장차 떠나려는데, 관료들이 먼저 나가는 자가 많자 성안의 백성들이 도끼와 몽둥이를 들고 길목을 지키다가 마구 두들겨 패니 판윤(判尹) 홍여순(洪汝諄)이 상처를 입고 말에서 떨어졌다. 부로(父老)와 남녀들이 관문 밖을 꽉 채워 막고서 통곡하며 부르짖기를, "우리들이 성을 나가지 않은 것은 대가를 믿고 죽더라도 지키려 했던 것입니다. 그런데 적이 관문 밖에 이르자 갑자기 우리들을 버리고 떠나가려 하시니, 이것은 우리를 죽이는 것입니다. 차라리 주상에게 죽을지언정 적에게 죽는 것을 바라지 않습니다." 하면서 마침내 관문

중에 고니시 유키나가, 소 요시토시, 다이라 히라노부와 함께 얼음을 타고 대동강을 건너 철수했으며 이후에도 고니시 밑에서 명나라와의 강화 협상에 대해 논의하거나 통역하는 역할을 했다. 1595년에는 아예 명나라에 건너가 교섭을 했으며 1596년에 만력제에게서 本光國師라는 호를 받았다. 임진왜란이 끝나고 에도 막부가 들어선 이래 일본에선 지속적으로 조선과 화해를 시도했고, 1609년에 겐소가 조선에 사신으로 파견되어 조선과 교역할 수 있도록 하는 己酉約條를 받아냈다.

26 載盟(재맹): 盟載의 오기. 盟書. 제후들끼리의 동맹이나 협약을 맺는 행사인 회맹에서 작성한 일종의 서약서.

을 헐어 부수고 여러 재상들을 흩어지게 하여 쫓아내려 하였다.

병조 좌랑(兵曹佐郞) 박동량(朴東亮)이 위급한 상황을 보고 들어가 승지에게 이르기를, "민심이 이와 같아서 상황이 장차 어떻게 될지 예측할 수 없으니, 오늘은 나가는 것을 중지하고 위로하여 안심시킨 연후에 성을 나가는 것이 좋겠습니다."라고 하니, 승지 등이 아뢰어 마침내 나가는 것을 중지했다. 승지가 나와서 이르기를, "오늘 나가는 것을 중지하였으니 너희들은 물러가 있으라." 하였다. 뭇사람들이 이를 믿지 않고 오히려 시끄럽게 떠들며 어지럽히려 하였다. 이유징(李幼澄)이 마침내 정행(停行)이란 글자를 판대기에 커다랗게 써서 사람을 시켜 지붕 위에 올라가 두루 내보이게 하자, 비로소 차츰 흩어져 갔다.

初十日。

駕將發, 官人多先出去者, 城中人民, 持斧杖, 要諸路, 亂擊之, 判尹洪汝諄, 被傷墜於馬。父老男女, 塡塞[27]官門之外, 痛哭呼曰: "我等之不出, 欲恃大駕, 爲之死守也。賊已到門外, 遽欲棄我等去, 是殺我也。寧死於上, 不願死於賊." 遂欲毁破官門, 逐散諸宰。兵曹佐郞朴東亮, 見急, 入謂承旨, 曰: "民情如此, 事將不測, 今日停行以慰安, 然後方可行也." 承旨等啓之, 遂停行。承旨出謂曰: "今日停行, 爾等可退去." 衆不之信, 猶喧聒[28]欲亂。李幼澄遂大書停行字於板, 使人登屋上, 遍示之, 始稍稍散去。

---

27 塡塞(전색): 꽉 채워 막음. 메어서 막힘.

28 喧聒(훤괄): 시끄럽게 떠듦.

6월 11일。

대가(大駕)가 평양(平壤)을 떠나자, 좌의정 윤두수(尹斗壽), 도원수 김명원(金命元), 순찰사 이원익(李元翼), 감사(監司) 송언신(宋言愼), 병사(兵使) 이윤덕(李潤德), 교리(校理) 김신원(金信元: 개명 金履元), 이조 좌랑 이호민(李好閔) 등이 보통문(普通門)에 이르러서 전송하며 하직하였는데, 순안(順安)을 거쳐 저녁이 되어서야 숙천군(肅川郡)에 도착하였다.

많은 관원들이 의논하고 아뢰기를, "지금 나랏일이 이미 급하여 대가가 북도(北道)로 가는 것 또한 기필할 수가 없는데, 이렇다면 중전(中殿)께서만 어찌 홀로 북도로 향하겠습니까? 차라리 영변(寧邊)으로 뒤따라 돌아와서 형세를 살펴 거취를 결정하는 것이 좋겠사옵니다."라고 하니, 주상이 이 말을 따랐다.

○조정에서 또 말하기를, "천조(天朝: 명나라)에 구원병을 청하는 일보다 더 중대한 것이 없는데, 어찌 단지 역관(譯官)만 보내서야 구원해 주기를 바랄 수 있겠습니까?"라고 하였다. 마침내 대사헌 이덕형(李德馨)을 보냈는데, 청원사(請援使)라 칭하여 급히 요동(遼東)으로 가게 하였다. 또 홍여순(洪汝諄)에게 명하여 양덕(陽德) 등지를 순찰하며 북도(北道)에서 서도(西道)로 향하는 길을 방비하게 하였다.

十一日。

大駕發平壤, 左議政尹斗壽, 都元帥金命元, 巡察使李元翼, 監司宋言愼, 兵使李潤德, 校理金信元[29], 吏曹佐郎李好閔等, 送至普通

29 金信元(김신원, 1553~1614): 본관은 善山, 자는 守伯, 호는 素菴. 개명은 金履元. 1576년 사마시에 합격하고, 1583년 알성 문과에 병과로 급제, 호조 좌랑·修撰·

門[30]而辭, 歷順安[31], 夕到肅川[32]郡。多官議曰: "今者國事已急, 大駕北道之行, 亦不可必, 若是則中殿, 豈可獨向北道〈乎〉? 不如追回于寧邊, 觀勢去就。可也." 上從之。○朝廷又以〈爲〉: "請兵天朝, 事莫重焉, 豈可只送譯官而望其救乎?" 遂遣大司憲李德馨, 稱請援使, 急往遼東。又命洪汝諄, 巡察陽德等處, 以防自北向西之路。

6월 12일。

대가(大駕)가 안주(安州)의 운암원(雲巖院)에 이르렀으나 백성들이 도망치고 흩어져서 결국 수라를 걸렀다. 이양원(李陽元)이 패하고 안변(安邊)에 이르러서는 종사관 김정목(金廷睦)을 보내어 구두로 아뢰기를, "이혼(李渾) 등이 회양(淮陽)의 적을 죄다 섬멸하였습니다."라고 하였다. 아마도 길에서 떠도는 말을 들은 것이었다. 주상이 이에 대해 친히 묻고자 사관(史官)을 불러들였으나, 주서(注書) 임취정(任就正)·박정현(朴鼎賢)과 한림(翰林) 김선여(金善餘)·조존세(趙存世)는 이미 흩어져 가고 없었다. 이로부터 여러 시종하던 관리는 모두 뒤처져

校理·正言을 지냈다. 1593년 의주 목사로 나간 해에 큰 흉년이 들어 굶어 죽는 사람이 많았으나, 의주만은 명나라 곡식을 들여온 까닭에 굶주린 백성을 구제할 수 있었다. 1597년 정유재란 때 형조참판에서 경기도 관찰사가 되었는데, 선임자 柳熙緖가 명나라 군사에게 모욕을 받고 사임한 까닭에 모두 걱정하였으나 명나라 병사들을 잘 다루어 도내 행정을 바로잡았다. 大北에 속하여 1609년 臨海君을 사사하게 하고, 1612년 소북을 제거하기 위한 계축옥사를 잘 다스렸다 하여 嵩陽府院君에 봉해졌다.

30 普通門(보통문): 평양성 중성의 서문.

31 順安(순안): 평안남도 평원 지역의 옛 지명.

32 肅川(숙천): 평안남도 서부에 있는 고을. 동쪽은 안주군·순천군, 서쪽은 서해, 남쪽은 평원군, 북쪽은 문덕군과 접한다.

대가를 모시는 자는 10여 명에 차지도 않은 데다 또한 모두 마음대로 앞서거니 뒤서거니 하였고, 대가를 모시며 호위하는 자가 많지 않았다.

○저녁이 되어서야 안주에 이르렀는데, 주상이 길가에서 군사들이 돌아오는 것을 보고 그 까닭을 물으니, 모두 도망하여 돌아가는 자들이었다. 마침내 지평(持平) 이경기(李慶祺)에게 명하여 자산(慈山) 등지로 달려가서 도망 군사들을 불러 모아 전장(戰場)으로 보내도록 하였다.

十二日。

駕到安州[33]雲巖院[34]，人民逃散，遂闕膳。李陽元敗，到安邊[35]，遣從事官金廷睦[36]口達："李渾等，盡殲淮陽[37]之賊." 蓋聞道路之言也。上欲親問之，召史官入侍，則注書任就正·朴鼎賢，翰林金善餘·趙存世，已散去。自此諸從官皆落後，從駕者不滿十餘，而亦皆任意，或先或後，侍衛者蓋無多。

○夕到安州，上見道上軍士還者，問之則皆逃還者也。遂命持平

---

33 安州(안주): 평안북도 兵營의 소재지.

34 雲巖院(운암원): 안주의 남쪽으로 30리에 있던 驛院.

35 安邊(안변): 함경남도 남부에 있는 고을. 동쪽은 강원도 통천군, 서쪽은 강원도 이천군, 남쪽은 강원도 평강군·회양군, 북쪽은 문천군·원산시·동해와 접한다.

36 金廷睦(김정목, 1559~): 본관은 彦陽, 자는 而敬. 1582년 사마시에 합격하고, 1583년 정시문과에 급제하였다. 1592년 호조정랑과 獻納 등을 역임하면서 임진왜란 당시 명나라와의 교섭에 많은 일을 담당하였다. 1595년 이후 상원·성천·선천 등의 지방관을 지냈다. 이후 사예·내자시정을 거쳐 1605년 부평부사를 역임하고 참의에 이르렀다. 1612년 장흥부사로 재직할 당시 湖西試의 참시관이 되어 제출한 시험 제목이 臨海君의 옥사를 빗댄 것이라 하여 金時讓·尹孝先과 함께 회령에 유배되어 그곳에서 죽었다.

37 淮陽(회양): 강원도 북부 중앙에 있는 고을. 동쪽은 통천군, 서쪽은 평강군, 남쪽은 인제군·양구군·철원군, 북쪽은 함경남도 안변군과 접한다.

李慶祺，馳往慈山[38]等處，招集逃軍，送赴軍前。

6월 13일。

대가(大駕)가 영변(寧邊)에 이르렀으나, 성안의 사람과 가축들은 흩어지거나 도망갔고 판관(判官) 황기(黃沂) 또한 성 밖의 마을에서 비로소 왔는지라 상하가 모두 끼니를 걸렀다.

이날 밤에 한응인(韓應寅)이 급히 장계를 올려 아뢰기를, "적이 이미 강동(江東)의 외탄(外灘)을 건너와서 단지 여울 하나를 사이에 둔 채 서로 대치하고 있습니다."라고 하였다. 주상이 마침내 여러 신하들을 불러 이르기를, "오늘날의 형세는 이미 어찌할 도리가 없지만, 나와 세자가 한곳으로 같이 가면 다시는 어찌해 볼 가망이 없을 것이니 서로 나뉘어 가는 것만 못하다. 단지 오늘 어느 곳으로 향할 것인지만 정하라." 하니, 승지 이괵(李磩)이 말하기를, "상국(上國: 명나라)은 부모의 나라입니다. 지금 마땅히 의주(義州)로 가시어 천조(天朝: 명나라)에 달려가서 구원을 호소하도록 해야 합니다. 사세가 만약 불리하게 되면 임금과 신하가 마땅히 압록강(鴨綠江) 물에 같이 죽어 대의(大義)를 만천하에 밝히는 것이 옳습니다."라고 하자, 류성룡(柳成龍)·이항복(李恒福) 또한 말하기를, "이 말이 대단히 옳사오니, 청컨대 의주로 가소서."라고 하였다. 주상이 말하기를, "내가 만약 요동(遼東)으로 건너가게 되면 여러 신하들 중에 능히 나를 따를 자가 있소?" 하자, 이항복·이괵이 울며 말하기를, "신(臣)들이 바라옵건대 따라가겠나

38 慈山(자산): 평안남도 순천군에 있는 고을.

이다."라고 하였다. 주상이 최흥원(崔興源)·이헌국(李憲國)·이성중(李誠中)을 돌아보면서 이르기를, "경(卿)들은 모두 늙었으니 세자를 따르는 것이 옳소." 하고는 또 한준(韓準)에게 이르기를, "경(卿)에게 부모가 있으니 세자를 따르는 것이 또한 옳소." 하였다. 여러 신하들이 모두 울었고, 주상 또한 눈물을 흘렸다.

十三日。

駕到寧邊, 城中人畜, 俱已散去, 判官黃沂[39], 亦自外邨(村)始來, 上下皆闕飯。是夜, 韓應寅馳啓曰: "賊已渡江東[40]外灘, 只隔一灘, 相與對陣." 上遂召群臣, 謂之曰: "今日之勢, 已無可爲, 然予與世子, 同往一處, 則更無可望, 不如分往。但今日所向何定." 承旨李磵曰: "上國父母之邦也。今當往義州, 赴訴朝廷[41]。事若不利, 君臣當同死鴨綠江, 聲大義於天下可也." 柳成龍·李恒福, 亦曰: "此言大是, 請往義州." 上曰: "予若渡遼, 諸臣有能從我者乎?" 李恒福·李磵, 泣對曰: "臣等願從行." 上顧謂崔興源·李憲國·李誠中, 曰: "卿皆老矣, 可從世子." 又謂韓準, 曰: "卿有父母, 亦可從世子." 群臣皆泣, 上亦垂涕。

---

39 黃沂(황기, 1556~?): 본관은 長水, 자는 淸源. 1582년 사마시에 합격, 이어 1583년 별시문과에 급제하였다. 그 뒤 寧邊判官으로 보임하다가 1592년 임진왜란이 발생하자 고을을 버리고 도망갔다가 다시 백의종군하였다. 그러나 곧바로 예조정랑으로 복직되었고, 지평을 거쳐 공조정랑이 되어서는 명에서 파견된 宋經略의 門禮官으로 의주에 다녀 왔다. 다시 지평을 거쳐 1599년 서산군수, 1601년 개성부경력과 서흥부사를 거쳐 담양부사가 되었으나 부임한 지 5일 만에 행실이 비루하고 일처리에 물의가 있다는 헌부의 탄핵을 받아 파직당하였다.

40 江東(강동): 평안남도 중남부에 있는 고을. 동쪽은 성천군, 서쪽은 대동군, 남쪽은 중화군·황해도 수안군, 북쪽은 순천군과 접한다.

41 朝廷(조정): 天朝의 오기.

6월 14일。

운산 군수(雲山郡守) 성대업(成大業)·익찬(翊贊) 류희담(柳希聃)을 보내어 중전(中殿: 의인왕후 박씨) 및 세자빈(世子嬪: 광해군 빈 문화류씨)을 맞아오게 하였다. 유홍(兪泓) 등이 중전을 호종하여 덕천(德川)에 이르자 여러 차례 급히 함흥(咸興)으로 향해 가자고 주청(奏請)하며 재촉하는 말을 많이 하니, 중전이 분부하기를, "당초에는 비록 함흥으로 가라는 명이 있었을지라도 지금에는 대가의 거취(去就)를 아직 알지 못하는데, 이 고개를 한번 넘은 뒤에 일이 갑자기 생기게 되면 반드시 낭패를 볼 것이오." 하였다. 그래서 마침내 5일 동안 더 머물렀는데, 이 때문에 성대업 등이 뒤따라가서 만나게 되었다.

○이때에 대가와 세자가 나뉘어 떠나게 되었는데, 모시고 호위해 가는 관원 중에 친히 주상의 명을 받은 자 외에는 모두 향하는 곳을 알지 못했다. 영의정 최흥원(崔興源)이 드디어 성명을 죽 벌여 기록하고서 아뢰니, 주상이 마침내 낙점하였다.

대개 주상과 함께 요동(遼東)으로 건너가는 것을 사람들이 싫어하며 피하는 데다 게다가 늙고 병든 무리는 능히 따라갈 수 없기 때문에, 병이 없고 빨리 갈 수 있는 자를 골라서 대가를 따르도록 하였는데, 지평(持平) 이정신(李廷臣)은 그가 대가를 호종하게 되었다는 소식을 듣고 마침내 하직도 하지 않고 도망갔다.

○주상이 또 한준(韓準)은 현재 호조(戶曹)를 맡고 있어 잠시도 떨어질 수 없다고 하여 마침내 대가를 따라 수행하여 가도록 하니, 한준은 낙상(落傷)하였다고 핑계대며 성을 나가버렸다.

○주상이 또 세자에게 이르기를, "나랏일이 이미 이 지경에 이르렀

으니 다시 어찌해 볼 가망이 없구나. 우리 부자(父子)가 만약 같이 한곳으로 향하면 일이 갑자기 생긴 뒤에는 어찌해 볼 만한 일이 없게 되니, 지금 나는 응당 상국(上國: 명나라)에 달려가서 호소하려니와 세자는 종묘와 사직의 신주(神主)를 받들어 급히 강계(江界) 등지로 가서 나라의 회복을 도모하는 것이 좋겠구나."라고 하고는 서로 마주 보며 울었다.

十四日。

遣雲山郡守成大業[42]·翊贊柳希聃[43], 迎中殿及世子嬪[44]以來。兪泓等, 扈中殿到德川[45], 累奏請急向咸興, 多有促之言, 中殿敎曰: "當初雖有咸興之命, 今大駕去就未知, 一踰此嶺之後, 事有倉卒, 必致狼貝." 遂留五日, 以此大業等追及之。○時大駕·世子, 將分行, 而侍衛之官, 親承上命者外, 皆不知所向。領議政崔興源, 遂列書姓名以啓, 上遂落點。蓋上以渡遼, 則人所厭避, 而又非老病輩所能從, 擇令無病可速行者從駕, 持平李廷臣, 聞其當從駕, 遂不

42 成大業(성대업, 1540~?): 본관은 昌寧, 자는 亨叔. 1567년 식년시에 합격, 1582년 식년시 문과에 급제하였다. 1592년 운산군수, 1596년 회령부사, 삭주부사, 진주목사 1600년 황해도 관찰사 등을 역임하였다.

43 柳希聃(류희담, 1563~1614): 본관은 文化, 자는 景伯. 柳自新의 둘째아들, 柳希奮의 형이다. 광해군의 처남이기도 하다. 1590년 증광시에 합격하였다. 송화현감, 인천부사, 장례원 판결사 등을 지냈다.

44 世子嬪(세자빈): 세자 광해군의 빈 文化柳氏 柳自新의 딸(1576~1623). 1587년 광해군의 신붓감으로 간택되어 가례를 올리고 文城郡夫人으로 봉작되었다. 1592년 광해군이 세자에 책봉되자 왕세자빈이 되었고, 1608년 광해군의 왕비로 진봉되었으나, 1623년 인조반정으로 인하여 郡夫人으로 격하되어 강화도에 위리안치되었다가 그곳에서 사망하였다.

45 德川(덕천): 평안남도 북부에 있는 고을. 동쪽은 영원군, 서쪽은 개천군, 남쪽은 맹산군·순천군, 북쪽은 묘향산맥을 경계로 평안북도 영변군과 접한다.

辭去。○上又以韓準方判戶曹，不可暫離，遂命從行，準托以落傷，出城去。○上又謂世子，曰："國事已至此。更無望矣。吾父子，若同向一處，事若[46]倉卒，後無可爲之事，今予當赴訴上國，世子奉廟社主，急往江界等處，以圖恢復，可也." 仍相對哭。

6월 15일。

주상이 종묘와 사직의 신주(神主)에 하직하면서 통곡하자, 세자 또한 통곡하였다. 주상이 세자의 관속(官屬)에게 이르기를, "나라의 일은 세자의 신상에 달렸으니, 너희들은 그 마음과 힘을 다해 잘 보좌하여 강토의 회복을 도모하라."하였다. 대가(大駕)가 장차 길을 떠나려 하자 세자가 양궁(兩宮: 왕과 왕비)에게 하직하니, 시종 관원(侍從官員)들이 모두 목놓아 통곡하고 말잡이 하인들도 눈물을 흘려 옷깃을 적시지 않은 자가 없었다.

○대가(大駕)가 박천(博川)에 이르니, 접경에 사는 백성들이 전과 마찬가지로 곳곳에서 김을 매고 있었다. 주상이 말을 멈추고 묻기를, "여러 고을들이 다 비었는데, 너희들은 어찌하여 다른 곳으로 피해 가지 않았느냐?"라고 하니, 모두 말하기를, "군수가 평양(平壤)에 있으면서 사람을 보내어 여러 백성들을 타이르기를, '사정이 만약 어려우면 나는 당연히 피할 것인데, 내가 피한 뒤에라도 나갈 수 있으리니 우선 힘을 다하여 농사를 지으라,' 하였습니다. 이 때문에 안심하고 피하지 않았습니다."라고 하였다. 주상이 말하기를, "백성이 모이고

46 若(약): 有의 오기인 듯.

흩어지는 것은 윗사람이 시키는 바에 달렸으니, 이는 처치가 합당한 것이 아니겠느냐?" 하였다.

○낮이 되어서야 박천군에 이르렀는데, 평양에서 온 자가 말하기를, "어제 윤두수(尹斗壽)·김명원(金命元)이 장사(壯士) 400여 명을 뽑아 밤에 대동강을 건너서 적의 진영을 공격하여 적을 죽인 것이 지극히 많았습니다. 다만 새벽이 되어서 거사를 일으켜 일진일퇴하며 한창 격렬하게 싸울 즈음에 하늘이 이미 밝는 데다 적군이 대거 몰려왔습니다. 아군이 물러나 배를 타고 어지러이 건너오는데 적이 추격해 왔지만, 장사(壯士) 임욱경(任旭景)·민여호(閔汝虎) 등이 대동강 가에 이르러 적 1명을 잡아 거꾸로 쥐고 마구 휘두르니 적이 감히 가까이 오지 못했습니다. 왜적을 쳐 죽인 것이 10여 명이나 되었지만, 장사들도 끝내 강물에 빠져 죽었습니다. 도원수 등이 연광정(練光亭) 위에 있으면서 이를 목격하여 애통해 하고 애석하게 여겼습니다. 대거 밤을 무릅쓰고 군사들을 건너게 하지 못한 것을 한스러워하였습니다." 라고 하였다.

○지평(持平) 이경기(李慶祺)가 와서 말하기를, "규율이 잡히지 않은 난군(亂軍)이 무너져 도망가는 데다 막을 만한 힘마저 없어서 하는 수 없이 돌아왔습니다."라고 하자, 사간(司諫) 류영경(柳永慶)이 그에게 말하기를, "이처럼 매우 위급한 때를 당하여 군사를 불러 모으는 일이 중대하지 않은 것이 아닌데도 명을 받은 지 이틀 만에 곧바로 빈손인 채 돌아와 하는 말이 '내 힘으로는 할 수 없었다.'라고 하니, 어찌 어린아이 장난처럼 해서야 되겠소? 속히 그곳으로 돌아가 다시 군사를 불러 모으시오."라고 하니, 이경기가 하는 수 없이 다시 가기

는 했으나 그대로 돌아오지 않았다.

○중전이 덕천(德川)에서 저물녘에야 이르렀다. 우의정 유홍(兪泓)이 백관(百官)이 나뉘어 간다는 말을 듣고서 마침내 아뢰기를, "신(臣)이 이미 늙어서 요동(遼東)으로 건너갈 수 없으니, 청컨대 세자를 따라 강토를 회복한 뒤에 마땅히 대가(大駕)를 맞이하러 돌아오겠습니다."라고 하니, 주상이 그대로 따랐다.

○저녁에 이원익(李元翼)이 이호민(李好閔)을 보내 와서 말하기를, "어제 저녁에 적이 청은탄(青銀灘)·백은탄(白銀灘) 등지에서 그들의 군사들을 나누어 보내 건너려는 시늉을 하니, 여울을 지키던 장수 김억추(金億秋)·허숙(許淑)·이윤덕(李潤德) 등이 한꺼번에 도망쳐 무너지고, 위와 아래의 여러 진(鎭)에 있던 군사들 또한 따라서 무너지자, 적이 마침내 평양으로 들어왔습니다."라고 하였다.

주상이 드디어 길 떠날 채비를 하도록 하였다. 중전은 덕천에서 박천에 이르기까지 산을 넘고 물을 건너며 하루에 간 거리가 거의 160리나 되었으나 아직 가마에서 내리지도 못했는데, 또 기성(箕城: 평양)이 함락되었다고 보고가 전해져 고을 안이 크게 소란스러워 수라도 들지 못한 채 갔다.

○이때에 위장(衛將) 이관(李瓘)·성수익(成壽益) 등이 잇달아 흩어져 도망가니, 대가를 호종하는 자는 오직 환관 대여섯 명뿐이었다. 박천군 안에서 나가는 5리 길은 수목이 무성하고 빽빽한 데다 또 하늘에서 비까지 내리자, 일행이 겨우 사오십 명이라서 사람들은 마음으로 매우 두려워하며 마치 목숨을 보전하지 못할 듯 여기는 것이 임진강을 건너던 그날 밤보다 더 심하였다.

○이때에 세자는 보덕(輔德) 조정(趙挺)을 보내어 주상에게 문안하였다. 조정이 돌아가려는데, 주상이 손수 쓴 서찰을 세자에게 보내어 이르기를, "나는 살아서 이미 망국의 군주가 되었으니 죽어서 장차 이역(異域) 땅의 귀신이 될 것이다. 애비와 자식이 서로 떨어져 다시는 만나 볼 날이 없게 되었으니, 오직 바라건대 세자는 옛 강토를 다시 수복하여 위로 조종(祖宗)의 신령(神靈)을 위로하고 아래로 돌아오는 부모를 맞이하여라. 종이에 쓰려니 눈물이 흘러내려 뭐라고 말해야 할지 모르겠구나."라고 하였다.

이때 세자는 개평역(開平驛)에 머물고 있었는데, 조정은 지름길로 경기(京畿)로 가버려서 이것을 전하지 않았다.

○주상이 삼경(三更: 자정 전후)에 박천을 떠나서 해가 돋아 밝아올 무렵에야 가산(嘉山)에 이르렀다.

十五日。

上辭廟社主痛哭，世子亦痛哭。上謂世子官屬，曰: "國家之事，付在世子身上，爾等盡乃心力，好爲輔佐，以圖再造." 駕將發，世子辭兩宮，從官皆失聲哭，牽馬賊僕[47]，莫不泣下沾襟。○駕到博川[48]，境居民，如舊處處耘鋤。上駐馬，問曰: "列郡皆空，爾等何以不移避耶?" 皆曰: "郡守在平壤，送人諭諸民，曰: '事若難，我當避，我避之後，猶可出去，姑盡力作農.' 以此安心不避矣." 上曰: "民之聚散，由上所使，此非處置得宜者乎?" ○午到博川郡，自平壤來者

---

47 賊僕(적복): 賤僕의 오기.

48 博川(박천): 평안남도의 남부에 있는 고을. 동쪽은 영변군, 서쪽은 정주군, 남쪽은 청천강을 사이에 두고 평안남도 안주군, 북쪽은 태천군과 접한다.

曰: "昨日, 尹斗壽·金命元, 得壯士四百餘人, 夜渡江斫賊營, 所殺賊極多。但以將曉擧事, 進退酣戰[49]之際, 天色已明, 賊軍大至。我軍乘船亂渡, 賊追及之, 壯士任旭景·閔汝虎等, 至大同江邊, 倒執一賊, 左右亂揮, 賊不敢近。所擊殺十餘, 竟溺死。都元帥等, 在練光亭上, 目見而痛惜之。恨其不大擧冒夜渡兵."云。○持平李慶祺, 來言: "亂軍潰去, 無力可禁, 不得已還來." 司諫柳永慶曰: "當此孔棘之日, 召集軍兵, 事非不重, 而受命二日, 旋卽空手而還, 曰: '我不能也.' 豈可如兒戲乎? 速往其處, 再圖收集." 慶祺不得已再往, 仍不還。○中殿自德川, 乘暮而至。右議政兪泓, 聞百官分行, 遂啓曰: "臣已老矣, 不得渡遼, 請從世子, 恢復之後, 當迎駕而回." 上從之。○夕, 李元翼遣李好閔, 來言: "昨夕, 賊於靑銀灘·白銀灘等處, 分遣其衆, 以試欲渡之形, 守灘將金億秋[50]·許淑[51]·李潤德等, 一時逃潰, 上下列鎭之軍, 亦從而潰, 賊遂入平壤矣." 上遂令治行。中殿, 自德川到博川, 踰山越澗, 一日所行, 幾百六十里, 而未下轎, 又聞箕城之報, 郡中大擾, 遂闕膳而行。○時衛將李瓘·成

---

49 酣戰(감전): 한창 격렬하게 어우러진 싸움.

50 金億秋(김억추, 1548~1618): 본관은 淸州, 자는 邦老. 전라남도 강진 출신. 일찍이 무과에 급제하고 濟州判官·사복시판관 및 진산·순창·초산 등의 현감을 거쳤다. 1592년 임진왜란이 일어나 왕이 평양으로 파천하자, 방어사로서 許淑 등과 함께 수군을 이끌고 대동강을 지켰다. 안주와 여주 목사 등에 올랐으나 곧 교체되었고, 이후 滿浦鎭僉節制使와 진주 목사가 되었으나 또 교체되었다. 1597년 漆川梁海戰에서 전사한 李億祺의 후임으로 전라우도수군절도사가 되었고, 일시 副將兼助防將으로 명나라군에 배속되기도 하였으나, 이후 주로 전라수군절도사로 활약하였다. 통제사 이순신을 따라 鳴梁海戰에서 많은 공을 세웠다. 그 뒤 밀양부사를 거쳐 1608년 경상좌병사가 되었다가 3년 후에 제주목사에 제수되었다.

51 許淑(허숙, 1548~?): 본관은 金海, 자는 君善. 1572년 별시 무과에 급제하였다.

壽益等, 相繼散去, 扈駕者, 惟內宦五六而已。博川郡內五里, 樹木茂密, 天又雨, 一行僅四五十人, 人心危懼, 若不能保, 甚於臨津之夕。○時世子, 遣輔德趙挺, 問安于上。挺之還, 上手書致世子曰: "予生旣爲亡國之君, 死將爲異域之鬼。父子相離, 更無可見之日, 惟望世子, 再造舊物, 上慰祖宗之靈, 下迎父母之還。臨楮涕下, 不知所言." 時世子, 方駐開平驛[52], 趙挺徑行京畿, 不之傳。○上三更發博川, 平明到嘉山[53]。

6월 16일。맑음。

대가(大駕)가 가산(嘉山)에 이르렀는데, 평양에서 전해오는 소식이 점점 급박하자【구본에는 시종하는 관원들이 뿔뿔이 흩어져 도망가고 남은 자가 거의 없었다.】 주상이 자문(咨文: 외교문서)을 요동(遼東)에 보내어 마침내 내부(內附: 귀순)하기를 청했다.

○대가가 정주(定州)에 이르렀다.

○또 사람을 보내어 적의 동태를 정탐해 오게 하였다. 김명원(金命元)이 안주(安州)에 있으면서 급히 장계를 올려 아뢰기를, "신(臣)들이 여기 있을 때 적이 없는지 형편을 살펴 계속 치보(馳報)하겠습니다." 라고 하였다. 주상이 마침내 정주에 그대로 머물렀다.

○또 안황(安滉) 등을 보내어 신성군(信城君)·정원군(定遠君) 두 왕자를 영변군(寧邊郡)에서 모시고 돌아오게 하였다.

○대가가 평양(平壤)에 도착한 뒤로 적의 정세를 요동에 계속해 보고

---

52 開平驛(개평역): 조선시대 평안도 영변에 있던 역. 魚川道의 屬驛이다.

53 嘉山(가산): 평안북도 박천군에 있는 고을.

하였다. 이로부터 자문(咨文)과 게첩(揭帖)이 끊이지 않고 오갔으나 회답하는 규정된 체제를 아는 자가 없어서, 주상이 마침내 시종하는 관료에게 명하여 그것을 베끼게 하였으나 형식을 제대로 갖추지 못했다.

十六日。晴。

駕到嘉山, 聲息漸急【舊本從官散去。殆無餘者.】, 上遣咨遼東, 遂請內附。○大駕到定州[54]。○又遣人哨探賊形止而來。金命元在安州, 馳啓曰: "臣等, 在此時, 無賊形續當馳報." 上遂留定州。○又遣安滉等, 取信城·定遠兩王子寧邊郡以回。○駕到平壤之後, 連報賊情于遼東。自此咨揭絡繹, 而答回規體, 無得知者, 上遂命從官寫之, 有不成形者。

6월 17일。

인성부원군(寅城府院君) 정철(鄭澈)과 풍원부원군(豐原府院君) 류성룡(柳成龍)이 대사간 정곤수(鄭崑壽)를 거느리고는, 주상이 세자에게 국정을 처리할 수 있는 소임을 주도록 청하려고 마침내 입대(入對)하였다. 주상이 말하기를, "경(卿)들은 무슨 할 말이 있소?" 하니, 정철과 류성룡이 단지 말하기를, "나랏일이 이와 같고 이미 어찌할 도리가 없으니 어이하겠습니까? 어이하겠습니까?"라고만 하고 마침내 물러 나왔다. 어떤 이가 말하기를, "세자에게 이미 국정을 처리할 수 있는 소임을 주었는데, 정철 등의 뜻은 주상에게 왕위를 물려주도록 하려는 것이어서 머뭇머뭇하다가 말하지 못한 것이다."라고 하였다.

54 定州(정주): 평안북도 남서 해안에 있던 고을. 동쪽은 박천군·태천군, 서쪽은 선천군, 남쪽은 황해, 북쪽은 구성군과 접한다.

十七日。

寅城府院君鄭澈·豐原府院君柳成龍, 率大司諫鄭崑壽, 欲請上授世子監國[55]之任, 遂入對。上問曰: "卿等有何所言?" 澈·成龍, 只言: "國事如此, 已無可爲, 奈何奈何?" 遂退出。或曰: "世子已授監國之任. 澈等之意, 欲上傳位, 而囁嚅[56]不能發也."

6월 18일。

대가(大駕)가 정주(定州)를 떠나서 곽산(郭山)을 향했는데, 주상이 류성룡(柳成龍)을 불러 이르기를, "오늘 떠나는 것은 오로지 내부(內附: 귀순)하기 위함이니, 경(卿)이 먼저 가는 것이 좋겠소. 만일 천조(天朝: 명나라)에서 온 사람을 만나면 반드시 적의 정세를 먼저 말하고 내가 요동(遼東)으로 건너가겠다는 뜻을 나중에 말하시오." 하였다.

○대가가 곽산에 이르러 요동 순안어사(遼東巡按御史: 李時孶)가 부총병(副摠兵) 조승훈(祖承訓)·참장(參將) 곽몽징(郭夢徵)·유격(遊擊) 사유(史濡: 史儒의 오기)를 보내어 기병 3천 명을 거느리고 운흥관(雲興館)에 도착했다는 말을 들은 주상이 마침내 가서 만나 보았다. 주상이 우리나라의 전후 사정을 두루 말하고, 시종한 관료들도 주상 앞에 줄지어 엎드려서 모두 자신의 소견을 말하니, 말이 극히 왁자지껄 떠들썩하였다. 참장 곽몽징이 말하기를, "귀국의 군주와 신하가 한곳에서 시끄럽고 어지러워 마치 분분한 송사와 같으니 매우 무례하오." 라고 하자, 주상이 여러 관료들에게 명하여 모두 나가도록 하였다.

---

55 監國(감국): 천자가 일시적으로 권한을 대행시키는 것.

56 囁嚅(섭유): 사람이 겁이 많아 말을 잘하지 못하고 머뭇머뭇하는 모양.

총병 이하가 평양(平壤)이 이미 함락된 것을 알고서 마침내 돌아가버렸다.

○좌의정 윤두수(尹斗壽)가 뒤따라와 이르러 아뢰기를, "신(臣)이 평양을 죽기로 지키지 못하여 오늘날의 변고가 있게 되었으니, 바라옵건대 군법에 따른 처벌을 받겠습니다."라고 하니, 주상이 말하기를, "국가의 형세가 이미 글러졌는데 어찌 경(卿)만의 죄이겠소?"

○주상이 저물어서야 선천군(宣川郡)에 이르렀다. 순안어사(巡按御史)가 또 지휘(指揮) 장(張)씨 성을 지닌 자를 시켜 보낸 자문(咨文) 가운데, '그대의 나라가 모반을 도모한다.(爾國謀爲不軌)' 등의 말이 있고, 또 이르기를, "팔도 관찰사(八道觀察使)는 어찌하여 적에 대해 한마디도 언급함이 없으며, 팔도의 군현(郡縣)에서는 어찌하여 한 사람도 대의(大義)를 제창함이 없는 것이오? 어느 날에 어떤 도(道)가 함락되고 어느 날에 어떤 고을이 함락되었는지, 누가 절개에 죽었고 누가 적에게 빌붙었는지, 적의 장수는 몇 명이고 군사의 수는 몇 만 명인지, 하나씩 하나씩 헤아려 자세히 기록하여 보고하오. 천조(天朝: 명나라)에는 개산포(開山砲)·대장군포(大將軍砲)·신화표창(神火鏢鎗)이 있는 데다 용맹한 장수와 정예한 군사가 안개처럼 가득히 벌여 있고 구름처럼 빨리 달리니, 왜적의 군사가 백만 명이라 한들 따질 것도 없소. 더구나 문무(文武)를 겸비하고 지략(智略)을 갖춘 선비들이 간사한 꾀를 환히 보고서 흉악한 싹을 미리 꺾어 버릴 것이니, 비록 소진(蘇秦)·장의(張儀)·상앙(商鞅)·범수(范睢)의 무리가 다시 세상에 태어난다 하더라도 어찌 천조(天朝)의 얕고 깊음을 엿볼 수 있겠소?" 라고 하였다. 주상이 자문(咨文)을 보고 두려워하며 말하기를, "이것

은 아마도 우리나라가 적과 공모한 것으로 의심하고 이러한 위협적인 말로 우리나라의 대답이 어떠한지 시험하려는 것이다." 하면서 마침내 지휘에게 이르기를, "이 자문(咨文)에 대해서는 마땅히 뒤이어 배신(陪臣)에게 위임해 보내겠소." 하였다. 지휘(指揮)가 물러나와서 역관(譯官)에게 이르기를, "나는 바로 황천사(黃天使: 黃洪憲)의 참수관(參隨官)이었다. 그래서 순안어사(巡按御史)는 내가 일찍이 국왕의 얼굴을 보았다 하여 나로 하여금 진짜 국왕인지 아닌지를 와서 보게 한 것뿐이다. 자문(咨文) 속에 있는 말은 단지 가정한 것이니 그대의 나라에서는 두려워하지 말라." 하였다.

○이때 대가의 행색이 유별나게 심히 경황이 없으니, 일대의 백성들이 그것을 보고 왜적이 뒤에서 조만간에 추격해 올 것으로 여겼다. 대가가 지나간 뒤에 양민들이 흩어지는 물결에 휩쓸리니 산골짜기를 꽉 메웠다. 호적이 없는 자 같은 경우는 소란한 틈을 타서 무리를 불러 모아 관가의 곡식을 약탈해 갔으니, 영변과 곽산이 더욱 심하였다. 선천 군수(宣川郡守) 이영(李瑩)이 조정에 알리기를, "고을 안에 또한 백여 명의 도적이 모여 둔치고서 내일 대가가 떠나기를 기다린 뒤에 장차 영변의 백성들이 한 짓을 그대로 따라 하려 하옵니다. 늙은 선비로서는 제어할 수가 없으니 조처하여 주소서."라고 하였다. 조정에서 마침내 무신(巫臣)으로 대신케 하여 방화와 약탈에 대한 걱정에서 벗어날 수 있었다.

十八日。

駕發定州向郭山[57], 上召謂柳成龍, 曰: "今日之行, 專爲內附也, 卿可先行。如遇天朝人之來, 必先道賊情, 後言渡遼之意." ○駕到郭山, 聞遼東巡按。遣副摠兵祖承訓[58]·參將郭夢徵[59]·遊擊史濡[60], 領三千騎, 到雲興館[61], 上遂往見之。上歷言我國前後事情, 從官等列伏上前, 俱言所見, 語極喧鬧。參將郭夢徵曰: "貴國君臣, 一處鬨亂, 有同聚訟, 殆無禮也." 上命諸官皆出。摠兵以下, 知平壤已失守, 遂還。○左議政尹斗壽, 追至啓曰: "臣不能死守, 致有今日, 願受軍律." 上曰: "國勢已去, 豈卿之罪?" ○上夕到宣川[62]郡。巡按御史, 又遣指揮張姓者, 來咨中, 有'爾國謀爲不軌[63]'等語, 又曰: "八道觀察使, 何無一言之及於賊? 八道郡縣, 何無一人之倡大義? 何日陷某道? 何日陷某州? 某人死於節? 某人附於賊? 賊將幾人? 軍數幾萬? 逐一[64]計開[65], 具錄以報。天朝自有開山砲·大將軍砲·神火鏢鎗, 猛將精兵, 霧列雲馳, 倭兵百萬, 不足數也。況文武

---

57 郭山(곽산): 평안북도 남부 해안에 있는 고을. 동쪽은 정주시, 서쪽은 선천군, 남쪽은 황해, 북쪽은 구성시·선천군과 접한다.

58 祖承訓(조승훈): 임진왜란 때 명에서 파견된 장군 가운데 하나. 파병 당시 직위는 總兵. 1592년 7월에 기마병 3천을 거느리고 평양을 공격하게 하였으나 이기지 못한 채 퇴각하여 요동으로 되돌아갔다. 그 뒤 12월에 다시 부총병 직위로 이여송 군대와 함께 다시 와서 평양성을 수복한다.

59 郭夢徵(곽몽징): 명나라 神宗 때의 장군. 1592년 임진왜란 때 原任參將으로 마병 500을 이끌고 부총병 조승훈을 따라 나왔다가 7월에 돌아갔다.

60 史濡(사유): 史儒(?~1592)의 오기. 명나라의 요동성 유격대장. 문무를 겸비한 무장이었다. 일찍부터 비적들을 물리치는 등 전공을 세웠다. 임진왜란이 발발하자 조선을 원조하러 왔다가 평양성에서 전사했다.

61 雲興館(운흥관): 평안북도 곽산군에서 북쪽으로 17리 되는 곳에 있던 客館.

62 宣川(선천): 평안북도 북서부에 있는 고을.

63 不軌(불궤): 반역. 법도를 지키지 않음.

64 逐一(축일): 하나씩 하나씩.

65 計開(계개): 조선시대에 공문서 등을 작성할 때 쓰는 관용어의 하나. 헤아려 기록한다는 뜻이다.

智略之士, 足以灼見奸謀, 逆折凶萌, 雖有蘇張鞅雎[66]之徒, 復生於世, 安得以窺天朝之淺深乎?" 上覽咨, 竦然曰: "此蓋疑我國與賊同謀, 而爲此恐動之言, 以試我國之對也." 遂謂指揮, 曰: "此咨, 當隨後委遣陪臣也." 指揮出, 謂譯官, 曰: "我乃黃天使[67]參隨也。巡按以我曾見國王面目, 使之來見眞僞耳。咨中所言, 特假設之事, 爾國其勿恐怕也." ○時大駕行色, 殊甚悤卒[68], 一路人民, 見之以爲, 倭賊在後, 朝夕當追及。駕經之後, 良民奔陂[69], 塡咽山峽。若其無籍之輩, 乘擾攘之隙, 嘯聚徒衆, 掠出官穀, 寧邊·郭山殆甚。宣川郡守李瑩[70], 言于朝曰: "郡中亦有百餘賊屯集, 待明日駕發之後, 將效寧邊民所爲。非老儒所制, 乞賜處置." 朝廷遂代以武臣, 得免焚燒劫掠之患。

6월 19일。

대가(大駕)가 거련관(車輦館)에 이르렀다. 지나는 곳마다 백성들과 가옥들이 예전 그대로 편안히 살고 있어 박천군(博川郡)과 다르지 않았으며, 지공(支供: 음식 이바지)이 매우 풍성하니 주상이 명하여 간소하게 하고 사치하지 말도록 하였다.

---

66 蘇張鞅雎(소장앙수): 蘇秦·張儀·商鞅·范雎를 일컬음.

67 黃天使(황천사): 1582년 황태자의 탄생 소식을 전하기 위해 조선에 파견된 명나라 사신 黃洪憲을 가리킴.

68 悤卒(총졸): 경황이 없음.

69 奔陂(분피): 奔波의 오기. 바쁘게 뛰어다님. 물결에 휩쓸림.

70 李瑩(이영, 1541~1618): 본관은 固城, 자는 彦潤, 호는 南皐. 1576년 식년시 문과에 급제하였다. 울산부사, 선천군수 등을 지냈다.

十九日。

駕次車輦館[71]。所經之地, 人民室屋, 安堵如舊, 無異博川郡, 支供極豐厚, 上命簡之, 勿使侈汰。

6월 20일。

대가(大駕)가 용천군(龍川郡)에 이르렀다. 윤두수(尹斗壽)가 아뢰기를, "오늘 떠나시는 것은 오로지 천조(天朝: 명나라)에 달려가 호소하기 위함이라서 이렇게 이틀길을 하루에 빨리 달려와서 이미 이곳에 이르렀습니다. 다만 갑자기 의주(義州)에 이르게 되면, 민심이 크게 동요하여 장차 수습할 수 없게 될 것입니다. 더구나 이제 적의 기세가 매우 누그러졌으니, 먼저 의주 등지의 관원이 흩어진 군사들을 모을 수 있도록 하여 즉시 요동(遼東)으로 건너가지 않는다는 뜻으로 타일러 믿는 바가 있게 한 뒤, 다시 이삼 일을 살피고 나서 천천히 나아가면 원근(遠近)의 백성들이 실망하는 지경에 이르지는 않을 것입니다." 라고 하니, 주상이 따랐다.

○평양(平壤)이 함락된 뒤, 송언신(宋言愼)·이윤덕(李潤德)이 모두 희천(熙川) 등지로 가서는 오래도록 돌아오지 않았다. 김명원(金命元)은 이원익(李元翼)·이빈(李贇)을 거느리고 정주(定州)에 머물렀는데, 단지 군관(軍官) 수십여 명만 있어서 어찌할 바를 알지 못하다가, 마침내 이원익에게 강변(江邊: 강계와 영변)에 가서 토병을 모집하도록 하고, 이빈에게 산군(山郡: 곽산군인 듯)에 가서 군사를 징발하도록 하였

71 車輦館(거련관): 평안북도 철산 북쪽에 있던 역참. 한양과 의주를 잇는 교통로상의 역 중에서 평안도에 위치한 역들은 관이라 호칭했다.

다. 김명원은 혼자서 빈 성을 지키고 있을 뿐이었다.

二十日。

次龍川[72]郡。尹斗壽啓曰: “今日之行, 專爲赴訴天朝, 以此兼程疾馳, 已到于此。但遽到義州, 人心大駭, 將無以收拾。況今賊勢頗緩, 先使義州等官, 收集散兵, 諭以不卽渡遼之意, 使有所恃, 然後更觀二三日後, 緩緩征進。則遠近不至失望矣.” 上從之。○平壤失守之後, 宋言愼·李潤德, 俱向熙川[73]等處, 久不還。金命元, 率李元翼·李薲, 住定州, 只有軍官數十餘人, 不知所爲, 遂令李元翼往江邊收土兵, 李薲往□山郡徵兵。命元獨守空城而已。

6월 21일。

경상 우수사(慶尙右水使) 원균(元均)이 거제도(巨濟島) 앞 바다에서 대첩(大捷)을 거두었다는 보고가 이르렀다. 주상이 사자(使者: 원균의 군관 李冲)에게 영남의 사정을 물으니, 사자가 대답하기를, “감사(監司) 김수(金睟)가 바야흐로 함안(咸安) 등지에 있다고는 하나 소식을 알지 못합니다. 대규모의 적이 단지 직로(直路)를 통해서만 올라온 까닭에, 여러 고을이 병화(兵禍)를 입은 것은 겨우 요로(要路)에 있는 지역일 뿐입니다. 경상도의 좌도(左道)와 우도(右道)가 두 지역으로 나뉘어져 호령도 통하지 않은 데다, 피차가 행한 바도 아득하여 서로

72 龍川(용천): 평안북도 북서부에 있는 고을. 북쪽은 신의주시, 동쪽은 피현군, 남쪽은 염주군과 접하고, 서쪽은 압록강을 경계로 하여 신도군, 중국 東北지방과 마주한다.

73 熙川(희천): 평안북도 남동부에 있는 고을. 동쪽은 강계군, 서쪽은 운산군·영변군, 남쪽은 평안남도 덕천군·영원군, 북쪽은 초산군·강계군과 접한다.

듣지 못하고 있습니다. 단지 듣건대 병사(兵使) 김성일(金誠一)이 군관(軍官) 이삼십 명을 거느리고 갑자기 적을 만났는데, 군관들이 흩어져 달아나려 하자 김성일은 마침내 말에서 내려 호상(胡床)에 기대어 길을 막고 앉았으니, 적들이 그의 당돌함을 보고도 그곳에 복병이 있을까 의심하여 머뭇머뭇 나아가지 못하다가 한참 후에야 물러갔다고 하옵니다. 경기(京畿)에 이르러 듣건대 여러 고을의 백성들이 모두 말하기를, '오늘의 적은 왜놈이 아니라 나라를 배반한 무리들이다. 나라를 배반한 무리들은 양민을 죽이지 않는다.'라고 하면서 마침내 대부분 피해 나가지 않았는데, 이 때문에 죄다 도륙을 당하자 그들이 왜적임을 이미 알고 난 뒤에야 비로소 차츰차츰 물러나 피란갔다고 하옵니다."라고 하였다.

○조정에서 여러 고을의 관아 곡식이 죄다 노략질을 당하면서도 만약 수습하고 단속하지 않다가 천병(天兵: 명나라 군대)이 나오는 날이면 반드시 공급할 수 없을 것이기 때문에, 마침내 장령(掌令) 정희번(鄭姬藩)을 철산(鐵山)으로 보내고 정언(正言) 이광정(李光庭)을 용천창(龍川倉)으로 보내어 조사해 살펴보도록 하였다.

또 대군(大軍)이 한번 흩어진 뒤로 산골짜기로 도망쳐 들어가서는 오래도록 나타나지 않았기 때문에, 마침내 사간(司諫) 류영경(柳永慶)을 강계(江界)·위원(渭原)·이산(理山) 등의 고을로, 집의(執義) 정광적(鄭光績)을 벽동(碧潼)·창성(昌城) 등의 관아로 보내어 급히 군사를 모아서 김명원이 있는 곳으로 보내도록 하였다.

二十一日。

慶尚右水使元均[74], 巨濟前洋大捷報至。上問使者[75]以嶺南之事,對曰: "監司金睟, 方在咸安[76]等處, 不知聲聞。大賊只由直路而行, 故列郡被兵, 纔是當路之地。左右道分爲二境, 號令不通, 彼此所爲, 邈不相聞。但聞兵使金誠一, 率軍官數三十, 猝遇賊, 衆欲散走, 誠一遂下馬, 踞胡床[77], 攔路而坐, 賊見其唐突, 疑其有伏, 盤桓[78]不進, 久乃引去云。到京畿, 聞列郡人民皆以爲: '今日之賊, 非

---

74 元均(원균, 1540~1597): 본관은 原州, 자는 平仲. 무과에 급제한 뒤 造山萬戶가 되어 북방에 배치되어 여진족을 토벌하여 富寧府使가 되었다. 전라좌수사에 천거되었으나 평판이 좋지 않다는 탄핵이 있어 부임되지 못했다. 경상우도 수군절도사에 임명되어 부임한 지 3개월 뒤에 임진왜란이 일어났다. 왜군이 침입하자 경상좌수영의 수사 朴泓이 달아나버려 저항도 못해보고 궤멸하고 말았다. 원균도 중과부적으로 맞서 싸우지 못하고 있다가 퇴각했으며 전라좌도 수군절도사 이순신에게 원군을 요청하였다. 이순신은 자신의 경계영역을 함부로 넘을 수 없음을 이유로 원군요청에 즉시 응하지 않다가 5월 2일 20일 만에 조정의 출전명령을 받고 지원에 나섰다. 5월 7일 옥포 해전에서 이순신과 합세하여 적선 26척을 격침시켰다. 이후 합포·적진포·사천포·당포·당항포·율포·한산도·안골포·부산포 등의 해전에 참전하여 이순신과 함께 일본 수군을 무찔렀다. 1593년 이순신이 삼도수군통제사가 되자 그의 휘하에서 지휘를 받게 되었다. 이순신보다 경력이 높았기 때문에 서로 불편한 관계가 되었으며 두 장수 사이에 불화가 생기게 되었다. 이에 원균은 육군인 충청절도사로 자리를 옮겨 상당산성을 개축하였고 이후에는 전라좌병사로 옮겼다. 1597년 정유재란 때 加藤淸正이 쳐들어오자 수군이 앞장서 막아야 한다는 건의가 있었지만 이순신이 이를 반대하여 출병을 거부하자 수군통제사를 파직당하고 투옥되었다. 원균은 이순신의 후임으로 수군통제사가 되었다. 기문포 해전에서 승리하였으나 안골포와 가덕도의 왜군 본진을 공격하는 작전을 두고 육군이 먼저 출병해야 수군이 출병하겠다는 건의를 했다가 권율 장군에게 곤장형을 받고 출병을 하게 된다. 그해 6월 가덕도 해전에서 패하였으며, 7월 칠천량 해전에서 일본군의 교란작전에 말려 참패하고 전라우도 수군절도사 이억기 등과 함께 전사하였다. 이 해전에서 조선의 수군은 제해권을 상실했으며 전라도 해역까지 왜군에게 내어 주게 되었다. 그가 죽은 뒤 백의종군하던 이순신이 다시 수군통제사에 임명되었다. 임진왜란이 끝난 뒤 1603년 이순신·권율과 함께 선무공신에 책록되었다.

75 使者(사자): 《宣祖實錄》 1592년 6월 21일 4번째 기사에 의하면, 元均의 군관 李沖.

76 咸安(함안): 경상남도 남부 중앙에 있는 고을. 동쪽은 창원시, 서쪽은 의령군·진주시, 남쪽은 고성군, 북쪽은 남강과 낙동강을 경계로 의령군과 창녕군에 접하고 있다.

77 胡床(호상): 뒤에 등받이가 있는 의자.

倭也, 乃叛國。叛國不殺良民.' 遂多不出避之, 以此盡被屠殺, 旣知其爲倭賊, 後始稍稍引避去." ○朝廷, 以列郡官穀, 盡被搶掠, 若不收檢, 天兵出來之日, 必無以供給, 遂遣掌令鄭姬藩[79]于鐵山[80], 正言李光庭于龍川倉查驗[81]。又以大軍一散之後, 逃入山谷, 久不就視, 遂遣司諫柳永慶于江界·渭原[82]·理山[83]等郡, 執義鄭光績于碧潼[84]·昌城[85]等府, 急令號召, 遣赴金命元處。

6월 23일。

대가(大駕)가 용만관(龍灣館)에 이르러 목사(牧使)가 거처하던 곳을 행궁(行宮)으로 삼고서 마침내 거처하였다. 이때 성안은 백성들이 모

78 盤桓(반환): 어정어정 머뭇거리면서 그 자리에서 멀리 떠나지 못하고 서성이는 일.

79 鄭姬藩(정희번, 1543~?): 본관은 溫陽, 자는 子翰, 호는 孤松. 1570년 식년문과에 급제하였고, 1585년 충주목사가 되었다. 1592년 임진왜란이 일어나자 장령으로서 왕을 의주까지 호종하였다. 그 해 10월 직무를 태만히 한다 하여 간원의 탄핵을 받고 파직되었다가 얼마 뒤 12월에 사간이 되었다. 1593년 정월 동부승지가 된 뒤 우부승지·좌부승지·우승지를 거쳐, 같은 해 10월 공조참의·병조참의·병조참지를 역임한 뒤 다시 1594년 11월에 좌승지·우승지 및 經筵參贊官 등을 지냈다.

80 鐵山(철산): 평안북도 서부에 있는 고을. 동쪽은 선천군, 서쪽은 용천군, 북쪽은 의주군, 남쪽은 황해와 면한다.

81 查驗(사험): 잘못이 있나 없나를 조사하여 살펴봄.

82 渭原(위원): 평안북도 북부 중앙에 있는 고을. 동쪽·동북쪽과 남쪽은 강계군으로 둘러싸여 있고, 서쪽은 초산군, 서북쪽은 압록강을 건너 중국의 集安과 경계하고 있다.

83 理山(이산): 평안북도 楚山의 옛 지명. 동쪽은 위원군·강계군, 서쪽은 창성군·벽동군, 남쪽은 희천군·운산군, 북쪽은 압록강을 경계로 만주 지방과 접한다.

84 碧潼(벽동): 평안북도 중북부에 있는 고을. 동쪽은 초산군, 남쪽과 서쪽은 창성군과 접하고, 북쪽은 압록강을 경계로 만주지방인 安東省 寬甸縣과 접한다.

85 昌城(창성): 평안북도 서북부에 있는 고을. 동쪽은 벽동군·초산군·운산군, 서쪽은 삭주군, 남쪽은 태천군, 북쪽은 압록강을 건너 만주와 접하고 있다.

두 흩어진 데다 닭과 개 또한 한 마리도 없었고 작은 새도 날지 않아서 흡사 황량한 산의 폐사(廢寺)와 같았다.

시종하는 관원 수십여 명이 행궁 근처의 민가에 나누어 투숙하였는데, 모두가 황량한 데다 궁핍하여 단지 한두 노복만을 데리고 있었다. 이성중(李誠中) 부자(父子)는 단지 노복 한 명만을 데리고 있었는데, 때로는 끼니를 거르기도 하면서 남에게 의지하여 날을 보냈다.

二十三日。

大駕到龍灣館[86], 以牧使所居爲行宮, 遂居之。時城中, 人民皆散, 鷄犬亦空, 鳥雀不飛, 有似荒山廢寺。從官數十餘人, 分投行宮近處人家, 率皆荒涼困迫, 只有一二奴僕。李誠中父子, 只有一奴, 有時闕飯, 依人度日。

6월 24일。

비망기(備忘記)를 내려 이르기를, "당초 경성(京城)을 떠나던 날에 백관(百官)이 나를 따라 나온 자는 모두 살기를 바라지 않았다. 평양(平壤)을 떠나 의주(義州)로 향할 적에 사람들이 놀라 흩어지고 도피하여 무너지지 않음이 없었는데도, 모두 능히 부모의 곁을 떠나고 조상의 무덤을 버려둔 채로 나를 따라 의주의 외딴 벽지에까지 오면서 시종일관 게으르지 않았으니 모두 충신(忠臣)이다. 경성에서 의주에 이르른 사람들은 별도로 성명을 적어서 아뢰도록 하라. 내가 그것을 남겨 후일의 볼거리로 삼겠다. 심지어 대가를 호종하여 이곳에 이른 자들은 그

86 龍灣館(용만관): 평안북도 의주에 있던 客館. 조선시대 중국으로 가는 사신 행차길에 설치한 것이었다.

공로가 어찌 상하의 구별이 있겠는가? 백관의 벼슬을 각기 한 자급(資級)을 올리도록 하라." 하였다. 대사간(大司諫) 정곤수(鄭崑壽)·지평(持平) 신경진(辛慶晉)이 아뢰기를, "신하된 자가 대가를 따르며 험난함을 피하지 않는 것은 바로 그 직책이옵니다. 청컨대 자급을 올려주라는 명을 거두소서."라고 하니, 주상이 말하기를, "경(卿)들의 말이 참으로 옳기는 하나 인정상 어찌 그와 같이 할 수 있겠는가? 자신이 죽고 사는 것을 돌아보지도 않고 곤경에 처하여 다급하게 구원을 요청해야 하는 속에서 상종(相從)하였으니, 비록 높은 자급과 아름다운 벼슬일지라도 어찌 아끼겠는가?" 하였다. 논란이 며칠간 있었으나 주상은 따르지 않았다.

二十四日。

備忘記曰: "當初去京城之日, 百官從予而出者, 皆忘生也。及其去平壤向義州, 人心駭散, 莫不逃避潰裂, 而俱能離父母, 棄墳墓, 從予于義州荒絶之地, 終始無怠, 皆忠臣也。自京城至義州人等, 別具姓名以啓。予當留以爲後日之觀。至於扈駕到此者, 其功豈有上下之別乎? 百官各陞一秩." 大司諫鄭崑壽·持平辛慶晉[87], 啓曰: "人臣從駕, 不避險難, 乃其職也。請收陞秩之命." 上曰: "卿等之言固是, 然人情豈如是乎? 不計身之死生, 相從於涸轍[88]爛鼎之中, 雖高資美爵, 安足惜乎?" 論之數日, 不從。

---

87 辛慶晉(신경진, 1554~1619): 본관은 寧越. 자는 用錫, 호는 丫湖. 1591년 병조좌랑으로서 陳奏使 韓應寅의 서장관으로 명나라에 갔다가 이듬해 귀국하였다. 1592년 임진왜란이 일어나자 지평이 되어 왕을 호종, 평양에 가서 체찰사 柳成龍의 종사관으로 활약하였다. 왜란 후 강릉부사·사간을 거쳐 이조참의·성주목사·충주목사를 역임하였다.

88 涸轍(학철): 수레바퀴 자국에 고인 얕은 물속에서 숨을 헐떡이는 붕어인 涸轍鮒魚의 줄임말로, 곤경에 처해서 다급하게 구원을 요청하는 것.

기재잡기 권7

◎

임진일록壬辰日錄 3

만력 20년 7월부터 8월에 그쳤다.

起萬曆二十年七月，盡八月。

7월

주상이 여러 신하들에게 유시(諭示)하기를, “오늘날의 일은 다만 천조(天朝: 명나라)에 구원을 청하는 일 하나만 있을 뿐이니, 일대의 양식을 미리 조치하지 않을 수 없소.” 하자, 윤두수가 이어서 아뢰기를, “호조 판서 한준이 명을 받고도 오지 않으니 그를 파직하는 것이 마땅하옵고, 여기에 있는 사람들도 관직과 품계가 걸맞지 않으니 청컨대 주상께서 친히 재결(裁決)하소서.”라고 하였다. 주상이 마침내 예조 참판 이성중을 발탁하여 호조 판서로 삼았다.

七月。

上諭群臣，曰：“今日之事，只有請救天朝一事而已，一路粮餉，不可不預加措置.” 尹斗壽仍啓曰：“戶曹判書韓準，承命不來，當遞其職，而在此之人，〈職秩〉不稱，請上親裁.” 上遂擢禮曹參判李誠中爲之。

○김명원이 장계를 올려 아뢰기를, “신(臣)이 정주에서 군병(軍兵) 5백여 명을 불러 모았는데, 이원익이 모집하여 보내온 토병(土兵) 또한 천 명이 되고, 이빈이 거느리고 온 병졸 또한 천 명이 됩니다. 신(臣)은 이 군사들을 거느리고서 안주를 향해 나아가고자 합니다.”라고 하였다.

金命元，啓曰：“臣在定州，召集軍兵五百餘名，李元翼所募送土兵亦千人, 李薲所卒來者亦千人。臣領此兵, 進向安州矣."

○주상이 류성룡을 불러 유시(諭示)하기를, "지금 원수(元帥)의 장계를 보니, 장차 안주로 향할 모양이오. 경(卿) 또한 군문(軍門)으로 나아가서 상황에 따라 일체의 일을 처리하시오." 하였다.

上召柳成龍, 諭曰: "今見元帥狀啓, 將向安州。卿亦進往軍前, 一切便宜從事[1]."

○평안 감사(監司) 송언신과 병사(兵使) 이윤덕이 산골짜기로 피해 들어가 오래도록 소식이 없으므로 마침내 모두 체직(遞職)시키고, 이원익을 감사로 삼고, 이빈을 병사로 삼았다.

平安監司宋言愼·兵使李潤德, 迂入山峽, 久無消息, 遂並遞之, 〈以〉李元翼爲監司, 李薲爲兵使。

○김명원이 장계를 올려 아뢰기를, "함종 현령(咸從縣令) 이수(李璲: 개명 李瑱)·증산 현령(甑山縣令) 조의(趙誼)가 군사를 일으켜 곧장 강서(江西)·영유(永柔) 등지에서 적을 지키고 있으니, 신(臣) 또한 순안(順安)으로 나아가서 굳게 지킬 계획입니다."라고 하였다.

주상이 말하기를, "류성룡이 명을 받은 지 여러 날이 되었는데도 오래도록 떠나지 않으니, 어찌된 일이오?" 하자, 윤두수가 아뢰기를, "류성룡이 병세가 있어 즉시 떠나지 못할 것 같습니다. 신(臣)은 본디

---

1 一切便宜從事(일체편의종사): 법률이나 규칙에 구애받지 않고 현장의 상황에 따라 자유롭게 처리함.

평양에서 공로가 없었는데 구차하게도 형벌에 의한 죽임을 면했으니, 청컨대 류성룡을 대신하여 가겠사옵니다."라고 하니, 주상이 말하기를, "경(卿)이 떠날 필요는 없소." 하였다.

류성룡이 다음날에 떠났다. 이때 류성룡의 병은 더위를 먹어 상한 것에 불과하였다. 지난번에는 먼저 가서 당인(唐人: 명나라 사람)을 영접하라는 명을 받고도 차일피일 미루다 뒤처져 대가(大駕)보다 뒤에 떠났었는데, 다시 군문(軍門)에 가서 상황에 따라 일을 처리하라는 소임을 받고도 머뭇거리다 속히 떠나지 않으니, 사람들이 이 때문에 그가 일을 회피한다고 의심하였다.

金命元啓曰: "咸從[2]縣令李璲[3]·甑山[4]縣令趙誼[5], 起兵遮截[6]于江西[7]·永柔[8]等地, 臣亦進至順安, 爲固守之計." 上曰: "柳成龍, 受命有日, 久不起行, 何也?" 尹斗壽啓曰: "成龍有病勢, 所不能卽行。臣旣無功於平壤, 苟免刑辟[9], 請代成龍行." 上曰: "卿不必行." 成龍, 翌日起行。時成龍之病, 不過爲暑熱所傷。前受先行迎接唐人

2 咸從(함종): 평안남도 강서군 함종면 지역.

3 李璲(이수, 1553~1631): 본관은 全州, 자는 景瑜, 개명 李瑱. 1580년 별시 무과에 급제하여 관직에 나갔다. 평안도 함종 현령으로 있을 때 임진왜란이 일어나자 평양성 탈환을 도왔다. 회령 부사, 경상도 병마절도사, 충청도 수군절도사 등을 지냈다.

4 甑山(증산): 평안남도 강서군 증산면 지역.

5 趙誼(조의, 1548~1621): 본관은 漢陽, 자는 景由. 1579년 식년시 무과에 급제하여 관직에 나아가, 남원 부사, 장흥 부사, 전라 병마절도사 등을 지냈다.

6 遮截(차절): 가로막음.

7 江西(강서): 평안남도 서남부에 있는 고을. 동쪽은 대동강을 사이에 두고 대동군·중화군과 마주하며, 남쪽은 용강군, 서쪽은 西韓灣, 북쪽은 평원군과 접한다.

8 永柔(영유): 평안남도 서북부에 있는 고을. 동쪽은 순천군, 남쪽은 대동군·강서군, 북쪽은 안주군과 접해 있으며, 서쪽은 서해에 면한다.

9 刑辟(형벽): 형벌에 의하여 죽임.

之命, 而遷延落後, 後駕而行, 又受軍前便宜之任, 遲留不速發, 人以此疑其避事。

○김신원(金信元)이 장계를 올려 아뢰기를, "신(臣)이 안악(安岳) 등지에 이르러 의병 2천여 명을 일으키고 훈련원 정(訓鍊院正) 이사명(李思命)에게 거느리고 김명원이 있는 곳으로 가게 하였습니다."라고 하였다.

당초 김신원은 윤두수를 따라 평양에 머물렀으나 이내 평양성을 지키지 못하게 되었다. 그래서 김신원이 윤두수에게 함께 안악으로 가서 뒷날에 공을 세울 수 있도록 도모하자고 간곡히 청하자, 윤두수가 웃으며 말하기를, "나는 대가를 따라가니, 안악이 비록 좋기는 하나 갈 수가 없다."라고 하였다. 김신원이 마침내 홀로 안악으로 가서 의병을 일으켜 관군과 호응하니, 조정에서 드디어 김신원에게 그대로 안악에 머물러 군량을 감독하도록 하였다.

金信元啓曰: "臣到安岳[10]等地, 起兵二千餘人, 使訓鍊正李思命, 領赴金命元處矣." 當初, 信元從斗壽, 留平壤, 乃城不守。信元懇邀斗壽, 偕往安岳, 以圖後效, 斗壽笑曰: "我從大駕, 安岳雖好, 非所往也." 信元遂獨往起兵, 以應官軍, 朝廷遂使信元, 仍留督餉。

○대사헌 이덕형이 요동에 있으면서 내부(內附: 귀순)하기를 청하

---

10 安岳(안악): 황해도 서북부에 있는 고을. 동쪽은 재령강을 경계로 황주군·봉산군·재령군, 서쪽은 은율군, 남쪽은 신천군, 북쪽은 대동강 하류를 경계로 평안남도 용강군·진남포와 접한다.

고, 이어서 우리나라의 전후 사정을 말하며 순안어사(巡按御使)에게 우리 주상이 파천한 상황을 황제에게 아뢰어 주기를 청하였다.

황제가 특별히 은 2만 냥을 하사하며 따로 관원 1명을 파견해서 직접 조선 국왕에게 주도록 하여 상하가 살아갈 수 있게 하였다. 그리하여 참장(參將) 곽몽징(郭夢徵)이 은을 가지고 오니, 주상이 용만관(龍灣館)에서 친히 받고 다섯 번 절하고서 머리를 조아렸다.

부호군(副護軍) 이산보(李山甫)를 이조 판서로, 류근(柳根)을 도승지로, 박숭원(朴崇元)을 한성 판윤(漢城判尹)으로 발탁하였다.

大司憲李德馨, 在遼東, 請內附, 仍陳我國前後事情, 請巡按轉奏[11]播越之狀。聖旨特賜銀二萬兩, 另差一官, 面授朝鮮國王, 俾能接濟[12]上下。參將郭夢徵, 領銀來, 上親受于龍灣館, 五拜叩頭。擢副護軍李山甫爲吏曹判書, 柳根爲都承旨, 朴崇元[13]爲漢城判尹。

○전라 좌수사(全羅左水使) 이순신(李舜臣)이 거제도(巨濟島) 앞바다에서 적선(賊船) 4백여 척을 만나 한참 동안 크게 싸웠으나 승부가 나지 않았다. 이순신이 여러 장수에게 이르기를, "저 적선은 위에 삼중루(三重樓: 3겹의 樓)를 세우고 황금색과 푸른색의 단청(丹靑)으로 장식하였으며, 적 1명이 호상(胡床: 등받이 의자)에 걸터앉아 지휘하고

11 轉奏(전주): 다른 사람을 거쳐서 상주함.

12 接濟(접제): 살아갈 방도를 세움.

13 朴崇元(박숭원, 1532~1592): 본관은 密陽, 자는 尙和. 1564년 별시 문과에 급제하여 승문원권지정자가 되었고, 얼마 뒤 병조좌랑을 거쳐 수찬·교리·동부승지 등을 역임하였다. 그 뒤 외직으로 나가 강원도관찰사를 지내고, 다시 내직으로 돌아와 우부승지가 되었다. 1592년 임진왜란이 일어나자 왕을 호종하여 한성판윤에 올랐다.

있으니, 이 자가 필시 대장일 것이다. 우리의 거북선은 가볍고 빠른데다 또한 총알도 피할 수 있으니, 만일 두세 척의 거북선으로 적의 전투선을 곧바로 들이받고 저 적장의 목을 베면, 나머지는 틀림없이 저절로 무너질 것이다."라고 하였다. 마침내 장사 100여 명을 뽑아 3척의 거북선에 나누어 타게 하고서 적선 사이를 드나드는 것이 나는 베틀북처럼 빠르니, 적이 감히 근접하지 못하였다. 드디어 삼중루가 세워진 적선으로 돌격한 100여 명이 일시에 고함치며 뛰쳐나와 쏜 화살이 빗발치듯 날아들었는데, 적장이 화살 3대나 맞고도 오히려 화살을 피하지 않다가 머리를 맞고서야 비로소 거꾸러졌다. 이순신 등이 멀리서 그 전투가 매우 격렬해지는 것을 보고 또한 북을 치며 고함을 지르면서 곧장 전진하니 적선이 마침내 무너졌는데, 물에 빠져 죽은 자가 이루 헤아릴 수 없었고 기계(器械)를 노획한 것도 셀 수 없었다. 적이 이로부터 전라도(全羅道)를 감히 곧장 침범하지 못하였다. 대체로 원균과 이순신이 힘을 합쳐 싸운 공이었는데, 원균은 본도(本道: 경상도)의 물자(物資)를 이미 다 써서 없앤 뒤에 이순신을 만나 이러한 공을 세웠다고 하였다.

이때에 이르러 공을 세운 보고가 오자, 주상은 마침내 이순신의 품계를 정헌대부(正憲大夫)로 올리고 다시 통제사를 설치하여 이순신으로 삼아, 한산도에 진(鎭)을 치고 적이 그 앞의 바다를 거쳐 전라도로 향하는 것을 막았다. 전라 우수사 이억기(李億祺) 또한 전공(戰功)이 있었는데, 마침내 원균과 함께 품계를 가의대부(嘉義大夫)로 올렸다.

全羅左水使李舜臣[14], 於巨濟前洋, 遇賊船四百餘艘, 大戰良久, 未有勝負。舜臣謂諸將, 曰: "彼賊船上建三重樓, 飾以金碧[15], 有一賊, 踞床指揮, 此必大將。我之龜船, 輕而疾行, 又可避丸, 若使二三龜船, 直衝賊艅, 得梟此賊, 餘必自潰." 遂選壯士百餘人, 分乘三龜船, 而出入賊船間, 疾如飛梭, 賊莫敢近。遂犯三重樓船, 百餘人一時呼噪而出, 矢如雨集, 賊將被箭至三, 猶不避箭, 中腦始仆。舜臣等, 望見其戰甚酣, 亦鼓譟直進, 賊船遂崩潰, 溺死者不可勝記, 得器械無算。賊自是不敢直犯全羅道。蓋元均·李舜臣, 合戰之力, 而元均則本道物力, 已皆傷殘, 得舜臣成此功云。〈至是〉報至, 上遂陞舜臣正憲大夫, 又設統制使, 以舜臣爲之, 設鎭于閑山

---

14 李舜臣(이순신, 1545~1598): 본관은 德水, 자는 汝諧. 1576년 식년무과에 급제했다. 1589년 柳成龍의 천거로 高沙里僉使로 승진되었고, 절충장군으로 滿浦僉使 등을 거쳐 1591년 전라좌도 水軍節度使가 되어 여수로 부임했다. 이순신은 왜침을 예상하고 미리부터 군비 확충에 힘썼다. 특히, 전라좌수영 본영 선소로 추정되는 곳에서 거북선을 건조하여 여수 종포에서 點考와 포사격 시험까지 마치고 돌산과 沼浦 사이 수중에 鐵鎖를 설치하는 등 전쟁을 대비하고 있었다. 임진왜란이 일어나자 가장 먼저 전라좌수영 본영 및 관하 5관(순천·낙안·보성·광양·홍양) 5포(방답·사도·여도·본포·녹도)의 수령 장졸 및 전선을 여수 전라좌수영에 집결시켜 전라좌수영 함대를 편성하였다. 이 대선단을 이끌고 玉浦에서 적선 30여 척을 격하하고 이어 泗川에서 적선 13척을 분쇄한 것을 비롯하여 唐浦에서 20척, 唐項浦에서 100여 척을 각각 격파했다. 7월 閑山島에서 적선 70척을 무찔러 閑山島大捷이라는 큰 무공을 세웠고, 9월 적군의 근거지 부산에 쳐들어가 100여 척을 부수었다. 이 공으로 이순신은 정헌대부에 올랐다. 1593년 다시 부산과 熊川의 일본 수군을 소탕하고 한산도로 진을 옮겨 本營으로 삼고 남해안 일대의 해상권을 장악, 최초로 삼도수군통제사가 되었다. 1596년 원균 일파의 상소로 인하여 서울로 압송되어 囹圄의 생활을 하던 중, 우의정 鄭琢의 도움을 받아 목숨을 건진 뒤 도원수 權慄의 막하로 들어가 백의종군하였다. 1597년 정유재란 때 원균이 참패하자 다시 삼도수군통제사에 임명되었다. 12척의 함선과 빈약한 병력을 거느리고 鳴梁에서 133척의 적군과 대결, 31척을 부수어서 명량대첩을 이끌었다. 1598년 명나라 陳璘 제독을 설득하여 함께 여수 묘도와 남해 露梁 앞바다에서 순천 왜교성으로부터 후퇴하던 적선 500여척을 기습하여 싸우다 적탄에 맞아 전사했다.

15 金碧(금벽): 황금색과 청색의 고운 색채로 칠한 것.

島，以防賊之由海向全羅者。全羅右水使李億祺[16]，又有戰功，遂與元均俱陞嘉義。

○조정에서는 전라도가 소식이 통하지 않은 까닭에 필시 대가가 요동으로 건너갔으리라고 여길 것이라도 아무런 조처를 하지 않다가 마침내 대사성 윤승훈(尹承勳)을 보내며 선천을 거쳐 배를 타고 가도록 하였다.

朝廷以全羅道，聲問不通，必以大駕渡遼，莫爲之措也，遂遣大司成尹承勳，由宣川乘船以行。

○이때 조정에서 연달아 사신을 보내어 구원을 요동(遼東)에 청하느라 사신들의 행렬이 길에 잇따르자, 요동에서 드디어 부총병(副摠兵) 조승훈(祖承訓)을 보내 7천의 병마(兵馬)를 거느리고 왔다. 7월 초부터 관전보 부총병(寬奠堡副摠兵) 동양정(佟養正)이 발아(撥兒: 撥站, 파발군 교대소)를 순안(順安)에 설치하고 아군과 진퇴를 같이하면서 며칠 동안 계속 적의 목을 벤 것이 10여 급(級)에 이르렀다. 동 총병(佟摠兵: 동양정)이 순무(巡撫: 순무어사 郝杰)와 순안(巡按: 순안어사 李時孳)의 아문(衙門: 관아)에 인편으로 알리자, 드디어 기병 7천 명을 징발하여

16 李億祺(이억기, 1561~1597): 본관은 全州, 자는 景受. 1591년 이순신이 전라좌도 수군절도사로 부임할 때 순천부사에 발탁되었다. 임진왜란이 일어나자, 전라우도 수군절도사가 되어 唐浦·玉浦·安骨浦·絶影島 등의 해전에서 왜적을 크게 격파했다. 이순신이 무고로 투옥되자 李恒福·金命元 등과 함께 이순신의 무죄를 주장했다. 1597년 정유재란 때 통제사 元均의 휘하에서 부산에 있던 왜적을 공격하다가 漆川梁海戰에서 전사했다.

보내었으니 대체로 적을 가볍게 여긴 것이다.

조 총병(祖摠兵: 조승훈)이 군대를 이끌고 압록강을 건너와 곧바로 순안에 도착하니, 류성룡·김명원이 말하기를, "비가 내려 길이 미끄러우니 급히 거사하는 것은 온당치 못합니다."라고 하자, 조 총병이 말하기를, "내 일찍이 3천 명의 기병으로 10만 명의 달자(㺚子: 몰골족)를 섬멸했었으니, 왜적을 개미나 모기같이 볼 따름이오."라고 하고는 굳이 군사를 전진시키려 하였다. 이때 아군의 척후장(斥候將) 순천군수(順川郡守) 황원(黃瑗)이 김명원에게 치보(馳報)하기를, "왜적이 모두 경성(京城)을 향해 가고 남아 있는 자는 극히 적은 데다, 적에게 사로잡힌 여인이 성 위에서 자주 관군을 부르고 있으니, 이 기회를 틈타서 성을 공격하면 성공할 수 있을 것입니다."라고 하였다. 조 총병이 이 보고를 보고서 믿을 만하다고 여기고 말하기를, "나의 군사 가운데 점 잘치는 자가 이르기를, '17일이면 성을 격파할 것이다.'라고 하였는데, 바로 이 보고와 부합된다." 하면서 마침내 군사들에게 명령을 내리며 말하기를, "내일 새벽에 성안으로 들어가 적을 격파한 뒤에야 아침밥을 먹을 것이다." 하였다.

이미 포진하도록 하고 나서 마침내 평양성 밑에까지 진군하니, 성문이 닫혀 있지 않은 데다 성 위 또한 왜적 한 명도 지키는 자가 없었다. 해가 돋아 밝아올 무렵에 명나라 대군이 보통문(普通門)을 거쳐 들어갔고, 초군(哨軍)이 이미 대동관(大同館) 앞에 이르러 한참이나 부르짖고 떠들었는데도 적이 한 명도 나와 응전하는 자가 없었다. 명나라 대군이 마침내 큰길로 거침없이 달려 들어가자, 적이 큰길 좌우에 있는 가옥의 벽에다 구멍을 뚫고 일시에 총을 쏘아대니 총소리가 천지를 진동하였다.

유격(遊擊) 사유(史儒)가 탄환에 맞아 죽었는데, 조승훈이 그 죽음을 보고서 마침내 말을 채찍질하여 먼저 도망치자 대군도 패하여 어지러이 흩어져 달아나느라 분주하였다. 적이 추격하여 대파하니, 요동군이 살아 돌아온 자는 겨우 2천 명이었다. 조 총병은 하루에 300리를 달려왔는데, 류성룡이 그를 맞이하여 이르기를, "우리나라는 그만두더라도 어찌 7천 명이나 되는 많은 군사들의 목숨을 생각지 않는 것입니까? 아무쪼록 잠시라도 이곳에 머물러서 흩어진 군졸들을 수습하여 조용히 회군하는 것이 마땅할 터에 어찌하여 이와 같이 허둥지둥 떠나는 것입니까?"라고 하니, 조 총병이 말하기를, "내가 가산(嘉山)에 당도하면 마땅히 강물이 가로막고 있는 곳에서 지키겠소."라고 하였으나, 이것은 전역(戰役: 전투보다는 크고 전쟁보다는 작은 개념의 싸움)이었다. 군사와 말이 거의 다 없는 데다 무기도 남아 있지 않으니, 적이 만약 한 걸음이라도 나왔으면 여러 군사들의 간담이 서늘해진 뒤라서 필시 한 시각도 지탱할 수 없었을 것인데도 적 또한 천병(天兵: 명나라 군대)의 위세를 보고서 물러나 회피하고 나오지 않았다.

이때 조정에서는 밤낮으로 승전보를 기다렸으나 조 총병이 자신의 용맹만 믿다가 그르치고 패하여 무기를 거두어서 돌아오니, 상하가 낙심하고 서로 모여 발만 동동 구를 뿐이었다.

時朝廷, 連遣使臣, 請救於遼東, 冠蓋相望[17]於道, 遂遣副摠兵祖承訓, 領七千兵馬以來。自七月初, 寬奠副摠兵佟養正[18], 設撥兒[19]

---

17 冠蓋相望(관개상망): 사신이 쓴 관과 수레가 다른 관과 수레를 바라본다는 말로, 사신을 잇달아 파견함을 이르는 뜻.

于順安, 與我軍同進退, 連日斬賊, 積至十餘級。佟摠兵, 轉報[20]撫按衙門, 遂調騎兵七千以遣, 蓋輕之也。祖摠兵率兵渡鴨綠江, 直到順安, 柳成龍·金命元以爲: "天雨路滑, 不宜急擧." 祖摠兵以爲: "我嘗以三千騎兵, 殲盡十萬㺚子, 視倭賊如蟻蚊耳." 固要進兵。時我軍斥堠將, 順川[21]郡守黃瑗[22], 馳報於金命元, 曰: "倭賊盡向京城去, 留者極少, 被擄女人, 於城上屢呼官軍, 乘此機攻城, 可得成功." 祖摠兵, 見此報, 以爲信曰: "我軍中亦有善占者, 言: '十七日城可破.' 正與此報相符." 遂下令軍中, 曰: "明曉進城, 破賊後當食." 令旣布, 遂進平壤城下, 城門不閉, 城上亦無一賊防守者。平明大軍, 由普通門入, 哨軍[23]已到大同館前, 呼敂移時, 無一賊出應之。大軍遂由大街驅而進, 賊於左右房屋, 鑿壁穴, 一時放銃, 聲震天地。遊擊史儒, 中丸死, 祖承訓見其死, 遂策馬先遁, 大軍潰亂奔走。賊追擊大破之, 遼軍還者, 堇二千人。祖摠兵, 一日馳三百里, 柳成龍, 邀謂曰: "我國則已矣, 獨不念七千衆命乎? 幸少當留此處, 收拾散卒, 從容回軍, 何若是去之顚倒?" 祖摠兵曰: "我當到嘉山, 阻江以爲守也." 是役[24]也。人馬殆盡, 器械無餘, 賊若出一步,

---

18 佟養正(동양정): 임진왜란 초기에 의주로 파견되어 정세를 파악하고 명나라 군대 안내 등 조선에 도움을 주었던 명나라 寬奠堡副摠兵都指揮.

19 撥兒(발아): 撥站. 撥軍이 교대하거나 말을 갈아타는 역참.

20 轉報(전보): 사람에게 부탁하여 알림.

21 順川(순천): 평안남도 중부 대동강 중류 연안에 있는 고을. 동쪽은 은산군, 서쪽은 안주시·숙천군, 남쪽은 평성시, 북쪽은 개천시와 접한다.

22 黃瑗(황원, 1534~?): 본관은 昌原, 자는 伯玉. 아버지가 黃禹卿이다. 1583년 별시 무과에 합격하였다.

23 哨軍(초군): 100여 명으로 편성된 편제 단위인 哨를 구성하는 군사.

則諸軍喪膽之餘, 必不得晷刻[25]支撑, 而賊亦見天兵聲勢, 爲之斂避不出焉。時朝廷, 日夜待捷, 而〈祖摠兵〉恃勇僨敗, 捲甲而還, 上下喪膽, 相聚頓足而已。

○구사맹·신잡·구성 등이 신성군·정원군 두 왕자를 모시고 오니, 주상이 특별히 구사맹·신잡의 품계를 자헌대부(資憲大夫)로 올리고 구사맹을 이조 참판으로 삼았다.

具思孟·申磼·具宬等, 陪信城定遠兩王子至, 上特陞思孟·磼資憲階, 以思孟爲吏曹參判。

○조 총병이 패전하고 돌아와서는 죄 받을 것이 두려워 순무(巡撫: 郝杰)·순안(巡按: 李時孳)·진무(鎭撫: 林世祿) 세 아문(衙門: 관아)에 게첩(揭帖)으로 보고하여 이르기를, "바야흐로 성을 공격하여 거의 함락시키려는 순간에 조선의 한 진영(陣營)이 왜군에 투항하여 싸움을 도와서 화살과 돌이 비오듯 날아왔기 때문에 패했다."라고 하였다. 이에 광녕 진수 총병관(廣寧鎭守摠兵官)의 인장(印章)을 걸고서 장군 양소훈(楊紹勳)이 군사를 거느리고 구련성(九連城)에 이르러 친히 보고의 진위를 탐문하였다.

祖摠兵之敗還也, 恐獲罪, 揭報撫按鎭三衙門, 謂: "其方攻城乘克[26]之際, 朝鮮一營, 投倭助戰, 矢石如雨, 是以見敗." 廣寧鎭守摠

---

24 役(역): 戰役. 전투보다는 크고 전쟁보다는 작은 단위의 싸움. 큰 전투를 중심으로 하여 갈라지는 하나의 작전적 단계의 싸움이라 할 수 있다.

25 晷刻(구각): 아주 짧은 시간.

兵官掛印, 將軍楊紹勳, 領兵到九連城[27], 親爲之探虛實。

○주상이 윤두수를 보내어 이치에 맞지 않은 상황임을 극구 알리니, 총병이 답하기를, "순무(巡撫)와 순안(巡按) 두 어사(御史) 또한 조총병이 무고한 것임을 알고 있는데다, 하물며 내가 친히 본국(本國: 귀국)의 사정을 들었으니 어찌 지난번 의심을 환하게 풀지 않겠소?"라고 하였다.

윤두수가 계속하여 말하기를, "소방(小邦)은 병력이 이미 다하여 앞으로 곧 망할 것입니다. 소방이 이미 망하고 나면 반드시 장차 천조(天朝: 명나라)가 동쪽을 염려하는 근심을 하게 될 것이니, 군사를 이끌고 와서 적을 섬멸해 이미 단절된 속국을 잇고 밤낮의 깊은 시름을 해소하는 것이야말로 오직 장군이 해야 할 일입니다. 그렇지 않으면 소방의 임금과 신하는 오래지 않아서 압록강(鴨綠江)의 귀신이 되어 다시는 하늘의 해를 볼 수 없을까 두렵습니다."라고 하면서 울기를 그치지 않으니, 총병이 말하기를, "천조(天朝: 명나라 조정)의 체제는 군사를 동원하는데 반드시 만전을 기하니 조정에서 이미 많은 관료들에게 모여 논의하도록 하였는데, 어떤 이가 압록강을 한계로 하여 그곳을 지켜야 하는 것이지 멀리 외국까지 구원하는 것은 옳지 않다고 주장하였소. 우리들도 또한 하나의 주본(奏本)을 갖추어 올렸소만, 아직도 매듭짓지 못하고 있소. 귀국 또한 마땅히 변방의 신하를 두텁

---

26 乘克(승극): 垂克의 오기.

27 九連城(구련성): 만주 압록강 연안의 요녕성 단동에 있는 옛 성. 의주의 맞은편에 있는 작은 촌락이다.

게 다스려 십분 가로막고 지키는데 소홀하여 실수함이 없도록 하고 나서 조정의 처치를 기다려야 할 것이오. 귀국의 임금과 신하는 이로부터 상국(上國: 명나라)을 섬기는 절개를 더욱 굳건히 하여 시종일관 변함이 없다면, 성스런 황제가 위에 계셔서 응당 내려다 볼 것이니 염려하지 마시오."라고 하였다.

上遣尹斗壽, 極陳無理之狀, 摠兵答曰: "撫按兩御使[28], 亦已知其誣, 況俺親聞本國事情, 豈不洞釋前疑?" 斗壽仍言: "小邦兵力已盡, 朝夕就滅。小邦旣亡之後, 必將爲天朝東顧之憂, 提兵勦滅, 存已絶之屬國, 紓宵旰之殷憂, 惟將軍事也。不然小邦君臣, 未久爲鴨江之鬼, 恐不得再見天日." 泣不已, 摠兵曰: "天朝事體, 動必萬全, 朝裏已令多官會議, 或有限鴨水爲之防守, 不可遠救外國之論。俺等亦具一本, 時無下落。貴國亦當敦飭邊臣, 十分截住, 勿使疎虞, 以待朝廷處置。貴國君臣, 自此益堅事上之節, 終始不貳, 則聖皇在上, 自當降鑑, 勿慮也."

○역관(譯官) 한윤보(韓潤輔)가 어떤 일로 인하여 요동(遼東)에 이르자, 순안어사(巡按御史) 이시자(李時孶)가 그를 불러 이르기를, "너희 나라의 나쁜 장령관(將領官)이 왜적에게 투항하거나 귀순하여 천병(天兵: 명나라 군)의 과반이나 손상토록 하였고, 심지어 회군하던 날에는 군량과 말먹이를 내주지 않아 마침내 거꾸러져 죽게 하였으니, 이것이 무슨 도리란 말이냐?"라고 하니, 대답하기를, "소방(小邦) 사람의

28 御使(어사): 御史의 오기.

성질이 원래 무른 데다 겁이 많아서 악한 짓을 저지르지 않습니다. 비록 어쩌다가 사로잡혀 구차스럽게 따랐을지언정 또한 죽음을 두려워한 것에 불과할 뿐이지, 어찌 아무런 까닭도 없이 죽음을 자초하겠습니까? 하늘과 해가 위에 있는데, 그럴 리는 결단코 있을 수가 없습니다. 심지어 전투에서 패한 뒤에 대군(大軍)이 하루에 300리를 달렸으니, 사람이나 말이 어찌 죽거나 상하지 않을 수 있겠습니까? 이와 같이 소방(小邦)은 복이 없는 탓이며, 그간의 곡절은 입으로 감히 말하지 못하겠습니다."라고 하자, 순안어사가 웃으며 말하기를, "네 말이 옳다."라고 하였다. 이로 말미암아 조승훈 장군의 무고는 받아들여지지 않았다. 조정 또한 관료를 보내 무고를 분변하자, 순무어사 학걸(郝杰) 또한 말하기를, "이것은 조승훈이 죄를 벗어나려 했던 것에 불과하니, 귀국은 염려를 많이 하지 마시오."라고 하였다.

조승훈의 전후 사실은 조정에서도 또한 분명하게 말하기가 어려워서 대답할 만한 말을 찾지 못하였으나, 한윤보가 일개 역관으로서 단지 '입으로 감히 말하지 못하겠다.(有口不敢說)'란 한 구절의 말만을 들어서 그의 무고를 분변한 데다 그가 전쟁에 패하여 급히 달아나던 상황을 또 은연중 드러냈으니, 그때 사람들이 임기응변에 능하다고 여겼다.

譯官韓潤輔[29], 以事到遼東, 巡按御史李時孳, 召謂曰: "爾國惡

29 韓潤輔(한윤보, 생몰년 미상): 1592년 임진왜란이 일어나자 조정에서는 7월에 예조판서 尹根壽와 공조판서 韓應寅, 어어서 8월에는 李德馨을 請援使로 명나라에 파견하였는데 그때마다 통역관으로 동행하였다. 그 해 평양 탈환전에서 패전한 明將 祖承訓이 귀국하여 패전의 책임을 조선측에 전가함에 이의 진상을 해명하기 위하여 명나라에 갔다. 이때 명나라의 巡按御史는 조선 군사들이 왜적에게 투항하여 명군에

的將領官, 投倭效順, 使天兵折損過半, 至於軍還之日, 不放軍粮馬豆, 卒致倒斃, 是何道理?" 對曰: "小邦人性, 原來脆怯[30], 不能作惡。雖或見搶苟從, 亦不過畏死耳, 豈有無故自就死乎? 天日在上, 萬無此理。至於兵敗之後, 大軍日馳三百里, 人馬安得不死傷乎? 如此小邦, 無福之致, 其間曲折, 有口不敢說." 巡按笑曰: "爾說的是." 由此祖將之誣不得行。朝廷亦遣官下誣, 巡撫御史郝杰, 亦曰: "此不過祖承訓欲脫罪, 貴國勿多慮也." 祖承訓前後事狀, 自朝廷亦雖[31]於明言, 未得可對之辭, 而韓潤輔以一譯官, 只擧有口不敢說一句話, 能卞其誣, 而其敗衄[32]顚倒之狀, 又隱然而彰, 時以爲能應變。

8월

○세자가 영변(寧邊)에서 장차 강계(江界)로 향하려는데, 심충겸(沈忠謙) 등이 말하기를, "강계는 길이 막다른 곳이오니 결코 가서는 안 됩니다. 강원도는 높은 산과 험한 고개가 많이 있어 그것으로 한계와 장벽을 이루니, 이천(伊川)을 거쳐서 춘천(春川) 등지에 도달하여 영남(嶺南)과 서로 통할 수 있게 되면 할 만한 일이 있을 것입니다."라고

게 작전상 차질을 주었으며 명군의 군량과 馬豆를 제대로 공급하지 않아 人馬를 죽도록 한 데 대하여 힐책하였다. 이에 대하여 그는 그동안의 곡절을 겸허하게 해명하여 명나라 조정에서 조승훈의 보고가 허위임을 납득하게 하여 조선 측의 큰 걱정거리를 해결하였다.

30 脆怯(취겁): 무르고 겁이 많아 쓸데가 없음.

31 雖(수): 難의 오기.

32 敗衄(패뉵): 승리하지 못하고 패배함.

하였다. 세자가 마침내 희천(熙川)·영원(寧遠)의 경계에 머무르며 네 닷새를 노숙하였다. 시종하는 관료들이 모두 흩어져 뒤처졌다. 부득이 양덕(陽德)을 거쳐 이천에 이르렀으나, 또 춘천에는 도달하기 어려운 상황이라는 소식을 들었다. 전후좌우가 모두 적에게 막혀서 갈 곳을 알지 못했는데, 이때 조정에서 비로소 그 소식을 듣고 크게 놀라 이르기를, "어떤 대담한 자가 감히 지존(至尊)을 모시고 지극히 위험한 곳으로 깊숙이 들어갔단 말이냐?"라고 하며 장차 사람을 보내어 중지시키려 하였다. 오래지 않아 적에게 핍박을 받아 성천부(成川府)로 돌아가서 머물렀다.

八月

世子, 自寧邊將向江界, 沈忠謙等以爲: "江界, 路窮之地, 決不可往。江原道, 多高山峻嶺, 爲之限隔, 可由伊川[33], 達春川[34]等處, 得與嶺南相通, 庶有可爲之事." 世子遂次于熙川·寧遠[35]之境, 草宿[36]四五日。從官皆散落。不得已由陽德到伊川, 又聞春川難達之狀。前後左右, 皆遏於賊, 不知所向, 時朝廷始聞之, 大駭以爲: "何物膽大者, 敢挾至尊, 深入至危之地耶?" 將遣人止之。未久, 爲賊

33 伊川(이천): 강원도 서북부에 있는 고을. 동쪽은 평강군, 동남쪽은 철원군, 서쪽은 황해도 신계군·곡산군, 서남쪽은 황해도 금천군, 서북쪽은 곡산군, 북쪽은 함경남도 문천군과 접한다.

34 春川(춘천): 강원도 중서부에 있는 고을. 북쪽은 화천군·양구군, 동쪽은 인제군·홍천군, 서쪽은 화천군·경기도 가평군, 남쪽은 홍천군과 접한다.

35 寧遠(영원): 평안남도 북동부에 있는 고을. 동쪽은 함경남도 장진군·함주군·정평군, 서쪽은 덕천군·평안북도 영변군, 남쪽은 맹산군·함경남도 영흥군, 북쪽은 평안북도 강계군·희천군과 접한다.

36 草宿(초숙): 露宿. 한데서 잠.

所逼，還次成川[37]府。

○〈이일(李鎰)이 평양성을 지키지 못한 뒤로 황해도 지방까지도 가고 오고 하였으나 오래도록 돌아갈 곳이 없었다. 이때에 미쳐 군사를 이끌고 성천(成川)에 이르렀는데〉, 드디어 방어사로 삼으니 군사들의 기세가 약간 진작되었다.

〈李鎰，平壤失守後，往來黃海道之間，久無所歸。及是，領兵到成川〉，遂以爲防禦使，軍勢稍振。

○비변사(備邊司)에서 아뢰기를, "전 감사(前監司) 송언신(宋言愼)과 전 병사(前兵使) 이윤덕(李潤德)은 한 도(道)의 주인이고 주장(主將)으로서 깊숙이 산골짜기 속으로 들어가 오래도록 그림자조차도 보이지 않고 있습니다. 홍세공(洪世恭)은 조도사(調度使)의 명을 받고서도 희천(熙川)으로 에돌아 들어가 천병(天兵: 명나라 군)이 오가는 것조차 까마득히 알지 못하고 있습니다. 한준(韓準)은 대가(大駕)를 시종하라는 명을 친히 받고도 병을 핑계대며 뒤처졌는 데다 또 혼자 말하기를, '대가가 요동으로 건너는 것을 친히 보았다.'라고 하여 인심도 흉흉해지게 하였습니다. 헌납(獻納) 이정신(李廷臣), 지평(持平) 이경기(李慶祺), 주서(注書) 임취정(任就正)·박정현(朴鼎賢), 검열(檢閱) 조존세(趙存世)·김선여(金善餘)는 시종하는 신하로 하직 인사도 하지 않고 도망쳐 가서 모두 신하된 의리를 저버렸으니, 경중을 가려 단죄하지 않을

37 成川(성천): 평안남도 남동쪽에 있는 고을. 동쪽은 양덕군, 동남쪽은 황해도 곡산군, 서쪽은 강동군, 남쪽은 황해도 수안군, 북쪽은 순천군·맹산군과 접한다.

수 없습니다. 그래서 송언신·한준은 파직시키고, 이윤덕은 백의종군(白衣從軍)시키고, 홍세공은 한 자급(資級)을 강등시키고, 이정신 등 6인은 모두 그 관직을 삭탈하는 것이 어떠하겠습니까?"라고 하니, 주상이 윤허하였다.

備邊司啓曰: "前監司宋言愼·前兵使李潤德, 以一道之主, 深入峽中, 久無形影。洪世恭, 承調度[38]之命, 迂入熙川, 天兵去來, 邈不相聞。韓準, 親承從駕之命, 托病落後, 又自言: '親見大駕渡遼.' 遂使人心崩潰。獻納李廷臣, 持平李慶祺, 注書任就正·朴鼎賢, 檢閱趙存世·金善餘, 以侍從之臣, 不辭逃去, 俱失人臣之義, 不可不分輕重科斷。宋言愼·韓準罷職, 李潤德白衣從軍, 洪世恭降一資, 李廷臣等六人, 並削其職, 何如?" 上允之。

○천자가 파견한 행인사 행인(行人司行人) 설번(薛藩)이 조칙을 받들고 와서 반포하니, 주상이 의순관(義順館) 앞길에 나가 맞이하고 용만관(龍灣館)에서 조칙을 선포하였다. 조칙 내용의 말뜻은 위로와 격려를 극진히 하면서 심지어 신하로서의 절개를 굳게 지킨다면 스스로 조처하겠는 말까지 있었으니, 아마도 절개를 꺾고 왜적에게 빌붙을까 염려하여 먼저 위로와 격려의 말을 보낸 것이었다.

주상이 손수 조칙을 받들고 목놓아 통곡하니, 위로는 신료(臣僚)로부터 아래로는 천인(賤人)과 노복(奴僕)에 이르기까지 큰소리로 울면서 부르짖지 않은 자가 없자 설 행인(薛行人: 설번) 또한 눈물을 훔쳤다.

---

38 調度(조도): 調度使. 물자의 수급과 재정을 마련하기 위해 왕명으로 특별 어사들을 지방에 파견했던 관료.

잠시 뒤에 주상이 왜적의 침입을 받은 상황을 자세히 개진하니, 행인이 말하기를, "귀국이 충심으로 순종하는 정성을 천조(天朝: 명나라) 또한 이미 환히 아는 지라 머지 않아서 사리에 합당한 말이 있을 것이니 걱정하지 말고 마음을 놓으십시오."라고 하였다. 다음날 원접사(遠接使) 이덕형(李德馨)·관반사(館伴使) 이성중(李誠中)이 정문(呈文)을 갖추어 구원병을 청하는 말을 극진히 개진하니, 설번이 말하기를, "내가 복명(復命: 일 처리 결과 보고)하는 날에 남김없이 말씀드릴 뿐만 아니라 이곳에서 먼저 주본(奏本) 하나를 갖추어 명백하게 상주할 터이니, 공(公) 등은 물러가서 직무를 다하오."라고 하였다.

欽差[39]行人司[40]行人薛藩[41], 奉勅來頒, 上出迎于義順館[42]道, 宣勅于龍灣館。勅中語意, 極其慰勉, 至有堅守臣節, 自當措處之語, 蓋恐其折而入於倭, 先致慰勉之辭也。上手自捧勅, 失聲痛哭, 上自臣僚, 下至賤僕, 無不大哭, 薛行人亦掩淚。移時, 上洞陳受兵之狀, 行人曰: "貴國忠順之誠, 自天朝亦已洞知, 不遠當有停當[43]之語, 放心勿憂." 翌日, 遠接使李德馨·館伴使李誠中, 俱呈文極陳請兵之語, 薛曰: "俺不但復命日極言之, 在此先具一本, 明白題奏,

---

39 欽差(흠차): 황제의 명령으로 파견된 사신.

40 行人司(행인사): 명나라 황제의 聖旨를 전달하고 책봉 등의 조선에 대한 외교 업무를 담당하였던 중앙관청.

41 薛藩(설번): 1592년 임진왜란 때 지원군 파병을 알리는 명나라 칙서를 가지고 조선에 온 명나라의 관리.

42 義順館(의순관): 義州城에서 남쪽으로 2리 떨어진 압록강 가에 있는 驛館인데, 중국 사신을 맞이하여 접대하는 곳. 옛 이름은 望華樓였는데, 조선 세조 때 樓를 철거하고 館을 설치하였다.

43 停當(정당): 사리에 합당함.

公等退而盡職."

○전라 감사(全羅監司) 이광(李洸), 경상 감사(慶尙監司) 김수(金睟), 충청 감사(忠淸監司) 윤선각(尹先覺)이 군사 8만 명을 거느리고 곧바로 경성(京城)을 향해 갔다. 이때 충청도와 경상도 두 도(道)는 모두 힘이 다하여 패하였으나, 유독 전라도 한 방면만은 물자가 온전하고 풍성한 데다 군사와 병장기, 군수물자를 실은 수레가 사오십 리에 가득하니 원근에서 그것을 듣고 뛰며 기뻐하지 않는 사람이 없었으며, 조정 또한 기필코 전공(戰功)을 세울 것으로 여기고 머지않아 승리의 소식이 오기를 기다렸다.

김수는 패한 나머지 겨우 관군 100여 명을 이끌고 이광에게 의탁하였는데, 이광이 거느린 군대는 모두 정예로운 군사들이라서 경상도 사람들을 돌아보고 업신여겼으니, 김수 이하가 모욕을 당하고 움츠러들지 않는 사람이 없었다. 그러나 이광은 또 용렬하고 비겁한 데다 병법(兵法)을 알지 못하여 출병할 즈음 양(羊)을 목장으로 몰아넣는 듯이 하여 군사들이 흩어져 어지러워서 통솔할 수가 없었으니 선두와 후미가 서로 알지 못하였는데도 용인현(龍仁縣)의 남쪽 10리 밖으로 나아가 진(陣)을 치자, 적이 처음에는 그 군대의 형세가 대단함을 보고 감히 나오지 못하였다. 선봉장 백광언(白光彦)·이지시(李之詩) 등이 곧장 적진에 이르러서 땔나무하고 물 긷는 적 10여 명의 목을 베자, 여러 군사들은 더욱 적을 대수롭지 않게 여기며 교만한 기색까지 있었다.

이보다 앞서 백광언·이지시가 이광에게 이르기를, "우리 군사가 비록 많을지라도 모두가 여러 고을에서 모인 오합지졸들입니다. 많고 적음을 따지지 말고서 모두 본읍(本邑: 자기 고을)의 수령에게 거느리도록 하되, 어떤 고을이 선봉 되고 어떤 고을이 중군(中軍) 되게 할 것인지 또 전후좌우까지도 모두 나누어야만 합니다. 한곳에만 모이지 말고 각자 맡은 곳에 진을 쳐 10여 곳으로 나누어 주둔하도록 해야 합니다. 그러면 한 진(陣)이 비록 패하더라도 곁에 있는 진이 뒤이어 들어가고 원근의 여러 진이 고기 비늘처럼 차례로 잇닿아 들어가서 서로 구할 것이고, 한 진이 비록 이기더라도 원근의 여러 진이 순서에 따라 진격할 것입니다. 이와 같이 하여 이기게 되면 반드시 전승(全勝)할 것이고, 패하더라도 또한 대패하지는 않을 것입니다."라고 하니, 이광이 말하기를, "임기응변은 저절로 그 알맞은 계책이 갖추어질 것인데, 어찌 미리 정해 놓을 수 있겠는가?"라고 하였다.

이날 한밤중에 백광언 등에게 곧장 적진(賊陣)을 부수도록 하자, 백광언·이지시는 적의 옥상(屋上)으로 돌진해 올라가고 군사들은 목책을 넘어 들어가 칼을 휘두르며 마구 찍어 적의 머리 10여 급(級)을 베었으나, 때마침 짙은 안개가 사방에 꽉 차서 지척을 분간하지 못하였다. 진영에 남아 있던 적들이 죄다 이미 언덕으로 올라가 자욱한 안개에 의해 어둑한 틈을 이용해서 총을 쏘는 데다 뒤에서 엄습하니, 백광언 등이 모두 난병(亂兵)에게 죽임을 당하였고 군사들은 무너져 돌아왔다. 울부짖는 사이에 날이 밝고 안개가 걷히자, 적군 약 사오천 명이 이삼 리(里)이 떨어진 곳에서 우리 진과 서로 대치해 주둔하고 있었는데, 적이 총 1발을 쏘니 우리 대군은 마침내 무너졌다. 이광 등이 이미 군사들을 불러 모을 수 없게 되자 또 흰옷으로 갈아입고 뒤따라 달아나고부터는 사람과 말들이 서로 짓밟히면서도 도로를 가득 메웠으니, 8만의 군사가 잠깐 동안에 모두 흩어지고 말았다. 적도 우리 군사의 형세가 성한 것을 보고 오히려 감히 추격해 핍박하지 못한 채 마침내 군사들을 거두어 돌아갔다. 궁시(弓矢: 활과 화살)·도창(刀槍: 칼과 창)·기계(器械: 병장기)·의복(衣服)·장식(裝飾)이 낭자하게 버려져 개울을 메우고 골짜기에 가득하여 이루 다 기록할 수 없었다. 마을사람들이 달아나 산골짜기에 숨었던 자들은 밤을 틈타 그것을 주워 모았는데, 이것에 의지하여 온전하게 살 수 있게 된 자가 매우 많았다.

대가(大駕)가 경성(京城)을 미처 떠나지 않았을 때에 이광은 군사 10만 명을 거느리고 이미 금강(錦江)에 이르렀지만, 대가가 도성을 떠났다는 말을 듣고서는 마침내 스스로 군사를 파하고 돌아왔었다. 이때에 이르러서 또 패하니 사람들의 마음이 의기소침해져서 어찌할 수가 없었다. 패전한 소식이 행재소에 전해지자, 조정에서는 상하가 서로 얼굴을 마주보며 한숨과 탄식만 내뿜을 따름이었다.

全羅監司李洸[44]·慶尙監司金睟·忠淸監司尹先覺[45], 領兵八萬, 直

44 李洸(이광, 1541~ 1607): 본관은 德水, 자는 士武, 호는 雨溪散人. 1567년 생원이 되고, 1574년 별시 문과에 급제하였다. 평안 병마평사·성균관 전적·병조좌랑·정언·형조좌랑 등을 거쳐 1582년 예조정랑·지평, 이듬해 성균관직강·북청 판관·함경도 도사를 지냈다. 1584년 병조정랑·장악원 첨정을 거쳐, 함경도 암행어사로 나가 북도민의 구호 현황을 살피고 돌아와 영흥 부사가 되었다. 1586년 길주 목사로 나갔다가 함경도 관찰사 겸 순찰사로 승진했고 1589년 전라도 관찰사가 되었다. 그해 겨울 모역한 鄭汝立의 문생과 그 도당을 전부 잡아들이라는 영을 어기고, 혐의가 적은 인물을 임의로 용서해 풀어주었다가 탄핵을 받고 삭직되었다. 1591년 호조 참판으로 다시 기용되었으며, 곧 지중추부사로서 전라도 관찰사를 겸임하였다. 이듬해 임진왜란이 일어나자 전라감사로서 충청도 관찰사 尹先覺, 경상도 관찰

向京城。時忠慶二道, 俱被殘敗[46], 獨全羅一方, 物力全盛, 兵士器械, 軍資輜重[47], 彌滿四五十里, 遠近聞之, 莫不雀躍[48], 朝廷亦以爲必能成功, 指日待捷。睟於喪敗之餘, 堇率官軍百餘名, 附庸[49]於洸, 洸所領, 俱是精勇之士, 顧凌轢[50]慶尙道人, 睟以下無不受悔[51]蹙入。而洸又庸怯, 不知兵, 行師之際, 有如驅羊就牧, 散亂無統, 首尾不相知, 進陣于龍仁縣南十里外, 賊初見其兵勢蕩蕩[52], 不敢出。先鋒將白光彦[53]·李之詩[54]等, 直到賊壘, 斬賊之樵汲者十餘級,

---

사 金睟와 함께 관군을 이끌고 북상해 서울을 수복할 계획을 세웠다. 그리하여 5월에 崔遠에게 전라도를 지키게 하고, 스스로 4만의 군사를 이끌고 나주 목사 李慶福을 중위장으로 삼고, 助防將 李之詩를 선봉으로 해 林川을 거쳐 전진하였다. 그러나 도중 용인의 왜적을 공격하다가 적의 기습을 받아 실패하자 다시 전라도로 돌아왔다. 그 뒤 왜적이 전주·금산 지역을 침입하자, 光州牧使 權慄을 도절제사로 삼아 熊峙에서 적을 크게 무찌르고, 전주에 육박한 왜적을 그 고을 선비 李廷鸞과 함께 격퇴시켰다. 같은 해 가을 용인 패전의 책임자로 대간의 탄핵을 받고 파직되어 백의종군한 뒤, 의금부에 감금되어 벽동군으로 유배되었다가 1594년 고향으로 돌아왔다.

45 尹先覺(윤선각, 1543~1611): 본관은 坡平, 자는 粹天, 초명은 國馨, 호는 恩省·達川. 1568년 別試文科에 급제, 좌승지 등을 지냈다. 1592년 충청도관찰사가 되고, 임진왜란이 일어나자 왜적을 맞아 싸우다가 패전하여 삭직되었다. 뒤에 재기용되어 충청도순변사·판결사·중추부동지사 등을 거쳐, 비변사 堂上이 되어 임진왜란 뒤의 혼란한 업무를 수습하였다. 광해군 초에 공조판서를 지냈다.

46 殘敗(잔패): 싸움 따위에서 힘이 다하여 패함.

47 輜重(치중): 무거운 짐을 실은 수레나 말.

48 雀躍(작약): 너무 좋아서 깡충깡충 뛰며 기뻐함.

49 附庸(부용): 남의 힘에 기대어 따로 서지 못함.

50 凌轢(능력): 업신여김. 능멸함.

51 受悔(수회): 受侮의 오기. 모욕을 당함.

52 蕩蕩(탕탕): 썩 큰 모양.

53 白光彦(백광언, 1554~1592): 본관은 海美, 호는 楓巖. 1592년 모친상을 당하여 泰仁에 머무르고 있는 중에 임진왜란을 만나 全羅監司兼巡察使 李洸의 助防將이 되었다. 이때 이광이 전라도병사 8,000명을 이끌고 공주까지 북상했다가 서울이

諸軍益輕賊, 有驕色。先是, 白光彦·李之詩, 謂洸曰: "我兵雖衆, 皆列郡烏合之軍。勿論多寡, 俱使本邑守令將之, 某邑作先鋒, 某邑作中軍, 至於前後左右, 俱有所分。勿聚一處, 各自爲陣, 分屯十餘處。一陣雖敗, 旁陣繼入, 遠近諸陣, 鱗次相救, 一陣雖勝, 遠近諸陣, 爲之循序而進。如此則勝必全捷, 敗亦不至〈大〉衄." 洸曰: "臨機應變, 自有其策, 何可預定乎?" 至是夜分, 使白光彦等, 直斫賊營, 光彦·之詩, 突上賊屋, 衆軍踰柵而入, 揮刀亂斫, 斬首十餘級, 適大霧四塞, 咫尺莫卞。留營之賊, 盡已登岸, 乘霧暗放銃, 自後掩之, 光彦等俱被亂兵[55]所殺, 衆皆潰還。喧噪之間, 天曙霧開, 賊衆約四五千, 相對下營[56]二三里地, 賊銃一發, 大軍遂潰。洸等, 既不能招呼收集, 又自變着白衣, 相繼而遁, 人馬相踐踏, 塡滿道路, 八萬之衆, 須臾散盡。賊見兵勢之盛, 猶不敢追逼, 遂斂兵而還。弓矢·刀槍·器械·衣服裝飾, 狼藉委抛, 塡溝棄壑[57], 不可勝紀。村民之

함락되었다는 소식을 듣고 퇴군하여 전주에 이르자 백광언은 "君父께서 서쪽으로 播遷하셨는데 공은 수하에 많은 병력을 거느리고 퇴군하여 싸우려 하지 않으니 이 무슨 연고이시오."라고 꾸짖어 북상할 것을 약속받고 다시 2만 여의 군사를 모아 전열을 재정비한 뒤 수원을 향하여 진격하였다. 龍仁城 남쪽 10리에 이르러 우군선봉장이 된 백광언은 좌군선봉장 李之詩와 함께 文小山의 적진을 협공하였으나 패전하여 모두 전몰하고 말았다.

54 李之詩(이지시, ?~1592): 본관은 丹陽, 자는 詠而, 호는 松菴. 1567년 무과에 장원급제, 훈련원정으로 있었고, 뒤로 注書와 승지를 역임하였다. 1583년 이성현감으로 있으면서 북방 오랑캐의 침입을 격퇴하였다. 그 뒤 1592년 임진왜란 때에는 助防將으로 경상도에 나가 여러 번 싸워 공을 세웠으며, 청주가 함락되고 적이 수원에 웅거하자 이를 격퇴하기 위하여 白光彦 등과 함께 분전하다가 전사하였다.

55 亂兵(난병): 적과 뒤섞여 싸우는 병사.

56 下營(하영): 군대를 멈추고 진을 쳐서 주둔하는 것.

57 棄壑(기학): 盈壑의 오기.

竄匿山谷者, 乘夜收拾, 賴此全活者甚多。大駕未出京之日, 李洸領兵十萬, 已到錦江[58], 及聞去邠, 遂自罷兵而還。至是又敗, 群心沮喪, 無可爲矣。敗報至行在, 朝廷上下, 面面相看[59], 長吁短歎而已。

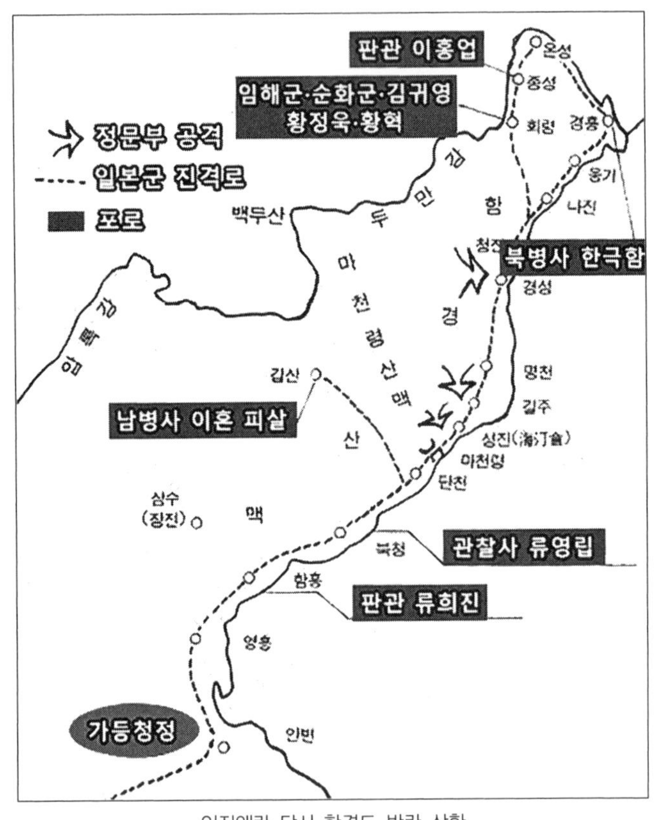

임진왜란 당시 함경도 반란 상황

58 錦江(금강): 전라북도 장수군 장수읍의 神舞山에서 발원하여 군산에서 황해로 흘러드는 강.

59 面面相看(면면상간): 서로 얼굴을 마주봄.

○서리(書吏) 장복중(張福重)이란 자가 북도(北道)에서 찾아와 말하기를, "적이 병력을 나누고 철령(鐵嶺)을 넘어 북쪽으로 갑산(甲山)에 이르렀다가 돌아갔습니다. 감사 류영립은 사로잡혔다가 도망쳐 북쪽으로 회령(會寧)에 이르렀습니다. 백성들이 모두 발호해서 피란한 사대부 및 수령을 모두 결박하여 적에게 바쳤습니다. 임해군·순화군·김귀영·황정욱·황혁 등도 모두 사로잡혔으며, 남도 병사(南道兵使) 이혼 또한 갑산 백성에게 살해되었습니다."라고 하였다.

여러 신하들이 안부를 묻고, 이어서 사람을 보내어 그곳의 형세를 탐지해 보기를 청하니, 주상이 말하기를, "이미 적의 수중에 있는데, 어찌 탈출할 길이 있겠소?" 하였다.

書吏張福重者, 自北道來, 言: "賊分兵, 踰鐵嶺[60], 南[61]至甲山[62]而還。監司柳永立[63], 被擄而逃, 北至會寧[64]。人民皆畔, 士大夫避亂者及守令, 率被縛獻。臨海君·順和君·金貴榮·黃廷彧·黃赫等, 俱被執, 南道兵使李渾, 亦爲甲山民所殺." 群臣問安, 仍請遣人探其形

---

60 鐵嶺(철령): 강원도 淮陽郡과 함경남도 高山郡의 경계에 있는 큰 재.

61 南(남): 北의 오기.

62 甲山(갑산): 함경남도 갑산군에 있는 지명.

63 柳永立(류영립, 1537~1599): 본관은 全州, 자는 立之. 1582년 종성부사가 되었다. 이듬해 尼蕩介의 난으로 1만여 명의 야인이 침입하자, 우후 張義賢, 판관 元喜 등과 이를 막으려 하였으나 성이 함락되었고, 그 책임으로 하옥되었다. 곧 풀려나 승지·개성유수를 거쳐 1586년 경상도관찰사, 1588년 전라도관찰사, 1591년 함경도관찰사를 역임하고 이듬해 강원도관찰사가 되었다. 이때 임진왜란이 일어나자 산 속으로 피신하였다가 加藤清正 휘하의 왜군에게 포로가 되었다. 뇌물로 매[鷹]를 바치고 탈출하였으나, 국위를 손상시켰다는 이유로 대간의 탄핵을 받고 파직 당하였다.

64 會寧(회령): 함경북도 북부 중앙에 있던 고을. 동쪽은 종성군, 서쪽은 무산군, 남쪽은 부령군, 북쪽은 중국 만주 지방의 길림성과 접한다.

勢, 上曰: "旣落在賊中, 寧有可出之理乎?"

○이때 조정에서는 팔도(八道)가 적의 침략을 당해 대부분 황폐하기 때문에 천조(天朝: 명나라)의 병력이 아니면 이 적을 맞서서 겨룰 수가 없는데도, 요동에서 온 사람들은 출병할 시기에 대해 아직 어떤 낌새도 없이 지금까지 시간만 끌며 앉아서 멸망하기를 기다리고 있다며 급히 사신 한 명을 보내도록 청하였다.

마침 사은사(謝恩使) 신점(申點)이 북경(北京)에서 돌아와 말하기를, "요동의 순무(巡撫)·순안(巡按)·진무(鎭撫) 모두가 군사를 동원해 구원할 것을 주청(奏請)하여 천자가 구경대신(九卿大臣)에게 회의하도록 하였는데, 모두가 말하기를, '조선(朝鮮)은 멀리 번복(藩服: 북경과 가장 멀리 떨어진 곳)의 밖에 있는데, 갑자기 왜적의 침략을 받아 나라를 잃고 새처럼 도망쳐 숨는 것은 필시 재앙을 자초한 것이 있을 터인 데다 저 왜국(倭國)의 정세나 형편을 모두 자세히 알지 못하니, 함부로 군대를 동원해 멀리 외이(外夷: 외지의 오랑캐, 곧 조선)에서 일을 벌이게 할 수는 없습니다. 요좌(遼左: 조선)에 조칙(詔勅)을 내려 장령(將領)으로 하여금 엄히 막아 지키되 소홀하여 잃지 말게 하라 하소서.'라고 하였습니다.

유독 병부 상서(兵部尙書) 석성(石星)만 말하기를, '조선은 본래 예의의 나라라 일컬어 중화(中華)에 비견되었고, 시종 2백 년 동안 공손하고 온순하였을 뿐 다른 뜻이 없었습니다. 이로 인하여 우리 조종조(祖宗朝)께서 조선을 예우한 것이 다른 외번(外藩)과는 비교가 되지 않았습니다. 하물며 이번에 병란을 당한 곡절은 앞서 이미 올린 제청

(題奏: 奏請文)에 벌여 적어 놓은 것이 분명히 있었으니, 결코 간사한 생각을 품고서 우리를 넘보려는 계교가 아니었습니다. 만일 보고서도 구원하지 말라고 하여 꺾여서 왜국으로 들어간다면 변경의 근심은 이루 다 말할 수 없을 것입니다. 청컨대 속히 군대를 동원하여 구원하소서.'라고 하였습니다. 오직 구원하지 않게 하려는 건의가 있어서 이로 말미암아 아직 결정짓지 못하였습니다.

석 상서(石尙書: 석성)가 홍순언(洪純彦: 역관)을 불러 이르기를, '그대 나라의 일에 나만 홀로 있는 힘을 다하고 있지만 여러 사람의 의논이 이와 같으니, 이때 그대 나라의 사신이 오면 내가 마땅히 힘쓰겠다. 황상(皇上)께서도 또한 그대 나라를 가련히 여기나 영하(寧夏: 哱拜의 난) 방면에 군대를 부리고 있어서 이로 말미암아 병력이 분산될까 염려하시는 것이오. 그대 나라는 어찌하여 지금까지 구원병을 청하지 않는 것이오?'라고 하였습니다." 하였다.

마침내 정곤수(鄭崑壽)·심우승(沈友勝)을 보내어 밤낮으로 달려가게 하였다. 정곤수가 떠날 적에 주상이 손수 술을 부어 전송하면서 하는 말이 다분히 슬프고 참담하였다. 정곤수가 나와서 사람들에게 이르기를, "조정에서 내가 자기들 의견과 다르다고 하여 멀리 가게 하니, 이것이 무슨 일이란 말이오?"라고 하니, 이성중(李誠中)이 여러 사람 앞에서 그를 꾸짖어 말하기를, "호종하는 신하들 열대여섯 명이 대개 네댓 가지 일을 겸하고 있소. 공(公)은 이미 한직(閑職)에 있을뿐더러 또한 노쇠하거나 병든 것도 아니니, 오늘 천조(天朝)에 가는 일은 공(公)이 아니면 누가 가겠소? 하물며 이때를 당하여 비록 적진에 들어가라고 하여도 오히려 감히 꺼리지 못할 일인데, 천조는 부모의 나라인데도 지금껏 가려고 하지 않고 사람들을 만나 발끈하는 말을 하는 것은 충신(忠臣)·의사(義士)의 말은 아니오."라고 하니, 정곤수가 크게 부끄러워하였다.

時朝廷, 以八道被賊, 俱皆蕩殘, 非天朝兵力, 無以支此賊, 而遼人來者, 出兵之期, 時無的息, 遷延至此, 坐待殘滅, 請急遣一使臣。適謝恩使申點[65], 還自北京, 言: "遼東撫按鎭, 俱題請[66]發兵救援, 着九卿大臣[67]會議, 皆言: '朝鮮遠在藩服[68]之外, 猝被倭侵, 至於喪國鳥竄, 必有自取之殃, 至於伊國情形, 俱未諳知, 不可輕動軍旅, 遠事外夷。合[69]勅遼左[70]將領, 嚴使防守, 勿致踈失.' 獨兵部尙書石星[71]以爲: '朝鮮素稱禮義, 侔擬中華, 首尾二百年, 恭順無

65 申點(신점, 1530~1601): 본관은 平山, 자는 聖與. 1564년 생원시에 합격했고, 같은 해 식년문과에 급제, 文翰官을 거쳐, 1569년 정언이 되었다. 충청도와 경기도의 감목관, 의주목사, 강원감사 등을 거쳐 1592년 사은사로 명나라에 파견되어 燕京에 체류하다 임진왜란의 발발을 알게 되었다. 이에 명나라의 병부상서 石星의 도움을 받아 병부와 예부에 계속 아뢰어 위급함을 호소하였다. 그 결과 부총병 祖承訓, 유격장 史儒 등에 의한 遼東) 3,000명의 파견이 있게 되었다. 그후 병조와 호조의 참의, 형조참판, 형조판서 등 요직을 역임하였다.

66 題請(제청): 奏請.

67 九卿大臣(구경대신): 3품의 이상의 문관. 곧 六部上書, 都察院左都御史, 大理寺卿, 通政司이다.

68 藩服(번복): 왕도 부근의 땅에서 가장 멀리 떨어진 곳. 王畿의 외방을 九服으로 나누어 500리 마다 차례로 侯服, 甸服, 男服, 采服, 衛服, 蠻服, 夷服, 鎭服, 藩服의 아홉 구역으로 하였다.

69 合(합): 令의 오기.

70 遼左(요좌): 중국 遼河의 왼쪽이라는 뜻으로, 조선을 가리는 말.

71 石星(석성, 1538~1599): 명나라 神宗 때 文臣. 隆慶 초에 글을 올려 內臣들이 방자하고 원칙이 없는 것을 지적했다가 廷杖을 맞고 쫓겨나 평민이 되었다. 萬曆 초에 재기하여 兵部尙書까지 올랐다. 1592년 임진왜란 때 조선을 구원했다. 妄人 沈惟敬의 말을 믿어 貢議에 봉하자고 강력하게 주장하고, 豊臣秀吉을 일본국왕에

他。以是祖宗朝, 優禮朝鮮, 不與他外藩比。況此被兵曲折, 前既題奏, 明有次序[72], 決非挾詐覬覦[73]之計。若視而勿救, 折而入倭, 則封疆之憂, 不可勝言。請亟發兵救之.' 惟以建議欲不救, 以此尙不之定。石尙書, 召洪純彦[74], 謂曰: '爾國之事, 我獨盡力, 而衆議如此, 此時爾國使臣來, 則俺當爲之力矣。皇上亦憐爾國, 而寧夏方用兵[75], 以此恐力分耳。爾國何至今不請兵乎?'" 遂遣鄭崑壽·沈友勝, 星夜前往。崑壽之行, 上親酌以送, 語多悲慘。崑壽出謂人, 曰: "朝廷謂我爲異己, 使之遠赴, 此何事也?" 李誠中, 衆中叱之, 曰: "從臣十五六, 率謙[76]四五事。公既閑官, 又非衰病, 今日之行, 非公而誰? 況當此時, 雖使之入賊營, 猶不敢憚, 天朝父母之邦, 尙不欲去, 對人發忿色, 非忠臣·義士之言也." 崑壽大慚。

봉하는 것이 좋겠다고 말했다. 그러나 일이 실패한 뒤 관직을 삭탈당하고 하옥되었다가 죽었다.

72 次序(차서): 글 따위에서 벌여 적어 놓은 항목.

73 覬覦(기유): 분수에 넘치는 야심으로 기회를 노리고 엿봄.

74 洪純彦(홍순언, 생몰년 미상): 본관은 南陽, 자는 士俊, 호는 東皐. 역관으로 1561년 요동 押解官을 지냈고, 1584년 종계변무사 黃廷彧을 따라 다시 명나라로 가게 되었는데, 과거 청루에서 구해준 여인이 명나라 예부상서 石星의 후실이 된 까닭에 석성의 도움으로 종계변무의 어려운 임무를 완수하고 돌아와 1590년 唐陵君에 훈봉되었다. 1591년 역관으로서 羽林衛將을 지냈는데 서얼이라는 이유로 대신들의 지속적인 탄핵을 받았다. 이어 임진왜란이 일어나자 명나라의 원군 파견을 이끌어 내는데 공을 세웠다.

75 寧夏方用兵(영하방용병): 1592년 2월 영하에서 일어난 哱拜의 난을 가리킴. 총독 魏學曾이 반란군을 진압하지 못하자, 趙志皐가 葉夢熊을 총독, 梅國楨을 감군어사로 추천하여 반란을 평정시켰지만, 명나라 멸망을 촉진하는 계기가 되고 말았다.

76 謙(겸): 兼의 오기.

○조정에서는 경기 감사(京畿監司) 권징(權徵)이 멀리 강화(江華)로 들어가고, 황해 감사(黃海監司) 조인득(趙仁得)이 왜적을 피해서 섬으로 들어가 두 사람이 아무런 일도 하지 않기 때문에, 마침내 우부승지(右副承旨) 심대(沈岱)를 경기순찰사로 삼고, 동부승지(同副承旨) 류영경(柳永慶)을 황해순찰로 삼았다.

심대가 떠나기 앞서 참지(參知: 병조 참지) 심희수(沈喜壽)에게 이르기를, "조정에서 사람을 씀에 있어 이것이 무슨 도리오? 나는 사지(死地)로 가고 공(公)은 제때를 얻었소."라고 하니, 심희수가 말하기를, "이 무슨 말씀이오? 조정에서는 공(公)이 자못 강개하여 궂은 일도 마다하지 않는다고 해서 자급(資級)을 올려준 지 얼마 되지 않았지만 또 관행을 뛰어넘어서 자급을 올려 보내는 것인데도 감격하고 분발하는 뜻을 갖지는 않고 원망하는 기색을 먼저 품는단 말이오? 적이 평양(平壤)에 있으니 조만간 떠날 것이라서 군신 상하도 오히려 죽을 곳을 알지 못하는데, 공(公)이 어찌 이런 말을 하시오."라고 하였다. 심대는 그래도 혀를 차며 탄식해 마지않았다.

朝廷以京畿監司權徵, 遠入江華, 黃海監司趙仁得[77], 避賊投島, 俱無所爲, 遂以右副承旨沈岱爲京畿巡察使, 同副承旨柳永慶爲黃海巡察使。沈岱臨行, 謂參知沈喜壽, 曰: "朝廷用人, 是何道理? 我則死地去, 公則得其時矣." 喜壽曰: "是何言也? 朝廷以公頗慷

---

77 趙仁得(조인득, ?~1598): 본관은 平壤, 자는 德輔, 호는 滄洲. 1577년 알성 문과에 급제, 정언을 거쳐 형조좌랑·장령 등을 지냈다. 1592년 임진왜란 때 황해도 관찰사로 해주 앞바다의 섬으로 피신하였다가 황해도 병마절도사로 전직되었으며, 그 뒤 판결사를 지냈다. 1595년 도승지가 되고, 이듬해 충청도 관찰사·공조참판·길주 목사 등을 역임하였다.

慨, 不避夷險, 陞資未久, 又超資以遣之, 未有感奮之意, 先懷怨恨之色? 賊在平壤, 朝夕當發, 而君臣上下, 猶不知死所, 公何爲發此言也?" 岱猶咄嘆[78]不已。

○전라도 유생(儒生) 양산숙(梁山璹)과 곽현(郭賢)이 찾아와서 말하기를, "김천일(金千鎰)이 의병을 일으켜 전라 병사(全羅兵使) 최원(崔遠)과 병력을 합쳐 수원(水原)에 이르렀습니다. 고경명(高敬命)·조헌(趙憲) 또한 의병을 일으켜 서로 계속해서 왔고, 경상도에는 또한 김면(金沔)·정인홍(鄭仁弘)·박성(朴惺)·곽재우(郭再佑: 郭再祐의 오기) 등이 의병을 일으켜 적을 토벌하고 있습니다."라고 하였는데, 주상이 양산숙 등을 불러들여 그들에게 이르기를, "나의 형언할 수 없는 죄 때문에 너희들은 험난한 천리 길이 고생스러웠을 터인데도 적진 속을 무릅쓰고 떠나왔으니, 부끄러움을 어찌 말하겠는가?" 하자, 대답하기를, "김천일의 군대에 정예로운 의병들이 비록 많기는 하나 절반은 유생들로 단지 충의(忠義)만 내걸고 일어났을 뿐이니, 성패에 있어서는 하늘에 달렸습니다."라고 하니, 주상이 울며 말하기를, "충의에 격동되었으니 무슨 일인들 이루지 못하겠는가?" 하였다.

곽현이 말하기를, "신(臣)은 평소 조헌과 사귄 정이 도타웠습니다. 신이 의병을 일으킨 뒤로 조헌이 말하기를, '근래에 천문(天文)을 보니 우리나라는 멸망할 운이 없고 왜적 또한 끝내 필시 뜻을 얻지 못할 것이다.' 하였습니다."라고 하였는데, 주상이 말하기를, "그것이 과연

---

78 咄嘆(돌탄): 혀를 차며 탄식함.

조헌의 말이더냐?" 하자, 곽현이 말하기를, "기축년(1589)에 조헌이 북도(北道)로 유배되었으면서도 역모에 의한 변고가 일어날 것을 능히 알았고, 또 신묘년(1591)에는 '나라에 큰 난리가 있을 것이니 미리 피해 머물 곳을 강구해야 한다.'라고 분명하게 말하였으니, 이것은 반드시 천문을 관찰한 결과이옵니다."라고 하니, 주상이 말하기를, "그와 같이 잘 부합하느냐?" 하고는, 매우 기뻐서 위안되는 기색이 있었다.

드디어 김천일의 품계를 올려 판결사(判決事)로 삼아 창의사(倡義使)라 칭하고, 고경명을 초토사(招討使)라 칭하여 모두에게 교서(敎書)를 내렸다. 조헌에게 내린 교서에는 충성된 말을 받아들이지 않아서 오늘의 지경에 이르게 하였음을 뉘우친다는 말이 있었다. 또 김면 등에게도 교서를 내렸다.

주상이 이어서 자신을 책망하는 교서를 내렸는데, 그 교서에 이르기를, "용만(龍灣) 한 모퉁이에서 천운이 열리지 않아 험난하구나. 강토도 여기서 끝났으니 내 장차 어디로 가겠는가. 저 강물을 보아도 또한 동쪽으로 흐르누나. 돌아가고픈 일념이야 저 물결 같이 넘실거린다."라고 하였다. 이 교서가 내려지자 원근에서 듣고 눈물을 흘리지 않는 자가 없었다. 교서 모두 이호민(李好閔)이 지은 것이다.

全羅道儒生梁山璹[79]·郭賢, 來言: "金千鎰[80]起義兵, 與全羅兵使

---

79 梁山璹(양산숙, 1561~1593): 본관은 濟州, 자는 會元. 할아버지는 己卯名賢 梁彭孫이며, 아버지는 대사성 梁應鼎이다. 임진왜란이 일어나자 羅州에서 倡義해, 金千鎰을 맹주로 삼아 부장이 되고 형은 運糧將이 되었다. 향리에서 병사를 모집하고 군량을 조달하며, 여러 고을에 격문을 돌려 봉기할 것을 촉구하였다. 그 뒤 김천일과 함께 북상하고, 수원에 출진해 활약하였다. 강화도로 진을 옮길 무렵, 郭賢과

함께 주장의 밀서를 가지고 해로의 샛길을 따라 의주 행재소에 도착해, 선조에게 호남·영남의 정세와 창의 활동을 자세히 보고하였다. 이 공으로 공조좌랑에 제수되었다. 돌아올 때 영남·호남에 보내는 교서를 받아서 남도에 하달하였다. 적이 남도로 퇴각하자 김천일과 함께 남하해 진주성에 들어갔다. 그러나 침공하려는 왜의 대군 앞에 군사 부족으로, 洪菡과 함께 명나라 장군 劉綎의 군진에 가서 원군을 간청했지만 실패하였다. 성에 다다르자 홍함마저 도피해 단신 입성하여, 적과 끝까지 항전하다가 김천일과 함께 남강에 투신해 자결했다고 한다.

80 金千鎰(김천일, 1537~1593): 본관은 彦陽, 자는 士重, 호는 健齋·克念堂. 1578년 任實縣監을 지냈다. 임진왜란 때 나주에 있다가 高敬命·朴光玉·崔慶會 등에게 글을 보내 倡義起兵할 것을 제의하는 한편, 담양에서 고경명 등과도 협의하였다. 그 뒤 나주에서 宋濟民·梁山璹·朴懽 등과 함께 의병의 기치를 들고 의병 300명을 모아 북쪽으로 출병하였다. 한편, 공주에서 趙憲과 호서지방 의병에 관해 협의하고는 곧 수원에 도착하였다. 북상할 때 수원의 연도에서 스스로 의병에 참가한 자와 또 호서방면에서 모집한 숫자가 늘어나서 군세는 사기를 떨쳤다. 수원의 禿城山城을 거점으로 본격적인 군사 활동을 전개, 유격전으로 개가를 올렸다. 특히, 金嶺戰鬪에서는 일시에 적 15명을 참살하고 많은 전리품을 노획하는 전과를 크게 올렸다. 8월 전라 병사에 崔遠의 관군과 함께 강화도로 진을 옮겼다. 이 무렵 조정으로부터 倡義使라는 軍號를 받고 掌禮院判決事에 임명되었다. 강화도에 진을 옮긴 뒤 강화부사·전라 병사와 협력해 연안에 防柵을 쌓고 병선을 수리해 전투태세를 재정비하였다. 강화도는 당시 조정의 명령을 호남·호서에 전달할 수 있는 전략상의 요충지였다. 9월에는 通川·陽川 지구의 의병까지 지휘했고 매일같이 강화 연안의 적군을 공격했으며, 양천·김포 등지의 왜군을 패주시켰다. 한편, 전라병사·경기수사·충청병사, 秋義兵將 禹性傳 등의 관군 및 의병과 합세해 楊花渡戰鬪에서 대승을 거두었다. 또한, 일본군의 園陵 도굴 행위도 막아 이를 봉위하기도 하였다. 이듬해 1593년 정월 명나라 군대가 평양을 수복, 개성으로 진격할 때 이들의 작전을 도왔으며, 명·일간에 강화가 제기되자 반대 운동을 전개하였다. 서울이 수복되어 굶주리는 자가 속출하자 배로 쌀 1,000석을 공급해 구휼하였다. 전투에서도 경기수사·충청수사와 함께 仙遊峯 및 沙峴戰鬪에서 다수의 적을 참살, 생포하고 2월에는 權慄의 행주산성 전투에 강화도로부터 출진해 참가하였다. 이들 의병은 강화도를 중심으로 장기간의 전투에서 400여 명의 적을 참살하는 전공을 세웠다. 1593년 4월 왜군이 서울에서 철수하자 이를 추격, 상주를 거쳐 함안에 이르렀다. 이때 명·일 강화가 추진 중인데도 불구하고 남하한 적군의 주력은 경상도의 밀양 부근에 집결, 동래·김해 등지의 군사와 합세해 1차 진주 싸움의 패배를 설욕하기 위한 진주성 공격을 서두르고 있었다. 이에 6월 14일 300명의 의병을 이끌고 입성하자 여기에 다시 관군과 의병이 모여들었다. 합세한 관군·의병의 주장인 都節制가 되어 항전 태세를

崔遠[81], 合兵到水原[82]。高敬命[83]·趙憲[84], 亦起兵相繼來, 慶尙道亦

갖추었다. 10만에 가까운 적의 대군이 6월 21일부터 29일까지 대공세를 감행하자 아군은 중과부적임에도 분전했으나 끝내 함락되고 말았다. 이에 아들 金象乾과 함께 촉석루에서 南江에 몸을 던져 순사하였다.

81 崔遠(최원, 생몰년 미상): 1580년 전라도 병마절도사가 되고, 1592년에 임진왜란이 일어나 군사 1,000명을 거느리고 의병장 金千鎰, 月串僉節制使 李蘋과 함께 여산에서 적군의 진출을 막아 싸웠다. 김천일 등과 함께 남원·순창을 거쳐 북상하던 중 군사 4만 명을 거느리고 서울로 향하여 떠났던 전라 감사 李洸 등 많은 군사가 용인에서 패전한 뒤라 수원에서 강화도로 들어가 주둔지로 삼고 군사를 모집하였다. 한편으로는 한강 연변지역을 왕래하면서 적의 후방을 공략하고 해상으로 의주에 있는 行在所와도 연락을 취하였다. 이듬해 永德으로 나가 왜군을 격파하고 200여 명을 참획, 그 공으로 상호군에 승진되었다. 1596년 황해도 병마절도사를 거쳐, 1597년 정유재란이 일어나자 중앙으로 들어와서 한강 수비의 소임을 맡았다.

82 水原(수원): 경기도 중남부에 있는 고을. 동북쪽과 동쪽은 용인시, 서쪽과 남쪽은 화성시, 서북쪽은 의왕시와 접한다.

83 高敬命(고경명, 1533~1592): 본관은 長興, 자는 而順, 호는 霽峯·苔軒. 아버지는 대사간 高孟英이며, 어머니는 진사 徐傑의 딸이다. 1552년 진사가 되었고, 1558년 식년문과에 장원으로 급제해 成均館典籍에 임명되고, 이어서 공조좌랑이 되었다. 그 뒤 홍문관의 부수찬·부교리·교리가 되었을 때 仁順王后의 외숙인 이조판서 李樑의 전횡을 논하는 데 참여하고, 그 경위를 이량에게 몰래 알려준 사실이 드러나 울산군수로 좌천된 뒤 파직되었다. 1581년 영암군수로 다시 기용되었으며, 이어서 宗系辨誣奏請使 金繼輝와 함께 書狀官으로 명나라에 다녀왔다. 이듬해 서산군수로 전임되었는데, 明使遠接使 李珥의 천거로 從事官이 되었으며, 이어서 종부시첨정에 임명되었다. 1590년 承文院判校로 다시 등용되었으며, 이듬해 동래부사가 되었으나 서인이 실각하자 곧 파직되어 고향으로 돌아왔다. 1592년 임진왜란이 일어나 서울이 함락되고 왕이 의주로 파천했다는 소식을 전해들은 그는 각처에서 도망쳐 온 官軍을 모았다. 두 아들 高從厚와 高因厚로 하여금 이들을 인솔, 수원에서 왜적과 항전하고 있던 廣州牧使 丁允佑에게 인계하도록 했다. 전라좌도 의병대장에 추대된 그는 종사관에 柳彭老·安瑛·楊大樸, 募糧有司에 崔尙重·楊士衡·楊希迪을 각각 임명했다. 그러나 錦山전투에서 패하였는데, 후퇴하여 다시 전세를 가다듬어 후일을 기약하자는 주위의 종용을 뿌리치고 "패전장으로 죽음이 있을 뿐이다."고 하며 물밀듯이 밀려오는 왜적과 대항해 싸우다가 아들 인후와 유팽로·안영 등과 더불어 순절했다.

84 趙憲(조헌, 1544~1592): 본관은 白川, 자는 汝式, 호는 重峯·陶原·後栗. 1592년 임진왜란이 일어나자 옥천에서 의병을 일으켜 영규 등 승병과 합세해 청주를 탈환하

有金沔[85]·鄭仁弘[86]·朴惺[87]·郭再佑[88]等, 起兵討賊." 上召山璹等

였다. 이어 전라도로 향하는 왜군을 막기 위해 금산전투에서 분전하다가 의병들과 함께 모두 전사하였다.

85 金沔(김면, 1541~1593): 본관은 高靈, 자는 志海, 호는 松菴. 임진왜란 때 분연 궐기하여 의병을 규합하여 開寧 지역에 있는 적병 10만과 대치하여 牛旨에 진을 치고, 金時敏과 함께 知禮를 역습하여 대승했다. 1593년 경상우도 병마절도사가 되어 의병과 함께 진을 치고 善山의 적을 치려할 때 병에 걸리자 죽음을 알리지 말라는 유언을 남기고 죽었다.

86 鄭仁弘(정인홍, 1535~1623): 본관은 瑞山, 자는 德遠, 호는 萊菴. 南冥 曺植의 문인으로, 崔永慶, 吳建, 金宇顒, 郭再祐 등과 함께 경상우도의 南冥學派를 대표하였는데, 1581년 掌令이 되어 鄭澈·尹斗壽를 탄핵하다가 해직되었다. 1589년 鄭汝立 獄事를 계기로 동인이 남북으로 분립될 때 北人에 가담하여 領首가 된 인물이다. 1592년 임진왜란 때 濟用監正으로 陜川에서 의병을 모아, 星州에서 왜병을 격퇴하여 영남의병장의 호를 받았다. 이듬해 의병 3,000명을 모아 성주·합천·함안 등을 방어했고, 1602년 대사헌에 승진, 중추부동지사·공조참판을 역임하였으며 柳成龍을 임진왜란 때 화의를 주장하였다는 죄목으로 탄핵하여 사직하게 하고, 洪汝諄과 南以恭 등 北人과 함께 정권을 잡았다. 1608년 柳永慶이 선조가 광해군에게 양위하는 것을 반대하자 이를 탄핵하다가, 이듬해 寧邊에 유배되었다. 하지만 선조가 급서하고 광해군이 즉위하자 대사헌이 되어 大北政權을 세웠다. 자신의 스승인 남명 조식의 학문을 기반으로 경상우도 사림세력을 형성하였다. 더구나 임진왜란 당시의 의병장으로서 활약한 경력과 남명의 학통을 이어받은 수장으로써 영남사람의 강력한 영향력과 지지기반을 확보하였다. 1623년 인조반정 뒤 참형되고 가산은 적몰되었으며, 이후 대북은 정계에서 거세되어 몰락하였다.

87 朴惺(박성, 1549~1606): 본관은 密陽, 자는 德凝, 호는 大菴. 鄭逑의 문인. 裵紳에게 사사, 科擧에의 뜻을 버리고 학문에 정진, 崔永慶·金沔·張顯光 등과 사귀었다. 鄭仁弘과도 친했으나 그가 대사헌에 올라 권세를 부려 절교하였다. 1592년 임진왜란 때 招諭使 金誠一의 참모로, 정유재란 때는 趙穆과 상의해 의병을 일으켜서 체찰사 李元翼의 참모로 종군, 周王山城의 대장으로 활약했다. 王子師傅에 임명되었으나 부임하지 않았다. 뒤에 司圃가 되고 이어 工曹佐郞·安陰縣監을 지낸 후 모든 벼슬을 사퇴했다.

88 郭再佑(곽재우): 郭再祐(1552~1617)의 오기. 본관은 玄風, 자는 季綏, 호는 忘憂堂. 1585년 정시문과에 급제했지만 왕의 뜻에 거슬린 구절 때문에 罷榜되었다. 임진왜란 때 의병을 일으켜 天降紅衣將軍이라 불리며 거듭 왜적을 무찔렀다. 정유재란 때 慶尙左道防禦使로 火旺山城을 지켰다.

入, 謂之曰: "以予無狀之罪, 爾等跋踄[89]千里, 冒出賊中而來, 慚恧何言?" 對曰: "千鎰軍中, 精勇雖多, 半是儒生, 只仗忠義而起, 至於成敗, 〈則〉天也." 上泣曰: "忠義所激, 何事不成?" 郭賢曰: "臣素與趙憲厚。及臣起事之後, 憲曰: '近觀天文, 我國無滅亡之運, 賊亦終必不得志.'云矣." 上曰: "是果憲之言乎?" 賢曰: "己丑年, 憲謫北道, 能知逆變之發, 又於辛卯年, 明言: '國有大亂, 預講避居之所.' 此必觀天之驗也." 上曰: "若是其符乎?" 甚有喜慰之色。遂陞千鎰, 爲判決事, 稱倡義使, 高敬命稱招討使, 俱賜敎書。〈賜趙〉憲敎書, 有悔不用忠言, 致有今日之語。又賜金沔等敎書。仍下罪己[90]敎, 有曰: "龍灣一隅, 天步艱難[91]。地維已盡, 予將安歸? 瞻彼江流, 亦流于東。思歸一念, 如水滔滔." 敎下, 遠近聞之, 莫不流涕。皆李好閔之辭也。

○충청 감사(忠淸監司) 윤선각(尹先覺)이 장계를 올려 아뢰기를, "대거 적이 청주(淸州)에 쳐들어와 병력을 나누어 재물을 약탈하고 사람들을 죽이고 있습니다. 승명(僧名)이 영규(靈圭)라는 자가 그의 무리들을 모았는데, 모두 낫을 들었고 호령을 매우 엄히 하여 적을 보고도 피하지 아니하였습니다. 마침내 청주로 나아가 적을 공격하였지만, 연일 서로 버티어 비록 대승은 없었을지라도 또한 패배하여 물러서지도 않았습니다. 적이 마침내 성을 버리고 간 것은 모두 영규의 공입니

89 跋踄(발보): 험난한 먼 길을 떠남.

90 罪己(죄기): 죄를 자신에게 돌림. 자기를 책망함.

91 天步艱難(천보간난): 천운이 열리지 아니하여 시세가 험난함.

다."라고 하였다. 마침내 당상관에 승진시켜 첨지(僉知)로 삼았고, 비단옷 1벌을 하사하였다.

忠淸監司尹先覺, 啓曰: "大賊入淸州[92], 分兵搶殺。有僧名靈圭[93]者, 能聚其徒, 皆持鎌子, 號令甚嚴, 見賊不避。遂進攻淸州之賊, 連日相持, 雖無大勝, 亦不退北。賊遂棄城而去, 皆靈圭之功也." 遂陞堂上, 爲僉知, 賜段衣一襲。

○양산숙(梁山璹) 등이 돌아갈 때, 주상이 그들을 불러 이르기를, "너희들이 돌아가거든 김천일과 조헌에게 있는 힘을 다해 적을 토벌해서 내가 동쪽으로 돌아갈 수 있도록 하라고 말해라." 하고는, 눈물이 흘러내려 그칠 줄 몰랐다. 양산숙 등이 말하기를, "호남의 의병이 비록 떨쳐 일어났을지언정 조정이 멀리 동떨어져 있어 호령하는 즈음에 조정의 명을 받들기가 쉽지 않으니, 모름지기 중신(重臣) 1명이라도 보내와 어루만지면 거리끼는 것이 없겠습니다."라고 하니, 주상이

92 淸州(청주): 충청북도 중서부에 있는 고을. 동쪽은 괴산군·보은군, 서쪽은 세종특별자치시·충남 천안시, 남쪽은 대전광역시, 북쪽은 진천군·증평군과 접한다.

93 靈圭(영규, ?~1592): 密陽朴氏. 호는 騎虛. 충청남도 공주 출신. 계룡산 甲寺에 들어가 출가하고, 뒤에 休靜의 문하에서 법을 깨우쳐 그의 제자가 되었다. 임진왜란이 일어나자 분을 이기지 못하여 3일 동안을 통곡하고 스스로 승장이 되었다. 義僧 수백 명을 규합하여 관군과 더불어 청주성의 왜적을 쳤다. 관군은 패하여 달아났으나 그가 이끄는 승병이 분전하여 마침내 8월초 청주성을 수복하였다. 이어 의병장 趙憲이 전라도로 향하는 고바야가와(小早川隆景)의 일본군을 공격하고자 할 때, 그는 관군과의 연합작전을 위하여 이를 늦추자고 하였다. 그러나 조헌이 듣지 않자 그는 조헌을 혼자서 죽게 할 수는 없다고 하면서 조헌과 함께 금산전투에 참가하였다. 그리하여 조헌이 이끄는 의사와 영규가 거느린 승군은 1592년 8월 18일 금산전투에서 최후의 한 사람까지 싸워 일본군의 호남침공을 저지하였다.

말하기를, "마땅히 의논하여 처리하겠다." 하였다. 마침내 정철(鄭澈)을 도체찰사(都體察使)로 삼았다. 양산숙 등의 뜻은 신잡(申磼)의 무리를 바란 것이었으나, 조정에서 갑자기 정철을 보내니 양산숙 등은 너무도 불만스러워 하였다.

山璹等〈之〉還也, 上召謂曰: "爾等歸, 語千鎰·憲, 竭力討賊, 使予東還." 仍涙下不止。山璹等曰: "湖南義兵雖起, 朝廷隔遠, 號令之際, 未易稟承[94], 須以一重臣, 來撫之, 方無拘碍." 上曰: "當議而處之." 遂以鄭澈爲都體察使。山璹等之意, 欲得申磼輩, 而朝廷遽見[95]鄭澈, 山璹等深以爲不滿焉。

○고경명(高敬命)이 의병을 일으켜 북상하다가 수많은 적들이 이미 금산군(錦山郡)을 점거하고 장차 돌격해 오려는 기세라는 것을 들었다. 고경명이 말하기를, "우리들은 모두 단지 호남만을 근본으로 삼았지만 적을 보고도 쫓아 없애지 않고 오직 북상하는 것만 생각한다면 이것은 자신의 뿌리를 스스로 잘라버리는 것이니, 군사를 돌려 적들을 공격해 뒤를 돌아보며 해야 하는 근심을 제거하는 것이 낫다. 그렇게 한 뒤라야만 군사들의 마음이 편안할 것이다."라고 하고는 마침내 군사를 돌려 가서 금산 지경에 머물렀다.

다음날 결전하려 하였다. 이때 우리나라 남녀가 적진으로부터 와서 말하기를, "우리는 바로 적진에서 도망쳐 돌아온 사람들입니다."라고 하니, 고경명이 마침내 마음을 다하여 위로하고서 군대 안에

---

94 稟承(품승): 윗사람의 명령을 받음.

95 見(견): 遣의 오기.

두었는데 그들이 세작(細作: 간첩)일 줄 조금도 의심하지 않았다. 이날 밤에 적이 어둠을 틈타서 우리 진영을 기습하자 군사들은 고경명이 이미 죽었다는 소식을 듣고서 싸우거나 달아나거나 하였으며, 고경명의 아들 고인후(高因厚)도 적에게 진영이 함락되어 죽었다.

정자(正字) 류팽로(柳彭老)는 밖에서 진(陣)을 치고 있었는데 고경명의 부자(父子)가 죽었다는 소식을 듣고 말하기를, "사람들과 전쟁에 관한 일을 꾀하다가 싸움에서 지면 죽는 것이야 도리이니, 내 어찌 홀로 살겠는가?"라고 하고는 또한 말을 채찍질하여 달려가 싸우다가 죽으니, 군사들이 마침내 무너져 돌아갔다.

고경명이 의병을 일으키자, 남쪽 지방의 선비들이 기꺼히 그를 따랐으나 단지 충의(忠義)로만 서로 권면할 뿐이지 실은 병법(兵法)을 알지 못하였다. 고경명이 사람들에게 말하기를, "종묘와 사직을 지키지 못하여 지존(至尊)께서 몽진하신 것이니, 바로 우리들이 죽음을 바칠 때이다."라고 하고는 격문을 작성하여 각 도에 효유(曉諭)하였는데, 격문을 본 자는 떨쳐 일어나지 않음이 없었다. 군대를 이끌고 가는데 기율이 없어 이르는 곳마다 영진(營鎭)을 갖추지 못하고 있었다. 날마다 맨주먹으로 때려잡으려다가 죽음에 이르도록 피하지 아니하면 적을 이길 수 있을 것이라면서 널리 군사들을 사랑하기만 하고 다른 방비를 하지 않아 끝내 패배하기에 이르고 말았다.

신묘년(1591) 가을에 고경명이 정탁(鄭琢)에게 글을 보내어 이르기를, "경명의 한 집안이 내년에 큰 화를 당할 것인데, 부자(父子)가 다 면치 못할 것이오."라고 하였으니, 아마도 점쳐 보고 한 말이었으리라. 조정에서는 예조 판서와 대제학을 증직하였다.

高敬命起兵北上，聞賊衆已據錦山郡，將有衝發之勢。敬命曰："我等皆特湖南，爲之根本，而見賊不逐，惟以北行爲意，則是自絕其根，不如還兵擊之，以去後顧之心。然後衆情可安."遂還次錦山境。翌日欲決戰。時我國男女，自賊中來言："我乃逃還人也."敬命遂悉心拊循[96]，置軍中，不疑其爲細作。是夜，賊乘暗斫營，衆聞敬命已死，或戰或去，敬命子因厚[97]，陷陣而死。正字柳彭老[98]，在外陣，聞敬命父子死，曰："謀人之軍事，事敗死之，禮也[99]。我豈可獨生?"亦策馬赴聞[100]死，諸軍遂潰歸。敬命之起也，南中士子，洽

---

96 拊循(부순): 위로하고 어루만져 달램.

97 因厚(인후): 高因厚(1561~1592). 본관은 長興, 자는 善健, 호는 鶴峯. 1592년 임진왜란이 일어나자 전라도관찰사 李洸은 관군을 이끌고 북상, 공주에 이르러 선조가 몽진하였다는 소식을 듣고 군대를 해산, 귀향시켰다. 이때 광주의 향리에 있으면서 아버지의 명에 따라 이들을 다시 모아 형 고종후와 함께 수원에 留陣하고 있는 丁允祐에게 인계하고 행재소로 가려 하였으나, 길이 막혀 귀향 중에 북상중인 아버지의 의병 본진과 泰仁에서 합류하였다. 의병이 礪山에 이르러 黃澗·永同의 왜적이 장차 전라도로 침입하려 한다는 정보를 입수하고, 당초의 계획을 변경하여 금산으로 향하였다. 금산에서 방어사 郭嶸의 관군과 합세하여 왜적을 방어하기로 하였으나, 왜적이 침입하자 관군이 먼저 붕괴되고, 이에 따라 의병마저 무너져 아버지 고경명과 함께 전사하였다.

98 柳彭老(류팽로, 1554~1592): 본관은 文化, 자는 亨叔·君壽, 호는 月坡. 1579년 진사시에 합격하고, 1588년 식년문과에 급제하였으나 벼슬에 뜻을 두지 않고 옥과현에서 살았다. 1592년 임진왜란이 일어나자 梁大樸·安瑛 등과 함께 궐기하였으며, 피난민 500명과 家僮 100여명을 이끌고 담양에서 高敬命의 군사와 합세하였다. 여기에서 고경명이 의병대장으로 추대되었는데, 유팽로는 고경명 휘하의 從事가 되었다. 호남의병들은 처음에 勤王을 목적으로 북상하려 하였으나, 일본군이 全州를 침입하려 하자 錦山에서 적을 맞아 싸우게 되었다. 중과부적으로 탈출하였지만, 고경명이 아직도 적진 속에 있다는 말을 듣고 다시 적진에 뛰어들어 구출하고는 끝내 자신은 전사하고 말았다.

99 禮也(예야): 《禮記》〈仲尼燕居 第二十八〉의 "예라는 것은 도리이다.(禮也者理也)"에서 나오는 말.

100 聞(문): 鬪의 오기.

然[101]從之, 徒以忠義相勉, 實不知兵。敬命對人言: "廟社不守, 至尊蒙塵, 正吾輩致死之秋." 草檄諭諸道, 見者莫不曲踴而起。然師行無紀律, 所到未有營鎭之備。每日, 雖以赤手徒搏, 至死不避, 則賊可勝矣, 汎愛無備, 竟至於敗。辛卯秋, 敬命致書於鄭琢, 曰: "敬命一家, 明年當有大禍, 父子俱不免." 蓋推占之辭也。朝廷贈禮曹判書大提學。

○금산(錦山)의 적이 승승장구하여 웅치(熊峙)에 이르렀다가 곧장 전주(全州)를 향하였다. 감사(監司) 이광(李洸)이 말하기를, "대거 군사들이 성안으로 들어와 지키고 있으면서 적이 우리 지경에 근접하도록 하는 것은 제대로 된 계책이 아니다. 내가 마땅히 군사의 절반을 나누어 성 밖에 외진(外陣)을 칠 것이니, 너희들은 의당 있는 힘을 다하여 성을 지키다가 안팎으로 협공하면 성공할 수 있을 것이다."라고 하였지만, 그 실상은 도망하려는 것이었다.

군수 정담(鄭湛)·현감 변응정(邊應井) 등이 10리 밖에까지 나아가 적을 맞이하여 싸워서 적 10여 명의 머리를 베었는데, 사시(巳時: 오전 10시 전후)에서 오시(午時: 낮 12시 전후)까지 온 힘을 다하여 싸웠다.

해가 질 무렵에 대규모의 적이 기습해 들이닥치자, 군사들은 버텨내지 못하였고 정담과 변응정도 함께 죽었다. 군사들은 그래도 맞붙어 싸우며 물러나지 않자, 적은 금산으로 돌아가 주둔하였다.

錦山之賊, 長驅到熊峙[102], 直向全州[103]。監司李洸曰: "大軍入守

---

101 洽然(흡연): 매우 흡족하고 만족해하는 모양.

102 熊峙(웅치): 전라북도 진안군 부귀면 세동리 덕봉 마을에서 완주군 소양면 신촌리로

城中, 使賊近我境, 非計之得。我當分兵一半, 作外陣城外, 爾等宜竭力守城, 內外夾擊, 可以成功." 其實欲逃之也。郡守鄭湛[104]·縣監邊應井[105]等, 逆戰于十里外, 斬首十餘級, 自巳至午, 戰甚力。日將晡, 大賊奄至, 衆不能支, 湛·應井俱死。諸軍猶合戰不退, 賊還屯錦山。

○며칠 전에 변응성(邊應星)이 상소하여 말하기를, "지금 적이 북쪽으로 평안도에 이르렀고 동남쪽 수천 리에는 각각 군대를 주둔시켜 놓고서 지키고 있으니, 그 형세가 30만 명이 아니고서는 불가능하다는 것입니다. 작고 보잘것없는 소추(小醜: 倭)가 군사를 30만 명이나 출정시켰다면 그 나라는 필시 텅 비었을 것이니, 우리가 수군 사오만 명을 동원해 순풍에 배를 띄워 순식간에 도착할 수 있을 것인데 곧장 그 근거지를 무찌른다면 나머지 군사는 반드시 스스로 무너질 것입니다. 이는 손빈(孫臏)이 가까운 한(韓)나라를 구원하지 않고 곧

넘어가던 옛 고개.

103 全州(전주): 전라북도 중앙부에 위치한 고을.

104 鄭湛(정담, ?~1592): 본관은 盈德, 자는 彦潔. 무과에 급제한 뒤 여러 보직을 거쳐 1592년 김제군수로 나갔다. 임진왜란이 일어나자 의병을 모집하여 나주판관 李福男, 의병장 黃樸 등과 함께 錦山을 거쳐 全州를 공략하려는 왜군을 熊峙에서 육탄전으로 방어하다가 모두 전사하였다.

105 邊應井(변응정, 1557~1592): 본관은 原州, 자는 文淑. 1585년 무과에 급제하였다. 越松萬戶·선전관 등을 거쳐 해남현감으로 재직 중 임진왜란이 일어나자 관내의 소요를 진정시키는 한편, 격문을 돌려 의병을 규합하였다. 또 대군으로 침입한 적의 본토가 비어 있을 것을 들어 이를 공략하면 왜는 저절로 무너질 것이라고 주장, 일본 정벌을 상소하였다. 금산에서 趙憲과 합류하여 공격할 것을 약속하였으나 행군에 차질이 생겨 조헌이 전사한 뒤에 도착, 육박전으로 왜적과 싸워 큰 전과를 올렸으나 적의 야습을 받아 장렬히 전사하였다.

장 위(魏)나라로 달려간 것일 터인 데다, 진(秦)나라 왕전(王翦)이 초(楚)나라를 정벌할 때 군사 백만 명을 동원하여 나라를 텅 비워두고 가자 어떤 사람이 연태자(燕太子) 단(丹)에게 이르기를, '만일 군사를 동원하여 습격했다면 진(秦)나라를 격파하고 이전의 수치를 씻었을 것이며, 번오기(樊於期)도 죽을 필요가 없고 독항도(督亢圖)도 바칠 필요가 없었을 것입니다.'라고 한 것이니, 바라건대 살피소서."라고 하였다. 조정에서 상소의 말을 기이하게 여기면서도 채용하지는 않았다.

先數日, 邊應星[106]上疏曰: "今賊北至于平安道, 東南數千里, 各置兵屯守, 其勢非三十萬不能也。蕞爾[107]小醜, 兵出三十萬, 其國必空, 我舟師可得四五萬。便風揚帆, 瞬息可到, 直擣根本, 餘必自潰。此孫臏[108]不救韓, 而直走魏, 王翦[109]伐楚, 擧兵百萬, 空國而

---

106 邊應星(변응성, 1552~1616): 본관은 原州, 자는 機仲. 1579년 무과에 급제하였고, 강계 부사를 역임한 끝에 아버지의 상을 당하여 물러가 있었으나, 1592년 임진왜란이 일어나자 경주부윤에 임명되었다. 그러나 일본군이 먼저 경주를 점령하여 부임하지 못하고, 8월 가평 전투에서 적과 싸워보지도 않고 도망쳤다는 이유로 백의종군하였다. 이듬해 2월 柳成龍이 그의 죄를 변호하여 경기 방어사가 되었다. 利川府使가 되어서는 여주 목사 元豪와 협력하여 남한강에서 적을 무찔렀다. 1594년 광주·이천·양주의 산간에 출몰하는 土賊을 토벌하였다. 1596년 李夢鶴의 난이 일어났을 때는 용진과 여주 婆娑城을 수비하였다. 광해군 때에 훈련대장과 판윤에까지 승진하였다.

107 蕞爾(촬이): 작고 보잘것없음.

108 孫臏(손빈): 본명은 孫賓. 전설상의 천재 병법가인 귀곡 선생의 문하에서 가장 재능이 뛰어났던 수제자. 오왕 夫差의 軍師로 초나라를 정벌하는 데 큰 공을 세운 孫武의 후손이라고 알려져 있다. 魏나라가 韓나라를 치자 한나라에서 제나라에 구원을 요청했는데, 손빈은 바로 위나라 서울인 大梁으로 달려가서 치니 위나라의 대장 龐涓이 한나라 공격을 그만두고 자기 서울로 돌아가, 제나라가 한나라를 구원하게 되었다.

109 王翦(왕전): 중국 전국시대 秦나라의 장수. 趙나라와 楚나라 등을 점령해 秦나라의

去, 人謂燕太子丹, '若能擧兵襲之, 則秦可破, 恥可雪, 而於期不必死, 督亢不必獻.' 願察之." 朝廷奇其言, 而不能用。

○조헌(趙憲)은 고경명(高敬命)이 적에게 패하여 죽었다는 소식을 듣고 말하기를, "금산(錦山)의 적은 떨쳐 버릴 수 없는 근심거리로구나."라고 하고서, 글을 영규(靈圭)에게 보내었는데, 마침내 금산의 지경으로 나아가 머물 터이니 다음날 같이 공격하기로 약속하자는 것이었다. 이미 포진하도록 하였으나 온 천지에 비가 내리는 데다 진영(陣營)이 제대로 갖추어지지 않자, 영규가 조헌에게 말하기를, "병법에 유비무환(有備無患)이라고 하였는데, 진영을 아직 제대로 짓지 못하였으니 내일 싸우는 것은 불가합니다."라고 하니, 조헌이 마음속으로 한참 동안 생각하다가 말하기를, "이 적은 본디 우리의 상대가 아니나, 구태여 속히 싸우려는 것은 단지 충의가 격동한 것으로 날카롭고 굳센 기세를 타자는 것일 뿐이다."라고 하였다.

다음날 새벽에 적이 군사를 이끌고 먼저 나왔는데, 영규는 진영을 대충 완비하였지만 조헌의 군대는 지낼 곳도 없이 들판에 있었다.

천하통일에 큰 공을 세웠다. 秦나라 장군 王翦이 초나라를 무너뜨리고 왕전의 아들 王賁이 연나라를 공략하자, 연나라 태자 丹은 위험에 처하자 秦始皇帝를 암살하려고 위나라 출신의 자객 荊軻와 燕나라 장수 秦舞陽을 진나라에 보낸다. 樊於期는 진나라 장수로 진시황제의 출생의 비밀에 의혹을 제기하며 반란하여 진시황제의 공격을 피하여 연나라로 도망하였는데, 연나라는 진나라의 공격을 막으려고 협상을 시도하자 번오기의 수급을 가져오라고 한다. 이에 형가는 번오기의 수급을 가지고 진시황제와 접견한다. 시황제를 만난 형가는 시황제에게 督亢圖를 보여주며 지도 안에 숨겨둔 비수로 공격하려고 하였으나 실패했다. 진시황제는 형가의 암살 사건을 계기로 연나라를 공격해 연왕 喜와 태자 丹은 요동으로 도망했다.

적이 몰려오자, 군사들이 크게 고함치며 짧은 병장기를 가지고서 서로 교전하여 상당수를 죽이거나 상처를 입혔다. 그러나 적군이 시간이 지날수록 더욱 많이 들이닥치자, 조헌의 군대가 적을 보고 잠시 물러났다가 마침내 영규의 진영으로 옮겨 들어갔다. 적군이 조헌 군대의 뒤를 따라서 기회를 틈타 들어오자, 군사들이 마침내 크게 혼란스러웠으나 맨주먹으로 적을 때려잡고 싸우면서 조금도 기가 꺾이지 않았다.

얼마 지나지 않아서 조헌은 난병(亂兵)에게 죽임을 당했는데, 어떤 이가 영규에게 이르기를, "조헌 의병장이 죽었습니다. 그런 가운데 적이 더욱 많이 들이닥치고 있으니, 이곳을 떠나는 것이 좋겠습니다."라고 하자, 영규가 크게 호통을 치며 말하기를, "죽게 되면 죽으면 그만이지 어찌 혼자만 살 수 있겠는가?"라고 하였다. 종일토록 힘을 다하여 싸우다가 영규의 군대 또한 죽었고 모든 군사들도 다 죽었으니, 감히 달아나 살려고 하는 자가 없었다. 적도 이날 밤에 달아나 경상도로 향했다.

이때부터 적이 감히 다시는 호남을 침범하지 못하였는데, 아마도 기가 크게 꺾였기 때문일 것이다. 조헌이 의병을 일으켰을 때 원근에서 모두 말하기를, "조헌이 의병을 일으켰으니, 어찌 적이 평정되지 않으리라 걱정하겠는가?"라고 하였다. 이를테면 평안도·황해도의 백성들로 깊은 마을과 궁벽진 곳에 살고 있으면서 비록 평소 일찍이 보거나 알지 못하던 자들도 모두 말하기를, "이 사람이 일찍이 작도(斫刀)를 들고 대궐 아래 엎드렸던 자인가? 사람들이 모두 이 사람이야말로 진짜 충신이라 하였는데, 충신이 의병을 일으켰으니 적이야 평정할 수 있을 것이다."라고 하였다.

이때에 이르러 조헌이 적에게 패하여 죽자, 조정에서 이조 참판(吏曹參判)을 증직하였다. 영규는 청주에서 적을 격파하고 오래지 않아 금산에서 죽었는데, 조정에서 하사한 비단옷 등의 물건이 중도에서 돌아오고 말았다.

이때 감사(監司) 이광(李洸)은 한쪽 구석에 물러나 있으면서 사람의 공이나 허물을 상달(上達)하지 않았으니, 고경명 등의 죽음도 조정에서는 모두 다른 사람을 통해 들었다.

趙憲聞高敬命敗死, 曰: "錦山之賊, 腹心之疾[110]也." 移書靈圭, 遂進次其境, 期朝日[111]共擊之。令旣布, 天下雨, 營陣未具, 靈圭謂憲, 曰: "兵有備無患, 作營未畢, 明日不可戰." 憲心思良久, 曰: "此賊本非我敵, 欲區區[112]速戰者, 徒以忠義之激, 乘士氣之銳也." 翌曉, 賊引衆先出, 靈圭作營粗完, 憲軍露立於野。賊遂薄之, 諸軍大呼合戰, 短兵相交, 殺傷相當。賊兵久而益至, 憲軍見賊暫退, 遂移入靈圭陣。賊從後乘之, 諸軍遂大亂, 赤手搏戰, 猶不少挫。未幾, 憲爲亂兵所殺, 或謂靈圭, 曰: "趙義將死矣。賊益至, 不如去之." 靈圭大呼曰: "死則死耳, 豈可獨生?" 鏖戰[113]終日, 靈軍亦死, 諸軍盡死, 無敢退生者。賊於是夜, 遁向慶尙道。自是, 賊不敢復犯湖南, 蓋大挫也。憲起之日, 遠近皆曰: "趙憲起矣, 何患賊不平?" 如

110 腹心之疾(복심지질): 떨어버릴 수 없는 걱정과 근심. 제어하기 어려운 外患.
111 朝日(조일): 明日의 오기.
112 區區(구구): 보잘것없음. 떳떳하지 못하고 구차스러움.
113 鏖戰(오전): 많은 사상자를 낸 큰 싸움. 적을 모조리 죽일 때까지 힘을 다하여 싸움.

平安·黃海之民, 在深村僻巷, 雖平日未嘗見而知者, 皆曰: "此嘗持斫刃伏闕下者乎? 人皆謂此人眞忠臣, 忠臣起兵。賊可平矣." 至是敗歿, 朝廷贈吏曹參判。靈圭破淸州, 未久, 死於錦山, 朝廷所賜段衣等物, 中道而還。是時, 監司李洸, 縮在一隅, 人有功辜, 不以上聞, 敬命等之死, 朝廷皆因人以聞。

○윤근수(尹根壽)는 왕명을 받들고 압록강을 건너 장차 동 총병(佟摠兵: 佟養正)을 관전보(寬奠堡)에서 만나보려 했는데 길에서 총병을 만났다. 총병이 말하기를, "지금 성지(聖旨: 황제 교지)를 받들어 보았는데, '조선 국왕(朝鮮國王)이 이미 왜적에게 핍박을 받아 내부(內附: 귀순)하기를 원하니, 짐(朕)은 작은 나라를 구휼하는 인덕(仁德)을 생각하건대 의리상 거절할 수가 없다.'라고 하였소. 관전보에 먼저 가옥을 마련하고서 역원(役員) 10명을 거느렸다가 곧 압록강을 건너는 날에 영접하여 머무르시게 하고 마음을 다하여 호위(護衛)하오. 하루에 채소, 은 4냥, 돼지·양 각 1마리, 면(麵)·반(飯) 등의 물건은 풍족하도록 힘쓰되 모자라서 근심하고 괴로워하지 않도록 하오. 종관(從官: 시종하는 관원)과 인역(人役: 하인)은 합하여 100명, 부인은 20명만을 데리고 건너도록 하고 혼잡하거나 그르침이 없도록 하오."라고 하였다. 윤근수는 돌아와서 이것을 아뢰었다.

尹根壽, 承命渡鴨綠江, 將見佟摠兵于寬奠堡, 道逢摠兵。摠兵曰: "今奉聖旨, '朝鮮國王, 旣薄於賊, 願乞〈內附〉, 朕念恤小之仁, 義不可拒.' 着寬奠堡, 先具房屋, 率役十員名, 卽於渡江〈之日〉, 迎接留下, 悉心保存。一日菜蔬·銀四錢, 猪羊各一口, 麵飯等物, 務使豐足, 毋得缺乏愁惱。從官及人役, 共通百名, 婦人二十名, 只許從渡, 勿令混擾致悟[114]." 根壽歸啓之。

○김천일(金千鎰)과 최원(崔遠)이 장계를 올려 아뢰기를, "신(臣) 등이 와서 고경명(高敬命)·조헌(趙憲) 등과 병력을 합쳐 나아가 싸우기로 약속했는데 이제 그들은 이미 죽었습니다. 신(臣) 등이 오랫동안 수원(水原)의 텅 빈 들판에 주둔하고 있으면서 고립되어 도움을 받을 데가 없는 군대로서 홀로 버틸 수가 없습니다. 듣건대 도성(都城) 부근의 의병이 모두 강화(江華) 등지로 모였고 선박 또한 많다고 하니, 합세하면 큰일을 할 수 있을 것입니다. 이제 군사들을 강화로 옮겨 오래 주둔하려는 계책으로 삼을까 합니다."라고 하였다.

金千鎰·崔遠, 啓曰: "臣等之來, 約與高敬命·趙憲等, 合兵進戰, 今已死矣。臣等久駐水原曠野之中, 孤軍無援, 不可獨立。聞畿輔[115]義兵, 皆聚江華等處, 舟船亦多, 可以合勢有爲。今者, 移兵江華, 以爲久駐之計."

○이때에 우성전(禹性傳) 또한 강화(江華)·인천(仁川) 등지에서 의병을 일으켰는데 군대의 형세가 자못 성하였다. 조정에서 우성전을 대사성으로 승진시켜 적을 토벌하는데 힘쓰게 하였다.

時禹性傳[116], 亦起兵於江華·仁川等處, 軍勢頗盛。朝廷陞性傳

---

114 致悟(치오): 致誤의 오기.

115 畿輔(기보): 畿內. 도성 부근.

116 禹性傳(우성전, 1542~1593): 본관은 丹陽, 자는 景善, 호는 秋淵·淵庵. 1561년

大司成，勉令討賊。

○적이 해주(海州)를 점거하고 장차 연안(延安)으로 진격하려고 하니, 연안의 사람들은 모두 세간을 지고 메고 서있다가 전 참의(前參議) 이정암(李廷馣)이 개성부(開城府)에서 이르렀다는 말을 듣게 되자 마침내 맞아들이며 말하기를, "영공(令公)께서 만약 우리들을 위하여 이 연안성을 지킨다면, 우리들 또한 마땅히 죽음으로 지키겠습니다."라고 하였다. 이정암이 마침내 무사(武士) 4백여 명을 뽑고 성안의 사람으로 약 수천 명과 함께 밤낮으로 성을 수리하여 방어할 계책을 세웠다.

그 일이 대충 끝났을 때, 적이 군사를 이끌고 들이닥쳤다. 성안의 사람들이 이정암에게 이르기를, "우리들이 죽을 힘을 다하는 것은 영공(令公)을 위한 것이이요, 영공께서 이 성을 나가지 않는 것은 우리들을 위한 것입니다. 지금 적이 이미 가까이에 들이닥쳤는데, 영공의 마음이 만일 털끝만치라도 굳건하지 않으면 성안에 있는 수천 명의 목숨을 모두 앗아 보내는 것입니다."라고 하니, 이정암이 말하기를, "너희들은 아직도 나를 믿지 못하느냐?"라고 하였다. 마침내 사람들

진사가 되고, 1564년 성균관유생들을 이끌고 요승 普雨의 주살을 청원하기도 하였다. 1568년 증광문과에 급제하고, 예문관 검열·봉교·수찬 등을 거쳐 1576년 수원현감으로 나갔다. 1583년에 應敎가 되고, 뒤에 여러 번 舍人을 지냈다. 1591년 서인 鄭澈의 黨이라 하여 북인에게 배척되고 관직을 삭탈당하였다. 1592년 임진왜란이 일어나자 풀려나와 경기도에서 의병을 모집해 軍號를 '秋義軍'이라 하고, 소금과 식량을 조달해 난민을 구제하였다. 또한 강화도에 들어가서 金千鎰과 합세해 전공을 세우고, 강화도를 장악해 남북으로 통하게 하였다. 병선을 이끌어 적의 진격로를 차단했으며, 權慄이 수원 禿城山城에서 행주에 이르자 의병을 이끌고 지원하였다.

에게 초가집 하나를 성안의 가장 높은 곳에 세워 사면에 땔나무를 쌓도록 하고서 영을 내리기를, "성을 지키지 못하여 함락되거든 너희들은 신속히 이곳에 불을 질러라. 나는 마땅히 그 불에 타 죽을 것이다."라고 하자, 백성들이 모두 말하기를, "영공께서 만약 이와 같이 하신다면 우리들 또한 마땅히 죽겠습니다."라고 하였다.

적이 병력을 나누어 성 밑으로 바싹 가까이 다가와서 죽음을 무릅쓰고 공격해 올라오자 성 위에서 화살과 돌이 빗발처럼 쏟아졌는데, 늙은이는 연달아 돌을 던지고 여자들은 끓는 물을 쏟아부었다. 적이 사다리를 타기도 하고 목판을 쓰거나 시신을 머리에 이거나 해서 성에 가까이 와 흙을 쌓으며 개미처럼 기어올라 왔는데, 성안에서는 묶은 불다발을 던지니 연기가 자욱하였다. 이에 적이 올라갈 수 없게 되자 또 성 밖에다 3층집을 짓고서 성안을 굽어보며 탄환을 쏘아대었는데, 성안에서는 또한 판자집을 사면에서 마주 서도록 세웠다. 적은 밤낮으로 번을 나누어 교대로 침입하며 온갖 계책으로 공격하였지만 성안에서는 또한 그때그때에 따라 대응하였다.

크게 싸운 지 5일 만에 적은 포위를 풀고 가자, 성안의 사람들이 말하기를, "적들은 여러 부대로 나누어 번갈아 싸워서 휴식할 시간이 있었으나, 우리들은 밤낮으로 죽을 힘을 다해 싸우느라 눈도 붙이지 못하여 기력이 거의 다 되어 갔었는데, 잠시라도 하루 밤낮만 늦추어 떠났더라면 어찌 막아낼 수 있었겠는가? 영공(令公)의 충의에 감동되지 않았으면 우리들은 이미 총알을 맞아 귀신이 되었을 것이다."라고 하였다.

이때부터 적은 배천(白川)에서 하룻길이 되는 곳을 점거하고도 다시는 연안(延安) 지경을 짓밟지 못한 것은 아마도 꺼리는 바가 있어서였을 것이다. 강화(江華)를 경유하여 연안으로 건너가면 서쪽으로는 임금의 행재소에 닿고 남쪽으로는 호남(湖南)·호서(湖西)와 통하게 되었으니, 모두 연안을 지켜 보호한 덕분이었다. 조정에서는 특별히 이정암의 품계를 가선대부(嘉善大夫)에 승진시켰으며, 세자는 교서를 내려 초토사(招討使)라 칭하였고 얼마 되지 아니하여 순찰사(巡察使)라 칭하였다.

賊據海州[117], 將進攻延安[118], 延安人民, 率皆荷擔而立, 及聞前參議李廷馣, 自開城府至, 遂迎入曰: "令公若爲我等守此城, 我等亦當死守." 廷馣遂得武士四百餘名, 共成中人[119]約數千, 晝夜治城, 爲防守計。粗完。賊引兵至。城中人謂廷馣, 曰: "我等之盡死力, 爲令公也, 令公之不出去, 爲我等也。今賊已迫, 令公心若一毫不堅, 城中數千名[120], 皆斷送矣." 廷馣曰: "爾等尙猶未信我耶?" 遂令人建一草屋於城中高絶處, 四面積薪, 下令曰: "城不守, 爾等速火此。我當死於火." 民咸曰: "令公若如此, 我等亦當死." 賊分兵進薄城下, 冒死仰攻, 城上矢石如雨, 老者運石以投之, 婦人汲水以灌之。賊或乘雲梯[121], 或冒木板或頂尸, 攀城[122]築土, 蟻附而上, 城

---

117 海州(해주): 황해도 남부에 있는 고을. 동·서·북쪽은 벽성군에 둘러싸여 있으며, 남쪽은 황해에 면하고 있다.

118 延安(연안): 황해도 남동부에 있는 고을. 동쪽은 배천군, 서쪽은 청단군, 북쪽은 봉천군, 남쪽은 황해 경기만에 접한다.

119 成中人(성중인): 城中人의 오기.

120 名(명): 命의 오기.

121 雲梯(운제): 성을 공격할 때 사용하던 높은 사닥다리.

122 攀城(반성): 犯城의 오기인 듯.

中束火投之，烟氣大盛。賊不能登，又於城外，起三重屋，俯視城中，放鐵丸，城中又建板屋，四面對起。賊晝夜分番迭入，百計攻之，城中亦隨機應之。大戰五日，賊解圍而去，城中人少[123]：“賊衆分運[124]而戰，有休息之時，而我輩晝夜苦戰，目不交睫，氣力垂盡，少遲一晝夜，安得抵當？非令公忠義所感，我輩已爲丸下鬼.” 自此賊據白川[125]一日程， 更不躡延安之境， 蓋有所憚也。由江華渡延安，西達于行在，南通于兩湖，皆延安保障之力也。朝廷特陞廷馣嘉善，世子賜教書，稱以招討使，尋稱巡察使。

---

123 少(소)：曰의 오기.

124 分運(분운)：여러 부대로 나눔.

125 白川(배천)：황해도 남동부에 있는 고을. 동쪽은 예성강 건너 황해북도 금천군·개풍군, 서쪽은 연안군, 북쪽은 봉천군, 남쪽은 한강과 예성강을 사이에 두고 인천광역시 강화군 교동도와 마주한다.

기재잡기 권8

◎

임진일록壬辰日錄 4

만력 20년 9월부터 12월에 그쳤는데, 대체로 4개월이 된다.
起萬曆二十年九月, 盡十二月, 凡四朔

9월

밀양 부사(密陽府使) 박진(朴晉)은 적변이 발생하던 초기에 전공(戰功)이 있었는데, 마침내 좌병사(左兵使)로 승진하여 군사를 이끌고 나아가 영천(永川)의 적을 공격하다가 적의 기습을 받아 겨우 몸만 빠져나왔다.

그 뒤에 신녕(新寧) 사람인 권응수(權應銖)가 의병 1천여 명을 나누어 사람마다 한 묶음의 땔나무를 가지고서 밤을 틈타 나아가 영천의 적을 공격하며 바람을 따라 불을 질렀는데, 적이 크게 궁지에 몰려 불길을 무릅쓰고 포위를 뚫고서 나오려 하였다. 아군이 어지럽게 화살을 쏘아대니, 적이 나올 수가 없었다. 수천의 적이 죄다 불에 타 죽었고, 남은 자도 벼랑에서 떨어져 물에 빠져 죽었으니 이루 다 기록할 수가 없었다. 시체썩는 냄새가 길을 덮어 사람들이 감히 가까이 가지 못했다. 그리하여 권응수를 절충장군(折衝將軍) 조방장(助防將)으로 발탁하였다.

九月

密陽府使朴晉, 於賊變初, 有戰功, 遂陞爲左兵使, 率兵進攻永川[1], 爲賊所襲, 僅以身免。其後, 新寧[2]人權應銖[3], 分兵千餘, 人人

---

1 永川(영천): 경상북도 남동부에 있는 고을. 동쪽은 포항시·경주시, 서쪽은 대구·군위군·경산시, 남쪽은 경산시·청도군, 북쪽은 군위군·청송군·포항시와 접한다.

2 新寧(신녕): 경상북도 영천시에 있는 고을. 동쪽은 노고산을 경계로 화산면, 서쪽

持一束薪，乘夜進攻永川，因風縱火，賊大窘，冒火突圍而出。我軍亂射之，賊不能出。數千之賊，盡被燒死，餘者或投崖溺死，不可勝記。屍臭擁道，人不敢近。擢應銖折衝將軍助防將。

은 팔공산의 연봉을 사이에 두고 군위군, 남쪽은 팔공산의 연봉을 사이에 두고 청통면·대구광역시, 북쪽은 화산 등을 경계로 군위군에 접한다.

3 權應銖(권응수, 1546~1608): 본관은 安東, 자는 仲平, 호는 白雲齋. 경상북도 영천 신녕 출신. 아버지는 權德臣이다. 1583년 별시무과에 급제, 修義副尉權知를 거쳐 訓鍊院副奉事로서 의주 용만을 지켰으며, 그 뒤 경상좌수사 朴泓의 막하에 있다가 1592년 임진왜란이 일어나자 고향에 돌아가 의병을 모집하여 궐기했다. 이 해 5월부터 활동을 전개해 여러 곳에서 전과를 올리고, 6월에 경상좌도병마절도사 朴晉의 휘하에 들어갔다가 7월에 각 고을의 의병장을 규합해 의병대장이 되었다. 이 무렵 영천에 있던 적군은 신녕·안동에 있던 적군과 연락하면서 약탈을 일삼고 있었기 때문에, 이를 공격할 계획을 세우고 7월 14일 적을 朴淵에서 치고, 22일에는 召溪·沙川까지 추격해 격파했다. 한편 이날 군세를 정비하고 영천성 공격을 위해 선봉장에 洪天賚, 左摠을 申海, 右摠을 崔文柄, 中摠을 鄭大任, 別將을 金潤國으로 삼았다. 25일 군사를 동원해 공격을 시작하고 26일에는 결사대원 500명을 뽑아 적진으로 돌격해 크게 격파했다. 다음 날에는 火攻으로 대승, 영천성을 수복했다. 그 뒤 신령·의흥·의성·안동의 적은 모두 한 곳에 모였고, 영천의 적은 경주로 후퇴하였다. 그 공으로 경상좌도병마절도사우후가 되었다. 그 뒤 좌병사 박진의 휘하에 들어가 8월 20일 제2차 경주탈환전의 선봉으로 참가했으나 패전했다. 12월에는 좌도조방장으로 승진했다. 1593년 2월에는 순찰사 韓孝純과 함께 7군의 군사를 합세해 문경 唐橋에서 적을 대파하고, 25일에는 山陽塔前에서 적병 100여 명의 목을 베는 등 큰 전과를 올렸다. 이어 좌도병마절도사가 되었다. 4월에 안동의 慕恩樓 밑에서 적을 크게 격파한 다음 九潭까지 추격해 적 100여 명을 사살했고, 7월에는 밀양의 적을 격파했다. 9월에는 좌도방어사로 특진되었다. 1594년 정월에는 경상도병마좌별장이 되고, 4월에는 黃龍寺 부근에서 적을 격파했다. 7월에는 충청도방어사를 겸직하고 李思命의 군사를 대신 거느리고 은진현감 李穀과 함께 倉巖에서 가토[加藤淸正]군을 대파했다. 1595년 정월에는 경상좌도방어사를 겸했고, 4월에는 兄江에서 적을 대파했다. 1597년 9월 정유재란 때 관찰사 李用淳, 병마절도사 金應瑞와 같이 달성까지 추격했다. 11월에는 왕명으로 명나라의 副總兵 解生을 따라 함경·강원 兩路의 병을 거느렸다. 經理인 楊鎬와 麻貴를 따라 1·2차 울산 전투에 참가했다.

○지휘(指揮) 황응양(黃應暘)이 와서 말하기를, "나는 바로 석 노야(石老爺: 명나라 병부 상서 석성)가 보낸 사람이오. 응당 직접 적의 진영으로 들어가 형세를 자세히 살펴야 하니, 모름지기 대신(大臣) 한 분과 함께 가야 하겠소."라고 하였다.

주상이 친히 용만관(龍灣館)에 가서 만나니, 황응양이 말하기를, "귀국은 비록 작은 나라일지라도 평소 부강하다고 일컬어졌는데, 하루아침에 도성(都城)을 떠나 이곳으로 온 것은 무슨 까닭입니까? 우리 조정에서 어떤 사람은 구해야 한다 하고 어떤 사람은 구하지 않아야 한다고 하니, 아마도 귀국의 정세나 형편을 알지 못하기 때문일 것입니다. 석 노야(石老爺)가 나에게 이르기를, '그대가 곧장 적의 진영에 가서 염탐해 보면 조선의 사정이나 형편을 알 수 있을 것이다.'라고 하셨는데, 내가 온 것은 실로 이 때문입니다."라고 하자, 주상이 통곡하며 말하기를, "지난해에 일본에서 사람을 보내어 함께 상국(上國: 명나라)을 침범하자고 하였지만 대의(大義)를 들어서 거절하였소. 그 뒤에 또 보내와서 말하기를, '청컨대 우리에게 길을 빌려주면 요동으로 쳐들어 갈 것이다.'라고 하였지만 또한 거절하였소. 그리고 즉시 그간에 있었던 적의 동향을 두루 갖추어 천조(天朝: 명나라)에 주문(奏文)으로 아뢰었소. 이 적이 우리 백성을 도살하고 우리 종묘사직을 불태우니 원한이 골수에 사무쳐서 의리상 함께 살 수가 없는데, 어찌 원수를 잊고 원한을 풀어버리고서 또 함께 상국(上國: 명나라)을 범하려는 계획을 세울 수가 있겠소? 소방(小邦)의 임금과 신하가 도망하여 이곳에 온 것은 단지 그간의 곡절을 자세히 알려 평소에 상국을 섬긴 정성을 밝히려는 것일 뿐이오. 심지어 이내 작은 정성을 미처 밝히기도 전에 차마 들을 수 없는 말을 듣게 되었으니, 마땅히 압록강에 몸을 던져 죽어서 이 마음을 표해야겠소."라고 하자, 상하가 모두 목 놓아 통곡하였다.

황 지휘(黃指揮: 황응양)가 주상의 손을 잡은 뒤 가슴을 치고 울며 말하기를, "지금 들은 이 말씀은 바로 마음속 깊이 우러나온 정성스럽고 참된 말씀입니다. 천조(天朝: 명나라)가 만약 구원하지 않는다면, 충의(忠義)로운 동한(東韓)이라는 나라가 원통함을 덮어버리는 데서 벗어나지 못하게 하는 것입니다. 내가 굳이 직접 적진 속에 가야 할 필요가 있겠습니까? 조선의 사정은 이미 모두 알았습니다."라고 하고는 그날로 돌아갔다.

그 뒤에 우리나라 사신이 병부(兵部)에 이르렀는데, 병부에 있던 사람이 말하기를, "황응양이 그대의 나라에서 돌아온 뒤로 날마다 병부에 와서 석 노야(石老爺)를 뵈었는데, 나갈 때면 수레를 붙잡고 통곡하며 구원해야만 하는 정상을 극구 말하니 석 노야 또한 눈물을 흘렸소. 군대를 출동하는 일은 비록 석 노야가 처음부터 주장하였다 하더라도 또한 황응양의 힘이 적지 않았소."라고 하였다.

指揮黃應暘[4], 來言: "俺乃石老爺所遣人。就當親入賊營, 諦觀[5]形勢, 須得一大臣偕行." 上親見于龍灣館, 黃曰: "貴國雖少, 素稱富强, 一朝播越至此, 是何故耶? 朝廷, 或言可救, 或言不可救, 蓋不知貴國情形故也。石爺謂俺, 曰: '汝直到賊營探視, 則朝鮮情狀, 亦可知也.' 俺之來, 實爲此也." 上痛哭曰: "先年, 日本遣人,

---

4 黃應暘(황응양): 명나라의 장수. 遼東都指揮使를 지냈다.

5 諦觀(체관): 상세히 살핌.

欲與同犯上國, 遂擧大義以絶之。其後, 又來言: '請假道于我, 以入遼.' 又絶之。卽將前後賊情, 具奏天朝。此賊屠殺我生民, 焚燒我宗廟, 怨入骨髓, 義不共生, 豈忍忘讎釋怨, 又共爲犯上之計乎? 小邦君臣, 奔竄到此, 只欲洞陳曲折, 以明平日事大之誠而已。至於微誠未白, 致有不忍聞之說, 當投死鴨綠江, 以表此心." 上下皆放聲大哭。黃指揮執上手, 撫膺哭曰: "今聞此言, 乃心肝誠實之言也。天朝若不救, 則使東韓忠義之邦, 未免爲覆盖[6]之冤。我何必親往賊中? 朝鮮事情, 已盡知矣." 卽日遂還。其後, 我國使臣, 到兵部, 兵部人曰: "黃應暘, 還自爾國之後, 逐日到兵部, 見石爺, 出則攀轅[7]痛哭, 極陳可救之狀, 石爺亦垂涕。發兵之擧, 雖石爺自初主張, 亦黃之力爲不少."云。

○조정에서 이광(李洸)이 4월에 군사를 일으켜 공주(公州)에 이르렀다가 대가(大駕)가 경성(京城)을 떠났다는 말을 듣고 허락 없이 군사를 파하여 돌아갔으며, 오래지 않아 다시 용인(龍仁)에서 패하여 또한 전주(全州)를 버리고 자신의 안전을 도모하는 계책으로 삼으려 하였으니 신하 된 자의 의리를 크게 잃은 것이라고 하였다. 주상이 그를 잡아다 치죄(治罪)하도록 하였다.

朝廷, 以李洸於四月起兵, 到公州, 聞大駕出京, 無端罷兵而去, 未久又敗於龍仁, 又棄全州, 欲爲自全之計, 大失人臣之義。上命拿治之。

---

6 覆盖(복개): 가림. 덮음.

7 攀轅(반원): 수레끌채를 붙잡고서 못 가게 만류하는 것.

○윤두수가 입대(入對)하여 아뢰기를, "광주 목사(光州牧使) 권율(權慄)은 기개도 있고 도량도 있어 장수의 재목이니 전라 감사(全羅監司)로는 이 사람이 아니면 안 됩니다."라고 하니, 마침내 권율을 순찰사로 삼았다.

尹斗壽入對, 言曰: "光州牧使權慄[8], 有氣骨, 有度量, 將帥材, 全羅監司, 非此人不可." 遂以慄爲巡察使。

○전 판서(前判書) 김응남(金應南)을 정주(定州)의 수성장(守城將)으로 삼고서 배가 왕래하는 길을 겸하여 관리하도록 하였다.

전란 초에 김응남이 그의 어머니가 죽었다는 소식을 듣고 전장(戰

---

8 權慄(권율, 1537~1599): 본관은 安東, 자는 彦愼, 호는 晩翠堂·暮嶽. 1582년 식년문과에 급제했다. 임진왜란이 일어나 수도가 함락된 후 전라도순찰사 李洸과 防禦使 郭嶸이 4만여 명의 군사를 모집할 때, 광주목사로서 곽영의 휘하에 들어가 中衛將이 되어 북진하다가 용인에서 일본군과 싸웠으나 패하였다. 그 뒤 남원에 주둔하여 1,000여 명의 의용군을 모집, 금산군 梨峙싸움에서 왜장 고바야카와 다카카게[小早川隆景]의 정예부대를 대파하고 전라도 순찰사로 승진하였다. 또 북진 중에 수원의 禿旺山城에 주둔하면서 견고한 진지를 구축하여 持久戰과 遊擊戰을 전개하다 우키타 히데이에[宇喜多秀家]가 거느리는 대부대의 공격을 받았으나 이를 격퇴하였다. 1593년에는 병력을 나누어 부사령관 宣居怡에게 시흥 衿州山에 진을 치게 한 후 2800명의 병력을 이끌고 한강을 건너 幸州山城에 주둔하여, 3만 명의 대군으로 공격해온 고바야카와의 일본군을 맞아 2만 4000여 명의 사상자를 내게 하며 격퇴하였다. 그 전공으로 도원수에 올랐다가 도망병을 즉결처분한 죄로 해직되었으나, 한성부판윤으로 재기용되어 備邊司堂上을 겸직하였고, 1596년 충청도 순찰사에 이어 다시 도원수가 되었다. 1597년 정유재란이 일어나자 적군의 북상을 막기 위해 명나라 提督 麻貴와 함께 울산에서 대진했으나, 명나라 사령관 楊鎬의 돌연한 퇴각령으로 철수하였다. 이어 順天 曳橋에 주둔한 일본군을 공격하려고 했으나, 전쟁의 확대를 꺼리던 명나라 장수들의 비협조로 실패하였다. 임진왜란 7년 간 군대를 총지휘한 장군으로 바다의 이순신과 더불어 역사에 남을 전공을 세웠다. 1599년 노환으로 관직을 사임하고 고향에 돌아갔다.

場)으로 가서 복수할 계획이라며 상소하기에 이르렀지만 어머니가 그대로 살아 있음을 나중에야 비로소 알았다. 조정에서 마침내 정주를 중도(中道)의 거진(巨鎭)으로 여겨 김응남에게 성안의 병장기를 수리하고 서남쪽의 뱃길을 아울러 살피게 한 것이었다. 대체로 천조(天朝: 명나라)가 군대 동원의 기약을 미처 정해 놓지 않으니, 적의 형세가 만약 시급하면 항해하여 호남으로 향하려는 계획이었다.

以前判書金應南, 爲定州守城將, 兼理舟船往來之路。初應南聞母死, 至上疏請往爲復讎計, 久始知母尙存。朝廷遂以定州, 爲中道巨鎭, 使應南繕修城機, 兼察西南船道。蓋天朝發兵, 未有定期, 賊勢若急, 欲爲航海, 向湖南之計也。

○비변사에서 아뢰기를, "이조 좌랑(吏曹佐郎) 허성(許筬)은 애초에 군사들을 불러 모으라는 명을 받았으나, 군사 한 명조차도 모집하거나 한 가지 일조차도 조처하지 못했으면서 지금에서야 거만하게 복명(復命: 일처리 결과 보고)하니, 어찌 신하 된 자가 명을 받고 직분을 다한 도리겠습니까? 청컨대 파직하여 그 죄를 응징하소서."라고 하니, 주상이 윤허하였다.

備邊司啓曰: "吏曹佐郎許筬, 初受召募之命, 未有募一軍·措一事, 而今乃偃然復命, 豈人臣受命盡職之道乎? 請罷職以懲其罪." 上允之。

○세자가 이천(伊川)에 있었는데, 강원 감사(江原監司) 류영길(柳永吉)이 적을 피하여 영동(嶺東)에 가 있어 영접할 수 없으리라는 말을

듣고서 상중(喪中)이라도 강신(姜紳)을 벼슬에 나오도록 하여 그와 대체하고자 조정에 제수할 수 있도록 명을 청하니 마침내 이를 그대로 따랐다.

애초에 조정에서 사대부의 처자식이 적을 피하여 산골짜기 속으로 갔다가 굶어 죽은 자가 많다는 것을 들었는데, 강원도(江原道)가 가장 심하자 마침내 진휼(賑恤)하여 굶어 쓰러지지 않도록 하라는 유시(諭示)를 내렸다. 류영길이 고집하여 옳지 못하다고 하며 말하기를, "사람마다 기쁘게 할 수 있으려면 날마다 일삼아도 또한 하지 못할 것인데, 관가의 곡식으로 사사로운 은혜를 베푸는 것은 하지 못하겠소."라고 하니, 이성중(李誠中)이 말하기를, "급암(汲黯)은 조령(詔令)을 고치면서까지 창고를 열었거늘 류영길은 조서(詔書)를 미루어 두고서 곡식을 나누어 주지 않고 막으니, 저는 참으로 무슨 마음이며 이는 참으로 무슨 마음인가?"라고 하였다.

世子在伊川，聞江原監司柳永吉[9]，避賊在嶺東，未有迎接之事，遂起復[10]姜紳[11]代之，請命於朝廷，遂從之。初朝廷聞士大夫妻子，

---

9 柳永吉(류영길, 1538~1601): 본관은 全州, 자는 德純, 호는 月峰. 柳永慶의 형이다. 1559년 별시 문과에 장원급제하였으며, 부수찬·정언·병조 좌랑·헌납 등을 거쳐 1565년에 평안도 도사가 되었다. 1589년 강원도 관찰사·승문원 제조를 지냈다. 1592년 임진왜란 때 강원도 관찰사로 춘천에 있었다. 이때 조방장 元豪가 여주 甓寺에서 왜군의 도하를 막고 있었는데, 檄書를 보내어 본도로 호출함으로써 적의 도하를 가능하게 하는 실책을 범하였다. 1593년 도총관·한성부 우윤을 역임하고, 다음해 賑恤使가 되었다. 1597년 정유재란이 일어나자 호군·연안부사가 되고, 2년 뒤 병조참판·경기도 관찰사를 역임하였으며 1600년 예조참판으로 치사하였다.

10 起復(기복): 喪中에는 벼슬을 하지 않는 것이 관례로 되어 있으나 국가의 필요에 의해 상제의 몸으로 상복을 벗고 벼슬자리에 나오게 하는 일.

11 姜紳(강신, 1543~1615): 본관은 晉州, 자는 勉卿, 호는 東皐. 1567년 수석으로

避賊山谷中, 多餓斃者, 江原道最甚, 遂諭令賑恤, 勿致顚仆。永吉, 執以爲不可, 曰: “人人而悅之, 日亦不足, 以官穀施私惠, 不爲也.” 李誠中曰: “汲黯[12]矯詔發倉, 永吉格詔閉糴, 彼誠何心? 此誠何心?”

○경상 우병사(慶尙右兵使) 조대곤(曺大坤)이 변란 초기에 늙고 겁이 많아 먼저 도망갔는데, 함안 군수(咸安郡守) 유업인(柳業仁: 柳業仍의 오기인 듯)이 전공(戰功)을 세운 바가 있어서 마침내 병사(兵使)로 승진되었으나, 얼마 되지 않아 진주(晉州)가 포위 당하는 소식을 듣고 구하러 가다가 길에서 적을 만나 싸우다 패하여 죽었다.

이때 대거 적이 와서 진주를 포위하였는데, 목사(牧使) 이경(李璥)이 병으로 죽는 바람에 판관(判官) 김시민(金時敏)과 곤양 군수(昆陽郡守) 이광악(李光岳) 등이 밤낮으로 어렵게 싸웠다. 적은 병력을 나누어 6개의 진영(陣營)으로 만들고서 다시 앞으로 나아와 번갈아 출현하기

진사가 되고, 1577년 별시 문과에 장원으로 급제하였다. 1589년 問事郎으로 鄭汝立 獄事의 처리에 참여하여 공을 세우고 晉興君에 봉해졌다. 이조낭관·홍문관직을 역임하고, 1592년 승지로 있다가 임진왜란이 일어난 뒤 강원도 관찰사로 임명되었고, 다시 강원도 순찰사를 거쳐 1594년 도승지, 1596년 西北面巡檢使와 대사간을 역임하였다. 정유재란 때 명나라 군사와 함께 왜군을 격퇴한 뒤에 1602년 경기도 관찰사, 1609년 우참찬, 이듬해 좌참찬을 역임했다.

12 汲黯(급암): 중국 前漢 武帝 때의 諫臣. 성정이 엄격하고 직간을 잘하여 무제로부터 '社稷의 신하'라는 말을 들었다. 그는 河南을 지나오다가, 현지 빈민들 가운데 만여 가구가 수해와 한해를 당하여 경우에 따라 아버지와 아들이 서로 잡아먹는 참상을 목도하게 되자, 비상대책을 강구하여 지니고 있던 符節로써 하남군의 곡식 창고를 열어서 현지의 빈민들을 긴급하게 구제한 뒤, 부절을 반환하면서 황제의 명령을 위조한 죄를 받고자 한 일화가 있다.

를 밤낮으로 쉬지 않았다. 성안에서 총포(銃砲)와 시석(矢石)을 퍼붓는 등 갖은 방법으로 다하여 7일 동안 막으며 지키자, 적이 사상자가 많아져 마침내 도망쳤다. 조정에서 김시민을 승진시켜 병사(兵使) 겸 진주 목사로 삼았는데 얼마 되지 않아 병으로 죽었다.

慶尙右兵使曺大坤[13], 變初老㤼先遁, 咸安郡守柳業仁[14], 有戰功, 遂陞爲兵使, 未幾聞晉州被圍, 往救之, 遇賊於路, 戰敗死。時大賊圍晉州, 牧使李璥[15]病死, 判官金時敏[16]及昆陽郡守李光岳[17]

---

13 曺大坤(조대곤, 생몰년 미상): 본관은 昌寧, 자는 光遠. 1588년 滿浦鎭僉使에 제수되었는데, 나이가 너무 많아 평안도 지역을 책임지기에 부족하다는 병조판서 鄭彦信의 상소로 말미암아 체직되었다. 경상우도 병마절도사 재임 중이던 1592년에 임진왜란이 일어났는데, 善山郡守 丁景達과 함께 龜尾의 金烏山 부근에서 왜군을 대파하였다. 또 星州에서 많은 적을 생포하였고, 高靈에서 수 명의 적장을 베는 등의 공적을 세웠다. 그러나 많은 군사를 거느린 병마절도사로서 적의 침입 소문에 겁을 먹어 도망을 가고, 金海 일대에서는 어려움에 처한 아군을 원조하지 않았다가 병사들이 전멸하고 城이 함락되게 만들어 왜군이 서울까지 침범하게 하는 원인을 제공했다는 내용으로 탄핵되어 파직된 뒤 백의종군하였다. 1594년 副摠管에 제수되자 敗戰 장수를 급히 현직에 기용할 수 없다는 상소가 올라와 체차되었다.

14 柳業仁(류업인): 《宣祖實錄》 1593년 윤11월 14일 2번째 기사에 의하면 柳業仍으로 나옴. 구체적인 인적 정보는 알 수 없다.

15 李璥(이경, 1538~1592): 본관은 咸平, 자는 德溫, 호는 德峰. 1558년 진사에 합격, 1564년 식년시 문과에 급제하였다.

16 金時敏(김시민, 1554~1592): 본관은 安東, 자는 勉吾. 1578년 무과에 급제했다. 1591년 晉州 判官이 되었고, 이듬해 임진왜란이 일어나자 죽은 牧使 李璥을 대신하여 城池를 수축하고 무기를 갖추어 진주성을 지켰다. 이후 곽재우 등 의병장들과 합세하여 여러 차례 적의 공격을 막아내고 고성과 창원 등지의 성을 회복하는 등의 공로로 8월 진주목사에 임명되었다. 9월에는 적장 平小太를 사로잡는 전공을 세웠으며, 10월에는 왜군이 대대적으로 진주성을 공격하였다. 당시 진주성을 지키고 있던 그는 3,800여 명의 군대를 이끌고 적장 長谷川秀一가 이끄는 2만의 군대를 맞아 승리를 거두었다. 진주성 안에서의 전체적인 지휘를 그가 이끌었으며, 곽재우, 최경회 등 의병장들이 적군의 배후를 위협하는 도움을 받아 전투가 진행되었다. 10월 5일부터 11일까지 실시된 이 전투에서 마지막 날 적의 대대적인 총공세를 맞아

等，晝夜苦戰。賊分兵爲六營，更進迭出，晝夜不休。城中銃砲矢石，百計拒守七日，賊多死傷遂遁。朝廷陞時敏爲兵使兼晉州牧使。未久病卒。

○애초 김면(金沔)이 의병을 일으켰을 때에 집의 하인 700명을 먼저 이끌고 앞장서서 외치자 원근에서 다투어 호응하였는데, 성주(星州)·초계(草溪)·합천(陜川) 사이를 왕래하며 적을 많이 베고 노획하니 백성들이 그를 의지하여 편안히 살았다. 마침내 김면을 병사(兵使)로 발탁하였다.

初金沔之起義也，先率家僮七百以倡之，遠近爭應之，往來星州[18]·草溪[19]·陜川[20]之間，多斬獲，民倚以安居。遂擢沔爲兵使。

동문을 지키던 김시민 장군이 적의 탄환을 맞아 쓰러지자 곤양 군수 이광악이 대신 작전을 지휘해 승리를 거두었다. 이 전투를 임진왜란 3대 대첩의 하나로 꼽기도 한다.

17 李光岳(이광악, 1557~1608): 본관은 廣州, 자는 鎭之. 1584년 무과에 급제하여 선전관을 거쳐 1592년 昆陽郡守가 되었는데, 때마침 임진왜란으로 왜병이 영남일대에 쳐들어오자 선봉으로 장병을 격려하여 대비하였다. 그리고 招諭使 金誠一의 명령으로 좌익장이 되어 성안에 들어가 김시민과 합세하여 성을 사수하였다. 1594년 의병대장 郭再祐의 부장으로 함께 동래에 갔으나 적이 나오지 않으므로 돌아왔다. 1598년 전라도병마절도사로서 명나라 군대와 합세하여 금산·함양 등지에서 왜군을 무찌르고 포로가 된 본국인 100여명과 우마 60여필을 탈환하였다. 그 뒤 훈련원도정을 거쳐 1604년 경기방어사, 1607년 함경남도병마절도사를 지냈다.

18 星州(성주): 경상북도 남서쪽에 있는 고을. 동쪽은 낙동강을 경계로 대구광역시·칠곡군, 서쪽은 김천시·경상남도 합천군, 남쪽은 고령군, 북쪽은 김천시와 접한다.

19 草溪(초계): 경상남도 합천군 중동부에 있는 면.

20 陜川(합천): 경상남도 북서부에 있는 고을. 동쪽은 창녕군, 서쪽은 거창군, 남쪽은 의령군·산청군, 북쪽은 경상북도 고령군·성주군과 접한다.

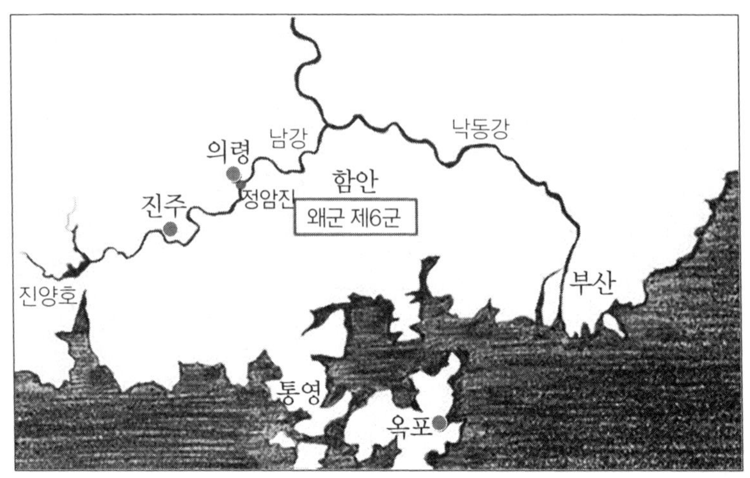

정암진 전투

○곽재우(郭再佑: 郭再祐의 오기)란 자는 의령(宜寧) 사람으로, 승지(承旨) 곽규(郭赳)의 아들이다. 일찍부터 글을 읽다가 적이 의령 가까이로 쳐들어온다는 말을 듣고 마침내 여러 마을의 사람들을 모아서 그들을 타이르며 말하기를, "적이 이미 가까이에 들이닥쳤으니 우리의 부모와 처자식들이 장차 적들에게 붙잡히게 될 것이오. 우리 마을 안에서 젊은이로 싸울 수 있는 자가 수백 명을 밑돌지는 않습니다. 만약 한 마음으로 정진(鼎津: 鼎巖津)을 거점으로 삼아 지키면 고향 마을을 보전할 수 있을 것인데, 어찌 손을 놓은 채로 죽기만을 기다리겠소."라고 하니, 여러 사람들이 "그렇다."라고 하였다.

드디어 군사들을 정암진 언덕의 뒤에 숨기고서 또 호각을 불 수 있는 자를 많이 구하여 붉은 옷을 입혀 이끌고 산꼭대기에 올라가 사면에 늘어 배치하고는, 적이 들이닥치면 사면에서 호각소리를 다

같이 내고 언덕 뒤에 숨은 병사들은 또 화살을 마구 쏘기로 약속하였다. 적들이 크게 놀라 흩어져서 마침내 적 100여 명의 목을 베었는데, 이로 말미암아 적이 감히 다시는 가까이 오지 못하였다. 조정에서 마침내 절충장군(折衝將軍) 조방장(助防將)으로 발탁하였다.

이때에 8도(八道)에서 의병이 함께 일어났는데, 관군의 통제를 받지 않아서 제 마음대로 행동하여 관가의 창고를 공공연하게 부수고 곡식을 꺼냈다. 전쟁에 이기면 큰 상을 받고 전쟁에 패하더라도 작은 견책조차 받지 않으니, 관군으로 죄지은 자들이 대부분 그 의병 속으로 들어갔다. 이에, 유독 김면(金沔)만이 말하기를, "우리들은 의(義)로써 봉기하였으니 관군의 통제를 받아 해치거나 약탈하지 말도록 경계하는 것이 마땅하다. 오직 의로운 데로 돌아갈 뿐이다. 그렇지 않으면 어디에서 의병이라 칭할 수 있겠는가?"라고 하였는데, 일찍이 다른 사람에게 말하기를, "곽재우(郭再佑: 郭再祐의 오기)는 본래 식견이 있는 자가 아니었으니, 그가 행한 일은 굳이 꾸짖을 것이 못 된다. 심지어 정인홍(鄭仁弘)은 사람들이 현자(賢者)라며 칭송하였는데, 오히려 이와 같이 하면 부끄럽지 않겠는가?"라고 하였다.

부임 초에 감사(監司) 김수(金睟)는 일처리가 조급하고 각박하여 인심을 잃은 것이 쌓인 데다 변란이 일어난 초기에 제대로 형편에 따라 대책을 세우지도 않은 채 적을 피해 전라도 경계로 가니, 그곳 사람들로부터 조롱(嘲弄)과 매도(罵倒)를 많이 받았다. 그런데 곽재우가 뜻을 얻게 되자 법도를 따르지 않는 것이 많아지니, 김수는 그것을 바로잡고자 하였다. 곽재우는 크게 노하여 마침내 격문(檄文)을 돌려 그의 죄를 열거하고 충성과 효도를 다하지 못했다며 장차 죽이려 하자,

김면이 그것을 극력 제지하였다.

조정에서 마침내 김성일(金誠一)을 감사(監司)로 삼고 김수를 불러들이자, 곽재우 또한 상소하여 김수의 목을 베도록 청하였다. 주상이 이를 크게 의아하게 여겨 비변사(備邊司)에 은밀히 묻기를, "이 사람은 도주(道主: 관찰사)를 마음대로 죽이려 하니 역적이 아니고 무엇이란 말인가? 그 사람을 죽여 없애지 않으면 후회하는 일이 있을까 염려되는구나." 하니, 윤두수(尹斗壽)가 말하기를, "그의 하는 짓을 보니 일개 미친 애송이입니다. 심지어 군사를 거느려 적을 무찔러서 마을을 능히 지켰고, 동서로 달려가 구하는데 험난한 상황을 피하지 않았다면서 스스로 의사(義士)라 여기고 있습니다. 오늘날의 상소도 그는 또한 필시 의기(義氣)에 격동되어 나온 것만 생각하고 스스로 큰 죄에 빠진 줄을 전혀 알지 못할 것입니다. 전쟁으로 몹시 어지러운 때에 어찌 사람마다 다 예법(禮法)으로써 책망할 수 있겠나이까?"라고 하였다. 주상이 마침내 아무런 비답(批答)을 하지 않았다.

郭再佑[21]者, 宜寧[22]人, 承旨赹[23]之子。嘗業文, 聞賊近宜寧, 遂會諸里中人, 諭之曰: "賊已迫, 吾父母妻子, 將爲賊得矣。吾里中, 少年可戰者, 不下數百。若齊心據鼎津[24]以爲守, 可保鄕曲, 烏可束手以待死乎?" 衆曰: "諾." 遂藏兵於津岸之後, 又多得吹角者, 率穿紅

---

21 郭再佑(곽재우): 郭再祐의 오기.(이하 동일)

22 宜寧(의령): 경상남도 중앙에 있는 고을. 동쪽은 창녕군, 동남쪽은 함안군, 서쪽과 북쪽은 합천군, 서남쪽은 진주시와 접한다.

23 赹(규): 郭赹(생몰년 미상). 본관은 玄風, 자는 克靜. 1546년 생원시 합격, 1555년 식년시 문과에 급제하였다.

24 鼎津(정진): 鼎巖津. 경상남도 의령군 의령읍 정암나루.

衣, 上山頂, 四面羅置之, 約賊至, 四面角聲俱起, 岸後伏兵, 又亂射之。賊駭散, 遂斬百餘級, 以此賊不敢更近。朝廷遂擢折衝將軍助防將。時八道義兵俱起, 不受官軍節制, 任其行止, 官家倉廒, 公然破出。戰勝受大賞, 戰敗無小譴, 官軍之有罪者, 率投入其中。獨金沔曰: "吾輩以義起事, 當受官軍節制, 戒勿侵掠。惟義之歸而已。不然安在其爲義兵也?" 嘗語人曰: "郭再佑, 素非有識, 其行事不足深責。至於鄭仁弘, 人稱其賢者, 猶如此, 無怍乎?" 初監司金睟, 處事躁刻, 積失人心, 及變初, 不能策應, 避賊於全羅界, 大爲士人所譏罵。郭再祐旣得志, 多不循法度, 睟欲矯之。再祐大怒, 遂移檄列罪, 不忠不孝, 將殺之, 金沔力止之。朝廷遂以金誠一爲監司, 召睟還, 再祐又上疏請斬睟。上大疑之, 密問于備邊司, 曰: "此人欲擅殺道主, 非賊而何? 不除之, 恐有悔也." 尹斗壽以爲: "觀其所爲, 一狂童也。至於將兵斬賊, 能保鄕曲, 東西赴救, 不避險艱, 自以爲義士。今日上疏, 渠亦必以爲義氣所激, 而實不知自陷於大辟也。干戈搶攘之日, 豈可人人盡責以禮法乎?" 上遂不報。

○주상이 영남 좌우도(嶺南左右道)가 서로 멀리 떨어져 호령이 통하지 않은 까닭에 한효순(韓孝純)을 좌도 순찰사로 삼았었는데, 이때에 이르러 또 김성일(金誠一)을 우도 순찰사로 삼았다.

上以嶺南左右道隔絶, 號令不能通, 以韓孝純爲左道巡察使, 至是又以金誠一爲右道巡察使。

○애당초 대가(大駕)가 아직 평양(平壤)을 떠나지 않았을 적에 함경

감사(咸鏡監司) 류영립(柳永立)이 일을 능하게 조치하지 못한다고 하여 마침내 윤탁연(尹卓然)으로 대신하게 하였다. 하지만 윤탁연이 적에게 쫓겨 삼수(三水)의 별해보(別害堡) 산속으로 들어가고 말았으니, 남도와 북도의 반란민들이 크게 일어나서 강원도(江原道)로부터 경흥(慶興)에 이르기까지 5리마다 나무패 하나를 세워 써 놓기를, "이덕형(李德馨)은 왕이 되고 김성일(金誠一)은 대장이 되었다."라고 하였다.

이로 말미암아 인심이 흉흉해졌는데, 모두 말하기를, "항복하면 반드시 죽이지 않는다."라고 하였다. 북도 병사(北道兵使) 한극성(韓克誠: 韓克諴의 오기), 회령 부사(會寧府使) 이영(李瑛), 온성 부사(穩城府使) 이수(李銖), 경성 판관(鏡城判官) 이홍업(李弘業) 등을 두루 포박하여 적에게 항복하였다. 병조 좌랑(兵曹佐郎) 서성(徐渻)은 잡혔다가 적에게 뇌물을 주어 도망쳤으며, 회령 판관(會寧判官) 이염(李琰)은 변을 듣고서 스스로 문루(門樓)에 목매었지만 그 달아맨 줄을 끊는 자가 있는 바람에 마침내 성 위에서 줄을 매달아 타고 내려와 탈출하였으며, 그 나머지는 화를 면한 자가 없었다. 종성 부사(鍾城府使) 정현룡(鄭見龍)이 표(表)를 지어 적을 맞이해 항복하고자 하면서 '나를 어루만져 주면 임금이고 나를 학대하면 원수이니, 누구를 부린들 백성이 아니며 누구를 섬긴들 임금이 아니겠는가?'라고 한 구절이 있기까지 하였는데, 판관 임순(林恂)과 같이 항복하려 했지만 임순이 그 글을 던져 버리고 도망하였다.

반란민 국경인(鞠景仁)이 스스로를 북병사(北兵使)라 칭하며 군사를 거느리고 적을 인도하여 오랑캐 땅[胡地: 북쪽 변경의 오랑캐 연진족[藩胡]으로 들어갔지만, 3일이 지나도록 여러 호인(胡人)들에게 유인

되어 크게 패하고 돌아왔다. 적의 무리가 돌아와 길주(吉州)를 점거하자, 평사(評事) 정문부(鄭文孚)는 몸만 빠져나와 산골짜기 속으로 도망갔다가 예닐곱 수령들과 협력해 모의하여 의병을 일으키려 하였지만, 사람들이 호응하기도 하고 호응하지 않기도 해서 일단 관망해 보려는 계획이었다. 마침 조정에서 방문(榜文) 하나를 보내왔는데, 8도(八道)의 의병과 관군들이 곳곳에서 적을 토벌하고, 천병(天兵: 명나라 군사) 10만 명이 머지않아 평양(平壤)에 도착할 터에 반은 설한령(薛罕嶺: 雪寒嶺)을 넘었다는 말이 있었으니, 사람들이 마음속으로 매우 두려워하였다.

정문부 등이 마침내 명천(明川)과 길주(吉州)의 지경에서 의병을 일으키니 무리가 천여 명에 이르렀는데, 군대를 나누어 지휘하며 지극히 엄하게 단속하였다. 반란민 또한 와서 따르는 자가 많았는데, 정문부 또한 두텁게 어루만져 주니 사람들이 모두 기꺼이 따랐다. 단천 군수(端川郡守) 강찬(姜燦)이 의병을 일으키게 되자 명성과 위세로 서로 도왔다. 정문부는 정현룡(鄭見龍)을 불러 대장으로 삼고 진군하여 적을 무찔러 계속 참획하였다.

조정에서 정문부를 발탁하여 절충장군(折衝將軍)으로 삼고 평사(評事)를 겸하도록 하였으며, 강찬을 판교(判校)로 진급시켰다. 갑산 부사(甲山府使) 성윤문(成允文)을 북병사로 삼고 이성 현감(利城縣監) 최호(崔湖)를 남병사로 삼았다.

初大駕未發平壤, 以咸鏡監司柳永立, 不能措事, 遂以尹卓然代之。卓然爲賊迫, 入三水[25]別害堡[26]山中, 南北道叛民大起, 自江原道至慶興[27], 五里立一木, 書曰: "李德馨爲王。金誠一爲將." 以此人心恂懼, 皆言: "降則必不死." 遂縛北道兵使韓克誠[28]·會寧府使李瑛[29]·穩城府使李銖·鏡城判官李弘業[30]等以降。兵曹佐郞徐渻, 被執, 賂賊而逃, 會寧判官李琰, 聞變自縊於門樓, 有斷其懸者, 遂縋城[31]得脫, 餘無免者。鍾城府使鄭見龍[32], 欲草表[33]迎降, 至有'撫

---

25 三水(삼수): 함경남도 북서단에 있는 고을. 세종 연간에 설치된 四郡이 폐지된 이후, 여진족과 경계를 하는 지역으로 서쪽으로는 강계와 동쪽으로는 함흥과 각각 4백여 리의 거리를 두고 있었다.

26 別害堡(별해보): 조선 시대 함경남도 삼수군에 속한 僉節制使의 鎭堡. 현재는 함경남도 장진군에 해당하며 풍산군, 삼수군, 함주군, 영원군, 후창군, 강계군 등과 접한다.

27 慶興(경흥): 함경북도 북동부의 두만강 하구에 있는 고을. 동쪽은 두만강을 경계로 하여 중국 東北地方의 松江省(현재의 吉林省) 및 러시아의 沿海州, 서쪽은 종성군, 북쪽은 경원군, 남쪽은 동해에 면한다.

28 韓克誠(한극성): 韓克諴(?~1593)의 오기. 慶源府使를 거쳐, 1592년 임진왜란 때 함경북도 병마절도사로 海汀倉에서 가토(加藤淸正)의 군사와 싸웠다. 이때 전세가 불리해지자 臨海君과 順和君 두 왕자를 놓아둔 채 단신으로 오랑캐 마을 西水羅로 도주하였다가, 도리어 그들에게 붙들려 경원부로 호송, 가토의 포로가 되었다. 앞서 포로가 된 두 왕자 및 그들을 호행하였던 대신 金貴榮·黃廷彧 등과 다시 안변으로 호송되었다가 이듬해 4월 일본군이 서울을 철수할 때 허술한 틈을 타서 단신으로 탈출, 高彦伯의 軍陣으로 돌아왔으나 처형당하였다.

29 李瑛(이영, ?~1593): 1584년 온성부사를 거쳐 회령부사를 역임하고, 1591년에는 비변사의 천거를 받아 함경남도병마절도사에 발탁되었다. 이듬해 함경북도병마절도사 韓克諴과 함께 摩天嶺의 海汀倉에서 근왕병을 모집하기 위하여, 함경도에 체류하고 있던 임해군, 순화군을 사로잡기 위하여 북상하는 가토[加藤淸正]의 왜군을 공격하였으나 오히려 참패를 당하였다. 회령으로 퇴각하여 있던 중 왜군과 내통한 회령부 아전 鞠景仁의 음모로 임해군 등과 함께 왜군의 포로가 되었다. 그 뒤 안변에 수금되었다가 1593년부터 철수하는 왜군을 따라 남으로 이동하던 중 부산에서 석방되었는데 패전과 적에게 붙은 죄명으로 복주되었다.

30 李弘業(이홍업, 생몰년 미상): 본관은 慶州, 자는 時立, 호는 逋世. 1579년 식년문과에 급제하여, 승문원박사·병조좌랑·고창현감 등을 거쳐 지평으로 있을 때 미움을 받아 함경도 경성도호판관으로 좌천되었다. 1592년 임진왜란 당시 적장 가토(加藤淸正)의 군대가 함경도 회령에 이르렀을 때 鞠景仁이 왕자 임해군과 순화군을 비롯하여 수십 인을 포박하여 왜군에 투항하였는데, 이때 그도 체포되었다.

我則后，虐我則讎[34]，何使非臣，何事非君'之句，欲與判官林㥛同降，林㥛投其書而走。叛民鞠景仁[35]，自稱北兵使，領兵導賊，入胡地，踰三日，爲群胡所誘，大敗而還。賊衆還據吉州[36]，評事鄭文孚[37]，脫身逃山谷中，與六七守令協謀，欲起兵，人或應或不應，爲

31 縋城(추성): 성 위에서 줄을 매달아 내려옴.

32 鄭見龍(정현룡, 1547~1600): 본관은 東萊, 자는 雲卿. 1577년 무과 급제 후 선전관이 되었고, 申砬의 천거로 등용되어 회령 부사, 종성부사, 북병사를 역임하였으며, 임진왜란 때 전장에서 여러 번 공을 세웠다.

33 草表(초표): 章奏의 초안을 잡음.

34 撫我則后, 虐我則讎(무아즉후, 학아즉수): 《書經》〈泰誓下〉에 나오는 구절.

35 鞠景仁(국경인, ?~1592): 반란자. 본시 全州에 살다가 죄를 지어 會寧으로 유배되었다. 뒤에 회령부의 아전으로 들어가 재산을 모았으나, 조정에 대해서 원한이 많았다. 1592년 임진왜란 때 왜장 가토[加藤淸正]가 함경도로 침입하여 회령 가까이에 이르자 경성부의 아전으로 있던 작은아버지 鞠世弼, 명천 아전 鄭末守 등과 함께 부민을 선동, 반란을 일으켰다. 이때 근왕병(勤王兵: 왕을 측근에서 호위하는 병사) 모집차 이곳에 머무르고 있던 선조의 두 왕자 臨海君과 順和君 및 그들을 호종하였던 대신 金貴榮과 黃廷彧·黃赫 부자, 南兵使 李瑛, 회령 부사 文夢軒, 온성부사 李銖 등을 그 가족과 함께 잡아 적진에 넘겼다. 이에 가토에 의하여 判刑使制北路에 임명되어 회령을 통치하면서 李彦祐·田彦國 등과 함께 횡포를 자행하다가 北評事 鄭文孚의 격문을 받은 회령유생 申世俊과 吳允迪의 유인에 떨어져 붙잡혀 참살되었다.

36 吉州(길주): 함경북도 남부에 있는 고을. 동쪽은 명천군과 동해, 서쪽은 함경남도 단천군·혜산군, 남쪽은 학성군, 북쪽은 무산군·경성군과 접한다.

37 鄭文孚(정문부, 1565~1624): 본관은 海州, 자는 子虛, 호는 農圃. 1585년 생원이 되고, 1588년 식년 문과에 급제해 한성부 참군이 되었다. 이듬해 홍문관 수찬을 거쳐 사간원정언 겸 中學敎授를 역임하고 1590년 사헌부 지평으로 지제교를 겸했으며, 이듬해 함경북도 병마평사가 되어 북변의 여러 鎭을 순찰하였다. 1592년 行營에서 임진왜란을 당했는데, 회령의 叛民 鞠景仁이 臨海君·順和君 두 왕자와 이들을 호종한 金貴榮·黃廷彧·黃赫 등을 잡아 왜장 가토(加藤淸正)에게 넘기고 항복하자, 이에 격분해 崔配天·李鵬壽와 의병을 일으킬 것을 의논하였다. 먼저 국경인·鞠世弼을 참수하고, 이어 명천·길주에 주둔한 왜적과 長德山에서 싸워 대승하고, 雙浦 전투와 이듬해 白塔郊 전투에서 대승해 관북 지방을 완전히 수복하였다. 1594년 영흥 부사에 이어 온성 부사·길주 목사·안변 부사·공주 목사를 거쳐 1599년 장례원

觀望計。適自朝廷，遣一榜文，有八道義兵·官軍，處處討賊，天兵十萬，不日將到平壤，一半踰薛罕嶺[38]之語，人心頗懼。文孚等，遂起〈兵〉於明川[39]·吉州之境，衆至千餘，部分約束極其嚴。叛民亦多來從者，文孚亦厚撫之，人皆樂從。端川郡守姜燦[40]，及起兵，聲勢相援。文孚招鄭見龍爲大將，進兵剿賊，連有斬獲。朝廷以鄭文孚，擢爲折衝將軍，仍兼評事，進姜燦判校。以甲山府使成允文[41]爲北兵使，利城縣監崔湖[42]爲南兵使。

판결사·호조참의가 되었고, 그해 중시 문과에 장원 급제하였다. 1601년 예조참판, 이어서 장단 부사·안주 목사가 되었다. 1623년 반정으로 인조가 즉위하자 전주 부윤이 되고, 다음 해 다시 부총관에 임명되었으나 병으로 부임하지 않다가 李适의 난에 연루되어 고문을 받다가 죽었다.

38 薛罕嶺(설한령): 雪寒嶺. 평안북도 江界郡 용림면의 동북단과 함경남도 長津郡 서한면의 경계에 있는 고개.

39 明川(명천): 함경북도 남동부 동해 연안에 있는 고을. 동쪽과 남쪽은 동해, 서쪽은 길주군, 북쪽은 경성군과 접한다.

40 姜燦(강찬, 1557~1603): 본관은 始興, 자는 德輝, 호는 東郭. 1582년 사마시를 거쳐 이듬해 알성 문과에 급제하여 승문원 정자·검열·이조 좌랑을 지냈다. 1592년 단천 군수로 있을 때 임진왜란으로 두 왕자가 회령에서 적의 포로가 되자 의병을 모아 싸우는 한편, 行在所에 결사대를 파견하여 회령사태를 보고하였다. 동부승지·우승지·황해도 관찰사를 지냈고, 황해도 병마절도사·강계 부사를 거쳐 1600년 병조참의, 이어 여주 목사로 있다가 延安에서 병사하였다.

41 成允文(성윤문, 생몰년 미상): 본관은 昌寧, 자는 廷老, 호는 晩休. 1591년 갑산 부사로 부임하여 재직 중, 이듬해 임진왜란을 당하여 함경남도병마절도사 李瑛이 臨海君·順和君 두 왕자와 함께 왜적에게 잡혀가자 그 후임이 되었다. 함흥을 점령한 왜적의 북상을 저지하기 위하여 黃草嶺戰鬪를 지휘하였다. 그러나 부하 장수의 전공을 시기한 나머지 과감한 공격을 제지하여 큰 전과를 올리지 못하였다. 함경북도 병마절도사를 거쳐 1594년 경상우도 병마절도사가 되었다. 그 뒤 진주목사를 거쳐 정유재란 때는 다시 경상좌도 병마절도사가 되어 경상도 해안의 여러 전투에서 공을 세웠다. 특히, 1598년 8월 생포한 왜적을 심문한 결과 토요토미[豊臣秀吉]의 병이 중하며, 부산·동래·西生浦의 왜적이 장차 철수할 계획임을 조정에 알려 이에 대비하게 하였다.

○동지사 민준(閔濬)과 서장관 이상신(李尙信) 등이 조정에 하직인사를 하니, 해송자(海松子: 잣)·화연(畫硯)·붓·먹 두세 종류로 방물(方物)에 충당했다.

冬至使閔濬·書狀官李尙信[43]等, 辭朝, 以海松子·畫硯·筆墨數三種, 充方物。

10월

병조 정랑(兵曹正郎) 이홍로(李弘老)가 함경도에서 오니, 대간이 주장하기를, "이홍로는 좋은 행실이 하나도 없는 사람으로서 이산해(李山海)에 의해 입신양명하여 그의 심복이 된 데다 김공량(金公諒)과 교제하며 그의 노예가 되어 음흉하고 사악하게 남을 해친 작태는 이루 다 말할 수가 없습니다. 심지어 변란이 일어난 뒤에는 거취(去就)를 제 마음대로 하면서 조금도 부끄러움이 없었으니, 청컨대 그의 관직을 삭탈하소서."라고 하니, 주상이 윤허하였다.

---

42 崔湖(최호, 1536~1597): 본관은 慶州, 자는 秀夫. 1574년 무과에 급제하고, 1576년 무과중시에 장원하였다. 여러 관직을 거쳐 1592년에 함경도 병마절도사가 되었는데 야인들의 甘坡堡 침입을 막지 못한 데 대한 견책을 받았으나, 1594년 다시 복직하였다. 1596년 충청도 수군절도사로 李夢鶴이 반란을 일으켰을 때 洪可臣과 함께 主將이 되어 鴻山·林川 등지에서 난적을 소탕하여 공을 세웠다. 1597년 정유재란이 일어나자 칠천량해전에서 元均과 함께 전사하였다.

43 李尙信(이상신, 1564~1610): 본관은 驪興, 자는 而立, 호는 淸隱. 1588년 사마시를 거쳐, 이듬해 증광 문과에 급제, 예문관봉교를 거쳐 1592년 예조좌랑·병조좌랑·사간원정언이 되었다. 1594년 함경도순안어사가 되어 민정을 살피고 돌아왔다. 그 뒤 승정원부승지·우승지를 거쳐 1603년 성균관대사성, 대사간, 이어 상호군을 역임하였다. 1605년 동지사 겸 주청사에 임명되어 명나라에 다녀왔다. 1606년 동지중추부사가 되고, 이듬해 경상도관찰사가 되었다.

十月

兵曹正郎李弘老, 自咸鏡道至, 臺諫論曰: "李弘老以一無行之人, 發身[44]李山海, 爲其爪牙[45], 納交金公諒, 爲其奴隷, 陰邪鬼蜮[46]之態, 不可勝言。至於變後, 自任去就, 略無愧恥, 請削奪其職." 上允之。

○김응남을 불러 부제학으로 삼고, 수성장(守城將)을 임국로(任國老)로 대신하게 하였다.

召金應南爲副提學, 以任國老代之。

○대간(臺諫)이 또 논하기를, "병조 정랑(兵曹正郎) 임몽정(任蒙正)은 당초부터 시종신(侍從臣)으로 대가(大駕)가 도성문(都城門)을 나서는데 미처 따르지 않은 자였습니다. 그리고 임몽정은 혼자 먼저 도망갔으니, 청컨대 그의 관직을 파하여 신하로서의 의리가 없는 것을 징계하소서."라고 하니, 주상이 윤허하였다.

臺諫又論: "兵曹正郎任蒙正, 當初侍從之臣, 未有不從駕出都門者。而蒙正獨先逃去, 請罷職, 以懲無人臣之義." 上允之。

○유격(遊擊) 심유경(沈惟敬)이 왔다. 심유경은 절강(浙江) 사람으로

---

44 發身(발신): 영예를 얻음. 천하거나 가난한 환경에서 벗어나 앞길이 펴임.

45 爪牙(조아): 짐승의 발톱이나 어금니와 같이 사람에게 필요한 사람.

46 鬼蜮(귀역): 귀신과 불여우라는 뜻으로, 음험하여 남몰래 남을 해치는 사람을 비유적으로 이르는 말.

조선이 왜적의 침입을 받았다는 소식을 들었는데, 포의(布衣) 때부터 병부 상서(兵部尙書) 석성(石星)에게 청하였으니, 직접 적의 진영에 들어가 계책으로 지연시키며 군사를 부리기도 하고 잘 옭아서 견제하기도 하는 것을 마땅히 자신에게 맡겨달라고 원하자, 상서가 허락하였던 것이다.

이때에 이르러 용만관(龍灣館)에 도착하여 주상이 가서 만나자, 심유경이 말하기를, "내가 응당 적의 진영으로 직접 들어가 황상(皇上)의 하늘과 같은 위엄을 극력 말해서 그들을 제 소굴로 돌아가게 할 것이나, 저 오랑캐가 만약 어리석은 고집을 부리며 물러가지 않으면 마땅히 대군을 동원하여 그들을 토벌할 것입니다."라고 하였다. 주상이 말하기를, "하늘과 같은 위엄이 비록 빛나고 클지라도 저 오랑캐들은 일개 별난 독종인데, 어찌 실속 없는 말만 듣고서 손을 떼고 제 스스로 피하겠소?" 하니, 심유경이 말하기를, "천조(天朝: 명나라 조정)의 체통은 저절로 예사로운 것과 다르니 단지 보기만 하십시오. 내가 마땅히 계책으로써 그들의 손발을 옭아매어 끝내 위엄을 두려워하여 돌아가게 할 것이니 염려하지 마십시오."라고 하였다.

다음날 새벽에 말을 몰아 사흘 밤낮을 순안(順安)으로 달려갔는데, 먼저 그의 가정(家丁) 심가왕(沈嘉旺) 등 두 사람을 곧장 적의 진영으로 들어가서 행장(行長: 小西行長)을 회유하여 그 이튿날 서로 만날 수 있도록 하였다. 날이 밝을 무렵에 단지 가정 6명만을 대동하고 곧장 평양(平壤)으로 나아갔다. 적의 괴수 행장(行長)이 칠성문(七星門) 밖에다 장막을 치고 음식을 차려 놓았는데, 유격(游擊: 심유경)이 이르는 것을 보고서 길가까지 나와 영접하며 극히 공경하였다. 돌아갈 때 또한 마찬가지였다.

다만 그들이 말을 주고받는 동안 우리나라 사람 중에 따라간 자가 없어서 들을 수가 없었는데, 이야기를 사시(巳時: 오전 10시 전후)부터 미시(未時: 오후 2시 전후)까지 나누고서야 비로소 파하고 돌아왔다. 적의 괴수는 부산원(釜山院: 평양 강복산 근처에 있던 역원)에서 10리가 못 되는 곳에 나무 하나를 세우고 경계로 삼았다. 유격이 나와 김명원(金命元)에게 이르기를, "적이 나의 분부를 받아 표지목(標識木)을 세워 경계를 나누고 50일 동안 서로 노략질을 하지 않기로 했으니, 그대의 나라 또한 마땅히 이와 같이 해야 할 것이오. 군사를 거두어 들이고 내가 돌아오기를 기다리시오."라고 하였다.

이때 적의 형세가 엄청나자 우리나라의 수천 리 지역에서 한 사람도 군사 1명일망정 이끌고 적들의 칼날에 맞선 자가 없었으나, 심유경은 홀로 말을 타고 적의 진영에 들어갔고 또한 적들로 하여금 흉악한 마음을 감춘 채 머리를 숙이고 명령을 오직 조심하여 듣도록 하였다. 유격이 지나가는 길 양쪽의 선비와 백성들이 곳곳에서 말머리를 모아 무리를 지었는데, 모두 말하기를, "오늘 우리들은 살았구나. 바라건대 노야(老爺)는 시종일관 그 은혜를 베풀어 주소서."라고 하였다. 마을 사람들이 흩어지는 물결에 휩쓸리듯 와서 어떻게 생긴 남자가 이와 같은 일을 하였는지 다투어 구경하였다.

유격이 의주(義州)에 도착하였는데, 주상이 말하기를, "8도(八道)의 여러 장수들이 바야흐로 군사를 합하여 결전하려고 하나, 지금 기회를 놓쳐 멸하지 못하고 시일을 끌다가 한겨울이 닥쳐서 군사들의 마음이 해이해져 흩어지면 수습하기가 어려울까 염려되오." 하니, 심유경이 웃으며 말하기를, "내가 적을 옮아 놓은 것은 귀국이 이 적을 토멸할 수 없을까 염려한 것에 불과합니다. 만일 강토를 지키기 위하여 스스로의 도리를 다할 수 있었다면 내가 어찌하여 꼭 적의 진중을 출입할 필요가 있었겠으며, 천조(天朝: 명나라) 또한 어찌하여 동쪽을 염려하는 근심이 있었겠습니까? 삼가 내가 고의로 대사(大事)를 폐했다고 하지 마소서."라고 하고는 곧바로 압록강을 건너 갔다.

游擊沈惟敬[47]來。惟敬浙江人, 聞朝鮮受倭兵, 自布衣請於兵部石尚書, 願親入賊營, 以計緩之, 或用兵或羈縻, 當以自身任之, 尙

---

47 沈惟敬(심유경): 임진왜란이 발생했을 때 조선·일본·명 3국 사이에 강화회담을 맡아 진행하면서 농간을 부림으로써 결국 정유재란을 초래한 인물. 1592년 임진왜란이 발생했을 때 명나라의 병부상서 石星에 의해 遊擊將軍으로 발탁되어 遼陽副摠兵 祖承訓이 이끄는 援軍 부대와 함께 조선에 왔다. 1592년 8월 명나라군이 평양에서 일본군에게 패하자, 일본장수 고니시 유키나가[小西行長]와 강화 회담을 교섭한 뒤 쌍방이 논의한 강화조항을 가지고 명나라로 갔다가 돌아오기로 약속했다. 그러던 중 1593년 1월 명나라 장수 李如松이 평양에서 일본군을 물리치자 화약은 파기되었다. 하지만 곧 이어 명군이 벽제관전투에서 일본군에게 패하게 되면서 명나라가 다시 강화 회담을 시도함에 따라 심유경은 일본진영에 파견되었다. 이후 그는 명과 일본 간의 강화 회담을 5년간이나 진행하게 되었다. 그는 고니시와 의견 절충 끝에 나고야[名護屋]에서 도요토미 히데요시[豊臣秀吉]를 만났는데, 도요토미는 명나라에 대해 명나라의 황녀를 일본의 후비로 보낼 것, 명이 일본과의 무역을 재개할 것, 조선 8도 중 4도를 할양할 것, 조선왕자 및 대신 12명을 인질로 삼게 할 것 등을 요구했다. 이에 심유경은 이러한 요구가 명나라에서 받아들여지지 않을 것으로 생각하고, 일본의 요구 조건을 거짓으로 보고했다. 즉 도요토미를 일본의 왕으로 책봉해 줄 것과, 명에 대한 朝貢을 허락해 줄 것을 일본이 요구했다고 본국에 보고했다. 명나라는 이를 허락한다는 칙서를 보냈으나 두 나라의 요구 조건이 상반되자 강화 회담은 결렬되었고, 결국 일본의 재침입으로 1597년 정유재란이 발생했다. 그의 거짓 보고는 정유재란으로 사실이 탄로되었으나 石星의 도움으로 화를 입지 않고 다시 조선에 들어와 화의를 교섭하다가 실패하였다. 이에 심유경은 일본에 항복할 목적으로 경상도 宜寧까지 갔으나 명나라 장수 楊元에게 체포되어 사형당하였다.

書許焉。至是, 到龍灣館, 上往見之, 沈惟敬曰: "俺當親入賊營, 極陳皇上天威, 仍使回巢, 伊酋若執迷不退, 當發大兵以討之." 上曰: "天威雖赫赫蕩蕩, 伊酋一別毒種, 豈聞空言而斂手[48]自避乎?" 沈曰: "天朝事體, 自異於尋常, 第觀之。俺當以計縶其手足, 終使懼威而還, 勿慮也." 翌曉, 起馬三日夜, 馳赴順安, 先使其家丁沈嘉旺等二人, 直入賊營, 諭行長, 明日當相會。厥明, 只帶家人[49]六名, 直進平壤。賊酋行長, 設帳供具於七星門外, 見游擊至, 出迎道左, 極其恭敬。去亦如之。但其語言, 我國人無從行者, 以此無得以聞之, 接語[50]自巳至未, 始罷還。賊酋於未到釜山院[51]十里, 豎一木以爲限。游擊出謂金命元, 曰: "賊受我分付, 樹標分界, 限五十日, 勿相鹵掠, 爾國亦當如此。斂兵以待俺還." 時賊勢浩大, 我國數千里, 無一人提一兵嬰其鋒者。而沈惟敬, 單騎入賊陣, 又能使斂惡韜兇, 屈首聽命惟謹。沿道士民, 處處聚馬首爲群, 咸曰: "今日吾輩生矣。願老爺終始其惠." 村民奔波, 爭觀何狀男子, 做如此事業? 還到義州, 上曰: "八道諸將, 方欲同師決戰, 失今不滅, 延至深冬, 則軍情解散, 恐難收拾." 沈笑曰: "俺之縻賊, 不過恐貴國不能滅此賊也。若能自靖[52]其邦域, 則俺何必出入賊中, 天朝亦安有東顧之憂乎? 愼勿以俺之故廢大事也." 卽過江去。

---

48 斂手(염수): 두려워하여 하던 일에서 손을 떼고 삼감.

49 家人(가인) 家丁의 오기.

50 接語(접어): 서로 말을 주고받음.

51 釜山院(부산원): 평안남도 평양 降福山 근처에 있던 驛院.

52 自靖(자정): 마땅히 해야 할 바를 편안한 마음으로 다함.

○조정에서 연달아 윤근수·한응인을 요동(遼東)으로 보내어 구원병을 청하고 의주(義州)에서 고립되어 위태로운 상황을 거듭 말하도록 하였다. 순안어사(巡按御史: 李時孶)는 바로 참장(參將) 낙상지(駱尙志)가 군사를 이끌고 의주에 들어가 지키도록 하였다.

낙상지는 용맹과 담력이 뛰어나서 사람들이 낙 천근 참장(駱千斤參將)이라고 불렀는데, 일찍이 우리나라 사람 12명이 대장군전(大將軍箭: 天字銃筒에 재어서 쏘던 무쇠 화살) 1좌(座)를 운반하려 했지만 움직이지 못하는 것을 보고는 마침내 그것을 왼쪽 겨드랑에 끼고 한 다발의 땔나무를 든 것처럼 하고서 5리 되는 곳에 운반해 놓고도 전혀 힘들어하지 않았다.

朝廷連遣尹根壽·韓應寅, 請兵于遼東, 仍陳義州孤危之狀。巡按, 卽使參將駱尙志[53], 領兵入守義州。尙志勇力絶倫, 號駱千斤參將, 嘗見我國人十二名, 運大將軍箭[54]一座, 不能動, 遂挾之左腋, 如擧一束薪, 運置五里地, 略不以爲勞。

○어떤 □(역자주: 司諫 李幼澄인 듯)자가 상소하여 말하기를, "전하께서 이미 인심을 잃은 것이 쌓여 오늘의 변란을 초래한 것인데, 어찌하여 일찌감치 세자에게 왕위를 전하지 않는 것입니까? 온 나라 사람들의 마음을 진작 조금이나마 위로하고 기쁘게 하는 것이 있었다면

---

53 駱尙志(낙상지): 1592년 12월 左參將으로 보병 3천 명을 이끌고 참전한 명나라 장수. 힘이 월등하여 1천 근의 무게를 들었으므로 駱千斤으로 불렸다. 평양 전투에서 앞장서 성벽에 올라 승리에 큰 기여를 하였다.

54 大將軍箭(대장군전): 조선시대 天字銃筒에 재어서 쏘던 무쇠 화살. 무게 50근, 길이 11척 9촌의 대형 화살로 9백보를 날아갔다.

이 적을 혹 평정했었을 수도 있습니다."라고 하였다. 또한 남이순(南以順)이란 자가 상소하여 오로지 성상(聖上)만을 공격하고서 이어 이산해(李山海) 등을 베도록 청하고는 또 말하기를, "세자는 한 나라의 저부(儲副: 대를 이을 왕세자)인데, 어찌하여 딴 곳에 있겠습니까? 청컨대 속히 한곳에 같이 머무르소서."라고 하였는데, 비록 분명하게 왕위를 전하라고 말하지 않았을지라도 그가 말한 뜻은 은미하지만 밝게 드러낸 것이었다.

주상이 이 모두에 대해 아무런 대답을 하지 않다가, 어느 날 여러 신하들에게 유시하기를, "나는 종묘와 사직에 죄를 져서 도성(都城)을 떠나 이곳에까지 이르게 된 데다 난리를 겪은 나머지 또 맑은 정신을 잃어버리고 온갖 병에 걸렸으니, 경(卿) 등은 불쌍히 여기고 가엽게 여겨 속히 나 같은 죄인을 물러나도록 하고서 세자를 보도(輔導)하기 바라오." 하니, 여러 신하들이 말하기를, "오늘날의 사태는 모두 신하들의 죄입니다. 변란이 생겨 이미 전하의 몸에 당했으니, 전하께서 의당 오직 어지러운 세상을 더욱 바로잡을 것을 도모하시어 조종(祖宗)의 신령(神靈)을 위로해야 하셔야지, 한갓 변변찮게 겸손히 사양하고 물러나려는 뜻을 마음속에 감추고서 스스로 옛날 난을 만나 왕위를 전하여 준 임금에 견주어서는 안 됩니다."라고 하였다. 소관(小官) 또한 상소하였는데, 3일 만에야 비로소 윤허를 받았다.

有□者[55]上疏言: "殿下旣積失人心, 致有今日, 何不早傳位世

---

55 有□者(유□자): 內禪 문제는 1592년 6월에 세자 광해군이 分朝의 대임을 맡게 된 것으로 마무리하였으나, 10월 司諫 李幼澄이 宣祖의 失政을 비판하자 좌의정 윤두수와 비변사당상 홍성민이 지지하니 선조는 이러한 비판을 내선의 뜻으로 받아

子? 使一國人心, 早有一分慰悅, 則此賊或可平矣." 又有南以順者, 上疏專攻上身, 仍請斬李山海等, 又曰: "世子一國之儲副[56]也, 何以異處? 請速同駐一地." 雖不明言傳位, 而語意則微而著矣。上皆不報, 一日諭群臣, 曰: "得罪廟社, 播越至此, 喪亂之餘, 又失精神, 百病來嬰, 願卿等哀之憐之, 速退予罪人, 而輔世子也." 群臣以爲: "今日之事, 盡是臣子之罪, 變亂之生, 旣當殿下之身, 則殿下益當圖惟撥反[57], 以慰祖宗之靈, 不可徒引區區謙退之志, 卷而懷〈之〉, 以自比於古者當亂傳祚[58]之君也." 小官亦上疏。三日始蒙允。

11월

전라 관찰사(全羅觀察使) 권율(權慄)이 근왕병(勤王兵)을 일으켜 수원(水原)에 진을 쳤다. 이때에 김천일(金千鎰) 등은 오랫동안 강화(江華)에 있으면서 한 일이 아무것도 없었고, 우성전(禹性傳) 등은 더욱 적막하게도 소식이 없었다. 주상이 우성전 등을 소환하여 군사를 이끌고 강을 건너 곧장 평안도(平安道)로 가서 김명원(金命元)과 병력을 합치도록 하였으나, 우성전은 병으로 가지 못하였다. 주상이 노하여 말하기를, "우성전은 군사를 끼고 자신만 호위하면서 관망한 채 싸움터에 달려가지 아니하고, 김천일 등은 편안히 앉아서 이야기나 나누

들여 軍國機務의 東宮專委를 명하였다. 이에 신하들이 반대하는 상황에서 11월 7일 南以順과 宋喜祿이 "民情에 따라서 선조는 광해군에게 양위해야 한다."는 상소를 하였던 것이다. □는 아마도 이유징인 듯하다.

56 儲副(저부): 儲君. 다음 代를 이를 왕세자.

57 撥反(발반): 撥叛. 반역을 소탕함. 어지러운 세상을 바로잡음.

58 傳祚(전조): 황제의 자리를 전하여 줌.

고 있으니 나라에 무슨 도움이 되겠는가." 하니, 윤두수(尹斗壽)가 말하기를, "김천일은 비록 하는 일이 별로 없을지라도 그가 의병을 일으키고 각도의 앞장이 되어 세상의 인심을 흡족하게 크게 돌려 놓았습니다. 지금은 단지 고립되어 도움을 받을 데가 없는 단출한 형세의 군대로서 실행할 수 있는 기회를 타지 못하고 있을 뿐입니다. 심지어 우성전은 그가 비록 오지 못했을망정 그래도 장수를 대신 보낼 수 있었으나 계책이 여기에서 나오지 않았으니 죄가 없지 않습니다만, 평소에 중병이 있었음은 사람들이 모두 다 아는 바입니다. 어찌 관망만 할 리가 있겠습니까?"라고 하였다.

이때에 이르러 권율은 홀로 고립되어 도움을 받을 데가 없는 군대였지만 적들이 다니는 길을 향해 곧장 돌진하여 대적(大賊)의 사이에 진을 치고 주둔하니, 주상이 사람을 보내어 그를 위로하고 타일러 달랬다.

十二月[59]

全羅觀察使權慄, 起兵勤王, 下營于水原。時金千鎰等, 久在江華, 未有所措, 禹性傳等, 尤寥寥無所聞。上召性傳等, 領兵渡江, 直至平安道, 與金命元合兵, 而性傳病不得行。上怒曰: "性傳擁兵自衛, 觀望不赴, 金千鎰等, 安坐談笑, 有何益于國家?" 尹斗壽曰: "金千鎰, 雖無所爲, 其起義兵, 爲諸道倡, 使八方人心, 洽然大回。今祇以孤軍單勢, 不能乘可爲之機耳。至於禹性傳, 則渠雖不來, 猶可代將以送, 而計不出此, 未爲無罪, 而素有重病, 人所共知。豈

59 十二月(십이월): 十一月의 오기.

有觀望之理乎?" 至是, 慄獨孤軍, 直衝賊路, 安營[60]於大賊之間, 上遣人慰諭之。

○경기 감사(京畿監司) 심대(沈岱)는 명을 받고 곧장 삭녕군(朔寧郡)에 이르러 군병을 소집하였으며, 또한 사람을 경성(京城)에 들여보내어 화(禍)가 되고 복(福)이 되는 이치로 깨우치도록 하였다. 도성 안의 백성들이 오래도록 대가(大駕)가 머물고 있는 곳을 알지 못하다가 이 말을 듣게 되자 기뻐하기도 하고 울기도 하였는데, 일시에 모두 군기(軍器: 병장기)를 가져다 심대에게 바치는 것이 여러 날을 계속하여 끊이지 않아 번번이 천백으로 헤아렸다.

심대가 거느리고 있던 군사가 몇천 명이 되었고 기계(機械)를 수습하였는데, 양주 목사(楊州牧使) 고언백(高彦伯)과 경성(京城)을 수복하는 계획을 도모하기로 약속하였다. 적이 엿보아 이 사실을 알고는 마침내 군사를 일으켜 길을 나누어 습격하였는데, 삭녕 군수(朔寧郡守) 장지성(張志誠)이 적을 보고 달아나자 적이 마침내 진영을 포위하고서 불을 지르니, 심대는 여전히 나오지 못하다가 끝내 해를 입었다.

京畿監司沈岱, 受命, 直到朔寧郡[61], 召集軍兵, 又使人入京城, 諭以禍福。城中人民, 久不知大駕所駐, 及聞是言, 或喜或泣, 一時皆持軍器, 納于岱, 連日絡繹, 動以千百計。岱所領幾千人, 收拾器械, 約與楊州牧使高彦伯[62], 圖爲收復京城計。賊覘知之, 遂擧衆

60 安營(안영): 막사를 치고 주둔함.

61 朔寧郡(삭녕군): 경기도 연천과 강원도 철원 지역의 옛 지명.

62 高彦伯(고언백, ?~1609): 본관은 濟州, 자는 國弼. 임진왜란이 일어나자 寧遠郡守

分路襲之, 朔寧郡守張志誠, 見賊而逃, 賊遂圍營燒之, 岱猶不起, 遂被害。

○윤두수(尹斗壽)가 아뢰기를, "옛날 임금들이 나라를 다스린 방도는 어진 이를 높이고 친한 이를 친히 여겼다고 하는 데 불과합니다. 하물며 오늘날 도성을 떠난 즈음에 이 방도를 버리고 어떻게 다스리겠습니까? 성혼(成渾)은 도덕과 학문이 한 시대의 존경하고 따라야 할 표본으로 지금 온갖 고생을 겪으면서 조정에 달려왔으니, 어찌 위로하고 대접하며 존경하는 일이 없어서야 되겠습니까? 청컨대 자헌대부(資憲大夫)로 품계를 올려 사람마다 기뻐 솟구쳐 춤추는 바가 있게 하소서. 원천군(原川君) 이휘(李徽)와 한음 도정(漢陰都正) 이현(李俔) 모두 종실(宗室)로서 박학하고 문견이 많으며 집안에서 효성스럽고 우애로우니, 각각 한 자급(資級)을 올려 주어서 어진 이를 높이고 친한 이를 친히 여기는 뜻을 보이면 진실로 이익이 될 것입니다."라고 하니, 주상이 모두 윤허하였다.

尹斗壽啓曰: "古之人君, 爲治之道, 不過曰尊賢而親親。況今日播越之際, 舍是道何以哉? 成渾, 道德學問, 一代所矜式[63], 今者艱

로서 대동강 등지에서 적을 방어하다가 패하였으나, 그해 7월 양주목사에 제수되었다. 그리하여 9월 왜병을 산간으로 유인하여 62명의 목을 베는 승리를 거두었고, 이어 1593년 양주에서 왜병 42명을 참살하였다. 利川에서 적군을 격파하고 京畿道 防禦使가 되어 내원한 명나라 군사를 도와 서울 탈환에 공을 세웠고, 이어 경상좌도 병마절도사로 승진하여 양주·울산 등지에서 전공을 세웠다. 1597년 정유재란 때 다시 경기도방어사가 되어 참전하였다. 1609년 광해군이 임해군을 제거할 때 함께 살해되었다.

63 矜式(긍식): 존경하여 본보기를 삼는 일.

闕赴朝, 豈無慰待尊敬之事? 請陞資憲, 使人人有所聳動。至於原川君徽[64], 漢陰都正俔[65], 俱以宗室, 博學多聞, 居家孝友, 各進一資, 以示尊賢親親之意, 允爲利益." 上皆允之。

○변란 초에 주상은 임진강(臨津江)을 건너면서 성혼(成渾)이 대가(大駕)를 호종할 것으로 생각하였으나, 마침 성혼은 대가가 떠나는 것을 알지 못하여 미처 호종하지 못하기에 이르렀다. 이충원(李忠元)이 개성(開城)에서 성혼을 부르도록 청하였으나, 주상은 따르지 않았으니 대체로 그가 호종하지 않은 것이 불만스러웠기 때문이었다.

그런데도 윤두수(尹斗壽)가 생각하기를, '어진 이를 우대하는 것인데 어찌 한 자급(資級)을 아끼겠는가?'라고 하고서 마침내 자급을 올리도록 아뢰었으니, 어진 이를 높이는 도리가 단지 공경을 다하고 예를 극진히 하는 데에 있다는 것을 알지 못한 것이다. 또한 임금을 다그쳐 몰아서 억지로 인정(人情)에 어그러지는 일을 하도록 해서는 안 되거늘, 조정에서 관작(官爵)과 상을 내리는 큰 권한을 가지고 사람들에게 제시하여 마치 자기의 물건인 것처럼 하였으니, 사람들이 그의 무지함을 기롱하였다.

初上之渡臨津也, 意渾從駕, 而適渾不知駕發, 未及從。李忠元

64 徽(휘): 李徽(1533~1594). 본관은 全州, 자는 士美, 아명은 李徵, 첫 개명은 李歆. 詩文章으로 學德이 높았다. 1592년 임진왜란이 일어나자 오위도총부도총관으로서 전란 대책에 공을 세워 1593년 中議大夫라는 작위에 올랐지만 곧 책록된 관직을 모두 사퇴하여 후학 양성에 전념하다가 이듬해 갑작스레 풍병에 걸려 향년 62세로 서거하였다.

65 俔(현): 李俔(1540~1618). 본관은 全州, 자는 磬然, 호는 交翠堂. 한음군에 봉하였다. 1592년 임진왜란 迎慰使로 안주에 갔었다.

在開城, 請召而上不從, 蓋不滿其不從也。斗壽之意, 優待賢者, 何惜一資, 遂啓陞之, 不知尊賢之道, 只在致敬盡禮。又不可驅駕人主, 强爲情外之擧, 而將朝家爵賞大柄, 提與人人, 有若己物, 人譏其無識。

○성혼(成渾)이 차자(箚子)를 올려 논한 시사(時事) 10조(條)에 이르기를, "임금의 덕을 닦아 세우는 것이 근본이어야 하니, 언로(言路)를 널리 여는데 힘쓰소서."라고 하고는 또 말하기를, "나라를 그르치는 자의 주벌을 엄히 하고, 아첨하는 자들이 드나드는 길을 막으소서."라고 하니, 주상이 비답(批答)하기를, "시국을 걱정하여 차자를 올렸으니 참으로 가상하도다." 하였지만 너그러운 비답이 아니었다.

이때 구성(具宬)이 개성(開城) 이후로부터 연이어 주상의 부름을 받고 뵙느라 아무 때나 마음대로 출입하였는데, 의주(義州)에 이르러서도 여전히 그치지 않았다. 성혼이 이를 듣고서 말하기를, "나라가 여기 국경까지 이르게 된 것은 본래 샛길과 지름길을 가리지 않고 찾아 온갖 부정한 방법으로 몰래 사사로운 일들이 성행한 것에서 말미암은 것인데도 지금 또 이런 일이 있으니, 이러고서야 어찌 앞으로 사람들을 책망할 수 있겠는가?"라고 한 뒤에 드디어 차자를 올려서 나라를 그르치는 자의 일과 아첨하는 자의 일을 함께 거론한 것이었다.

成渾上箚[66], 論時事十條, "以君德進修爲之本, 以廣開言路爲之

66 箚(차): 箚子. 疏章의 일종으로 일정한 격식을 갖추지 않고 간단히 사실만을 기록하여 올리는 글. 상소보다는 형식은 간단하면서도 말하고자 하는 것은 다 표현하는 이점이 있다.

務." 又曰: "嚴誤國之誅, 杜便嬖之徑." 上曰: "憂時陳箚, 良用嘉焉." 非優答也。時具宬, 自開城以後, 連被召見, 出入無常, 至義州猶不止。渾聞之以爲: "國家到此地頭[67]者, 本由於旁蹊曲逕[68], 盛行陰私[69], 而今又有此事, 是何以責前人乎?" 遂上箚, 以誤國便嬖, 對擧焉。

○이홍로(李弘老)가 상소하여 말하기를, "지금 요로(要路)에 있는 사람들이 도성(都城)을 떠난 일 하나를 가지고 모든 죄를 이산해(李山海)에게 돌려서 나라를 그르친 적으로 여기고 있습니다. 만약 지금 요로에 있는 신하들이 변란 초기 있었다면, 과연 하늘을 능가할 듯한 적들의 기세를 막고 도성을 떠나는 일을 없게 하였겠습니까? 만일 그 기세를 막지 못하여 군상(君上: 임금)이 헤아릴 수 없는 지경에 빠져도 또한 달가워 하겠단 말입니까? 심지어 군상을 이처럼 강토의 끝자락에 모셔 두고 한가롭게 좌담이나 하면서 부질없이 오래된 원한에 대한 보복하는 것을 일삼으면서도, 염치없는 무리들이 분주히 군상의 안색을 살펴 가며 기분을 맞추어 자신들의 세력을 키우느라 나라가 조만간 함락될 형세인 것을 조금도 마음에 두지 않는다면 그들이 나라를 그르친 적이 될 것입니다. 전자와 후자 중에 어느 것이 더 심할지 알지 못하겠습니다."라고 하였으며, 또 말하기를, "전하가 실덕(失德)

67 地頭(지두): 나라나 지역 따위의 구간을 이르는 경계.

68 旁蹊曲逕(방혜곡경): 정당하고 올바른 방법으로 하지 아니하고 그릇되고 억지스럽게 함.

69 陰私(음사): 몰래 감추어 두는 사사로운 비밀. 남에게 말할 수 없는 나쁜 일.

한 일이 없고 조종(祖宗)이 쌓은 선행이 있는데도 변란이 발생함은 운수(運數)가 그렇게 만든 것에 불과합니다."라고 하였으며, 또 말하기를, "신(臣)은 나랏일이 날로 위태로워지는 것을 보고서 나라를 사랑하는 마음을 참지 못하여 전하와 함께 천명(天命)의 거취를 기다렸으나, 요로에 있는 사람들은 신(臣)이 행궁(行宮: 행재소) 가까이에 있는 것을 바라지 않아 신을 위험한 계책으로 빠트리니, 몸을 바치려다 물러나 죽는 날만 기다리지 않을 수 없습니다. 떠나려 하니 눈물이 흐르며 죽을 곳을 알지 못하겠습니다."라고 하였다.

이때 윤근수(尹根壽)·구사맹(具思孟)은 홍여순(洪汝諄)·류영립(柳永立)·이홍로가 어두운 밤이면 서로 모이니 반드시 자신들을 넘보려는 마음이 있었을 것으로 여긴 까닭에 김응남(金應南)·이덕형(李德馨) 마저도 아울러 내쫓으려 하였다. 그런데 성혼·윤두수(尹斗壽)가 말하기를, "마지못해서 하는 것이라면 응당 그 중에 심한 자만 제거해야 하겠지만, 김응남과 이덕형은 죄줄 만한 명분이 없소."라고 하였다. 이홍로는 벗어나지 못할 줄 알고서 마침내 홍여순의 무리와 의논하여 죽을 마음을 먹고 상소하였던 것이다. 이성중(李誠中)이 공청(公廳)에 있다가 소리 높여 말하기를, "군신 상하가 멀리 떨어진 변방에 물고기 때처럼 모이게 된 것이야말로 누가 이렇게 되도록 한 것이오? 그런데도 도리어 우리들을 가리켜 나라를 그르친 적(賊)이라 하면서 상소한 말이 간사하게 아첨하는 작태가 아닌 것이 없소. 우리들은 평소에 임금의 녹을 먹고 높은 자리에 있었으면서 뭇 소인들을 쓸어버리자고 한마디도 건의하지 못하고 결국에 이와 같은 욕을 받게 되니, 모두 우리들의 허물일 뿐이지 누구를 탓하겠는가?"라고 하였다.

李弘老上疏曰: "今之當路之人, 率以去邠一事, 歸罪於李山海, 以爲誤國之賊。若使今之當路之臣, 在變初, 則果能遏滔天之賊勢, 不使有去邠之擧耶? 如不遏其勢, 亦能甘心君上就不測之地耶? 至於置君上於此盡頭[70], 悠悠坐談, 徒以報復舊怨爲事, 而無恥之輩, 奔走承顔[71], 增長勢焰, 國家朝夕淪沒之勢, 了不加諸心, 則其爲誤國之賊。不知前後孰爲甚乎?" 又曰: "殿下無失德, 祖宗有積慶, 變亂之發, 不過氣數之使然." 又曰: "臣觀國事日危, 不忍愛國之心, 欲與殿下, 同待天命之去就, 而當路之人, 不欲臣近在行宮之下, 中臣以危計, 不得不奉身退去, 以待死日。臨行泣涕, 不知死所."云。時尹根壽·具思孟, 以洪汝諄·柳永立·李弘老, 昏夜相聚, 必有覬覦之心, 欲並與金應南·李德馨而逐之。成渾·尹斗壽以爲: "如不得已, 當去其甚者, 應南·德馨, 未有可罪之名." 弘老知不免, 遂議諸汝諄輩, 發死心上疏。李誠中在公廳, 厲聲曰: "君臣上下, 魚聚絶塞, 誰所致? 而反指吾輩, 爲誤國之賊, 疏中之語, 無非側媚[72]之態。吾輩平日, 食君祿居高位, 不能建一言掃除群陰, 畢竟受此辱, 皆吾輩之過也, 尙誰咎哉?"

○주상이 성혼(成渾)을 불러서 이르기를, "경이 왔다는 말을 듣고도 마침 몸이 아파서 바로 만나 보지 못하였으니 내 실로 부끄럽소." 하니, 성혼이 말하기를, "신(臣)은 4월에 길거리에서 대가(大駕)가 오늘

---

70 盡頭(진두): 막바지. 끝.

71 承顔(승안): 남의 안색을 살펴 가며 기분을 맞춤.

72 側媚(측미): 사특한 짓으로 아첨함.

당장 출발했다고 전하는 말을 잘못 들어 곧장 길가로 나아가 기다렸습니다. 이와 같이 3일 동안이나 하고서는 대가가 반드시 떠나지 않을 것으로 생각하고 다시 집으로 들어왔습니다. 심지어 그믐날에는 밤부터 큰비가 와서 시냇물이 불어 넘실대었으니, 어찌 대가가 이미 임진강(臨津江)을 건너 개성(開城)으로 향하였으리라고 생각이나 했겠습니까? 신(臣)은 이미 길가에 나아가 하직인사를 하지 못했고, 또한 감히 명이 없으신데 무릅쓰고 나아갈 수도 없었는 데다 모진 목숨도 끊어지지 아니하여 산골짜기를 이리저리 다녔습니다. 마침 세자의 영지(令旨: 왕세자의 명령서)를 받들어 성천(成川)에 이르게 되었으니, 도의상 와서 뵙지 않을 수 없었습니다. 얼굴을 들고 성상의 아래에서 다시 덕스러운 음성을 접하니, 신하의 분수나 의리로 헤아리건대 실로 만번 죽어 마땅합니다."라고 하였다.

주상이 말하기를, "내가 나라를 지키는 것이 형편없어서 오늘에 이르게 하였으니, 경(卿)을 보기가 부끄럽소." 하니, 성혼이 말하기를, "사람이면 누군들 잘못이 없겠습니까만 잘못을 하고도 그것을 고칠 수 있다면 이보다 더 좋은 일은 없다고 하였습니다. 전하께서는 마음에 품은 뜻을 더욱 분발하시어 덕업(德業)을 힘써 닦고 이전의 폐습을 개혁하여 다시 유신(惟新)을 도모하시면 인자한 하늘이 마땅히 스스로 누리도록 해줄 것입니다. 그리고 난리를 평정하여 바른 세상으로 되돌리는 일은 우리에게 맡겨진 도리를 극진히 하는 것에서 벗어나지 않을 뿐입니다. 만일 군신 상하가 마음을 합하고 힘을 함께 하여 밤낮으로 부지런히 힘써서 나라 안이 이미 닦여지면 밖은 물리칠 수 있을 것입니다."라고 하였다.

승지(承旨) 이괵(李碅)이 말하기를, "이를테면 성혼의 군신 상하가 마음을 합하고 힘을 함께하라는 말은 매우 좋습니다. 성혼이 이곳에 있어서 신(臣)이 함부로 말할 수가 없사오나, 근래 조정에서 자못 배척하고 알력을 만드는 낌새가 있고 실로 마음을 툭 터놓고 협의하는 모습이 없습니다."라고 하였는데, 주상이 말하기를, "오늘 여기에 있는 사람은 다만 한편의 사람뿐이거늘 다시 색당(色黨)을 달리하는 자가 있어 어떤 알력을 일으킨 낌새가 있었는지 모르겠소." 하니, 이괵이 말하기를, "비록 한두 사람일지라도 혹 그 사이에 끼어든 적이 없지 않았지만 모두 다 한미한 관직에 있는 자들이었으나, 오늘날에 이르러서도 여전히 그러한 습성이 남아 있는 까닭에 신(臣)이 말한 것입니다."라고 하였다. 성혼이 말하기를, "이괵의 말은 신(臣) 또한 이쪽에서 함께 의논하여 알고 있었던 것으로 의심하면서도, 신(臣)이 전하께 올린 말씀을 지적하여 증거로 삼은 것입니다. 알력을 일으킨다는 일에 대해서 신은 무슨 일을 가리켜 말하는지를 알지 못하니, 또한 신이 알 수 없는 것입니다. 다만 한둘의 형편없는 사람이 분함과 원망을 품고서 시기를 엿보아 일어나 방해하는 일을 도모하려 한다고 하니, 부득불 그것은 별도로 아뢰겠습니다."라고 하니, 이괵이 말하기를, "과연 이와 같이 하고서 그칠 수만 있다면 이는 참으로 좋은 일입니다. 그러나 신(臣)이 염려하건대 조정의 기색으로 보아 반드시 그렇게 될 수 없을 것입니다."라고 하였다.

이괵은 평소에 성혼을 가벼이 여긴 데다 또한 윤근수 등과 함께 논의한 것으로 의심하였기 때문에 성혼의 말을 통하여 증거로 삼으려 했으며, "비록 이와 같을지라도 말하면서 반드시 그렇게 될 수 없을 것으로 염려한다."라고 하기에 이르렀던 것이다. 대체로 이곽은 김응남(金應南)과 매우 친하여 항상 김응남까지 아울러 내쫓고자 하는 것을 분하게 여겨 마침내 주상 앞에서 극력 말한 것이지, 실로 성혼의 뜻을 알지 못한 것이었다.

上召見成渾, 謂曰: "聞卿之來, 適有病, 不能卽見, 予實媿焉." 渾〈曰: "臣〉於四月, 誤聞道傳謂駕今日當發, 卽出諸道左以候之。如是者三日, 意駕必不發, 還入私室。至於晦日, 自夜大雨, 溪澗漲溢, 豈意駕已渡臨津向開城乎? 臣旣不得就辭於道左, 亦不敢無命冒進, 頑命不絶, 輾轉峽中。承世子令旨[73], 得到成川, 義不可不來謁。擧顏天日之下, 再承德音之接, 揆臣公義[74], 實合萬死." 上曰: "予守國無狀, 致有今日, 羞見卿也." 渾曰: "人誰無過, 過而能改, 善莫大焉[75]。殿下益勵心志, 務修德業, 更張[76]弊習, 再圖惟新, 則仁愛之天, 自當克享。而撥亂反正之擧, 無出於盡在我者而已。苟能君臣上下, 協心同力, 晝夜孜孜, 內旣修, 則外可攘矣." 承旨李磵曰: "成渾所謂君臣上下協心同力之言, 甚好。成渾在此, 臣不妄言, 近日朝著[77]間, 頗有排軋之風, 實無和協之色." 上曰: "今日在此者, 只是一邊人, 不知更有別色者, 而有傾軋[78]之風乎?" 磵曰:

---

73 令旨(영지): 조선시대에 대리청정하던 왕세가자 신하에게 내리던 명령 또는 임명장.

74 公義(공의): 分義의 오기.

75 人誰無過, 過而能改, 善莫大焉(인수무과, 과이능개, 선막대언): 《春秋左氏傳》 宣公 2년에 나오는 말. 춘추시대 晉나라 士季가 靈公을 충간한 말이다.

76 更張(경장): 사회의 폐단을 개혁하여 새롭게 하는 것.

77 朝著(조저): 조정.

78 傾軋(경알): 서로 배척함. 알력을 일으킴.

"雖不無一二人或厠其間, 盡皆閑散之官, 至于今日, 猶有此習, 臣故言之." 渾曰: "礥之言, 疑臣亦與知此間論議, 而因臣進言, 指以爲證也。傾軋之事, 臣不知指謂何事? 亦臣所不知者也。第聞一二無狀之人, 含憤蓄怨, 乘時欲發, 以圖阻撓之擧, 則不得不爲之別白也." 礥曰: "果若是而止, 則斯爲好矣。臣恐朝廷氣色, 必不能也." 李礥素輕渾, 又疑與尹根壽等爲之論議, 故因其言以證之, 至以爲: "言雖如此, 恐必不能." 蓋礥應南爲至交, 常憤其欲並逐應南, 遂於上前極言之, 實不知渾之意也。

12월

주상이 여러 신하들에게 입대(入對)하라고 부르니, 사간(司諫) 이유징(李幼澄)이 나아와 말하기를, "근래 한두 해 전부터 궁궐이 엄숙하지 못하고 조정이 안정되지 못하자 뇌물이 성행하였고 배척과 모함이 풍조를 이루었는데, 그 왕자로 말하면 백성들의 논밭을 빼앗고 백성들의 노복을 취하였으며, 그 궁궐로 말하면 벼슬을 파는 데다 형옥(刑獄)을 가지고 뇌물을 받아서 이익을 탐하며 요행을 바랐으니, 인심을 거슬러서 원망하는 말이 길에 가득합니다.

사악한 무리가 정사를 어지럽혔는데 화(禍)를 사림(士林)들에게 입히면서 현명함과 불충함을 논하지는 않고 오직 의론이 같으냐 다르냐만 보았으니, 마침내 초방(椒房: 왕비의 궁전)의 천한 자라도 그 누이와 세력을 결탁하여 조정의 시비 또한 참여해 들을 수 있게 되자, 상하 모든 사람들의 마음이 무너진 지 이미 오래입니다.

대거 적이 계속하여 쳐들어오자 배반하지 않은 곳이 없었으니, 북도(北道)의 역변(逆變)은 이전에 들어 본 적이 없습니다. 전하는 변란을 만난 이후로 스스로의 허물을 한마디 말도 하지 않고, 다만 깊숙한 방에 앉아서 오직 편안하게 지내기만 일삼으시며 여러 신하들을 접견하는 것이 드물었으니 평소보다 더 심합니다. 이런 형세라면 신(臣)은 나라의 형세가 종국에 반드시 망하여 없어지고야 말까 염려됩니다." 라고 하니, 주상이 머리를 숙이고 아무런 대답을 하지 않았다. 여러 신하들이 주상의 얼굴을 우러러 보자 푸르락 붉으락 하였으니, 모두 송구하여 한마디 말도 하지 못하고 물러나왔다.

十二月

上召群臣入對, 司諫李幼澄, 進曰: "近自一二年來, 宮禁不嚴, 朝著不靖, 苞苴[79]盛行, 排陷成風, 以言其王子, 則奪人田地, 取人奴僕, 以言其宮禁, 則賣官鬻獄, 牟利規倖, 動拂人心, 怨言盈路。群邪[80]亂政, 流禍士林, 不論賢不肖, 惟視議論同異, 遂使椒〈房[81]賤〉竪, 托勢厥妹, 朝廷是非, 亦得參聞, 上下群情, 崩潰已久。大賊繼至, 無處不反, 北道之變, 前未有聞。殿下, 遇變以來, 無一言自引[82]爲過, 但坐深房, 惟事宴安, 群臣罕接, 甚於平言[83]。以此形勢, 臣恐國勢終必糜滅而後已." 上俛首不答。群臣仰見天顔, 或靑或紅, 皆聳懼不發一言而退。

---

79 苞苴(포저): 뇌물로 보내는 물건.
80 群邪(군사): 간사한 무리의 신하들을 일컫는 말.
81 椒房(초방): 后妃의 궁전. 后妃나 그의 친척.
82 自引(자인): 자기의 허물을 스스로 들어 말함.
83 平言(평언): 平日의 오기.

○류영립(柳永立)이 함경도(咸鏡道)에서 왔는데, 주상이 불러 이르기를, "듣건대 경(卿) 또한 사로잡혔었다고 하니, 사실이오?" 하자, 류영립이 말하기를, "신(臣)이 난리를 피해 있던 산골짜기 속으로 토착민들이 적을 인도하여 오니, 신(臣)이 마침내 잡힐 수밖에 없었습니다."라고 하였다.

주상이 말하기를, "어떻게 탈출해 왔소?" 하니, 류영립이 말하기를, "적이 비록 죽이는 것을 좋아할지라도 그들의 마음에 어긋나 거스르지 않으면 적 또한 사람인데 어찌 반드시 죽이겠습니까?"라고 하였다.

한림(翰林) 이춘영(李春英)이 물러나와 류영립에게 이르기를, "임금을 모신 자리에서 위불(違拂: 어긋나 거스름)이란 두 글자는 사용하기에 좋지 못한 말이 아닙니까?"라고 하였다. 대간(臺諫)들도 절개를 잃은 것으로 논죄하였다.

柳永立至自咸鏡道, 上召謂曰: "聞卿亦被擄, 然乎?" 永立曰: "臣避亂在峽中, 土民導賊而來, 臣遂不免." 上曰: "何以脫來乎?" 永立曰: "賊雖好殺, 若不違拂其心, 則賊亦人也, 何必殺乎?" 翰林李春英, 退謂永立, 曰: "筵中違拂二字, 莫是不好語耶?" 臺諫以失節論之。

○동지(同知) 류영길(柳永吉)이 장계를 올려 말하기를, "정철(鄭澈)이 남쪽 고을에 있으면서 주색(酒色)에 빠져 국사를 돌보지 않고, 윤두수(尹斗壽)가 한 일은 끝내 그 결실을 거두지 못하여 주상의 형세는 나날이 빈약해지도록 하고 나랏일은 날마다 위급해지도록 하니, 신(臣)은 감히 아뢰지 않을 수가 없습니다."라고 하였는데, 주상이 그를 불러서 이르기를, "경(卿)은 이 장계에서 무슨 의견이 있는 것이오?"

하니, 류영길이 한참 동안 아무 말 않다가 대답하기를, "단지 소문을 아뢰었을 뿐이옵고, 별다른 의견은 없습니다."라고 하고는 마침내 물러나왔다.

정철은 가는 곳마다 술에 빠져 벗들과 묵느라 맡은 바의 임무가 두서를 이루지 못하였는데, 이 때문에 크게 인망을 잃었었다. 류영길의 말은 비록 기회를 엿보아 저격하려는 계획에서 나왔을지라도 정철의 행실과 일처리가 실로 야기한 것이다.

윤두수는 행재소에서 10리쯤 되는 곳에 나와 있었는데, 주상이 자주 그를 불렀다. 윤두수가 말하기를, "신은 본래 형편없는 몸으로 또한 재주나 식견도 없는데, 외람되이 대가의 말고삐를 잡고 따르는 반열에 있으면서 비록 밤낮으로 생각하여 종이 위에 겉만 그럴 듯하고 그 실속이 없는 글을 쓴 것에 불과할 따름이었으니, 결실을 거두지 못했다는 말은 바로 오늘날의 일에 들어맞습니다. 옛사람이 말하기를, '말고삐를 잡고 따른다.'라고 하였으니, 신의 죄가 많습니다. 신도 오히려 알고 있으니, 바라건대 성명(聖明: 임금)께서 빨리 주살하거나 유배하소서."라고 하니, 주상이 말하기를, "국사의 존망이 경(卿)의 한 몸에 달려 있는데, 어찌 다른 사람의 말 때문에 꺼리고 미워할 것까지야 있겠소? 빨리 나와서 일을 보오." 하였다.

同知柳永吉啓曰: "鄭澈在南中, 沈酗[84]酒色, 不爲國事, 尹斗壽所爲之事, 終無其實, 使主勢日孤, 國事日急, 臣不敢不達." 上召謂〈之〉曰: "卿之此啓, 有意見乎?" 永吉, 閔默良久, 對曰: "只言所

84 沈酗(침후): 술에 녹초가 됨.

聞, 別無意見." 遂退。澈所到耽酒留連[85], 所受之任, 不成頭緖, 由此大失人望。永吉之言, 雖出乘機狙擊之計, 而其行身處事, 實有以致之也。尹斗壽, 出在十里地, 上屢召之。斗壽啓曰: "臣本無狀, 又無才識, 忝在執羈靮[86]之列, 雖晝夜思惟, 不過爲紙上一虛文[87]而已, 無實之語, 正中今日之事。古人曰: '執羈靮以從.' 臣之罪多矣。臣猶知之, 願聖明亟賜誅譴." 上曰: "國事存亡, 在卿身上, 豈可以人言而有所嫌乎? 亟出視事."

○정곤수(鄭崑壽)가 북경(北京)에서 급히 장계를 올려 아뢰기를, "신(臣)이 북경에 들어오니, 마침 영하(寧夏: 哱拜의 난)의 반적을 평정한 때이었습니다. 석 상서(石尙書: 石星)가 담당하여 있는 힘을 다해 모든 벼슬아치들을 모아 놓고 다시 의논하였는데, 병부 시랑(兵部侍郞) 송응창(宋應昌)을 경략(經略)으로 삼고, 도독(都督) 이여송(李如松)을 제독(提督)으로 삼아서 대병(大兵)을 징발해 기한을 정한 다음에 토벌하게 하였습니다. 이 제독(李提督: 이여송)은 영하에서 조정으로 돌아온 지 며칠이 되지 않았는데도 또 동정(東征)의 명을 받게 되었는데, 남북의 군사가 지금 계속해서 떠나고 있습니다. 경략은 병부 원외(兵部員外) 유황상(劉黃裳)·주사(主事) 원황(袁黃)을 찬획(贊畫: 임시 보좌관)으로 삼도록 청하였습니다. 제독이 먼저 떠나고 경략이 그 다음으로 떠나 12월이면 평양(平壤)에 도착할 것입니다."라고 하였다.

---

85 留連(유련): 객지에 머물러 돌아가지 않음.

86 執羈靮(집기적): 말의 굴레와 고삐를 잡는 일을 함.

87 虛文(허문): 겉만 그럴 듯하고 그 내용이 실속이 없는 글.

이때 심유경(沈惟敬)과 맺은 50일 기한이 거의 끝나가자, 행장(行長: 소서행장)이 매번 사람을 시켜 유격(遊擊: 심유경)이 돌아오는 기일을 심가왕(沈嘉旺) 등에게 물었으나, 심가왕 또한 대답할 바를 몰랐다. 이원익(李元翼)이 천조(天朝: 명나라)의 대병(大兵)이 도착한다는 소식을 듣고 마침내 거짓으로 유격(遊擊: 심유경)의 패문(牌文: 사전 통지문)을 위조하여 사람을 시켜 순안(順安)에 가지고 가도록 하니, 심가왕 또한 위조임을 알지 못하고 급히 말 위에서 행장에게 보였다. 행장이 기뻐서 말하기를, "만일 이 패문(牌文)이 없었더라면 대사는 반드시 이루어지지 않았을 것이다. 내가 네댓새 안에 무찔러 죽이기로 마음먹은 터였었다."라고 하였다.

鄭崑壽, 在北京, 馳啓曰: "臣之入來, 適當寧夏平賊之日。石尙書, 擔當盡力, 會千官[88]更議, 以兵部侍郎宋應昌[89]爲經畧, 以都督李如松[90]爲提督, 調發大兵, 刻日進討。李提督, 寧夏還朝, 未數

88 千官(천관): 百官. 모든 벼슬아치.

89 宋應昌(송응창, 1536~1606): 명나라 장수. 임진왜란 당시 1592년 12월 명군의 지휘부, 경략군문 병부시랑으로 부하인 제독 李如松과 함께 43,000명의 명나라 2차 원군의 총사령관으로 참전하였다. 그리고 조선의 金景瑞와 함께 제4차 평양 전투에서 평양성을 탈환한다. 그러나 이여송이 벽제관 전투에서 대패하자 명나라 요동으로 이동, 형식상으로 지휘를 하였다. 이후 육군과 수군에게 전쟁 물자를 지원해 주었고 전쟁 후 병이 들어 70세의 나이로 병사하였다.

90 李如松(이여송, 1549~1598): 명나라 장수. 朝鮮 출신인 李英의 후손이며, 遼東總兵으로 遼東 방위에 큰 공을 세운 李成梁(1526~1615)의 長子이다. 임진왜란 때 防海禦倭總兵官으로서 명나라 구원군 4만 3천 명을 이끌고 동생 李如柏과 왔다. 43,000여의 明軍을 이끌고 압록강을 건넌 그는 休靜(1520~1604), 金應瑞(1564~1624) 등이 이끄는 조선의 僧軍, 官軍과 연합하여 1593년 1월 고니시 유키나가[小西行長]의 왜군을 기습해 평양성을 함락시켰다. 그리고 퇴각하는 왜군을 추격하며 평안도와 황해도, 개성 일대를 탈환했지만, 한성 부근의 碧蹄館에서 고바야카와 다카카게[小早川隆景], 다치바나 무네시게[立花宗茂] 등이 이끄는 왜군에 패하여 開城으로

日, 又承命東征, 南北兵時方陸續[91]起行。經略請以兵部員外劉黃裳[92]·主事袁黃[93]爲贊畫, 提督先起馬, 經略次行, 當於十二月, 到平壤."云。時沈惟敬五十日限且盡, 行長每伻問遊擊還期於沈嘉旺等, 嘉旺亦不知所答。李元翼, 聞大兵垂到, 遂僞作遊擊牌文[94], 使人持到順安, 嘉旺亦不知其僞, 急於馬上, 傳示行長。〈行長〉喜曰: "若無此牌, 大事必不成。俺當四五日內, 決廝殺矣."

○양사(兩司: 사헌부와 사간원)가 연명(連名)으로 장계(狀啓)를 올려 논하기를, "홍여순(洪汝諄)·송언신(宋言愼)·이홍로(李弘老)가 이산해(李山海)·김공량(金公諒)과 교분을 맺어 그들의 수족 부하와 심복이 되었는데, 사림(士林)에게 화를 미치게 한 데다 조정까지 어지럽혀서

퇴각하였다. 그리고 함경도에 있는 가토 기요마사[加藤淸正]의 왜군이 평양성을 공격한다는 말이 떠돌자 평양성으로 물러났다. 그 뒤에는 전투에 적극적으로 나서지 않고 화의 교섭에만 주력하다가 그해 말에 劉綎(1558~1619)의 부대만 남기고 명나라로 철군하였다.

91 陸續(육속): 계속하여 끊이지 않음.

92 劉黃裳(유황상, 1529~1595): 임진왜란 당시 조선으로 파견되어 兵部主事 袁黃의 참모 역할을 수행한 명나라의 관리. 찬획의 임무를 수행하면서 명군을 통제했지만 동시에 조선의 내정에 간섭하는 일이 많았다. 명군에 대한 군량의 요구나 무기체제의 개발은 물론 조선의 풍속이나 의복 습관 등을 고치도록 요구하는 경우까지 있었다. 특히 조선의 관리들을 무시하고 무례하게 대하는 경우가 많았을 뿐만 아니라 심지어는 국왕 선조에게도 무례한 행위를 하는 경우가 많았다.

93 袁黃(원황, 생몰년 미상): 임진왜란 당시 조선에 파견되어 참모와 병참 역할을 수행한 명나라의 장수. 經略 宋應昌의 군대를 도왔는데, 兵部員外郎 劉黃裳과 함께 찬획으로 파견되어 참모 역할 등을 수행했다. 특히 병참과 관련된 업무를 많이 담당해서 군량 문제 등을 조선 조정과 논의하는 경우가 많았다.

94 牌文(패문): 중국에서 조선에 칙사를 파견할 때, 칙사의 파견 목적과 일정 등 칙사와 관련된 제반 사항을 기록하여 사전에 보내던 통지문.

인심이 원망하여 반란을 일으키도록 해 나라가 위태롭고 망하게 된 것은 이 사람들이 악행을 함께하도록 부추긴 소치가 아닌 것이 없습니다. 청컨대 멀리 귀양 보내도록 명하소서."라고 하니, 주상이 말하기를, "내가 보건대 이 사람들은 일찍이 정철(鄭澈)의 간사함을 탄핵했을 뿐이오." 하였다. 이를 논한 지 3일만에야 비로소 윤허하였다. 다음날 주상이 말하기를, "근래에 정신이 매우 쇠약해져 말을 하며 그르친 일이 많았다. 어제 양사의 장계에 내린 비답에서 마땅히 '이 사람들은 자못 정철을 간신이라 하였을 따름이다.'라고 말했어야 했다." 하였다.

兩司合論: "洪汝諄·宋言慎·李弘老, 交結李山海·金公諒, 作爲爪牙[95]心腹, 流禍士林, 濁亂朝廷, 使人心怨叛, 國事危亡, 無非此人等縱臾同惡之致。請命遠竄." 上曰: "予觀此人等, 嘗劾鄭澈之奸而已." 論之三日, 始允之。翌日, 上曰: "近日, 精神太減, 語多顚錯。昨者, 兩司批答, 當曰; '此人等頗以鄭澈爲奸而已.'也."

○주상이 여러 신하들에게 입대(入對)하라고 부르니, 정언(正言) 황극중(黃克中)이 나아와 아뢰기를, "오늘날의 일은 실로 종전에 궁궐이 엄숙하지 않아 참소와 아첨이 성행해 인심을 잃은 것이 쌓이자, 곳곳에서 원망과 배반을 불러 상하가 서로 의심하여 따뜻한 마음과 의리가 통하지 않은 데다 비위를 맞추는 것이 풍조를 이루어 언로(言路)가 오랫 동안 막힌 데서 연유한 것입니다. 이처럼 급히 서둘러야 할 때를

---

95 爪牙(조아): 손발이 돼 수족처럼 일해 주는 부하.

당하여 전면적인 혁신을 하려는 조치가 있다는 것을 듣지 못하였으니, 이렇게 하고서야 어찌 감히 나라의 회복을 바라겠습니까?"라고 하니, 최황(崔滉)이 손을 내저어 제지하며 말하기를, "지금은 적을 토벌하는 일이 급하니, 이와 같은 말들은 크게 관계가 없소."라고 하자, 구성(具宬)이 말하기를, "인심이 원망하고 배반하여 상하가 서로 의심한다면 나랏일에 바랄 것이 무엇이겠습니까? 적을 토벌하는 방책으로는 이것이 제일인데도, 최황은 이에 관계없다고 말하니, 이것은 임금을 면대하여 업신여기는 것입니다."라고 하였다. 최황이 크게 노하여 다시 말하려 하자, 주상이 그를 제지하며 말하기를, "부디 서로 따지지 마오." 하였다. 마침내 파하고 나왔다.

上召群臣入對, 正言黃克中[96], 進曰: "今日之事, 實由於從前宮禁不嚴, 讒諂盛行, 積失人心, 在處怨叛, 上下相疑, 情義不通, 容悅[97]成風, 言路久塞。當此急急之日, 未聞有改絃易轍[98]之擧, 以此而安敢望恢復乎?" 崔滉以手〈麾〉而止之曰: "此時討賊之事爲急, 如此等語, 大不關也." 具宬曰: "人心怨叛, 上下相疑, 則國事何所

96 黃克中(황극중, 1552~1603): 본관은 昌原, 자는 和甫. 1576년 사마시에 합격하여 생원이 되었고, 이어 1585년 별시문과에 급제하여 승정원주서와 예문관봉교를 역임하였다. 그 뒤 사간원정언이 되었는데, 1592년 임진왜란이 발생하자 민심 수습의 중요성을 강조하였다. 1594년 경기지방의 어사가 되어 전쟁 중에 기승을 부리고 있던 도적의 심각한 폐해 상황을 조정에 보고하였다. 1598년 상주목사로 재직 당시 병이 매우 심한데도 벼슬에서 물러나지 못하던 중 洪進의 간언으로 벼슬을 그만두었다.

97 容悅(용열): 아첨함.

98 改絃易轍(개현역철): 개현은 거문고의 기러기발을 바꾸고 줄을 다시 맨다는 의미이며, 역철은 통일된 나라에서 수레바퀴 간격을 바꾼다는 의미이니, 전면적인 개혁을 뜻하는 말.

望乎? 討賊之謀, 此爲第一, 而崔滉乃曰不關, 此面謾君上也." 崔滉大怒欲再言, 上止之曰: "不須相較." 遂罷出。

12월 22일。

유격(游擊) 전세정(錢世禎: 錢世楨의 오기)이 남병(南兵: 절강성 출신 군사) 3천 명을 거느리고 강을 건너오니, 군마(軍馬)와 병기(兵器)가 매우 정연하였다.

다음날 주상이 남문(南門) 밖에서 군대를 사열하였는데, 앉고 서고 치고 찌르면서 자유자재로 거침이 없이 기습법과 정공법을 천 가지 만 가지로 변화시키니, 사람마다 이것을 보고서야 비로소 살기를 바라는 마음이 생겼다.

二十二日。

游擊錢世禎[99], 領南兵[100]三千過江, 軍馬器械, 極其齊整。翌日, 閱武[101]于南門外, 坐作擊刺, 縱橫奇正, 千變萬化, 人人觀之, 始有望生之心。

---

99 錢世禎(전세정): 錢世楨(1561~1642)의 오기. 명나라 장수. 임진왜란 때 기마병 1천 명을 이끌고 조선으로 들어와 전공을 세웠다.

100 南兵(남병): 1592년 임진왜란 당시 명나라가 조선에 파견한 중국 남방 지역의 군대. 대부분 보병으로 편성되었으며 조총과 虎蹲砲 등의 화기와 단병기로 무장하였다. 남병은 집중적 병력 운용을 통한 근접전을 중시하였다. 명의 원군으로 파견된 祖承訓이 거느린 북병이 일본군에게 패하자 명 조정은 남병의 파견을 결정하였고, 1592년 12월 25일 李如松은 남병을 이끌고 의주에 도착하였다.

101 閱武(열무): 임금이 몸소 군대를 사열함.

12월 24일。

흠차제독 계·요·보정·산동 등처 방해어왜군무 좌군 도독부 도독 동지(欽差提督薊遼保定山東等處防海禦倭軍務佐軍都督府都督同知) 이여송(李如松), 중협 총병관(中協總兵官) 양원(楊元), 좌협 총병관(左協總兵官) 이여백(李如栢: 李如柏의 오기), 우협 총병관(右協總兵官) 장세작(張世爵) 등이 대병을 거느리고 강을 건너왔다. 주상이 친히 의순관(義順館) 앞길에 나가 맞이하니, 제독(提督: 이여송)이 홍금포(紅錦袍)를 입고 홍명륜(紅明輪: 紅明轎)을 타고 와 주상을 용만관(龍灣館)에서 만났다. 주상이 말하기를, "과인(寡人)이 나라를 지키는데 형편없었던 죄로 황상(皇上)께 심려를 끼친 데다, 여러 대인(大人)들에게 멀리 정벌하도록 하교까지 내리셨으니, 비록 오장육부를 죄다 쪼갠다 한들 어찌 이처럼 천지와 같은 망극한 은혜를 갚을 수 있겠소?"라고 하니, 제독이 웃으며 말하기를, "황상의 하늘 같은 위엄은 임금의 나라에 큰 복이라, 이러한 적은 저절로 남김없이 섬멸될 것인데 무슨 사례할 것이 있겠습니까?"라고 하였다. 제독은 키가 몹시 크고 예의가 능숙한 데다 풍채도 뛰어나고 언어 구사까지 유창하였는데, 주상에게 공경을 다하느라 지극히 공손하였다.

二十四日。

欽差提督薊遼保定山東等處防海禦倭軍務左軍都督府都督同知李如松, 中協總兵官楊元[102], 左協總兵官李如栢[103], 右協總兵官張

102 楊元(양원, ?~1598): 1592년 임진왜란 당시 명나라 군의 副摠兵. 평양성 전투에 참전해 평양 회복에 주도적인 역할을 했다. 하지만 1597년 南原城 전투에서 크게 패배해 인솔하고 있던 병력 대부분과 여러 장수를 잃었다. 패전의 책임 때문에 탄핵

世爵[104]等, 領大兵過江。上親迎〈于〉義順館道, 提督穿紅錦袍, 乘紅明輪[105], 會上于龍灣館。上曰: "以寡人守國無狀之罪, 貽念皇上, 致勤諸大人, 遠事征伐, 雖剖心腹腎腸, 安得報此天地罔極之恩乎?" 提督笑曰: "皇上天威, 國君洪福, 此賊自當殲盡, 何謝爲?" 提督, 長身偃蹇[106], 禮容[107]閑熟, 風采俊發, 言語洪暢, 盡敬於上, 極其恭順。

○주상이 이날에 세 총병을 두루 만나보고 돌아왔다. 장관(將官)으로 따라온 자는 이를테면 총병 이평호(李平胡), 부총병 조승훈(祖承訓)·고책(高策)·이방춘(李芳春), 참장 장기공(張奇功)·방시춘(方時春)·방시휘(方時輝)·이령(李寧)·곽몽징(郭夢徵)·사대수(查大受), 유격 곡수(谷燧)·갈봉하(葛逢夏)·왕문(王問)·오유충(吳惟忠)·척금(戚金)·한종공(韓宗功)·이여매(李如梅)·양소선(楊紹先)·누대수(樓大受: 樓大有의 오기인 듯)·이문성(李文成: 楊文成의 오기인 듯) 등 40여 명이었다. 주상이

되어 관직을 잃고 본국으로 소환되었고, 이후 사형에 처해졌다.

103 李如栢(이여백): 李如柏(1553~1620)의 오기. 임진왜란 당시 명나라 군의 副摠兵. 李成梁의 아들이자 이여송의 동생이다. 벽제관 전투에서 크게 활약하였으나, 1619년 사르후 전투에서 누르하치가 이끄는 후금에 대패하여 자결하였다.

104 張世爵(장세작): 1592년 임진왜란 당시 조선으로 파병된 명나라의 장수. 우협대장으로 임명되어 여러 명의 부총병과 參將, 遊擊 등을 통솔했다. 평양성 전투에서 크게 활약해서 평양 회복에 주도적인 역할을 했던 장수였다. 하지만 이후 이여송 등이 명군을 인솔하고 진격하려던 계획을 적극적으로 저지했다. 이여송은 자신의 측근이었던 장세작 등의 의견에 따라 회군하여 주둔하는 방안을 선택했다.

105 紅明輪(홍명륜): 紅明轎의 오기.

106 偃蹇(언건): 성대한 모양.

107 禮容(예용): 예절 바른 차림새나 태도.

모두 만나 보려고 하니, 도승지(都承旨) 류근(柳根)이 말하기를, "허다한 장관을 어찌 다 만나 볼 수 있겠습니까? 다만 대장만 만나 보아도 충분합니다."라고 하였다. 윤두수는 그들을 만나 보지 않아서는 안 된다고 여러 번 말하였으나, 주상은 기력이 몹시 쇠할 것 같아서 이 말을 따르지 않았다. 여러 장관(將官)들이 모두 노하였고 제독 또한 의아하게 여겼는데, 주상이 늦게서야 그 말을 듣고 그들을 만나보고자 하였다. 그러나 이튿날 새벽에 제독이 떠나서 끝내 만나보지 못했다.

上於是日, 歷見三總兵而還。將官從行者, 如摠兵李平胡[108], 副摠兵祖承訓·高策[109]·李芳春[110], 參將張奇功[111]·方時春[112]·方時輝[113]·李寧[114]·郭夢徵·査大受[115], 游擊谷燧[116]·葛逢夏[117]·王問[118]·吳惟

---

108 李平胡(이평호): 寧遠伯 李成樑이 그의 용모를 기이하게 여겨 자기 아들로 거둔 인물. 1592년 임진왜란 때 흠차통령요동조병원임부총병 서도독동지로 마병 8백을 이끌고 제독을 따라 나왔다가 1593년 10월에 돌아갔다.

109 高策(고책): 山西省 天城衛 사람. 1592년 12월에 마병 2천을 거느리고 나왔다가 1593년 9월에 돌아갔다. 1597년 軍門의 中軍으로 재차 왔다.

110 李芳春(이방춘): 遼衛 사람. 李成梁의 家人. 駱尙志·査大受와 함께 뛰어난 용맹으로 유명했다.

111 張奇功(장기공): 1592년 5월 鎭撫로 차출되었는데 楊五典과 함께 나와서 우리나라의 사정을 자세히 탐지하였다. 沈惟敬과 사이좋게 지냈는데, 심유경이 행장과 斧山院에서 만나고서도 행장을 놓아준 채 돌아왔다는 말을 듣고는 탄식하였다. 돌아간 지 얼마 되지 않아 또 원임참장으로 大寧營의 병마 1천을 이끌고 12월에 이여송 제독을 따라 재차 나왔다가 1593년 4월에 돌아갔다.

112 方時春(방시춘): 原任 參將 都指揮使司僉事로 1592년에 이여송 제독의 中軍이 되어 제독을 따라 내왕하였다.

113 方時輝(방시휘): 蔚州衛 사람. 1592년 12월에 欽差統領薊鎭游擊將軍으로 마병 1천을 이끌고 나왔는데, 李如柏의 票下에 소속되어 평양성을 공격해서 공을 세웠다. 오래도록 尙州에 주둔하다가 1593년 10월에 돌아갔다.

114 李寧(이령): 鐵嶺衛 사람. 당초 寧遠伯 李成樑의 家丁이었는데, 용력이 있어 祖承訓과 이름을 나란히 하였다. 1592년 원임 참장으로 이여송 제독을 따라 와서 親兵

忠[119]·戚金[120]·韓宗功[121]·李如梅[122]·楊紹先[123]·樓大受[124]·李文成[125]等四十餘員。上皆欲歷見, 都承旨柳根, 以爲: "許多將官, 豈能盡見? 只見大將, 足矣." 尹斗壽, 屢言其不可不見, 上以爲氣力疲甚, 不能從。諸將官皆怒, 提督亦訝之, 上晩聞其言, 欲見之。翌曉, 提督起行, 遂未果。

1천을 통솔하였는데, 계속 공을 세워 부총병에 이르렀다. 1598년에 재차 왔다.

115 查大受(사대수): 명나라 장수. 1592년 임진왜란 당시 李如松을 따라 先鋒副總兵으로 임명되어 조선에 파견되었다. 平壤城 전투에 참여했고, 선봉대를 지휘하면서 정탐 관련 임무를 수행하는 등의 많은 전공을 세웠다. 명군의 장수 중에서 駱尙志·李芳春과 함께 뛰어난 무예와 용맹으로 유명했다. 이들은 모두 遼東지역 출신으로 원래 李成樑의 家人이었다. 따라서 이여송의 측근으로 활동했다.

116 谷燧(곡수): 大同衛 사람. 1592년 12월에 欽差提督票下統領大同營兵游擊將軍으로 마병 1천을 이끌고 나왔다가 1594년 정월에 돌아갔다.

117 葛逢夏(갈봉하): 명나라 장수. 遼陽衛遊擊을 지냈고, 1592년 임진왜란 때 마병 2천 명으로 평양 전투에 참여하였다. 그 후에 남원에까지 원정하였다.

118 王問(왕문): 義勇衛 사람. 1568년 武進士가 되었다. 1592년 12월 欽差建昌游擊將軍으로 마병 1천을 이끌고 나왔는데, 자기 단속을 매우 엄격하게 하여 지나는 곳마다 사람들이 편하다고 일컬었다. 1593년 10월에 돌아갔다.

119 吳惟忠(오유충): 명나라 장수. 1592년 임진왜란 때 조선에 파병된 우군 유격장군으로, 제4차 평양 전투에서 부총병으로 활약하였으며, 정유재란에는 충주를 지키는 임무를 맡았다.

120 戚金(척금): 1593년 조선에 입국하여 평양성 전투에 참가하였다. 용감한 장수로 알려졌을 뿐만 아니라 겸손함으로도 알려져 있었다. 1594년 1월 명나라로 돌아갔다.

121 韓宗功(한종공): 鐵嶺衛 사람. 이여송 제독의 姊夫라고 일컬어진다. 원임 備禦로 제독을 따라 왕래하였다.

122 李如梅(이여매): 명나라 장수. 李如松의 동생. 임진왜란과 정유재란 때 각각 참장과 부총병으로 참전하였다.

123 楊紹先(양소선): 前屯衛 사람. 欽差遼東摠兵票下營領夷兵原任參將으로 마병 8백을 이끌고 제독을 따라 나왔다가 1593년 10월에 돌아갔다.

124 樓大受(누대수): 樓大有의 오기인 듯. 婁大有로도 표기되는 듯하다.

125 李文成(이문성): 楊文成의 오기인 듯.

○강을 건너는 날에 흰 무지개가 해를 꿰뚫었고 해의 오른쪽에 고리가 있었는데, 제독이 여러 장관들을 불러서 이것을 보게 하고 매우 기뻐하였다.

過江日，白虹貫日，日有右珥，提督呼諸將官，示之大喜。

12월 26일。

제독이 대군을 출발시켜 성 밖으로 지나가면서부터 호령이 엄숙하였는데, 풀 한 포기 나무 한 그루도 감히 상하지 않도록 않았다.

二十六日。

提督起行大軍，自城外過去，號令嚴肅，一草一木，不敢傷。

12월 30일。

정주(定州)에 이르자, 사대수(査大受)가 초병(哨兵) 1천 명을 거느리고 먼저 떠났다.【구본에는 다음해 정월 6일에 곧장 평양성 아래를 다그쳤고, 8일에 평양성을 함락시켰다. 이날 밤에 적은 달아났으며, 제독이 패문(牌文)으로 정부(政府)에 유시(諭示)하였다. 며칠 동안 질탕하게 술을 마시고 나서 군전으로 오도록 하니, 윤두수가 이틀 밤낮을 가리지 않고 말달려 갔다. 제독이 말하기를, "일시에 패자를 보내어 유시하였는데, 어떻게 빨리 왔단 말이오?"라고 하였으니, 대체로 역관 무리들의 참소를 들었던 것이다.】

三十日。

到定州，査大受領哨兵一千，先行。【舊本，翌年正月初六日直薄平壤城下，初八日陷之。是夜賊遁，提督牌諭政府。有日婆酒，仍使聽赴軍前，尹斗壽二日夜馳赴之。提督曰："一時牌諭，何至於馳來乎?" 盖聽譯流之讒也】

찾아보기

ㅇ

ㅊ

ㅍ

ㅎ

영인자료

◎

임진일록壬辰日錄

필사본 《기재잡기》 권5~8, 전남대학교 중앙도서관 소장

여기서부터는 影印本을 인쇄한 부분으로 맨 뒷 페이지부터 보십시오.

영인자료

◎

임진일록壬辰日錄

필사본 《기재잡기》 권5~8, 전남대학교 중앙도서관 소장

여기서부터 영인본을 인쇄한 부분입니다. 이 부분부터 보시기 바랍니다.

寄齋雜記卷之五

壬辰日錄

朴東亮 撰

(起萬曆二十年四月十三日盡五月)凡一朔有奇

四月十三日本國王平秀吉遣其將平秀嘉平行長政成淸正等大舉入寇陷釜山東萊殺僉使鄭撥府使宋象賢(旧本曆 其城)等水使朴泓兵使李珏聞變棄鎭而逃列邑守令望風奔潰不四五日遂陷諸郡

別錄曰是釜山僉使鄭撥率舟師方大獵于絶津島宿醉未醒十三日巳初有人來言海宗荒唐出來云撥曰歲遣船久不來今始到矣不以爲意稍近自倭船連放銃筒撥始知其爲賊蒼黃還鎭則賊入城中賊已下寇圍之數重撥不敢一矢計無所出賊已登城斬撥頭梟之城中之人兒火長皆

殺之○十四日癸卯陷東萊府使宋象賢別將洪
允寬皆死之節度使李珏水使朴泓棄鎭逃去賊
自釜山直抵東萊城下狼奔豕突執著倡撅城中
之人皆惴恐不敢爲之備象賢本書生有將帥之
材自顯官起爲是職繕治粗完訓鍊軍兵日亦不
足嘗於城外四面沿壍設柵極其固多樹以雜木
及是日巡城誓士自守南門賊攀附城外叢木之
下以防矢石自卯至巳乘賊衆大至別將洪允寬
知事危顧謂象賢曰事已至此奈何府後有蘓山
堅險可守可與我同往守之象賢曰不死守城雖
往他境闘建必不饒我性命且去又何之允寬
然則我與公亦當同死言未畢賊已斬之内外萬
餘人無得脫者水使之錢爲兵來舟師使賊不得
近於岸也見鄭撥之衆馳向東萊亦不入其城而
逃兵使李珏本慓戾無行者善事近習有罪亦見
赦聞賊報馳向東萊又聞象賢將守城惧不敢進
乃曰將守蘓山云○十五日甲辰兵使李珏棄蘓
山而遁密陽府使朴晉敗走晉少業文不成旋登
武第累遷官遂躐至是府當拜辭之日人皆以年
少恐不能稱臣府聞釜山之陷急領兵往赴之東

萊亦已陷晉謂珏曰鵲山不守嶺南非我有也我
當扼其前公可據其後也我敗公可救我勝公可
夾攻愼勿負珏曰諾晉自率五百人陣前賊見
執弱長驅而至其鋒甚銳珏望見晉軍不敵遂棄
去晉退無後援亦奔還○十六日乙巳朴晉再敗
於密陽鵲江當時監司金睟分付各邑守令相繼
入送而或半路逃去或出門輒走或不見賊而走
草溪守李惟儉於其軍使之散給而逃蔚山倅李
彥誠在東萊爲賊所執後二日脫還兵使水使相
繼棄鎭其他僉使萬户難以悉記自釜[illegible]
交戰者獨晉所率三百餘人自鵲山敗還馳到密
陽欲以前江爲守又欲號召散卒則人皆悵之莫
有應者未及治兵賊已來迫是日大霧莫卞尺寸
以此晉亦未收一矢師已潰去遂馳入城中○十
七日丙午賊到密陽前江朴晉焚城而去是日大
賊奄到前江勢將逼城晉自東萊還城之後衆呼
軍民欲守侍援則內外居人奔散而無奈何晉知
無可爲遂焚燒倉囷馳赴監司金睟所住處云
十七日報至中外大震遂分遣八道左右防禦等使

以李鎰爲慶尚道巡邊使即日發遣

別錄是日邊報始至京城中外大駭大武官員聚于闕內皆以爲此賊入冦之意非出於一日不無四邊衝入之患先差嶺閒南左右防禦使助防將以李鎰爲慶尚道巡邊使以遣之夜四更辞朝

又遣禁府都事拿慶尚兵使金誠一而來盖將治倭
必不來之罪

十八日 邊書告急日且十數次皆言賊勢浩大難以
防禦都內人民遑遑惴慄皆有崩潰之色

十九日 備忘記曰當此兵變孔棘之日不可徒守
常規凡士大夫被罪罷散者勿論大小久近咸使
錄用以聽調遣武士居憂在家者悉皆起復

二十日以申砬爲三道巡邊使柳成龍爲都體察使
金應南副之刻日發送
二十一日李鎰到聞慶馳啓曰今日之賊有似神兵
死人敢當臣則有死而已於是宮中亦有不固之
志遂賀繩鞋等遠行諸具又命司僕寺整鞍馬匹
以待不時之用
二十二日申砬將行請面對啓曰兵曹判書洪汝
諄不能治事大失羣心請斬之 上震怒遂以金
應南代之〇又起復慶林君金命元爲都元帥治
兵於漢江

二十三日 上令內需司別坐金公諒來內需司奴
子能射者二百餘人入宿衛大內○時南報漸緊京
城小民多有避出外方者各司官員亦有亡匿不
仕者杞城府院君俞泓左贊成崔滉首出其家屬
于鄉家○上以尹斗壽可用於一隅 命放還臺
諫累啓以爲不可放 上不從○兩司合啓請堅
閉都城勿令士庶闌出又出繩鞋等物以示効死
勿去之義
二十四日府院君俞泓啓曰繩鞋非禦敵之具立馬
宣鎭撫之道況我之所往敵亦能往不如君臣上

下同死社稷○上諭義禁府金誠一初爲拿來誠
一到稷山而還
二十五日以宗室稱揔管衛將等號分番入直于闕
內以備宿衛
二十六日兩司合啓日領議政李山海身爲首相不
能鎭定人心致有土崩之勢請出于都堂 上下
允○吏曹判書李元翼自言有敢死士十餘人約
爲同死生願與此輩俱入賊營斬賊將頭小紓國
家之急雖 朝廷以爲迂闊不之用
二十七日生員具容權韠上疏日柳成龍之講和李

山海之誤國實今日之秦檜楊國忠也請斬之以
謝百姓 不報○李鎰到尚州遇賊未及布陣而
敗一軍皆沒是日報至閭巷一空雖欲守城已先
人矣○賊到密陽使人來言願見李德馨遂遣之
密陽懲毖錄作尚州
二十八日冊封光海君爲世子百官朝賀舊制成
東西班無印章無教書官僚亦多不來○百官各
上疏請堅守都城皆不報
二十九日左議政柳成龍都承旨李恒福請對言自
古國家大亂之日分遣諸王子號召軍兵以圖禦敵

請分遣諸王子于各道以謀再圖遂命金貴榮尹
卓然陪臨海君往咸鏡道韓準陪順和君往江原
道○又遣李元翼于平安道崔興源于黃海道蓋
前爲本道守令監司俱有惠政也○時自 上力
欲去邠已治行具而臺諫百司俱以爲不可告官
中遂密爲裝束不使外人知之都人能言 大駕
已自宣仁門着布衣向北道久而乃定如是者日
三四
三十日申砬駐兵忠州處事躁擾朝令夕改晝夜昏
騰舊本不爲遮截島嶺之計及聞賊至列陣於草密沮濕之地

爲賊所俺無一人脫者是日敗報到檣本去邠之計不可過矣
上自朝官下至軍校相繼逃竄城門不閉夜漏不
傳入馬雜沓於仁政殿庭○先一日 上以柳成
龍爲留都大將李誠中丁胤福爲左右統禦使都
承旨李恒福啓曰今國事已去若無請救中原之
擧則周旋應對之間不可無柳成龍許[illegible][illegible]都
遂以右議政李陽元代之○至是 上以標信授
兵曹判書金應南一任便宜金應南項帶標信欲
有指揮而無一人應之者時夜已三更 大駕將
出而軍人未備兵曹佐郞李弘老持標信遍行四

衛只有衛將成壽益一人而已天又大雨夜暗如漆 上只與數三火官出夜房無籍之徒闌入火內掠取寶貨無所忌憚侍女跣足脫衣或踏或哭散出宮門拜震徹天李弘老持一小燭政尊 上而出自 坤殿至妃嬪皆兼屋轎而膽夫或七八或五六四更始出宮門舊本乘馬隨之 上諸從官不相倫次其來其去不能盡記姑列書銜門如左

領議政李山海 左議政柳成龍 右議政李陽元

留都左贊成崔滉 右贊成鄭琢 左參贊崔

興源巡察黃海道去 舍人尹承勳餘員皆缺

吏曹判書李元翼 巡察平安道去 參判鄭昌衍 參議李廷馣
正郎趙挺 正郎柳永慶 崔興源從事官去 正郎鄭光績 江原御史未還
佐郎李好閔 李元翼從事官去 佐郎金時獻 餘缺
戶曹判書韓準 參判以下未記
禮曹判書權克智 卒二月 參判朴應福 參議以下未記 佐郎李慶流 死於尙州
兵曹判書金應南 參判沈忠謙 參議鄭[illegible] 參知
黃暹 正郎李弘老 到開城落後 正郎具宬 到開城罷職 正郎宋諄 坡州落後
正郎柳溷緖 金命元從事官去 佐郎徐渻 到坡州落後 佐郎李覺 到寧邊從世子
佐郎朴東亮 佐郎崔瓘 平壤病去
刑曹判書 以下俱未記

工曹參判李德馨 賊中未回 判書以下未記

漢城判尹洪汝諄 左尹以下未記

大司憲李憲國 執義權快 掌令鄭姬藩 李肯中

持平李慶祺 到博川辭去 持平南瑾 初不來

大司諫金瓚 到平壤上疏去 司諫李國 獻納李廷馣 到寧邊去

正言鄭士信 初不來 正言黃鵬 到平壤落後

弘文館校理李幼澄 校理沈岱 修撰朴東賢 修撰任蒙

正 初不來 副修撰尹暹 朴篪 俱死於尙州

都承旨李恒福 左承旨李忠元 右承旨李廷馨 左副

承旨盧稷 平壤落後 右副承旨申碟 同副承旨閔汝慶 平壤

落後注書朴彛賢安州不辭去注書任就正安州不辭去

奉教奇自獻追到平壤待教尹敬立上詣赴父任所待教趙存世安州不辭去

檢閱金善餘安州不辭去檢閱姜秀俊平壤上詣去檢閱金義元餘欵

閑散官從行者

杞城君俞泓 海平君尹根壽 海原君尹斗壽 護軍李山甫 柳根 洪進 洪麟祥 閔濬 尹自新 黃廷式 李廷立 李瓘 成壽益餘不盡記

各司官從行者此以下只記其從行者

大司成任國老平壤上詣去直講沈友勝 博士李效元

司僕寺僉正朴應寅 內乘朴東彥 內乘安滉

宗簿僉正閔善 坡州落後

掌樂院直長李慶全 平壤落後

司贍寺奉事李愼誠 坡州落後

奉常寺奉事洪鳳祥

世子從官

輔德沈岱 弼善沈友正 文學李尙毅 司書未記

說書李光庭 翊衛司官員皆不來獨副率姜絪

來

近侍之臣率皆竄逃而持平南理正言鄭士信繼

到盤松亭便不知去處自初不來者唯任蒙正一

人而已其餘小官及散秩人等或坡州或開城自
任行止多不能記者○是午大駕冒大雨到碧
蹄暫歇秉昏渡臨津溪澗漲溢道路泥濘津船纔
五六隻以此大小人等競相取渡上下奔亂僕馬
散失或步或騎達夜不能渡後宮閔嬪乘轎眩暈
仍留坡州上乘船待之已近二更猶未進夕饍
顧謂內官進之酒曰不求矣進之茶曰不求矣[旧本]
[忍渴 喝坐]內醫院人龍雲者自頭髻裡出砂糖半塊和
汝水以進夜分到東坡館四更始御糲飯 世子
以下皆闕膳左議政柳成龍進米三升翌朝炊進

五月初一日 上召海原君尹斗壽謂曰卿有大才
可救國家之急故特命抜還死生相救勿負予意
仍解所佩青織囊以賜之曰無物可表情也斗壽
泣謝而出○長溪府院君黃廷彧護軍黃赫來謁
上命陪順和君于江原道又命同知李墍與黃赫
等偕行旧本仍滉名軍兵蓋墍關東之望也特陞資憲以
送之召韓準回來○上獨立于東坡館廳事後望
見一士人趍走于外乃召謂曰爾是何人對曰臣
乃崔滉之子別坐有源也 上曰爾乃功臣之子
當與國同休戚遂解紫革帶以賜之曰帶此勿忘

予也○以鄭昌衍爲禮曹判書洪麟祥爲副提學
皆口授○時大駕將向開城而日將午尚未進膳
軍夫亦未集長湍府使具孝淵逃匿不出承旨等
親呼京畿監司權徵使之指揮則卧而不起承旨
等怒罵之猶不應○午後駕行暮到開城府
上駐馬召城中父老欲慰諭馬逸未果○初更軍
人驚呼自西而東人爲相踐官人李氏在外聞之
以爲變生自劍未絶二更又驚呼逾時乃止
初二日 上命承旨申磼正郎李弘老賫 御筆教
書向京城欲以慰諭人民也○巳時兵曹正郎具

賊出自內門曰自 上召三司入侍矣時大小官
列坐宮門外或言自 上若召對則政院豈不召入
乎判尹洪汝諄謂獻納李廷臣曰此不可入豈其
賊所當召乎賊怒曰我親承 傳敎爾等安得坐
而不起乎仍執大司諫金瓚手以起之諸臺諫遂
從而入 上曰今日之事誰任其咎言未已衆官
皆言領議政李山海交結金公諒爲心腹與洪汝
諄李弘老趙挺宋言愼諸人共作表裏大肆氣焰
流毒士林誤國敗事至於去邠之日身爲首相旣
不請止又請速出阿諛容悅之態到今益甚今日

之事無非此人所致請正王法 上曰李山海雖
與公諒相交豈以此誤國致寇此則不近之説也
皆曰士大夫去施无不與之主張山海主於外公
諒主於內一國之人孰不知之李憲國曰山海乘
夜潛往公諒家蹤跡詭秘豈不痛憤 上曰山海
豈必親往此則必非真實之言也憲國曰騎驢夜
行爲邏軍所捉豈虛言乎 上曰去邪之事不獨
山海之言左相亦言之崔二相亦言之今者獨請
山海之罪予實未知寅鵬曰當時之事危爲特甚
誰不以去都城爲可也具宏執鵬衣以出曰爾乃

山海之促也爾何敢開口柳成龍免官下階涕泣
以拜日願與山海同受誤國之罪崔滉日臣則只
以事君危急暫避他處以圖後日之事爲言實異
於山海等上厲聲日翰林注書皆在此予豈虛
言予仍顧謂史官日爾等亦不聞之乎史官皆日
崔滉亦直請去邪別無他言也滉猶不避謝上
遂罷山海以崔興源代之○南兵使申硈承召
上來稱以統禦使騎兵臨津
初三日上出南門召父老民人慰勞仍問疾苦且
使陳其所欲言者有士人十餘對日今日之事皆

由於李山海金公諒表裡用事而內外人民同懷
怨憤以致寇賊之來此皆 殿下嬖淑媛金氏
之故也○駕將還承旨李忠元啓曰請召成渾
上曰豈無召用之人乎予不必召來也遂還行宮
○上以開城留守洪仁恕有病李廷馨前爲本府
經歷有遺愛遂以廷馨擢拜留守且命其兄吏曹
參議廷馣同守開城府以李珊爲承旨○兩司合
啓左議政柳成龍不可獨免誤國之罪兵曹正郎
具宬本非近侍之臣又非承命出入之任而及諸
臣入對之後同在從臣請罷之 上從之以尹斗

壽代戚龍○上命杞城府院君俞泓都承旨李恒
福陪信城定遠兩王子先往平壤權恒福吏曹參
判即日發行○又名寅城府院君鄭澈于江界請
留與泓等同護王子○禮曹判書鄭昌衍以爲
太廟神主載之爲上多至五十餘是令者列郡皆
空無力可運事若倉卒必有狼狽不如預爲奉安
於淨潔之地以簡一行多官皆以爲當待新相也
出仕議之
初四日 上使從臣差一人往兩湖徵兵人無應之
者輔德沈岱曰臣請往 上名謂曰人皆避之獨

請自行良用喜慰欲陞堂上而送俄日臣若不達
而還則是虛受賞秩也復命之日臣當受之上
慰諭遣之○午後甲騎獨還言賊已入京城盖到
馬山聞道路訛傳懼而還也上即命治行○鄭
昌衍聞駕發不議諸大臣即奉廟主安厝于
穆清殿之右○薄暮駕行上下擾亂有甚於臨津
夜到金郊宰臣以下皆露宿草中是夜軍人驚呼
者四五人不得已以韓應寅為巡警使領扈衛軍
初五日午上到金岩令吏曹書扈從人員姓名以
啓日晚到平山宿寶山

初六日 大駕當晝停于安城夕歇于龍泉而安城
龍泉俱闕支供不得已倍站過釣水到鳳山日已
初更上下飢乏不得行大司憲李憲國怒罵曰政
丞及承旨皆犬子安敢使 君上不食而行乎馬
上奮手有若拳打之狀人皆失笑
初七日 駕到黃州兵曹參判沈忠謙邀長淵縣監
金汝律謂之曰公之兄汝岉雖以文官亦死於賊
況尔以年少武士豈可安坐乎宜速請從以圖復
讎汝律面發紅有難色忠謙曰如汝武士多怯者
可以免而汝律不得已請於 朝廷願率軍自當

一面 上以爲忠勇之士特 賜慰奬仍陞通政
以送之
初八日 大駕到平壤監司宋言愼領兵三千餘騎
前後迎 駕戈鋋照日勢甚堂々城中人民室屋
宥似京城扈從人等始有生氣○時朝廷衆議皆
以爲金命元申硈雖在臨津而兵勢甚孤不如又
差文武將官協同防守遂以韓應寅爲諸道郡巡
察使李薦爲防禦使
初九日李誠中來言初三日 賊入京城留都大將李
陽元不知去向以兪泓爲右議政都體察使搜兵

三十刻日發行

初十日 廟社主至 大駕到寶山之日宗室海豊

君眷等執尹斗壽手痛哭曰公以國之大臣有司

之臣棄 廟社而不之覺何也古今寧有无廟

社之國乎斗壽曰有司不遍經議行寒安雖来吾

所與而烏可謂之非我罪乎徵公言國不國矣遂

遣禮官陪来是日始至● 俞泓承 命適日来有

登程之色 上召問卿至今不發何也泓曰脚底

有腫以此不得行矣大司憲李憲國大聲叱曰公

無才無德既陞政丞 恩至大矣恇怯不行今乃

日脚有腫敗如當宴之妓托足疾而不歌者也公
何敢如是有若相歐者 上亦哂之曰先送韓應
寅可也泓竟不行
十一日韓應寅李薦領兵五千辭朝 上臨行賜酒
極其慰勉而送
十二日以李恒福爲刑曹判書申磼爲吏曹參判柳
希霖洪進閔濬爲承旨○備忘記曰自古遇變之
主必有自貶之擧自今以後諭内外臣民凡於章
蹤勿稱聖睿且尊號一切勿用可也李誠中曰此
國擧也爲臣子者不可不承順以成其義尹斗壽

日令日之變無非臣子之罪而豈有人君獨先自
貶之理乎遂以不可貶損之義爲對○都元帥金
命元馳啓曰臣率李蕡劉克良以下諸將二十餘
人軍士七千餘人把住臨津設伏碧蹄等處多斬
獲李陽元亦率申恪李鎰以下諸將十餘人軍人
五千餘人駐兵大灘方圖進取上下聞之莫不歡
喜皆以爲不日當回鑾○朝廷以爲當初去邠之
日百官之落後者雖不可一一皆罪至如都揔府
衛將義禁府等官非如閑漫衙門之比盡令白衣
從軍以圖立功自效

十三日以李恒福爲大司憲 京畿監司權徵馳啓
日此賊孤軍深入足腫氣疲其勢已挫請勑元帥
乘此機急擊勿失時諸將官皆言賊勢已摧不得
行步朝廷信其説連降旨于金命元嚴責其玩寇
不討之狀○以李聖任爲巡察副使領江邊土兵
之避至者往赴軍前參賛韓應寅軍務先是聖任
聞賊變自請於朝親往嶺南募兵討賊路塞不達
而還又請於朝願助韓應寅討賊遂遣之
十四日上諭韓應寅曰今賊勢已摧而都元帥金
命元久無可爲卿可刻日討賊不可坐受命元節

制以誤軍機○兩司合論李山海日本賊性凶險交通宮
禁與金公諒爲表裏誤國致寇去邠之日又不請止
諸竄於外三月始蒙允竄平海郡○三司又論
金公諒以么麽賊隷憑藉宮禁之勢交結權光濁
亂朝廷士類進退皆出其手人心怨憤終至於此
請斬之以謝一國 上曰國可亡豈可枉殺一人
乎終不聽○李德馨來言承命到竹山聞申砬已
歿遂使驛官送于倭中而久未見出不得已退還
云又言于尹斗壽曰今人心怨反公然有惡 上之
語以此事執然無可爲必有別樣慰悅人心之擧

然後庶有萬一之望矣斗壽瞋目不答德馨茫然若有失而赭而退○大司諫金瓚副提學洪麟祥執義權快宗廟令權憺吏曹正郎朴東賢奉教姜秀峻大司成任國老等前後上疏言父母所在之地賊皆屠滅願歸省之 上皆允之以此上疏乞歸者紛紜不止朝廷以爲 君親一體若使盡許歸覲則誰與爲國乎請一切勿聽自後多不辭而去者○寧海府使韓孝純啓曰朝廷聲聞不通列邑守令任意去就臣方堅守本城不知 駕住何處敢此起居朝廷見其書无不悲喜遂陞孝純堂上極加贊

奬 以鄭崑壽爲大司諫沈忠謙爲副提學李廷
立爲兵曹參判○寅城府院君鄭澈來啓曰承命
之後即欲起程則府使洪世恭以爲義禁府文移
不來不可只據有旨而遽發也以此今姑未來云○
朝廷以爲八道灾傷踏驗今不可一一差官以遣
請依去例施行遂諭各道監司○慶尚左道兵使
李珏自本道脫身而逃來現于臨津軍中朝廷遣
宣傳官斬之以徇○駕到平壤之後朝廷以爲去
邠之初自上雖有悉宥被罪人之教而未有明
命不敢施行遂列書名以稟則以事于逆獄被逮

流者皆賜放還而洪聖民李海壽白惟咸張雲翼
柳拱辰李春英等則未蒙放至於削奪官爵之類
已皆蕩滌而朴漸獨未見叙後數日洪聖民以下
亦使放還叙用
十六日臨津岸上列營之賊一時燒營有撤去之狀
京畿監司權徵馳啓曰此賊勢孤力疲顯有燒屯
遁還之狀請勅諸將追擊之朝廷亦以為然遂諭
韓應寅等促追之
十七日韓應寅盡其軍渡江申硈統左軍先薄賊壘
樵採之賊望見奔回 金命元以下遙見其狀皆以

爲我軍乘勝而進檢察使朴忠侃及督陣官洪鳳
祥以爲我師必勝歡呼踴躍鳳祥則急渡江觀兵
而已賊七八來身舞劒而出直衝我陣左右軍一
時大潰申恪以下四散奔走盡投江而死鳳祥亦
死時命元應寅忠侃俱着青陜衣忠侃見事不成
遂騎馬去鞍而走江上之軍見其走一時呼曰元
帥走矣遂潰去命元應寅親出呼曰我在此我在
此始得還集軍士餘者僅千餘人
十九月報至上下喪膽無復可望遂徵江邊土兵來
發者盡赴軍前僉使朴錫命有勇力承 命將赴

戰朝廷問擒賊之策錫命曰我能一箭可斃賊五
六一部箭可殺賊百餘但有懈心之事然後可盡
吾勇力也朝廷知其必無實效且欲陞堂上遂超
授折衝以送之○朝廷以爲賊中形止邈不得聞
難於策應遂令宣傳官李好誼金繼賢入京城探
視而來○金命元啓曰申恪違衆主將招之不來
朝廷以爲不可不誅遂遣宣傳官午後申恪戰於
蟹踰嶺斬賊七十級捷書至 上宥之命之頭
已懸矣○大司憲李恒福言於朝曰今日之賊非
我國之所能獨敵請速乞救於 天朝尹斗壽以

爲今我軍方守臨津足以防禦朝廷又已遣人于
下三道兵如大至北道之兵亦不久當至大軍厚
集自當有爲況 天朝發兵救援固未可期而上
國之兵一入我境則厥後難處之憂萬倍於此豈
可輕擧請兵之事乎恒福遂退○寬奠堡總兵名
義州牧使黃璡謂曰爾國受兵自 上國不可不
救俺當不日領兵過江尔其此意急速啓知璡曰
我國雖猝被兵禍擧國奔播然與境兵力足以當
賊豈勞大人之救乎總兵笑而去璡以此事具啓
上覽之怒曰 天朝欲發兵救援黃璡有何兵力

而爲此言以阻之耶欲拿鞫之朝廷以爲未有命
令不敢遽從過江之言遂有此咨不過無情之事
請差一大官臨機好處遂以左承旨柳根爲 上
遂擢拜禮曹參判以送之○南道兵使李渾聞賊
迫京城遂起兵勤王到漣川與李陽元合兵俱咨
曲折朝廷遣人嘉獎之○當賊之犯邉之初朝廷
移咨遼東厥後倉卒未得續報 駕到平壤只還
譯官洪然告急至是遼東大人詰問于義州 上
又命柳根詳對曲折○朝廷以江界府使洪世恭
有可用之才召拜承旨○兵曹判書金應南聞毋

死於土賊遂以李恒福代之以李德馨爲大司憲
二十七日賊於臨津下流乘小船以渡一作有若直渡之狀以試
我軍副元帥李賓不發一矢先遁上下諸軍一時大
潰李陽元等聞賊已渡臨津遂潰向北道
二十九日報至上命具思孟申磼具宬陪信城君
定遠君往寧越郡 ○ 時朝廷以臨津之軍足以抵
當不復設防至是平安監司宋言慎兵使李潤德
面無人色俱失精魄着繩履以行 ○ 朝廷以爲賊
之入北道者由陽德等處繞出背後則尤難應敵
遂以洪汝諄爲巡察使往陽德防守汝諄遂請對

言朝廷以臣爲巡察而不給一卒是何道理此不
過欲殺臣也請一功便宜從事 上允之汝諄遂
取李潤德所領軍一半且出大同驛馬以備載用
尹斗壽曰汝諄之如是不過欲不去遂請勿令行
○聖節使柳夢鼎書狀官閔夢龍辭 朝去那日
方物則盡皆拋棄獨持表文而來 朝廷以爲雖
無方物趂節赴京爲可遂遣之

寄齋雜記卷之五

壬辰日錄　朴東亮 撰

起萬曆二十年六月盡六月凡一朔

六月初一日己丑時臨津失守聲息漸急 上御廟
堂議去就寅城府院君鄭澈首曰此非京城死守
之地可令一大將守之奉 駕而出可也沈忠謙李
億馨又從而和其說衆議皆以爲然獨尹斗壽李
幼澄朴東亮曰此大不可我國封疆南北不過數
千里欲往北道則窮無可去之地欲渡鴨綠則一
渡之後無復可爲雖或偷生朝夕亦何益哉平壤

四面絶險易以防守軍士過萬城中壯士不下數
千粮食亦多離此一步國事決矣 上召對聞之
尹斗壽力主固守之説且曰國事至此急請救遼
東且待元帥諸將之還以圖死守 上曰國事已
付卿好爲也○是夕李贇至 上問曰此城可以
守乎對曰此城之外無可守之地不可使生他議
也○上諭羣臣曰予當先行前路世子可守此城
予欲親諭父老使之與世子共守也遂出 御大
同館門宣諭官此喜壽言語懇切極其惨然一城
父老上下泣官莫不失聲哭尹斗壽曰既已請兵

於天朝凡接濟之策不可不先爲講究遂以沈喜壽爲接待使往義州又以洪宗祿洪世恭沈友勝爲三路調度使分管粮餉 ○ 吏曹佐郞許箴自言願往江原道召募軍兵遂遣之

初二日都元帥金命元巡察使韓應寅只率軍官五六十來李聖任李薦等迯 上召對命元謂曰今日之事夫復奈何命元曰屢敗之將免誅足矣然成敗天也臣則有死而已 上曰將帥之言也朝廷以臨津失守皆應寅之罪遂使防守江東諸處使之立功自效 ○ 上諭羣臣曰中殿不可仍在此

城議去向以啓皆曰自 上去就定然後方可議
此事也 李鎰在道啓曰臣率軍三千前往 行
在但願 朝廷堅守平壤力生他計臣當竭力畢
命以效一死時群議洶洶去留莫定今觀此啓上
下頗有死守之心○上命俞泓留守平壤泓擧止
失措擧李誠中爲副處事如中酒者 上白群臣
議去就尹斗壽曰一城之人皆曰願與 大駕死
守此城 大駕若出當一時皆潰去人心如此若
能協守足以抵賊且況以事勢言之此城之外不
知何地可避何地爲固也 上曰卿之言太沓沓

也 上對群臣問以北道之路翰林金義元自萊
至萊對之甚悉 上曰此可用才擢拜兵曹佐郎
○上又與群臣議去就時 上顔色慘沮語言悲
切臣僚不敢仰視鄭澈出謂尹斗壽曰左相之言
好則好矣獨不見天顔乎爲臣子者安忍挽留強
欲守城乎斗壽厲聲曰公何爲發此誤國之言乎
君使京城早有固守之計豈至於今日乎公不欲
守此城奉 駕獨去之可也澈無以應○李德馨
沈忠謙言於朝曰觀今日之勢 大駕必不肯留
守此城若一朝動 駕住劄之地不可不預加講

定今封疆已蹙只有咸鏡一道而已咸興爲府兵
多粮廣足以拒守衆皆曰然丰壽曰咸興形勢半
不及此城脫使賊追厥後更有可去之地乎且此
賊獨不往北道乎公等何以咸興爲固而爲此不
長之計乎衆以爲此不可自外庭定請對陳可否
上召問之皆曰咸興城險粮足且召北道土兵守
之則大不如此城之危 上方欲出城及聞是說
頗然之丰壽曰自 上既不欲守此城則退駐之
處自有三件急往寧邊繕修器械召集江邊土兵
以守之事危則直向義州赴愬 天朝以明引賊

入冦之說上也速向江界集諸郡之兵嬰城固守則可支一二月事急則江界下流即鴨綠江也乘船以下乃 上國寬奠堡也二也咸興形勢臣所備諳城大而抵四面無險欲已土兵則北虜必乘虛入冦欲向南道則道路險絶未易登過賊踵其後必成圍困此則決不可行也衆以北道路險而僻賊必不往猶以咸興為可往旧本作遂定○上命金義元先往陽德等處探視道路翌日又遣李希得稍巡察使往北道又遣俞泓從行侍衛 中殿先向北道尹斗壽出謂曰李鎰宿將也必有所見待

其來當決北道之行是午李鎰至滿朝官僚咸仰
鎰口發何言環擁而坐斗壽問曰平壤棄守公意
如何或言咸興可往亦如何鎰曰此賊不可當平
壤可以去也咸興非此城最先受敵之比可以往
也沈忠謙拊其背曰真將帥也李德馨曰所以爲
李鎰也斗壽曰失性不足言
初六日右議政俞泓左贊成崔滉等侍衛　中殿發
平壤向咸興○時賊渡臨津十日朝廷猶不爲哨
探始募得勇士金球任旭景等十二人送之遇賊
於黃州斬二級而還○上巡視城上召父老諭以

固守之意咸泣曰 主上君留則皆當死守 上
命左議政尹斗壽來金命元以下留守平壤 上
欲使世子守平壤斗壽命元等以爲人心視 大
駕爲去就 大駕旣出雖 世子守此城無益也
仍啓曰臣等當極力守之 世子不必留也 上
允之命中和郡疊入于平壤
初七日朝副提學沈忠謙來三司請對言臣等之意
此非京城之比不當死守更思之此外無如此城
之固者必以爲不可去也蓋賊勢稍緩故也及午
中和郡人來言賊已到本郡沈忠謙又來三司入

對言賊勢已迫 大駕不可留也○吏曹正郎李
幼澄請對極言不可去之意 上曰爾言則是第
予則切欲出城以觀變也
初八日賊到大同江邊 上聞賊已到遂命治行○
遼東巡按御史遣鎮撫一人來 上接見于大同
館歷言當初事情鎮撫登鍊光亭望見賊騎橫馳
日是固倭也因不留而還朝廷以爲朝廷若有詰
問之事則不可無應對之人遂以尹根壽遣之○
是夜賊使被擄人致書曰願見漢陰李先生措德
馨也廷議以爲德馨接話之後事若不順則不如

使勇士擊殺調信等也手壽以國孰雖如此豈可
效盜賊之智乎只可見之而已或以爲見賊之後
若有不忍聞之說受辱尤大不如不送德馨曰見
之則或有緩師之理請見之朝廷亦有萬一之望
遂遣之

初九日李德馨到江上賊將平調信玄蘇世俊等至
各乘船會於中流酌酒語德馨曰今日之擧何名
耶玄蘇曰欲與貴國有所相通自東萊至京城皆
不得傳語遂轉輾至此耳德馨曰今既與通彼此
矣盍退師乎古之諸侯陳師載盟皆退舍今可退

師徐有所議也賊曰日本但知進不知退一步也
遂罷還勇士朴成景等在旁知事不成欲殺之德
馨目止之○先是承旨閔汝慶盧稷等聞臨津不
守皆稱病不仕至是見國事已去首先出城士大
夫效此多欲逃去者
初十日 駕將發宮人多先出去者城中人民持斧
杖要諸路亂擊之判尹洪汝諄被傷墜於馬父老
男女塡塞宮門之外痛哭呼曰我等之不出欲恃
大駕爲之死守也賊已到門外遽欲棄我等去是
殺我也寧死於上不顧死於賊遂欲毁破宮門遂

散諸宰兵曹佐郎朴東亮見急入謂承旨曰民情
如此事將不測今日傳行以慰安然後方可行也
承旨等啓之遂傳行承旨出謂曰今日傳行亦等
可退去衆不之信猶喧聒欲亂李幼澄遂大書傳
行字於板使人登屋上遍示之始稍稍散去
十一日 大駕發平壤左議政尹斗壽都元帥金命
元巡察使李元翼監司宋言慎兵使李潤德校理
金信元吏曹佐郎李好閔等送至普通門而辭歷
順安夕到肅川郡多官議曰今者國事已急 大
駕北道之行亦不可必若是則 中殿豈可獨向

北道不如廻回于寧邊觀勢去就可也 上從之
○朝廷又以請兵 天朝事莫重焉 豈可只送譯
官而望其救乎 遂遣大司憲李德馨稱請援使急
往遼東 又命洪汝諄巡察陽德等處 以防自此向
西之路
十二月 駕到安州雲岩院 人民逃散 遂闕膳 李陽
元敗到安邊 遣從事官金廷睦口達 李渾等盡殲
淮陽之賊 蓋聞道路之言也 上欲親問之 召史
官入侍 則注書任就正 朴鼎賢 翰林金善餘 趙存
世已散去 自此諸從官皆落後 從駕者不滿十

餘而亦皆任意或先或後侍衛者盖無多○夕到
安州 上見道上軍士還者問之則皆逃還者也
遂命持平李慶祺馳往慈山等處招集逃軍送赴
軍前
十三日 獨到寧邊城中人畜俱已散去判官黄沂
亦自外鄉始來上下皆闕飯是夜韓應寅馳啓曰
賊已渡江東外灘只隔一灘相與對陣 上遂召
群臣謂之曰今日之勢已無可爲然予與世子同
往一處則更無可望不如分往但今日所向何定
承旨李馩曰 上國父母之邦也今當往義州赴

詐 朝廷事若不利君臣當同死鴨綠江斯大義
於天下可也柳成龍李恒福亦曰此言大是請往
義州 上曰予若渡遼諸臣有能從我者乎李恒福
李礖泣對曰臣等願從行 上顧謂崔興源李憲
國李誠中曰卿皆老矣可從世子又謂韓準曰卿
有父母亦可從世子羣臣皆泣 上亦垂涕
十四日遣雲山郡守成大業翊贊柳希聃迎 中殿
及世子嬪以來俞泓等庵 中殿到德川屢奏請
急向咸興多有迫促之言 中殿教曰當初雖有
咸興之命今 大駕去就未知一踰此嶺之後事

有倉卒必致狼貝遂留五月以此大業寄託及之
○時 大駕世子將外行而侍衛之官親承 上
命者外皆不知所向領議政崔興源遂列書姓名
以啓 上遂落點蓋 上以渡遼則人所厭避而
又非老病輩所能從擇令無病可速行者從 駕
持平李廷臣聞其當從 駕遂不辭去○上又以
韓準方判戶曹不可暫離遂命從行準托以落傷
出城去○上又謂 世子曰國事已至此更無望
矣吾父子若同向一處事若倉卒後無可爲之事
令予當赴訴 上國 世子奉 廟社主急往江界

等處以圖恢復可也 仍相對哭
十五日 上辭 廟社主痛哭 世子亦痛哭 上
謂世子官屬曰國家之事付在世子身上爾等盡
乃心力好爲輔佐以圖再造 駕將發世子辭
兩宮從官皆失聲哭牽馬賤僕莫不泣下沾襟○
駕到博川境居民如舊處處耘鋤 上駐馬問曰
列郡皆空爾等何以不移避耶皆曰郡守在平壤
送人諭諸民曰事若難我當避我避之後猶可出
去姑盡力作農以此安心不避矣 上曰民之累
歆由上所使此來處置得宜者乎○午到博川郡

自平壤來者曰昨日尹斗壽金命元得壯士四百餘人夜渡江斫賊營所殺賊極多但以將曉擧事進退酣戰之際天色已明賊軍大至我軍乘船亂渡賊追及之壯士任旭景閔汝虎等至大同江追倒執一賊左右亂揮賊不敢近所擊殺十餘竟溺死都元帥等在練光亭上目見而痛惜之恨其不大擧冒夜渡兵云○持平李慶祺來言亂軍潰去無力可禁不得已還來司諫柳永慶曰當此孔棘之日召集軍兵事非不重而受 命二月旋即空手而還日我不能也豈可如兒戲乎速往其處再圖收

集慶祺不得已尋往仍不還○中殿自德川乘暮
而至右議政俞泓聞百官分行遂啓曰臣已老矣
不得渡遂請從 世子恢復之後當迎駕而回
上從之○夕李元翼遣李好閔來言昨夕賊於青
銀灘自銀灘等處分遣其衆以試欲渡之形守灘
將金德秋許淑李潤德等一時逃潰上下列鎮之
軍亦從而潰賊遂入平壤矣 上遂命治行 中
殿自德川到博川踰山越澗一日所行幾百六十
里而未下轎又聞箕城之報郡中大擾遂闕膳而
行○時衛將李瓘成壽益等相繼散去 駕者

惟內官五六而已博川郡內五里樹木茂密天又兩一行僕四五十人人心危懼若不能保甚於臨津之夕時世子遣輔德趙挺問安于 上挺之還 上手書致世子曰予生既爲亡國之君死將爲異域之鬼父子相離更無可見之日惟望世子再造舊物 上慰 祖宗之靈下迎父母之還臨楮涕下不知所言時 世子方駐開平驛趙挺偃行京畿不之傳○上三更發博川平明到嘉山

十六日時 駕到嘉山縣息衙憩 舊本從官散去殆無餘者 上遣咨遼東遂請內附○大駕到定州○又遣人哨探

賊形止而來金命元在安州馳啓曰臣等在此時

無賊形續當馳報 上遂留定州○又遣安滉等

取信城定遠兩王子於寧邊郡以同○駕到平壤

之後連報賊情于遼東自此咨揭絡繹而咨回規

體無得知者 上遂命從官屬之有不成形者

十七日寅城府院君鄭澈豊原府院君柳成龍率大

司諫鄭崑壽欲請 上授世子監國之任遂入對

上問曰卿等有何所言澈成龍只言國事如此已

無可爲奈何奈何遂退出或曰 世子已授監國

之任澈等之意欲 上傳位而嚅嚅不能發也

十八日 駕發定州向郭山 上召謂柳成龍曰今日之行專爲內附也卿可先行如遇 天朝人之來必先道賊情後言渡遼之意○駕到郭山聞遼東廵按遣副摠兵祖承訓叅將郭夢徵游擊史儒領三千騎到雲興舘 上遂往見之 上歷言我國前後事情從官等列伏 上前俱言所見語極喧鬧叅將郭夢徵曰貴國君臣一處鬨亂有同聚訟殆無禮也 上命諸官皆出摠兵以下知平壤已失守遂還○左議政尹斗壽追至啓曰臣不能死守致有今日願受軍律 上曰國勢已去豈卿

之罪○上夕到宣川郡廵按御史又遣指揮張姓
者来咨中有爾國謀爲不軌等語又曰八道觀察
使何無一言之及於賊入道郡縣何無一人之倡
大義何日陷某道何日陷某州某人死於鄙某人
附於賊々將幾人軍數幾萬逐一計開具録以報
天朝自有開山砲大將軍砲神火鏢鎗猛將精兵
霧列雲馳倭兵百萬不足數也况文武智略之士
足以灼見奸謀逆折凶鋒雖有鴟張跋扈之徒復
生於世安得以窺天朝之淺深乎上覽咨竦
然曰此蓋疑我國與賊同謀而爲此恐動之言以

試我國之對也遂謂指揮曰此啓當隨後委遣陪
臣也指揮出謂譯官曰我乃貴天使衣隨也廵按
以我曾見國王面目使之來見真僞耳啓中所
言特假設之事胥國其勿恐怕也○時大駕行
色殊甚忽卒一路人民見之以爲倭賊在後朝夕
當廹及駕經之後良民奔竄塡咽山峽岩其無
籍之輩乘擾攘之隙嘯聚徒衆據出官穀寧邊郡
山殆甚宜川郡守李瑩言于朝曰郡中亦有百餘
賊也集待明日駕發之後將敦寧邊民所爲非
老儒所制乞賜處置朝廷遂代以武臣得免焚燒刼

掠之患

十九日 駕次車輦館所經之地人民室屋安堵如舊無異博川郡支供極豊厚 上命簡之勿使侈汰

二十日次龍川郡尹斗壽啓曰今日之行專爲赴訴天朝以此兼程疾馳已到于此但遽到義州人心易駭將无以收拾況今賊勢頗緩先使義州等官收集散民諭以不即渡遼之意使有所恃然後更觀二三日後緩緩征進則遠近不至失望矣 上從之○平壤失守之後宋言慎李閼德俱向郷川

等處久不還金僉元平李元翼李賓住定州只有
軍官數十餘人不知所爲遂令李元翼往江邊收
土兵李賓往　山郡徵兵僉元獨守空城而已
二十一日慶尙右水使元均巨濟前洋大捷報至
上問使者以嶺南之事對曰監司金睟方在咸安
等處不知聲聞大賊只由直路而行故列郡被兵
纔是當路之地左右道分爲二境號令不通彼此
所爲邈不相聞但聞兵使金誠一率軍官數三十
猝遇賊衆欲散走誠一遂下馬踞胡床攔路而坐
賊見其容突疑其有伏盤桓不進久乃引去去到

京畿聞列郡人民皆以爲今月之賊非倭也乃叛國叛國不殺良民遂多不出避之以此盡被屠殺既知其爲倭賊後始稍稍引避云○朝廷以列郡官穀盡被搶掠若不收撿 天兵出來之日必無以供給遂遣掌令鄭姬藩于鐵山正言宋光庭于龍川倉查驗又以大軍一散之後逃入山谷久不就視遂遣司諫柳永慶于江界渭原理山等郡執義鄭光績于碧潼昌城等府急令歸召遣赴金命无處

二十三日 大駕到龍灣館以牧使衙舍爲行宮遂

居之時城中人民皆散鷄犬亦空鳥雀不飛有似
荒山廢寺從官數十餘人分接　行宮近處人家
率皆荒凉困迫只有一二奴僕李誠中父子只有
一奴有時闕飯依人度日
二十四日　備忘記曰當初去京城之日百官從予
而出者皆忘生也及其去平壤向義州人心散散
莫不逃避潰裂而俱能離父母棄墳墓從予于義
州荒絶之地絡繹無怠皆忠臣也自京城至義州
人等別具姓名以啓予當留以爲後日之觀至於
扈　駕到此者其功豈有上下之別乎百官各陞

一秩大司諫鄭崑壽持平辛慶晋啓曰人臣從
駕不避險難乃其職也請收陞秩之命 上曰卿
等之言固是然人情豈如是乎不計身之死生相
從於洞轍爛泥之中雖高資義爵安足惜乎論之
數日不從

寄齋雜記卷之六

寄齋雜記卷之七

壬辰日錄　　朴東亮 撰

起萬曆二十年七月盡八月

七月 上諭羣臣曰今日之事只有請救 天朝一事而已一路糧餉不可不預加措置尹斗壽仍啓曰户曹判書韓準承 命不來當遞其職而在此之人不稱請 上親裁 上遂擢禮曹參判李誠中爲之○金命元啓曰臣在定州名集軍兵滿五百餘名李元翼所募送士兵亦千人李賓所率來者亦千人臣領此兵進向安州矣○上召柳成龍諭

日今見元帥狀啓將向安州卿亦進住軍前一切
便宜從事 ◯ 平安監司宋言慎兵使李潤德迸入
山峽久無消息遂並遞之李元翼爲監司李蘋爲
兵使 ◯ 金命元啓曰咸從縣令李璡甑山縣令趙
誼起兵遮截于江西永柔等地臣亦進至順安爲
固守之計　上曰柳成龍受命有日久不起行何
也尹斗壽啓曰成龍有病執所不能即行臣既無
功於平壤苟免刑辟請代成龍行　上曰卿不必
行成龍翌日起行時成龍之病不過爲暑熱所傷
前受先行迎接唐人之命而遷延落後〻　駕而

行又受軍前便宜之任遲留不速發人以此疑其
避事○金信元啓曰良到安岳等地起兵二千餘
人使訓鍊正李愚命領赴金命元處矣當初信元
從斗壽留平壤及城不守信元懇邀斗壽偕往安
岳以圖後效斗壽笑曰我從大駕安岳雖好非
所往也信元遂獨往起兵以應官軍朝廷遂使信
元仍留督餉○大司憲李德馨在遼東請内附仍
陳我國前後事情請巡按轉奏播越之狀聖旨
特賜銀二萬兩另差一官面授朝鮮國王俾能接
濟上下參將郭夢徵領銀來上親受于龍湾館

五拜叩頭　擢副護軍李山甫爲吏曹判書柳根
爲都承旨朴崇元爲漢城判尹○全羅左水使李
舜臣於巨濟前洋遇賊船四百餘艘大戰良久未
有勝負舜臣謂諸將曰彼賊船上建三重樓飾以
金碧有一賊踞床指揮此必大將我之龜船輕而
疾行又可避丸若使二三龜船直衝賊艅得梟此
賊餘必自潰遂遴壯士百餘人分乘三龜船而出
入賊船間疾如飛梭賊莫敢近遂犯三重樓船百
餘人一時呼譟而出矢如雨集賊將被箭至三猶
不避箭中腦始仆舜臣等望見其戰甚酣亦鼓譟

直進賊船遂崩潰溺死者不可勝記得器械無算
賊自是不敢直犯全羅道蓋元均李舜臣合戰之
力而元均則本道物力已皆傷殘得舜臣成此功
云報至 上遂陞舜臣正憲大夫又設統制使以
舜臣爲之設鎭于閑山島以防賊之由海向全羅
者全羅右水使李億祺又有戰功遂與元均俱陞
嘉義○朝廷以全羅道舜聞不通必以 大駕渡
遼莫爲之措也遂遣大司成尹承勳由宣川乘船
以行○時朝廷連遣使臣請救於遼東冠蓋相望
於道遂遣副總兵祖承訓領七千兵馬以來自七

月初寬奠副摠兵佟養正諜擬兒于順安與我軍
同進退連日斬賊積至十餘級佟摠兵轉報撫按
衙門遂調騎兵七千以遣蓋輕之也祖摠兵來兵
渡鴨綠江直到順安柳成龍金命元以爲天兵路
滑不宜急擧祖摠兵以爲我嘗以三千騎兵殲盡
十萬㺚子視倭賊如蟻蚊耳固要進兵時我軍下
帳將順川郡守貟璦馳報於金命元曰倭賊盡向
京城去留者極少被擄女人於城上屢呼官軍乘
此機攻城可得成功祖摠兵見此報以爲信曰我
軍中亦有善占者言十七日城可破政與此報相

符遂下令軍中日明曉進城破賊後當食令既布
遂進平壤城下城門不閉城上亦無一賊防守者
平明大軍由普通門入哨軍已到大同館前呼吸
移時無一賊出應之大軍遂由大街驅而進賊於
左右房屋鑿壁穴一時放銃聲震天地游擊史儒
中丸死祖承訓見其死遂策馬先遁大軍潰亂奔
走賊追擊大破之遼軍還者堇二千人祖摠兵一
日馳三百里柳成龍邀謂曰我國則已矣獨不念
七千衆命乎幸少留此處收拾散卒徐容回軍何
若是去之顛倒祖摠兵曰我當到嘉山阻江以爲

守也是役也人馬殆盡器械無餘賊若出一步則
諸軍喪胆之餘必不得晷刻支撑而賊亦見 天
兵聲勢爲之歛避不出焉時朝廷日夜待捷而特
勇僨敗捲甲而還 上下喪胆相聚頓足而已○具
思孟申礫具成等陪信城定遠兩王子至 上特
陞思孟礫資憲階以思孟爲吏曹參判○祖摠兵
之敗還也恐獲罪揭報撫按鎭三衙門謂其方攻
城乘虛之際朝鮮一營援倭助戰矢石如雨是以
見敗廣寧鎭守摠兵官掛印將軍楊紹勳領兵到
九連城親爲之探虛實○ 上遣尹斗壽極陳無理

之狀摠兵答曰撫按兩御使亦已知其詐況俺親
聞本國事情豈不洞釋前疑乎壽仍言小邦兵力
已盡朝夕就滅小邦既亡之後必將爲 天朝東
顧之憂提兵勦滅存已絶之屬國紓宵旰之殷憂
惟將軍事也不然小邦君臣未久爲鴨江之鬼恐
不得再見 天月泣下不已摠兵曰 天朝事體動必
萬全朝裏已令多官會議或有限鴨水爲之防
守不可遠救外國之論俺等亦具一本時無下落
貴國亦當敎飭邊臣下分截住勿使踈虞以待
朝廷處置貴國君臣自此益堅事上之節終始不

貳則 聖皇在上自當降鑑勿慮也譯官韓潤輔
以事到遼東巡按御史李時孳召謂曰你國子的
將領官授倭效順使 天兵折損過半至於軍還
之日不救軍粮馬豆卒致倒斃是何道理對曰小
邦人性原來脆怯不能作惡雖或見擄苟從本不
過畏死耳豈有無故自就死乎天日在上萬無此
理至於兵敗之後大軍日馳三百里人馬安得不
死傷乎如此小邦無福之致其間曲折有口不敢說
巡按笑曰你說的是由此祖將之証不得行朝廷
本遣官卞証巡撫御史郝杰本曰此不過祖承訓

欲脫罪責國力多慮也祖承訓前後事狀自朝廷

本雖於明言未得可對之辭而韓潤輔以一譯官

只擧有口不敢說一句話能卞其誣而其敗衂顚

倒之狀又隱諱而彰時以爲能應變

八月初 世子自寧邊將向江界沈忠謙等以爲江

界路窮之地決不可往江原道多高山峻嶺爲之

限隔可由伊川達春川等處得與嶺南相通庶有

可爲之事 世子遂次于瀰川寧遠之境草宿四

五日從官皆散落不得已由陽德到伊川又聞春

川難達之狀前後左右皆過於賊不知所向時朝

廷始聞之大駭以為何物膽大者敢挾 至尊深
入至危之地耶將遣人止之未久為賊所遏還次
成川府遂以為防禦使軍勢稍振○備邊司啓曰
前監司宋言慎前兵使李潤德以一道之主深入
峽中久無形影洪世恭承調度之 命迂入熙川
天兵去來邈不相聞韓準親承從 駕之命托病
落後又自言親見 大駕渡遼遂使人心崩潰獻
納李廷臣持平李慶祺注書任兢正朴鼎賢檢閱
趙存世金善餘以侍從之臣不辭逃去俱失人臣
之義不可不分輕重科斷宋言慎韓準罷職李潤

德白衣從軍洪世恭降一資李廷臣以下六人並
削其職何如 上允之 欽差行人司行人薛藩
奉 勅來領 上出迎于義順館道宣勅于龍灣
館 勅中語意極其慰勉至有堅守臣節自當措
處之語蓋悉其折而入於倭先致慰勉之辭也
上手自捧 勅失聲痛哭上自臣僚下至賤僕無
不大哭薛行人亦掩淚移時 上洞陳受兵之狀
行人曰貴國忠順之誠自 天朝亦已洞知不遠
當有停當之語放心勿憂翌日遠接使李德馨館
伴使李誠中俱呈文極陳請兵之語薛曰俺不但

復命日極言之在此先具一本明自題奏公等建
而盡職○全羅監司李洸慶尚監司金睟忠清監
司尹先覺領兵八萬直向京城時忠慶二道俱被
殘敗獨全羅一方物力全盛兵士器械軍資輜重
彌滿四五十里遠近聞之莫不雀躍朝廷亦以為
必能成功指日待捷睟於畏敗之餘革率軍官百
餘名附屬於洸洸所領俱是精勇之士顧使驟慶
尚道人睟以下無不受侮蹙入而洸又庸惻不知
兵行師之際有如驅羊耗收散亂無統首尾不相
知進陣于龍仁縣南十里外賊初見其兵勢蕩蕩

不敢出先鋒將白光彥李之詩等直到賊壘斬賊
之樵汲者十餘級諸軍益輕賊有驕色先是白光
彥李之詩謂洸曰我兵雖衆皆列郡烏合之軍勿
論多寡俱使本邑守令將之某邑作先鋒某邑作
中軍至於前後左右俱有所分勿聚一處各自爲
陣分屯十餘處一陣雖敗旁陣繼入遠近諸陣鱗
次相救一陣雖勝遠近諸陣爲之循序而進如此
則勝必全捷敗亦不至衂洸曰臨機應變自有其
策何可預定乎至是夜分使白光彥等直所賊營
光彥之詩突入賊屋衆軍踰柵而入揮刀亂斫斬

首十餘級適大霧四塞咫尺莫卞留營之賊盡已登
岸乘霧暗放銃自後掩之光彦等俱被亂兵所殺
衆皆潰還喧噪之間天曙霧開賊衆約四五千相
對下營二三里地賊銃一發大軍遂潰洸等旣不
能招呼收集又自變着白衣相紬而進人馬相踐
蹋塡滿道路八萬之衆須臾散盡賊見兵勢之盛
猶不敢追逼遂斂兵而還弓矢刀槍器械衣服裝
飾狼籍委拋塡溝塞壑不可勝紀村民之竄匿山
谷者深夜收拾賴此全活者甚多 大駕未出京
之日李洸領兵十萬已到錦江及聞 去邠遂自

罷兵而還至是又敗羣心沮喪無可爲矣敗報至
行在朝廷上下面面相看長吁短歎而已○書吏
張稛重者自北道來言賊分兵踰鐵嶺南至甲山
而還監司柳永立被擄而逃北至會寧人民皆畔
士大夫避亂者及守令率被縛獻臨海君順和君
金貴榮黃廷彧黃赫等俱被執南道兵使李渾亦
爲甲山民所殺羣臣問安仍請遣人探其形勢
上曰旣陷在賊中寧有可出之理乎○時朝廷以
八道被賊俱皆蕩殘非天朝兵力無以支此賊
而遣人求者出兵之期時無的息遷延至此坐待

殘滅請急遣一使臣適謝恩使申點還自北京言
遼東撫按鎮俱題請發兵救援着九卿大臣會議
皆言朝鮮遠在藩服之外猝被倭侵至於喪國爲
竄必有自取之殃至於伊國情形俱未諳知不可
輕動軍旅遠事外夷合勅遼左將領嚴使防守勿
致蹉失獨兵部尚書石星以爲朝鮮素稱禮義侔
擬中華首尾二百年恭順無他以是祖宗朝優
禮朝鮮不與他外藩比况此被兵曲折前既題奏
明有次序狀非挾詐覬覦之計若視而勿救折而
入倭則封疆之憂不可勝言請亟發兵救之惟以

廷議欲不救以此尚不之定石尚書及洪純彦謂
日你國之事我獨盡力而衆議如此〻時你國使
臣來則俺當爲之力矣 皇上亦憐你國而寧夏
方用兵以此恐力分耳你國何至今不請兵乎遂
遣鄭崑壽沈友勝星夜前往崑壽之行 上親餞
以送語多悲惨崑壽出謂人曰 朝廷謂我爲異
己使之遠赴此何事也李誠中衆中比之曰逆臣
十五六年議四五事公旣閒官又非衰病今日之
行非公而誰况當此時雖使之入賊營猶不敢憚
天朝父母之邦尚不欲去對人發怨色非忠臣義

士之言也崑壽大慚○朝廷以京畿監司權徵遠
入江華黃海監司趙仁得避賊投島俱無所爲遂
以右副承旨沈岱爲京畿巡察使同副承旨柳永
慶爲黃海巡察使沈岱臨行謂叅知沈喜壽曰朝
廷用人是何道理我則死地去公則得其時矣喜
壽曰是何言也朝廷以公頗慷慨不避夷險陞資
未久又超資以遣之未有感奮之意先懷怨恨之
色賊在平壤朝夕當發君臣上下猶不知死所公
何爲發此言也岱猶咄嘆不已○全羅道儒生梁
山璹郭賢來言金千鎰起義兵與全羅兵使崔遠

合兵到水原高敬命趙憲亦起兵相繼來慶尙道
亦有金沔鄭仁弘朴惺郭再佑等起兵討賊 上
召山璹等入謁之日以予無狀之罪亦等蹴踧千
里冒出賊中而來慚愧何言對曰千鎰軍中精勇
雖多半是儒生只仗忠義而起至於成敗天也
上泣曰忠義所激何事不成郭賢曰臣素與趙憲
厚交臣起事之後憲曰近觀天文我國無滅亡
之運賊亦終必不得志云矣 上曰是果憲之言
乎賢曰己丑年憲謫北道能知逆變之發又於辛
卯年明言國有大亂預講避居之所此必觀天之

驗也 上曰若是其符乎甚有喜慰之色遂陞千
鎭爲判決事稱倡義使高敬命稱招討使俱賜教
書憲教書有悔不用忠言致有今日之語又賜金
沔等教書仍下罪己教有曰龍灣一隅天步艱難
地維已盡予將安歸瞻彼江流亦流于東思歸一
念如水滔滔教下遠近聞之莫不流涕皆李好閔
之辭也○忠清監司尹先覺啓曰大賊入清州分
兵搶殺有僧名靈圭者能聚其徒皆持鎌子號令
甚嚴見賊不避遂進攻清州之賊連月相持雖無
大勝亦不退北賊遂棄城而去皆靈圭之功也遂陞

堂上爲僉知賜段衣一襲 山琦等還也 上白
謂曰爾等歸語千鎰寔竭力討賊使予東還仍淚
下不止山琦等曰湖南義兵雖起朝廷隔遠號令
之際未易稟承須以一重臣來撫之方無拘碍
上曰當議而處之遂以鄭徹爲都體察使山琦等
之意欲得如申礏輩而朝廷遽見鄭徹山琦等深
以爲不滿焉○高敬命起兵北上聞賊衆已據錦
山郡將有衝發之勢敬命曰我等皆恃湖南爲之
根本而見賊不退惟以北行爲意則是自絶其根
不如還兵擊之以去後顧之心然後衆情可安遂

還次錦山境翌日欲決戰時　我國男女自賊中
來言我乃逃還人也敬命遂悉心拊循置軍中不
疑其爲細作是夜賊乘暗所營衆聞敬命已死或戰或
去敬命子因厚陷陣而死正字柳彭老在外陣聞
敬命父子死曰諸人之軍事軍敗死之禮也我豈
可獨生亦策馬赴闘死諸軍遂潰歸敬命之魂也
南中士子洽然從之徒以忠義相勉實不知兵敬
命對人言　廟社不守　至尊蒙塵正吾輩致死
之秋草檄諭諸道見者莫不曲踴而起然師行無
紀律所到未有營鎮之備每日雖以赤手徒搏至

死不避則賊可勝矣況愛無備竟至於敗辛卯秋
敬命致書於鄭琢曰敬命一家明年當有大禍父
子俱不免蓋推占之辭也朝廷 贈禮曹判書大
提學○錦山之賊長驅到熊峙直向全州監司李
洸曰大軍入守城中使賊近我境非計之得我當
分兵一半作外陣城外余等宜竭力守城內外夾
擊可以成功其實欲逃之也郡守鄭湛縣監邊應
井等逆戰于十里外斬首十餘級自巳至午戰甚
力日將晡大賊奄至衆不能支湛應井俱死諸軍
猶合戰不退賊還屯錦山○先數月邊應星上疏

日今賊北至于平安道東南數千里各置兵屯守其勢非三十萬不能也蕞爾小醜兵出三十萬其國必空我舟師可得四五萬便風揚帆瞬息可到直擣根本餘必自潰此孫臏不救韓而直走魏王翦伐楚舉兵百萬空國而去人謂燕太子丹若能舉兵襲之則秦可破馳可虜而於期不必死督亢不必獻願察之 朝廷奇其言而不能用○趙憲聞高敬命敗死日錦山之賊腹心之疾也移書靈圭遂進次其境期朝日夾擊之令既布天下雨營陣未具靈圭謂憲曰兵有備無患作營未畢明日下

可戰憲心思良久曰此賊本非我敵欲區區速戰
者徒以忠義之激乘士氣之銳也翌曉賊引衆先
出靈圭作營粗完憲軍露立於野賊遂薄之諸軍
大呼合戰短兵相交殺傷相當賊兵久而益至憲軍
見賊暫退遂移入靈圭陣賊從後乘之諸軍遂大
亂赤手搏戰猶不少挫未幾憲為亂兵所殺或謂
靈圭曰趙義將死矣賊益至不如去之靈圭大呼
曰死則死耳豈可獨生鏖戰終日靈軍亦死諸軍
盡死無敢退生者賊於是夜遁向慶尚道自是賊
不敢復犯湖南蓋大挫也憲起之日遠近皆曰趙

竄起矣何患賊不平如平安黃海之民在深村僻
巷雖平月未嘗見而知者皆曰此嘗持斫刀伏
闕下者乎人皆謂此人真忠臣忠臣起兵賊可平
矣至是敗沒 朝廷贈吏曹參判靈圭破清州未
久死於錦山 朝廷所賜段衣等物中道而還是
時監司李洸縮在一隅人有功事不以上聞敬
命等之死 朝廷皆曰人以聞◯尹根壽承命
渡鴨綠江將見佟摠兵于寬奠堡道逢摠兵摠兵
日爾奉 聖旨朝鮮國王旣薄於賊願乞
朕念恤小之仁義不可拒着寬奠堡先具房屋來

役十員名即於渡江迎接留下悉心保存一日粮
疏銀四錢猪羊各一口麪飯等物務使豊足毋得
缺乏愁惱從官及人役共通百名婦人二十名只
許從渡勿令混擾致悞根壽歸 啓之○金千鎰
崔遠 啓曰臣等之來約與高敬命趙憲等合兵
進戰今已死矣臣等久駐水原曠野之中孤軍無
援不可獨立聞畿輔義兵皆聚江華等處舟船亦
多可以合勢有爲今者移兵江華以爲久駐之計
時禹性傳亦起兵於江華仁川等處軍勢頗盛
朝廷陞性傳大司成勉令討賊○賊據海州將進

攻延安延安人民率皆荷擔而立及聞前參議李
廷馣自開城至遂迎入日令公若爲我等守此城
我等亦當死守廷馣遂得武士四百餘名共成中
人約數千晝夜治城爲防守計粗完賊引兵至城
中人謂廷馣曰我等之盡死力爲令公也令公之
不出去爲我等也今賊已迫令公心若一毫不堅
城中數千名皆斷送矣廷馣曰爾等尚猶未信我
耶遂令人建一草屋於城中高絶處四面積薪下
令曰城不守爾等速火此我當死於火民咸曰令
公若如此我等亦當死賊分兵進薄城下冒死仰

攻城上矢石如雨老者運石以投之婦人汲水以灌之賊或乘雲梯或冒木板或頂尸攀城蟻附而上城中束火投之烟氣大盛賊不能登又於城外起三重屋俯視城中放鐵丸城中又建板屋四面對起賊晝夜分番迭入百計攻之城中亦隨機應之大戰五日賊解圍而去城中人少賊衆分運而戰有休息之時而我輩晝夜苦戰目不交睫氣力垂盡少遲一晝夜安得抵當非令公忠義所感我輩已爲九下鬼自此賊據白川一日程更不躡延安之境蓋有所憚也由江華渡延安西達于

行在南通于兩湖皆延安保障之力也 朝廷特
陞廷穡嘉善 世子賜教書稱以招討使尋称廵
察使

寄齋雜記卷之七

寄齋雜記卷之八

壬辰日錄　朴東亮撰

起萬曆二十年九月盡十二月凡四朔

九月密陽府使朴晉於賊變初有戰功遂陞爲左兵使率兵進攻永川爲賊所襲僅以身免其後新寧人權應銖糾兵千餘人人持一束薪乘夜進攻永川因風縱火賊大窘冒火突圍而出我軍亂射之賊不能出數千之賊盡被燒死餘者或投厓溺死不可勝記尸臭擁道人不敢近擢應銖折衝將軍助防將　指揮寅應暘來言俺乃石老爺所遣人

旣當親入賊營諦觀形勢須得一大臣偕行 上
親見于龍灣館黃曰貴國雖小素稱富強一朝播
越至此是何故耶朝廷或言可救或言不可救蓋
不知貴國情形故也石爺謂俺曰汝直到賊營探
視則朝鮮情狀亦可知也俺之來實爲此也 上
痛哭曰先年日本遣人欲與同犯 上國遂據大
義以絶之其後又來言請假道于我以入遼又絶
之即將前後賊情具奏 天朝此賊屠殺我生民
焚燒我 宗廟怨入骨髓義不共生豈忍忘釋
怨又共爲犯 上之計乎小邦君臣奔竄到此只

欲洞陳曲折以明平日事大之誠而已至於微誠
未自致有不忍聞之說當捐死鴨綠江以表此心
上下皆放聲大哭黃指揮執 上手撫膺哭曰今
聞此言乃心肝誠實之言也 天朝若不救則使
東韓忠義之邦未免爲覆蓋之冤我何必親往賊
中朝鮮事情已盡知矣卽日 遂還其後我國使臣
到兵部兵部人曰黃應暘還自你國之後逐日到
兵部見石爺出則攀轅痛哭極陳可救之狀石爺
亦垂涕發兵之擧雖石爺自初主張亦黃之力爲不
少云◯朝廷以李洸於四月起兵到公州聞 大

駕出康無端罷兵而去未久又敗於龍仁又乘全
州欲爲自全之計大失人臣之義 上命拿治之
○尹斗壽入對言曰光州牧使權慄有氣骨有度
量將帥材全羅監司非此人不可遂以慄爲巡察
使○以前判書金應南爲定州安城將兼理舟船
往來之路初應南聞母死至上疏請往爲復讎計
久始知母尚存朝廷遂以定州爲中道巨鎭使應
南繕修城機兼察西南船道蓋 天朝發兵未有
定期賊勢若急欲爲航海向湖南之計也○備邊
司啓曰吏曹佐郞許筬初受召募之 命未有募

一軍措一事而今乃偃然復命豈人臣受命盡
職之道乎請罷職以懲其罪 上允之○世子在
伊川聞江原監司柳永吉避賊在嶺東未有迎接
之事遂起復姜紳代之 請命於朝廷遂從之初
朝廷聞士大夫妻子避賊山谷中多餓莩者江原
道最甚遂諭令賑恤力致顛仆永吉執以爲不可
日人人而悅之日亦不足以官穀施私惠不爲也
事誠中日汲黯矯詔發倉永吉格詔閉糴彼誠何
心此誠何心○慶尙右兵使曺大坤變初老怯先
道咸安郡守柳崇仁有戰功遂陞爲兵使未幾閒

晋州被圍往救之遇賊於路戰敗死時大賊圍晋
州牧使李璥病死判官金時敏及昆陽郡守李光
岳等晝夜苦戰賊分兵爲六營更進迭出晝夜不
休城中銃砲矢石百許拒守七日賊多死傷遂遁
朝廷陞時敏爲兵使兼晋州牧使未久病卒 ○ 初
金沔之起義也先卒家僮七百以倡之遠近爭應
之往來星州草溪陜川之間多斬獲民倚以安居
遂擢沔爲兵使 ○ 郭再佑者宜寧人承旨越之子
嘗業文聞賊近宜寧遂會諸里中人諭之曰賊已
迫吾父母妻子將爲賊得矣吾里中少年可戰者

下下數百君齊心據鼻津以爲守可保鄉曲烏可束手以待死乎衆曰諾遂藏兵於津岸之後又多得吹角者來穿紅衣上山頂四面羅置之約賊至四面角聲俱起岸後伏兵又亂射之賊駭散遂斬百餘級以此賊不敢更近朝廷遂擢折衝將軍助防將時八道義兵俱起不受官軍節制任其行止官家倉廩公然破出戰勝受大賞戰敗無小譴官軍之有罪者來投入其中獨金沔曰吾輩以義起事當受官軍節制戒勿侵掠惟義之歸而已不然安在其爲義兵也嘗語人曰郭再祐素非有識其行

事不足深責至於鄭仁弘人稱其賢者猶如此况
怍乎初覽司金晬處事躁刻積失人心及變初不
能策應避賊於全羅道界大為士人所譏罵郭再
祐既得志多不循法度晬欲矯之再祐大怒遂移
檄列罪不忠不孝將殺之金沔力止之朝廷遂以
金誠一為監司召晬還再祐又上疏請斬晬 上
大疑之密問于備邊司曰此人欲擅殺道主非賊
而何不除之恐有悔也尹斗壽以為觀其所為一
狂童也至於將兵斬賊能保鄉曲東西赴救不避
險難自以為義士今日上疏渠亦必以為義氣所

徼而實不知自陷於大辟也干戈搶攘之日豈可人人盡責以禮法乎 上遂不報○上以嶺南左右道隔絶號令不能通以韓孝純爲左道巡察使至是又以金誠一爲右道巡察使○初大駕未發平壤以咸鏡監司柳永立不能措事遂以尹卓然代之卓然爲賊追入三水別害堡山中南北道叛民大起自江原道至慶興五里立一木書曰李德馨爲王金誠一爲將以此人心洶懼皆言降則必不死遂縛北道兵使韓克誠會寧府使李瑛穩城府使李銖鏡城判官李弘業等以降兵曹佐郎徐

諸被執賂賊而逃會寧判官李琰聞變自縊於門
樓有斷其懸者遂縱賊得脫餘無免者鏡城府使
鄭見龍欲草表迎降至有撫我則后虐我則讎何
使非臣何事非君之句欲與判官林惕同降林惕
投其書而走叛民鞠景仁自稱北兵使領兵導賊
入胡地踰三日為羣胡所誘大敗而還賊衆還據
吉州評事鄭文孚脫身逃山谷中與六七守令協
謀欲起兵人或應或不應為觀望計適自朝廷遣
一榜文有八道義兵官軍處處討賊天兵千萬
不日將到平壤一半踰薛罕嶺之語人心頗懼文

孚等遂起於明川吉州之境衆至千餘部分約束
極其嚴故民亦多來從者文學亦厚撫之人皆樂
從端川郡守姜燦又起兵聲勢相援文學招鄭見
龍爲大將進兵勦賊連有斬獲朝廷以鄭文孚擢
折衝將軍仍兼評事進姜燦判校以甲山府使成
允文爲北兵使利城縣監崔湖爲南兵使○冬至
使閔濬書狀官李尚信等辭朝以海松子西硯筆
墨數三種九方物
十月兵曹正郎李弘老自咸鏡道至臺諫論曰李弘
老以一無行之人脫身李山海爲其爪牙納交金

今詐爲其奴隷陰邪鬼蜮之態不可勝言至於變
後自任去就略無愧恥請削奪其職 上允之○
名金應南爲副提學以任國老代之○臺諫又論
兵曹正郞任蒙正當初侍從之臣未有不從駕
出都門者而蒙正獨先逃去請罷職以懲無人臣
之義 上允之○游擊沈惟敬來惟敬浙江人聞
朝鮮受倭兵自布衣請於兵部石尚書願親入賊
營以計緩之或用兵或羈縻當以自身任之尚書
許焉至是到龍灣館 上往見之沈惟敬曰俺當
親入賊營極陳 皇上天威仍使回巢伊酋君執

迷不退當發大兵以討之 上曰天威雖赫赫蕩
蕩伊酋一別毒種豈聞空言而斂手自避乎沈曰
天朝事體自異於尋常第觀之俺當以計縶其手
足終使恨威而還勿慮也翌曉起馬三日夜馳赴
順安先使其家丁沈嘉旺等二人直入賊營諭行
長明日當相會厥明只帶家人六名直進平壤賊
酋行長設帳供具於七星門外見游擊至出迎道
左攄其恭敬去來如之但其語言我國人無從行
者以此無得以聞之接語自巳至未始罷還賊酋
於未到釜山院十里竪一木以爲限游擊出謂金

命元日賊受我分付樹標分界限五十日勿相歯
掠東國亦當如此斂兵以待俺還時賊勢浩大我
國數千里無一人提一兵嬰其鋒者而沈惟敬單
騎入賊陣又能使歛惡輸款屈首聽命惟謹沿道
士民處處聚馬首爲羣咸曰今日吾輩生矣願老
爺終始其恩村民奔波爭覩何狀男子做如此事
業還到義州 上日八道諸將方欲同師決戰失
今不滅延至深冬則軍情解散恐難收拾沈笑曰
俺之縻賊不過恐貴國不能滅此賊也若能自靖
其邦域則俺何必出入賊中 天朝亦安有東顧

之憂乎愼力以俺之故廢大事也卽過江去○朝
廷連遣尹根壽韓應寅請兵于遼東仍陳義州孤
危之狀巡按卽使參將駱尙志領兵入守義州尙志
勇力絶倫號駱千斤參將嘗見我國人↑二名
運大將軍箭一座不能動遂挾之左腋如拳一束
薪運置五里地略不以爲勞○有者上疏言
殿下旣積失人心致有今日何不早傳位世子
使一國人心早有一分慰悅則此賊或可平矣又
有南以順者上疏專攻 上身仍請斬李山海等
又曰世子一國之儲副也何以與慶請速同駐

117

一地雖不明言傳位而語意則微而著矣 上皆
不報一日 諭羣臣曰淂罪 廟社播越至此良
亂之餘又失精神百病来嬰願卿等哀之憐之速
退予罪人而輔世子也羣臣以爲今日之事盡是
臣子之罪變亂之生既當 殿下之身則 殿下
益當勵惟撥反以謝 祖宗之靈不可徒引區區
謙退之志卷而懷以自比於古者當亂傳禪之君
也小官亦上疏三月始蒙允
十二月全羅觀察使權慄起兵勤王下營于水原時
金千鎰等久在江華未有所措禹性傳等亦寥寥

無所聞 上名性傳等領兵渡江直至平安道與
金命元合兵而性傳病不得行 上怒曰性傳擁
兵自衛觀望不赴金千鎰等安坐談笑有何益于
國家尹斗壽曰金千鎰雖無所爲其起義兵爲諸
道倡使八方人心洛然大固今秪以孤軍單執不能
乘可爲之機耳至於尚性傳則渠雖不來猶可代
將以送而計不出此未爲無罪而素有重病人所
共知豈有觀望之理乎至是慄獨孤軍直衝賊路
安營於大賊之間 上遣人慰諭之 京畿監司
沈岱受 命直到朔寧郡召集軍兵又使人入京

城諭以禍福城中人民久不知 大駕所駐及聞
是言或喜或泣一時皆持軍器納于賊連日絡繹
動以千百計賊所領幾千人收拾器械納與楊州
牧使高彥伯圖爲收復京城計賊覘知之遂擧衆
外路襲之朔寧郡守張志誠見賊而遁賊遂圍營
燒之賊猶不起遂被害 ○ 尹斗壽啓曰古之人君
爲治之道不過曰尊賢而親親況今日播越之際
舍是道何以哉成渾道德學問一代所矜式今者
艱関赴朝豈無慰待尊敬之事請陞賞寵使人人
有所聳動至於原州君徽漢陰都正俔俱以 宗

室博學多聞居家孝友各進一資以示尊賢親上
之意允爲利益 上皆允之○初 上之渡臨津
之意渾從駕而適渾不知 駕發未及從李忠元
在開城請召而 上不從蓋不滿其不從也李壽
之意優待賢者何惜一資遂啓陞之不知尊賢之
道只在致敬盡禮又不可驅駕人主强爲情外之
擧而將朝家爵賞大柄提與人之有若己物人識
其無識○成渾上劄論時事十條以君德進修爲
之本以廣開言路爲之務又曰嚴誤國之誅杜便
嬖之徑 上曰憂時陳劄良用嘉尙非優容也時

具歲自開城以後連被乃見出入無常至義州猶
不止渾聞之以爲國家到此地頭者本由於旁
蹊曲逕試行陰秘而今又有此事是何以責前人
乎遂上劄以誤國便嬖對擧焉○李弘老上疏曰
今之當路之人素以 去邠一事歸罪於李山海
以爲誤國之賊若使今之當路之臣在變初則果
能遏滔天之賊勢不使有 去邠之擧耶如不遏
其勢亦不能甘心 君上 於不測之地耶至於置
君上於此盡頭悠悠坐談徒以報復讎怨爲事而
無恥之輩奔走承顏增長熱焰 國家朝夕淪沒

之執了不加諸心則其爲誤國之賊不知前後缺
爲甚乎又曰 殿下無失德 祖宗有積慶變亂
之發不過氣數之使然又曰臣觀 國事日危不
忍愛國之心欲與 殿下同待天命之去就而當
路之人不欲臣近在 行官之下中臣以危計不
得不奉身退去以待死日臨行泣涕不知死所去
時尹根壽具思孟以洪汝諄柳永吉李弘老晝夜
相聚女有覬覦之心欲並與金應南李德馨而逐
之成渾尹斗壽以爲如不滑已當去其甚者應南
德馨未有可罪之名弘老知不免逐議諸汝諄輩

發死心上疏李誠中在公廳厲聲曰君臣上下無
聚絶塞誰所致而反指吾輩爲誤國之賊疏中之
語無非側媚之態吾輩平日食君祿居高位不能
建一言掃除群陰畢竟受此辱皆吾輩之過也尚
誰咎哉( )上召見成渾謂曰聞卿之來適有病不
能即見予實媿焉渾曰臣於四月誤聞道傳謂
駕今月當發即出諸道左以候之如是者三日意
駕必不發還入私室至於晦日自夜大雨溪澗漲
溢豈意 駕已渡臨津向開城矣臣既不得祇辭
於道左亦不敢無命冒進頑命不絶輾轉峽中承

世子令旨得到成川義不可不來謁擧顔天日之
下再承德音之接揆臣公義實合萬死 上曰
予守國無狀致有今日羞見卿也渾曰人誰無過
過而能改善莫大焉 殿下益勵心志務修德業
更張奬習再圖維新則仁愛之天自當克享而撥
亂反正之擧無出於盡在我者而已苟能君臣上
下協心同力晝夜孜孜內旣修則外可攘矣承旨
李碅曰成渾所謂君臣上下協心同力之言甚好
成渾在此臣不妄言近日朝著間頗有排軋之風
實無和協之色 上曰今日在此者只是一邊人

不知更有別色者而有傾軋之風乎礪曰雖不無一二人或廁其間盡皆閑散也官至于今日猶有此習臣故言之渾曰礪之言疑臣亦與知此間論議而因臣進言指以爲證也傾軋之事臣不知指謂何事亦臣所不知者也第聞有一二無狀之人含憤蓄怨乘時欲發以圖阻撓之擧則不得不爲之別白也礪曰果若是而止則斯爲好矣臣恐朝廷氣色必不能也李礪素輕渾又疑與尹根壽等爲之論議故因其言以證之至以爲言雖如此恐必不能盡礪與應南爲至交常憤其欲並逐應

南遷於 上前極言之實不知渾之意也
十二月 上召群臣入對司諫李幼澄進曰自一
二年來 宮禁不嚴朝著不靖苞苴盛行排陷成
風以言其王子則奪人田地取人奴僕以言其
宮禁則賣官鬻獄牟利規倖動搖人心怨言盈路
群邪亂政流禍士林不論賢不肖惟視議論同異
遂使微竪托勢厥妹 朝廷是非亦得參聞上下
群情崩潰已久大賊鴟至無處不反北道之變前
未有聞 殿下遇變以來無一言自引爲過但坐
深房惟事宴安群臣罕接甚於平言以此形勢臣

恐國執終必糜滅而後已 上俛首不答群臣
仰見 天顔或青或紅皆聳懼不發一言而退○
柳永立至自咸鏡道 上召謂曰聞卿亦被擄然
乎永立曰臣避亂在峽中土民導賊而來臣遂不
免 上曰何以脫來乎永立曰賊雖好殺若不違
拂其心則賊亦人也何必殺乎翰林李春英退謂
永立曰從中違拂之字莫是不好語耶臺諫以失
節論之 同知柳永吉啓曰鄭澈在南中沈酗酒
色不爲國事尹斗壽所爲之事終無其實使主勢
日孤國事日急臣不敢不達 上召謂曰卿之此

啓有意見乎永吉閔默良久對曰只言所聞別無意見遂退撤所到耽酒留連所受之任不成頭緒由此大失人望永吉之言雖出乘機狙擊之計而其行身處事實有以致之也尹承壽出在十里地之變召之承壽啓曰臣本無狀又無才識夜在執羈靮之列雖盡夜思惟不過爲紙上一虛文而已無實之語正中今日之事古人曰執羈靮以從臣之罪多矣臣猶知之願 聖明亟賜誅殛 上曰國事存亡在卿身上豈可以人言而有所嫌乎亟出視事○鄭崑壽在北京馳 啓曰臣之入來適

當寧夏平賊之日石尚書諳當盡力會千官更議
以兵部侍郎宋應昌爲經略以都督李如松爲提
督調發大兵刻日進討李提督自寧夏還 朝未
數月又承命東征南北兵時方陸續起行經略請
以兵部員外劉黃裳主事袁黃爲贊畫提督先起
馬經略次行當於十二月到平壤云時沈惟敬五
十日限且盡行長每伻問游擊還期於沈嘉旺等
嘉旺亦不知所答李元翼聞大兵當到遂僞作游
擊牌文使人持到順安嘉旺亦不知其僞急於爲
上傳示行長喜曰若無此牌大事必不成備當四

五月內決厮殺矣○兩司合論洪汝諄宋言慎李
弘老交結李山海金公諒作爲爪牙心腹流禍士
林濁亂朝廷使人心恐懼國事危亡無非此人等從
臾同惡之致請命遠竄 上曰予觀此人等皆勸
鄭澈之奸而已論之三月始允之翌日 上曰近
日精神太減語多顚錯聆者兩司批答當曰此人
等頗以鄭澈爲奸而已也○上召群臣入對正言
黃克中進曰今日之事實由於從前宮禁不嚴
讒諂盛行積失人心在處恐懼上下相疑情義不
通容悅成風言路久塞當此急急之日未聞有改

紘易撤之舉以此而安敢望恢復乎崔滉以爭而

上止之曰此時討賊之事爲急如此等語大不關也

具宬曰人心恐致上下相疑則國事何所望乎討

賊之謀此爲第一而崔滉乃曰不關此面謾君上

也崔滉大怒欲再言 上止之曰不須相較遂罷

出

二十二日將擊錢世禎領南兵三千過江軍爲兕械

極其齊整翌日閱武于南門外坐作擊刺縱橫奇

正千變萬化人人觀之始有望生之心

二十四日欽差提督劉遼保定山東等處防海禦倭

軍務左軍都督府都督同知李如松中協總兵官
楊元左協總兵官李如柏右協總兵官張世爵等
領大兵過江 上親迎義順館道提督穿紅錦袍
乘紅明輪會于龍灣館 上曰以寡人守國
無狀之罪貽念 皇上興動諸大人遠事征伐雖
剖心腎腸安得報此天地罔極之恩乎提督笑
曰 皇上天威國君洪福此賊自當殲盡何謝爲
提督長身偃蹇禮容閑熟風彩俊發言語洪暢盡
歡於 上極其恭順 上於是日座見三總兵而
還將官從行者如總兵李平明副總兵祖承訓高

策李芳春參將張奇功方時春方時輝李寧郭夢
徵賀大受游擊谷燧葛逢夏王問吳惟忠戚金韓
宗功李如梅楊紹先樓大受李文成等四十餘員
上皆欲歷見都承旨柳根以爲許多將官豈能盡
見只見大將足矣尹斗壽屢言其不可不見上
以爲氣力疲甚不能從諸將官皆怒提督亦許之
上晩聞其言欲見之翌曉提督起行遂未果○過
江白虹貫日日有右珥提督呼諸將官示之大喜
二十六日提督起行大軍自城外過去號令嚴肅一
草一木不敢傷

三十日到定州查大受領哨兵一千先行舊本翌年正月初六

日直薄平壤城下初八日陷之是夜賊遁提督牌

諭政府有日設酒仍使聽赴軍前尹斗壽二日夜

馳赴之提督日一時即諭何

至於馳來乎蓋聽譯混之誤也

寄齋雜記卷之八

역주자 신해진(申海鎭)

경북 의성 출생
고려대학교 국어국문학과 및 동대학원 석·박사과정 졸업(문학박사)
전남대학교 제23회 용봉학술상(2019) ; 제25회·제26회 용봉학술특별상(2021·2022)
현재 전남대학교 인문대학 국어국문학과 교수

저역서 『남천 권두문 호구일록』(2023), 『말의 기억』(공저, 2023)
『구포 나만갑 병자록』(2023), 『팔록 구사맹 난후조망록』(2023)
『이탁영 정만록의 임진변생후일록』(2023), 『용주 조경 호란일기』(2023)
『암곡 도세순 용사일기』(2023), 『설하거사 남기제 병자사략』(2023)
『사류재 이정암 서정일록』(2023), 『농포 정문부 진사장계』(2022)
『약포 정탁 피난행록』(상, 하)(2022), 『중호 윤탁연 북관일기』(상, 하)(2022)
『취사 이여빈 용사록』(2022), 『양건당 황대중 임진창의격왜일기』(2022)
『농아당 박홍장 병신동사록』(2022), 『청허재 손엽 용사일기』(2022)
『추포 황신 일본왕환일기』(2022), 『청강 조수성 병자거의일기』(2021)
『만휴 황귀성 난중기사』(2021), 『월파 류팽로 임진창의일기』(2021)
『검간 임진일기』(2021), 『검간 임진일기 자료집성』(2021)
『가휴 진사일기』(2021), 『성재 용사실기』(2021), 『지헌 임진일록』(2021)
『양대박 창의 종군일기』(2021), 『선양정 진사일기』(2020), 『북천일록』(2020),
『괘일록』(2020), 『토역일기』(2020), 『후금 요양성 정탐서』(2020)
『북행일기』(2020), 『심행일기』(2020), 『요해단충록 (1)~(8)』(2019, 2020)
『무요부초건주이추왕고소략』(역락, 2018), 『건주기정도기』(2017)
이외 다수의 저역서와 논문

기재 박동량 임진일록
寄齋 朴東亮 壬辰日錄

2024년 1월 31일 초판 1쇄 펴냄

원저자 박동량
역주자 신해진
펴낸이 김흥국
펴낸곳 도서출판 보고사

책임편집 이경민
표지디자인 김규범

등록 1990년 12월 13일 제6-0429호
주소 경기도 파주시 회동길 337-15 보고사
전화 031-955-9797(대표)
팩스 02-922-6990
메일 bogosabooks@naver.com
http://www.bogosabooks.co.kr

ISBN 979-11-6587-679-1 93910

정가 26,000원